Ferdinand Freiherr von Reitzenstein

Das Weib bei den Naturvölkern

Eine Kulturgeschichte der primitiven Frau

Verlag
der
Wissenschaften

Ferdinand Freiherr von Reitzenstein

Das Weib bei den Naturvölkern

Eine Kulturgeschichte der primitiven Frau

ISBN/EAN: 9783957005052

Auflage: 1

Erscheinungsjahr: 2015

Erscheinungsort: Norderstedt, Deutschland

Hergestellt in Europa, USA, Kanada, Australien, Japan
Verlag der Wissenschaften in Hansebooks GmbH, Norderstedt

Cover: Sandro Botticelli "die Geburt der Venus"

DAS WEIB

BEI DEN

NATURVÖLKERN

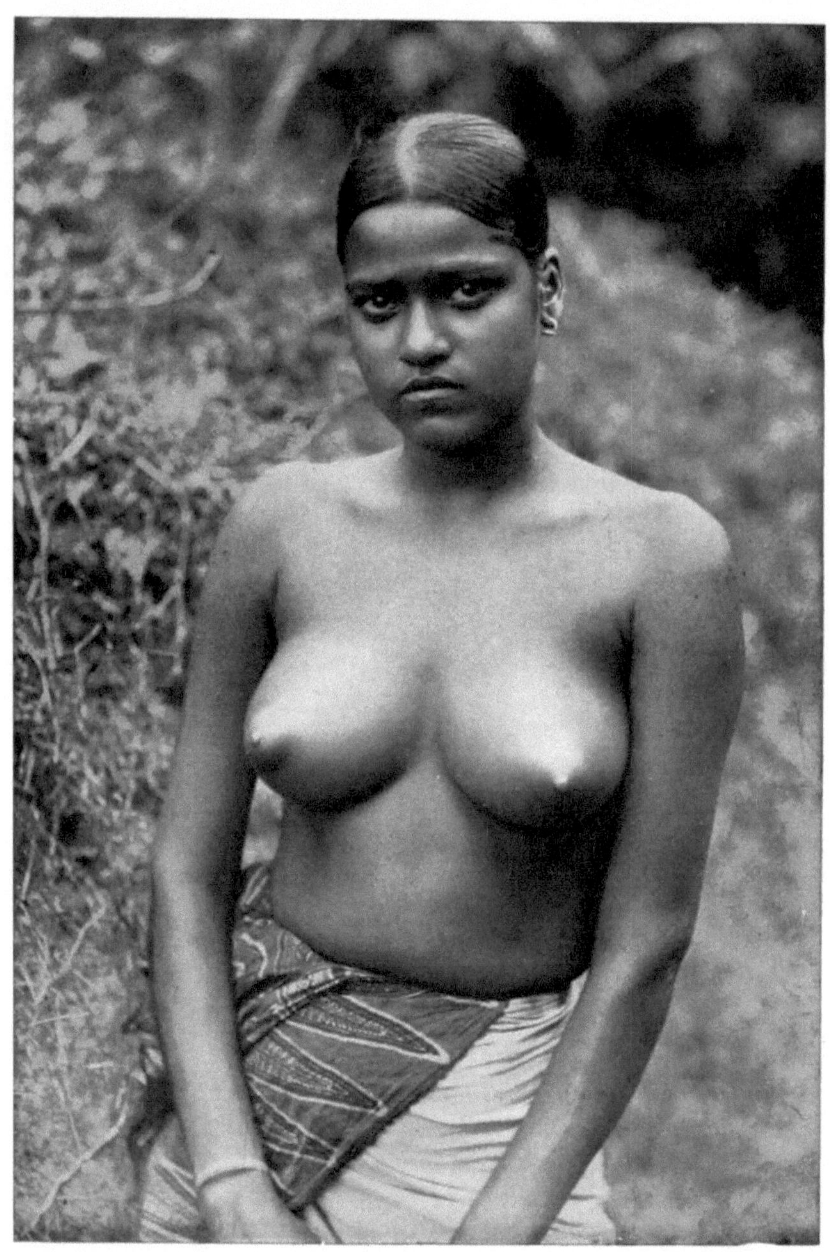

Rhodija-Mädchen (Ceylon)

DAS WEIB

BEI DEN

NATURVÖLKERN

Eine Kulturgeschichte der primitiven Frau

von

Ferdinand Freiherr von Reitzenstein

*ehem. Vorstand der anthropologischen Abteilung
des Instituts für Sexualwissenschaft, Berlin, und
ehem. Abt.-Vorst. der ethnologischen Abteilung
des Hygiene-Museums, Dresden*

Mit über 200 Abbildungen nach Originalphotographien
und vielen Textzeichnungen

Neu durchgesehene und erweiterte Auflage

Verlag Neufeld & Henius · Berlin

INHALTSÜBERSICHT

Vorwort 11

Einleitung 15

Kapitel I: Das Weib bei den Naturvölkern

   1. ABSCHNITT:

   Das Weib in anthropologischer Hinsicht 28
     a) Geschlechtsmerkmale
     b) Anthropologie und Ethnologie der Geschlechts-
       merkmale
     c) Schönheit des Weibes

   2. ABSCHNITT:

   Das Weib in physiologischer Hinsicht 60
     a) Entwicklung bis Reife
     b) Geschlechtsreife
     c) Klimakterium

   3 ABSCHNITT:

   Körperkultur 110
     a) Körperplastik
     b) Schmuck und Kleidung

Kapitel II: Stellung des Weibes zu Mann,
Kind und Öffentlichkeit

1. ABSCHNITT:

Allgemeine Stellung 155

2. ABSCHNITT:

Geschlechtsverkehr und Ehe 176

   a) Das Weib und das Geschlechtsleben
   b) Das Weib als Mutter
   c) Das Weib im anormalen Verkehr
   d) Die Ehe
   e) Freier Verkehr

Kapitel III: Das häusliche Leben des Weibes

1 ABSCHNITT:

Mann und Weib 287

2. ABSCHNITT:

Weibliche Tätigkeiten 292

3. ABSCHNITT:

Verhältnis zum Mann 309

Kapitel IV: Geistiges Kulturleben des Weibes

1. ABSCHNITT:

Weib und Aberglaube 312

2. ABSCHNITT:

Weib und Religion 319

3. ABSCHNITT:

Weib und Kunst 321

4. ABSCHNITT:

Weib und Sitte 331

Kapitel V: Stellung des Weibes in Kunst und
Dichtung

1. ABSCHNITT:

Die älteste menschliche Kunst 347

2. ABSCHNITT:

*Darstellung des Weibes in der Kunst der heutigen
Naturvölker* 356

3. ABSCHNITT:

*Darstellung des Weibes in der Literatur
der heutigen Naturvölker* 358

Sach- und Namenregister 380

VORWORT

Die Wissenschaft vom Menschen ist wohl — merkwürdigster Weise — eine der jüngsten von allen. Für viele, selbst Hochgebildete, erscheint sie noch immer als ein Zweig der Medizin; ja für manche sogar als ein wenig bearbeitungswertes Gebiet des medizinischen Arbeitsfeldes überhaupt. Das ist derselbe Denkfehler, wie wenn jemand sagen wollte, die Zoologie sei überflüssig, da ja die Tierheilkunde da sei. Daß heute noch nicht jede Universität mindestens einen Lehrstuhl für die Wissenschaft vom Menschen — die Anthropologie im weitesten Sinne — hat, liegt wohl letzten Endes noch immer in dem Emanzipationskampf der Naturwissenschaften gegen die Bevormundung durch die Theologie. Die Wissenschaft vom Menschen war immer die verhaßteste Stieftochter der Theologie gewesen, und so erklärt es sich, daß es ihr bisher am allerwenigsten glückte, öffentlich im Kreise ihrer Schwesterwissenschaften zu erscheinen, daß sie über die wenigsten, zu ihrer Bedeutung in absolut gar keinem Verhältnis stehenden Lehrstühle an unseren Hochschulen verfügt. Auch die Revolution hat hier, wie überhaupt auf wissenschaftlichem Gebiete, gar keine Besserung geschaffen. So bleibt denn zunächst der Anthropologie nichts anderes übrig, als vorläufig, bis einmal eine geistige Klärung unseres Volkes eintritt, durch zahlreiche Publikationen die Wichtigkeit ihres Arbeitsfeldes zu erweisen. Freilich bedarf sie dazu erst der Abkehr von der messend-statistischen Methode und des Anschlusses an eine morphologisch arbeitende Methode, d. h. eine Methode, die der Tätigkeit der heutigen Zoologie entspricht. Auch diese wäre bei Anwendung einer messend-statistischen Methode auf ein totes Geleise geraten. Von diesem im Bereiche der

Naturwissenschaften liegenden Teil kann dann die Brücke geschlagen werden zur kulturell-völkerkundlichen Betrachtung der Menschheit. Eine ganze Reihe anderer neuerer Wissenschaften, die sich selbständig gemacht haben, strecken dabei der Anthropologie bereits die helfenden Hände entgegen. Dazu gehört die der modernsten Zeit angehörige Sexualwissenschaft, die von biologischen und physiologischen Momenten ausgehend, den Werdegang des Menschen in seiner geschlechtsspezifischen Eigenart festzustellen sucht, also im Mittelpunkt echt anthropologischen Denkens steht. Schon längst vor ihrem offiziellen Auftreten hat eine Reihe von Forschern ihre Wege betreten und war so bahnbrechend geworden. Insbesondere war es der Leipziger Arzt Ploß, der durch seine Monographie über das Weib ein Fundamentalwerk schuf, das einen großen Teil der Anthropologie, soweit er sich an das Weib knüpfte, bearbeitete. In gleicher Weise legte er den Grund zur Betrachtung des Kindes. Es ist wohl kein Zufall, daß dieser Ring, das Arbeitsfeld der Anthropologie vom sexualwissenschaftlichen Standpunkte in seine drei Gruppen aufzulösen, noch nicht durch eine Monographie über den Mann geschlossen wurde. Bedeutet das Weib immer nur einen interessanten Ausschnitt aus der Kulturgeschichte, so wäre eine Monographie des Mannes nahezu die Kulturgeschichte selbst, denn nur in den ersten Phasen kultureller Entwicklung läuft männliche und weibliche Kultur mehr oder minder gleichartig nebeneinander. Schon sehr frühzeitig hingegen überwiegt die Bedeutung des männlichen Momentes, nicht aber, wie die moderne Frauenbewegung so gerne darzutun wünscht, als Folge einer „brutalen Unterdrückung", sondern als eine Entwicklung, die auf rein physiologischen und psychologischen Momenten aufbaut und diesen Weg nehmen mußte, wenn das Weib nicht seinen natürlichen Zweck, den der Mutter, aufgeben wollte. Bei einem gesunden Volke wird immer eine scharfe Mauer zwischen den beiden Kulturwelten stehen; je geringer diese ist, desto stärker sind auch Degenerationserscheinungen an beiden Geschlechtern zu bemerken. Die einzig berechtigte Frauenbewegung ist immer die, die das Weib zu seiner originalen Kulturwelt, dem Kulturkreis der Mutter, erzieht, ohne daß damit gesagt werden soll, daß das „Mutterwerden" krankhaft gesteigert werden darf. Denn eines ist sicher, so sehr blinde und fanatische Kreise die Beschränkung der Kinderzahl heute noch bekämpfen: die Zukunft *muß* ihr gehören. Und von dieser Zukunft trennen nur noch wenige Jahrzehnte.

Gebärerin der Kinder sowie Verwalterin und Verbesserin des Besitzstandes, das sind so recht die eigentlich weiblichen Seiten der kulturellen Tätigkeit. Wo es von dieser Bahn abweicht, wo es den Mann nachäfft, da sinkt es von seiner Würde und seiner Bedeutung herab und erfüllt seine Mission nicht mehr. Unsere Arbeit zerlegt sich also von selbst in zwei Teile: in die Betrachtung des Weibes als Mutter und als Hausfrau. Die Erkenntnis dieser kommenden Notwendigkeiten zieht an sich die Grenzen für eine Anthropologie, die nach Geschlechtern getrennt ist, sie wird über kurz oder lang auch von selbst den Boden ebnen, aus dem eine brauchbare Monographie des Mannes erwächst, die gerade umgekehrt zur Monographie des Weibes in ihrem ersten Teile monotoner, in ihrem zweiten dagegen um so belebter sein wird. Den Wert dieser Betrachtungen vom sexualwissenschaftlichen Standpunkt aus hat die moderne Sexualwissenschaft bereits erkannt. Einer ihrer bedeutendsten Vertreter, Iwan Bloch, hat immer und immer wieder darauf hingewiesen, daß die Sexualwissenschaft auf Anthropologie und Ethnologie aufbauen muß; möge dieses Werk dazu beitragen, daß diese Erkenntnis sich auch auf der anderen Seite, auf der Seite der Anthropologen und Ethnologen Bahn bricht und daß vor allem die große Allgemeinheit unseres Volkes lernt, daß der Mensch nur aus sich zu betrachten ist und daß die „Wissenschaft vom Menschen" zugleich die der Menschen würdigste Wissenschaft ist. Dies gilt besonders vom Weibe. Um seine mütterliche Funktion richtig zu fassen, ist die Kenntnis des sexuellen Lebens unbedingt erforderlich, und dazu ist seinerseits eine genaue Betrachtung seiner anatomischen und physiologischen Eigenschaften nötig. Aus seiner Würde als Mutter resultiert aber das Weib als Hausfrau von selbst. So gewinnt für den unbefangenen Betrachter die sexuelle Seite des Weibes eine besondere Wichtigkeit, und es darf also hier der Ausspruch:

„Diese Naturkinder huldigen noch dem vernünftigen Grundsatz: ‚Naturalia non sunt turpia' " (Koch-Grünberg)

nicht vergessen werden.

Herzlicher Dank sei hier auch allen jenen Instituten ausgesprochen, die in liebenswürdigster Weise das Bildmaterial des Werkes unterstützten; so besonders den *Museen für Völkerkunde Berlin und Dresden,* dann unserem nun leider als Opfer des Weltkrieges verstorbenen *Dr. Neuhaus,* als früherem Verwalter der Bildersammlung der *Anthropologischen Gesellschaft zu Berlin*, dem *Berliner Kunstgewerbemuseum* usw., speziell aber Herrn *Dr. Walter Krickeberg*, der mehrmals die Liebenswürdigkeit hatte, für mich Bildermaterial im Berliner Museum für Völkerkunde nachzuprüfen.

Ferdinand
Freiherr von Reitzenstein.

EINLEITUNG

Die Beziehungen des Mannes zum Weibe sind nicht nur aus rein natürlichen Gründen die ältesten, die wir kennen, sie sind es auch aus archäologischen. *Weib und Jagd* füllten offenbar den Ideenkreis des primitivsten Menschen, und meist dem Weibe zuliebe legte er den *ersten Schmuck* an, bestehend in kleinen Muscheln, Schneckenhäusern, Tierzähnen und wahrscheinlich auch bunten Federchen und Fellstückchen. Muscheln, Schnecken und Tierzähne hat uns die Erde da und dort treu bewahrt und uns unzweifelhaft überliefert, daß es Schmuckgegenstände gewesen sind; Fellstückchen und Federchen sind längst dem Zahne der Jahrtausende erlegen, aber wir dürfen sie getrost zum allerältesten *Werbegerät* des Menschen zählen. Er hat sich mit fremden Federn geschmückt, weil ihm die Natur ein bestimmtes Hochzeitskleid versagt hat, das sie oft mit vollen Händen so vielen Tieren zugeteilt hat. Wer denkt nicht an die Amsel, die im Frühjahr, stolz auf ihren strahlend gelben Schnabel und ihr glänzend schwarzes Hochzeitskleid, die süßesten Melodien flötet? Sie ist bescheiden bedacht worden. Wie prunkvoll entfaltet dagegen der stolze Pfau sein flimmerndes Rad, der Paradiesvogel seine bauschige Federbrust, der Tragopan seinen blau und roten Kehlsack, der ihn fast als Vogel unkenntlich macht. All das sind ständige oder zeitweise Werbemittel. Selbst der stumme Fisch, die flinke Eidechse und der träge Molch, sie alle ziehen ein hochzeitlich Kleid an, um dem Weibchen zu gefallen und es aufmerksam zu machen; das glänzendste Hochzeitsgewand hat aber sicherlich das Glühwürmchen. Und zu dieser Farben- und Formenpracht kommen noch Töne, Geräusche und Gerüche, die ihre Wirkung auf das meist recht bescheiden ausgestattete Weibchen nicht verfehlen. Von all dieser

Pracht hat der Mensch von Natur aus nichts mitbekommen; aber doch hat Mutter Natur ein weitaus stärkeres Mittel in ihn gelegt: das *Verlangen nach Schmuck*, und die Sonderentwicklung des Menschen gibt ihm die Möglichkeit, dieses Verlangen zu erfüllen. Je höher der Mensch steht, desto feiner werden die Anziehungsmittel sein; eines aber bleibt stets: das Benutzen des Schmuckes. Schon der Naturmensch widmet seiner Herstellung einen beträchtlichen Teil seiner Zeit, und beim Kulturmenschen geben sich eigene Industriezweige damit ab. So darf man wohl zu allen Zeiten von einem mehr oder weniger feinen *Kulte des Weibes* sprechen, einem Kult, der gleichsam den ganzen Werdegang der Menschheit gedrückt und zugleich gehoben hat, der zwischen derber momentaner Forderung einerseits und vornehmem Verlangen nach dauerndem Besitz andererseits hin und her schwingt. So erscheint es denn sehr berechtigt, dem Weibe eine Monographie zu widmen, und das um so mehr, als das Weib einen wenn auch kleinen, so doch speziellen Kulturkreis um sich gebildet hat. Würde eine Monographie des Mannes und seiner Tätigkeit sich im wesentlichen mit einer Kulturgeschichte überhaupt decken, so stellt die dem Weibe spezifische Kultur einen eigenen, wenn auch kleinsten Ast dieser Entwicklung dar. *Naturgemäß nehmen jene Gebiete, die sich auf Liebe, Geschlechtsverkehr, Geburt und Mutterschaft des Weibes beziehen, die meisten Zweige dieses Astes in Anspruch.* Wo sich das Weib davon zu emanzipieren sucht und dem Manne nachahmt, hört seine eigentümliche Kulturwelt auf und sein Lebensbild wird zur Karikatur. Schon die ältesten Zeiten haben solche Karikaturen gezeichnet, allerdings hier gar oft, weil die Verhältnisse dazu drängten. Damit ist eigentlich das, was wir hier behandeln wollen, deutlich umschrieben.

In folgenden Zeilen soll also das *Weib bei den Naturvölkern* seine Behandlung finden. Das Wort Naturvölker bedarf einer Erklärung. Im vollen Sinne des Wortes genommen, gibt es keine Naturvölker mehr. Alle heutigen Stämme haben wenigstens etwas Kultur erworben und fast alle stehen in einer gewissen Wechselbeziehung zu den benachbarten Kulturvölkern. Wenn man also von *Naturvölkern* spricht, so versteht man darunter Stämme, die auf einer gewissen primitiven Kulturstufe stehengeblieben sind oder sie doch nur sehr langsam weiter entwickeln. Eine absolute Grenze ist also nicht zu ziehen. Mit Erfolg hat man daher jene Völker, die gewisse Gebiete des täglichen Lebens auf die Höhe von Kulturvölkern gebracht, während sie andere Zweige nicht gefördert haben, als *Halbkulturvölker* bezeichnet. Dazu gehören besonders die Nomadenvölker Zentralasiens, die man eben wegen Mangels der Seßhaftigkeit nicht zu den eigentlichen Kulturvölkern rechnen kann. Ähnlich verhält es sich mit Indonesien; hier haben wir im allgemeinen eine ziemlich entwickelte Halbkultur, unter der nur einzelne Stämme zurückgeblieben sind. Noch schwieriger ist die Scheidung in Indien. Man darf sagen, daß sie hier überhaupt nicht zu vollziehen ist, um so mehr, als einige südindische Stämme unbedingt zur Stufe der Halbkulturvölker zu rechnen sind, in einer Betrachtung der Naturvölker aber deshalb nicht umgangen werden können, weil sie eine Reihe ganz primitiver Sitten und Gebräuche erhalten haben. Man wird solche Stämme also jeweilig bei Natur- und Halbkulturvölkern zu behandeln haben, ohne ihnen einen bestimmten Platz anweisen zu können. Selbstverständlich erscheint es nötig, da und dort auch Momente aus dem Leben von *Kulturvölkern* heranzuziehen, die in primitiven Anschauungen wurzeln und wie mächtige Bindeglieder die Kultur- und Naturstufe der Menschheit verbinden. Wie gar oft denkt unser Volk um kein Haar anders als ein Naturstamm, und *was wir manchmal für ein Zeichen der Schicklichkeit halten und es zum guten Ton rechnen, ist nichts anderes als ein Rest tiefsten Aberglaubens einer grauen Vorzeit.* Auch viele unserer Gebräuche, unserer Feste wurzeln in jener Zeit, in der unsere Vorfahren noch auf der Stufe eines Naturvolkes standen. Selbst innerhalb der Kulturvölker muß ein Unterschied gemacht werden zwischen den rein nationalen Kulturen und der *internationalen europäischen Hochkultur*, die sich im 19. Jahrhundert leider auch über die übrige Welt zu verbreiten anfing. Diese gemeineuropäische Kultur liegt aber über den einzelnen Völkern doch nur wie eine ganz dünne Schicht und kann leicht abgehoben werden. Sie trägt im wesentlichen *christliches Gepräge* und wird von einer *einseitigen Technik* getragen. So wirkt die europäische Hochkultur überall dort auflösend, wo nationale Kulturen bestehen. Naturvölkern gegenüber wird es ihr auch nie gelingen, wirkliche Kultur zu verbreiten. Diese werden vielmehr stets zu welken beginnen, wo sie auch nur der Hauch dieser einseitigen Kulturwelt trifft. In wenigen Jahrzehnten hat sie es vermocht, ganze große Völker zum vollständigen Untergang zu bringen, weil sie eben im wesentlichen nur äußere Werte zu spenden hat und bei ihrer Unduldsamkeit zu viel und zu rasch nimmt, ohne zu geben. Greifen wir ein recht naheliegendes Beispiel heraus, den deutschen Osten. Deutschland wirkt kolonisierend, solange es eine wirkliche, echte, große Kultur verbreitete. Heute liegt die Kolonisationsarbeit einzig und allein in den Händen von offiziellen Vertretern der europäischen Hochkultur mit deutschem Anstrich, und diese richtet gegen das Polentum, das immerhin eine wahre nationale Kultur bewahrt hat, nichts aus, obwohl diese keine besonders hohe ist. Dasselbe gilt für die deutsch-italienische Grenze. Um wieviel stärker aber ist diese zersetzende Wirkung Naturvölkern gegenüber. Auch das muß für unsere Scheidung in Betracht gezogen werden. Hatte z. B. ein Naturvolk irgendeine Technik, sei es etwa heimische Weberei, gut entwickelt, dann kommt die billige, kunstlose europäische Fabrikware, die natürlich die heimischen Erzeugnisse zurückdrängt und die heimische Industrie vernichtet, so daß ihre bisherigen Verfertiger sie verlernen. Geht dann etwa die europäische Besiedlung zurück, dann ist das Naturvolk eben um so und so viele kulturelle Werte ärmer, ohne Ersatz dafür erhalten zu haben. Zumeist sind die Verbreiter der europäischen Scheinkultur dann auch noch ganz ungebildete Handelsleute, denen es nur darum zu tun ist, ihren Geldbeutel zu füllen, und gegen die leider die Regierungen nicht vorgehen wollen. So schließt Koch-Grünberg sein prächtiges Werk „Zwei Jahre unter den Indianern" mit folgenden Worten: „Kaum fünf Jahre sind vergangen, seit ich am Caiary-Uaupés weilte. Wer heute dorthin kommt, wird mein Idyll nicht mehr finden. — Der Pesthauch einer Pseudozivilisation geht über die rechtlosen braunen Leute hin. Wie alles vernichtende Heuschreckenschwärme dringen die entmenschten Scharen der Kautschuksammler immer weiter vor. Schon haben sich die Columbianer an der Mündung des Cuduiary festgesetzt und führen meine Freunde weit weg in die todbringenden Kautschukwälder. Rohe Gewalttaten, Mißhandlungen, Totschlag sind an der Tagesordnung. Am unteren Caiary machen es die Brasilianer nicht besser. Die Dorfplätze veröden, die Häuser fallen in Asche, und von den Pflanzungen, die der pflegenden Hände entbehren, nimmt der Urwald wieder Besitz. So wird eine kraftvolle Rasse, ein Volk mit prächtigen Anlagen des Geistes und Gemütes vernichtet. Ein entwicklungsfähiges Menschenmaterial wird durch die Brutalitäten dieser modernen Kulturbarbaren zugrunde gerichtet." Man sage nicht, das sei Abschaum aus Europa, denn dazu hat Europa kein Recht, solange es nicht

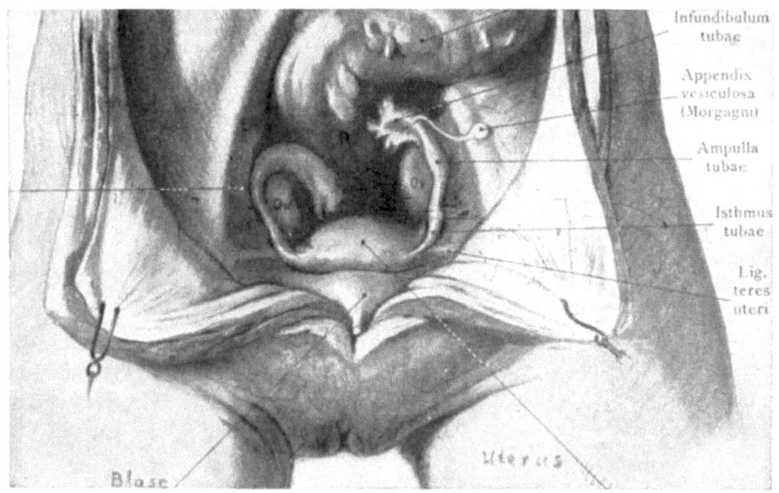

Abb. 1. Weibliche Geschlechtsorgane.

Nach Corning.

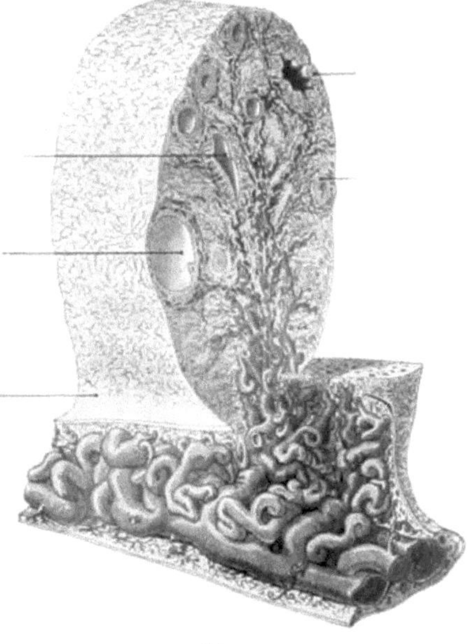

Abb. 2. Eierstock eines 19jährigen Mädchens, das acht Tage nach der Menstruation starb. In der Mitte durchschnitten ein corpus luteum sichtbar, darum mehrere Graafsche Follikel.

Nach Kollmann.

Abb. 3.
Schnitt durch den Eierstock eines jungen Weibes, in voller geschlechtlicher Reife.

Nach Kollmann.

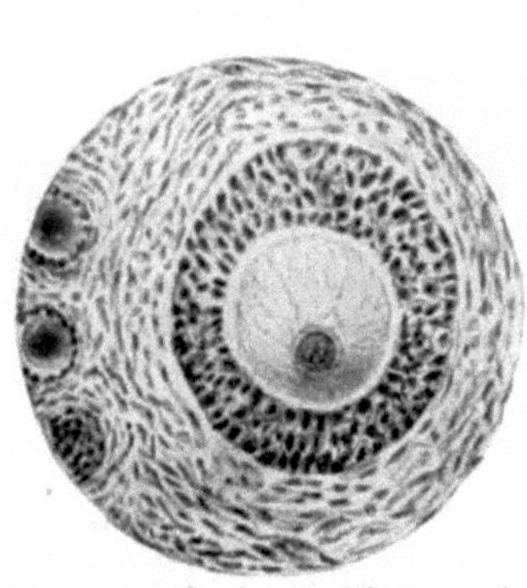 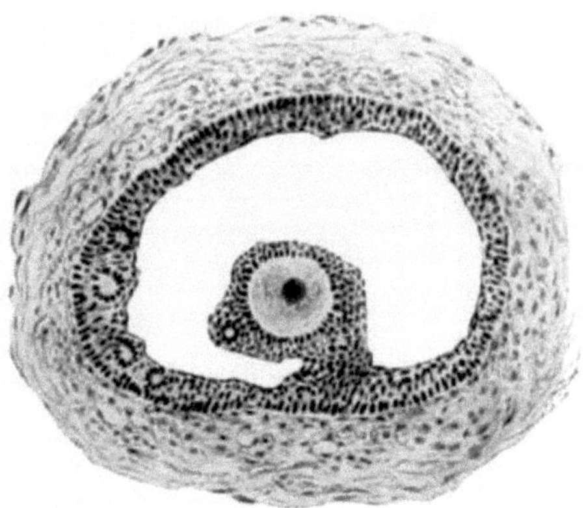

Abb. 4. Reifender Follikel aus dem Ovarium einer 20 jährigen Frau.
Nach Dr. Lindemann.

Abb. 5.
Graafscher Follikel mit seinen drei Schichten (von außen): tunica externa, tunica interna und membrana granulosa, an der das Ei sitzt.
Nach Dr. Lindemann.

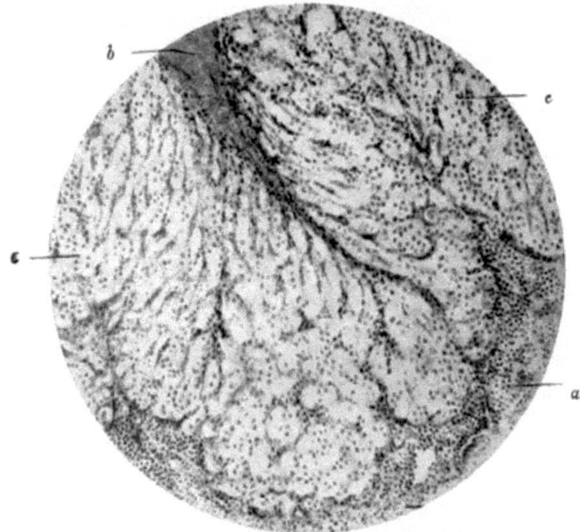

Abb. 6. Granulosa-Luteinzellen.
a) (rechts unten): Theca interna mit ihren in die Luteinmembra eindringenden Gewebssprossen.
b) (links oben): ein keilartiger Blutfibrinrest vom Zentrum des Corp. lut. Auch von hier sieht man Bindegewebe in die Luteinmembra eindringen, welches sich mit demjenigen der Theca interna vereinigt.
c) Luteinmembra mit ihren charakteristischen Zellen (Granulosa-Luteinzellen).
Nach Dr. Lindemann.

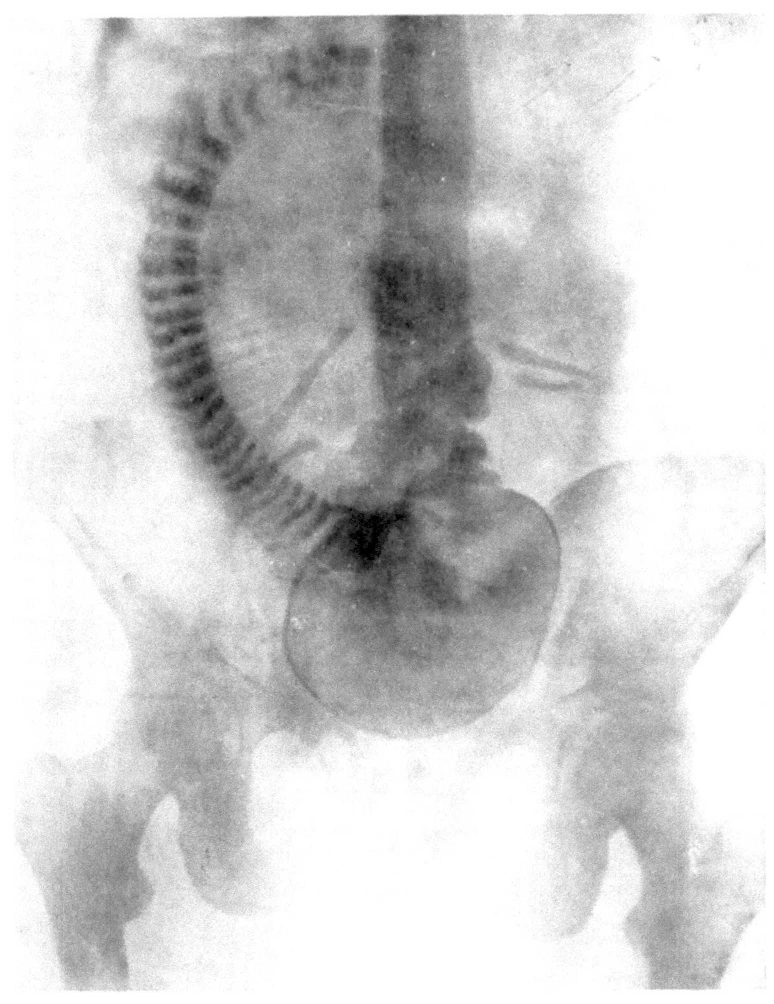

Abb. 7. Lage eines Kindes im Mutterleib, kurz vor der Geburt.
Unten Becken, darin Kopf des Kindes, links neben der Wirbelsäule
der Mutter die Wirbelsäule des Kindes.
Röntgenbild nach Warnekros Atlas.

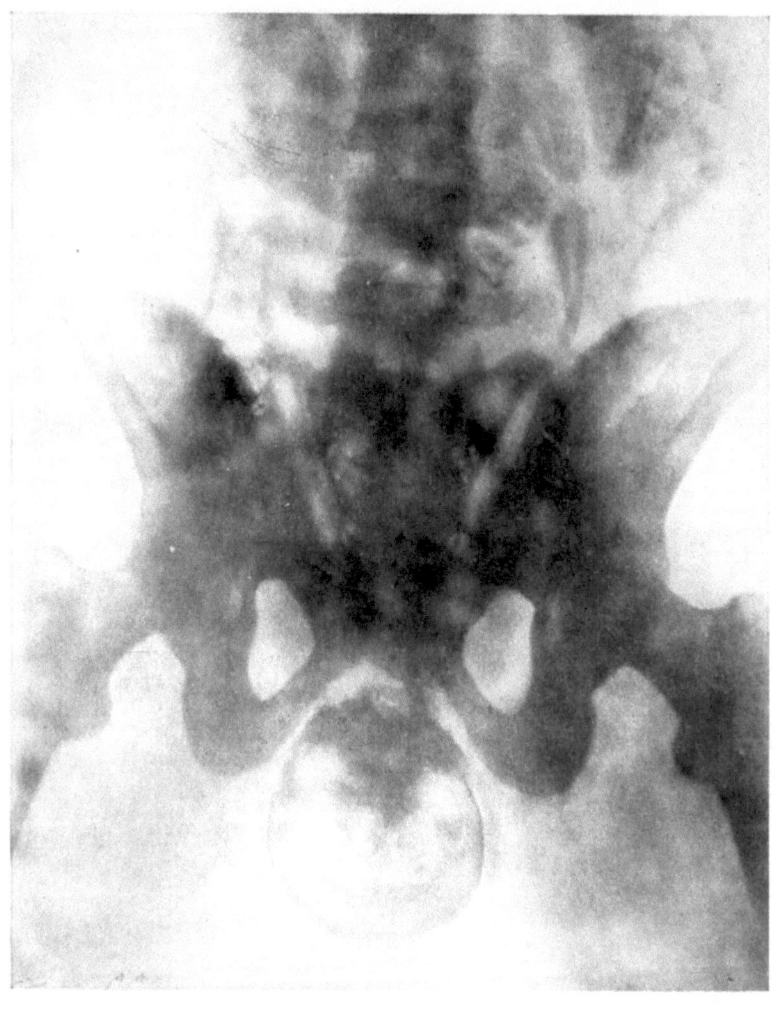

Abb. 8. Kind während der Geburt.

Der Kopf ist bereits aus der Scheide ausgetreten. Die Wirbelsäule des Kindes liegt über der Wirbelsäule der Mutter.

Röntgenbild nach Warnekros Atlas.

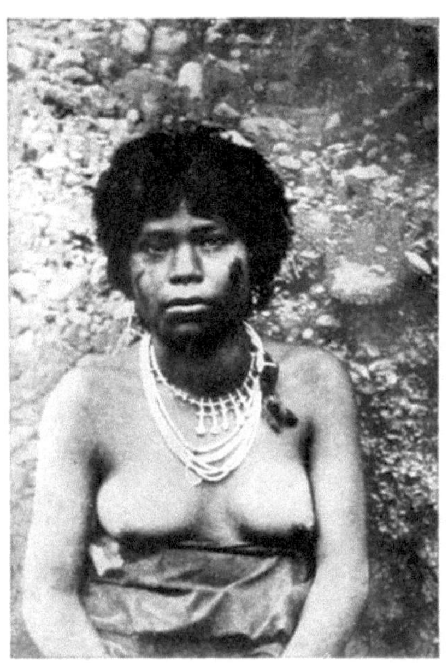

Abb. 9.
Campo-Indianerin. Chanchamayo, Peru.
Museum f. Völkerkunde, Dresden.

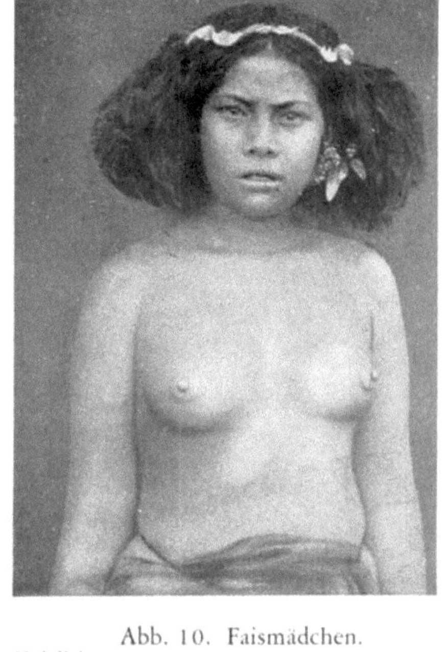

Abb. 10. Faismädchen.
Nach Kultz.

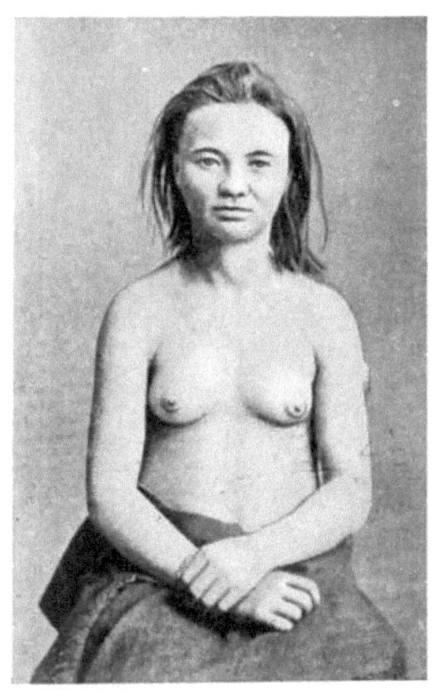

Abb. 11. Lappenmädchen.
Phot. C. Günther, Berlin.

Abb. 12. Nordost-Afrikanerin.

23

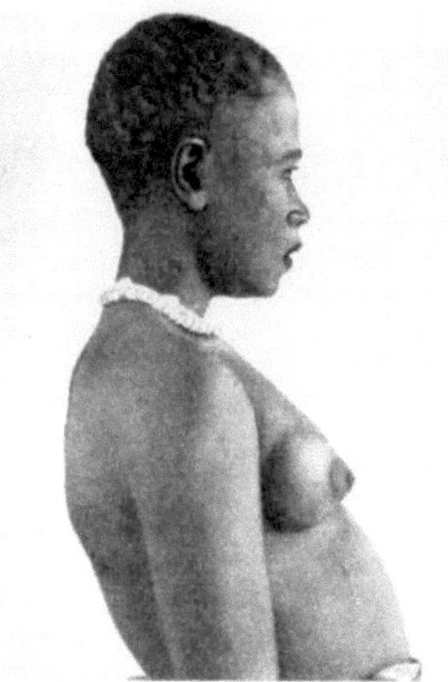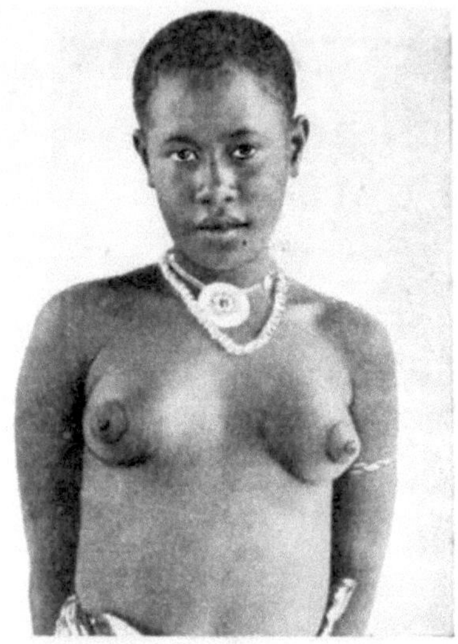

Abb. 13. Mädchen aus Nord-Neumecklenburg.

Nach Parkinson.

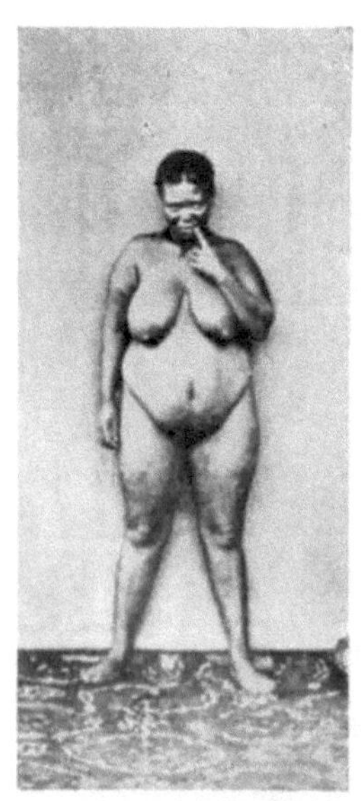

Abb. 14. Hottentottin.
Anthrop. Ges., Berlin.

24

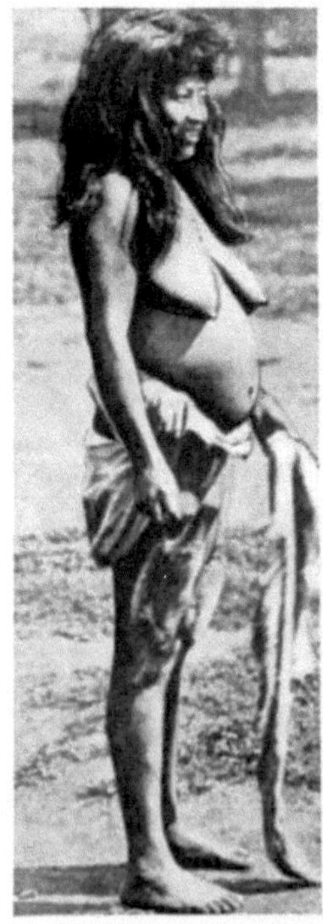

Abb. 15.
Chamacocco-Lelechawa,
25—30 Jahre.

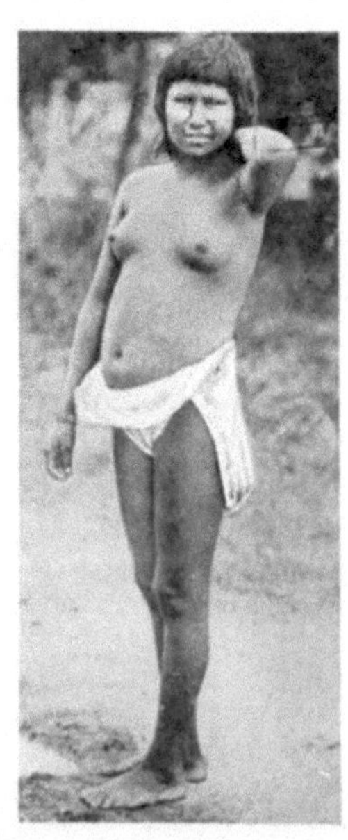

Abb. 16.
Chamacocco-Indianer-
mädchen. Aonei, 18 Jahre.

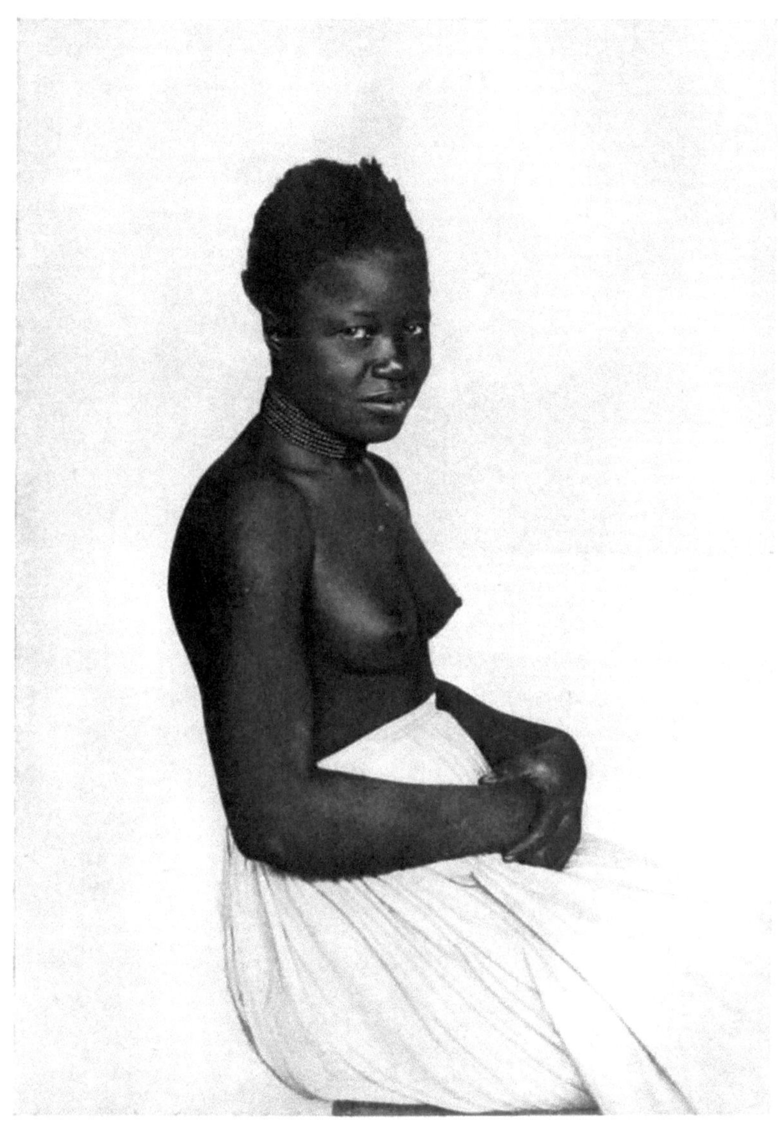

Abb. 17. Hereromädchen zur Zeit der Reife.
Originalaufnahme von Speer in Auss.

Abb. 18. Weib mit Horn (Halbgrotte von Laussel).

Abb. 19. Venus von Willendorf.

ernstlich dagegen einschreitet. Es sind die Pioniere der offiziellen bei uns zur Zeit gültigen Hochkultur, bei der dem wahren Volkselemente und den Naturvölkern gegenüber nur der geschäftliche und politische Momentanerfolg maßgebend ist. Noch schlimmer ist dies Verhältnis in religiöser und sozialer Hinsicht. Hier drängt man den Naturvölkern das Christentum, europäische Sitten und Gepflogenheiten, europäisches Recht und ähnliches auf, ohne im geringsten danach zu fragen, ob diese Dinge auch für die bedauernswerten Betroffenen passen. Man fordert Monogamie, ohne daß der Lauf der Jahrhunderte erst ein richtiges Liebesleben und eine freie Geistesbildung gezeitigt hätten, die allein Träger der Monogamie sein können. Um aber ja die unchristliche Polygamie zu verdrängen, duldet man lieber den Einzug der Prostitution bei den Naturvölkern, jener Schöpfung der europäischen Gesetzgebung. In ihrem Gefolge ziehen dann die verheerenden Geschlechtskrankheiten ein, denen die Naturvölker erschreckend rasch erliegen. Man zwingt ihnen Kleidung auf, weil das Christentum den nackten Körper unanständig findet, ohne zu bedenken, daß der ganze Organismus dieser Stämme nicht darauf berechnet ist. Erkältungen und Lungenerkrankungen sind die Folgen davon. Es ist ebenso verkehrt, als wenn man von uns Europäern verlangen wollte, plötzlich im Winter nackt zu laufen. Dem europäischen Handel und der Industrie zuliebe bringt man ihnen Alkohol, der in den Tropen furchtbar wirkt, um so mehr, als diese Völker nicht in langsamer Entwicklung daran gewöhnt wurden. Man nimmt ihnen ihre häusliche Tätigkeit, die sie beschäftigte, und gibt ihnen europäische Schunderzeugnisse und Waffen, und wenn sie dann nichts mehr zu tun haben und zu verkommenen Menschen werden, heißt man sie träge und faul und will sie mit Knute und Stock zu europäischer Beschäftigung zwingen, ohne daran zu denken, daß diese ein jahrhundertelanges Einleben voraussetzt. So darf man heute schon sagen, daß die Zeit gar nicht mehr allzu fern ist, wo die sogenannten Naturvölker alle Europas übertünchter Scheinkultur zum Opfer gefallen oder zu Wegelagerern und Diebsgesindel geworden sind. Schon deshalb haben wir alle Darstellungen, die sich mit Naturvölkern beschäftigen, zu begrüßen. Von diesem Standpunkte aus mögen die folgenden Zeilen betrachtet werden.

KAPITEL I

Das Weib bei den Naturvölkern

1. ABSCHNITT
Das Weib in anthropologischer Hinsicht

Wollen wir die *allgemeine Erscheinung* des Weibes bei den Naturvölkern würdigen, so müssen wir vor allem darauf Rücksicht nehmen, daß sich bei Naturvölkern das Leben nicht so glatt vollzieht wie bei uns Kulturmenschen. Gar viele Stämme sind in unwirtliche Gegenden gedrängt, in denen die Ernährungsmittel an sich unzulängliche sind, so daß die körperliche Erscheinung sich nicht frei entfalten kann. Wieder andere Stämme leben in Bezirken, die zeitweise Überschuß an Nahrung gewähren, zeitweise aber auch ebensoviel davon entbehren lassen. Hier bedingt die Unregelmäßigkeit der Ernährung ebenfalls eine *minderwertige Entwicklung*. Ferner ist zu bedenken, daß gar häufig die soziale Stellung des Weibes eine recht tiefe ist, daß ihm schwere, oft allzu schwere Arbeit aufgebürdet wird, die den Körper rasch dahinwelken läßt. Dieser schnelle Verfall wird durch die Mutterpflichten noch beschleunigt, denn bei Naturvölkern währen die Verpflichtungen der Mutter gegen die Kinder länger (Säugezeit oft 4 bis 5, ja bis zu 15 Jahren). So geschieht es, daß wir gar oft über sehr schöne Körperbildungen, besonders von jungen Mädchen, bei Naturvölkern erfreut sind, während wir bei den gleichen Stämmen wieder Frauen treffen, die wir als sehr häßlich bezeichnen. Freilich kommt dazu, daß wir uns gar zu oft von unserem *europäischen Schönheitsideal* leiten lassen und so der Allgemeinbeurteilung unseren Schönheitsbegriff unterschieben. Zweifelsohne sind aber Typen, die eine Formenwelt zeigen, die sonst *dem Alter angehört*, oder solche, die hochgradig *der männlichen Erscheinung sich nähern*, für den äußeren Eindruck des Weibes unschön und uncharakteristisch. Es ist daher zunächst von Interesse, jene *die beiden Geschlechter unterscheidenden Merkmale* ins Auge zu

fassen. Man unterschied dabei bisher die *primären Geschlechtsmerkmale*, d. h.
jene, die sich an die Geschlechtsteile, und die *sekundären* oder solche, die an die
übrigen Körperteile oder Extremitäten anknüpfen. Bei den primären Geschlechtsmerkmalen ist der Unterschied vom Manne klar; wir interessieren uns daher
hier nur soweit dafür, daß sie für Rassen und Altersstufen usw. charakteristisch sind,
möchten aber die Einteilung unsern modernen Auffassungen anpassen und zer-
legen dementsprechend die Geschlechtsmerkmale des Menschen in fünf Gruppen:
1. Die grundlegenden Geschlechtsmerkmale, die ihren Namen daher haben, daß
sie bestimmend für das Geschlecht des betreffenden Menschen sind, denn sie
produzieren Samen und Ei. Männlich ist, was Samenfädchen abgibt, weiblich,
was Eichen ablöst. Hoden und Eierstöcke sind also grundlegende Geschlechtsmerkmale. An diese Organe schließen sich dann *2. die wesentlichen Geschlechtsmerkmale* an. Sie sind für die normale Entwicklung des betreffenden Geschlechtes notwendig, denn sie umfassen die Leitungsorgane für die Geschlechtsprodukte
(Eileiter, Samenleiter), dann eine Reihe wichtiger Geschlechtsdrüsen, die man auch
akzessorische Drüsen (von lat. accedere: hinzutreten) nennt. Es sind dies die
Neben- und Beihoden, die Neben- und Beieierstöcke, die Bulbourethraldrüsen,
die Samenbläschen, die Prostata, die Littréschen und Skenéschen Drüsen. Weiterhin die Beiwohnungs- oder Kopulationsorgane (von lat. copulatio: Befruchtung),
also das männliche Glied und der weibliche Scheidenvorhof mit der Scheide
(Vagina). Zu ihnen tritt noch als Fruchtträger die Gebärmutter oder Uterus;
beim Manne gibt es noch ein verkümmertes Organ, das Webersche Organ oder
den Sinus prostaticus, welcher der weiblichen Scheide entspricht. Vgl. hier Abb. 1.
Die nächste Gruppe sind *3. die begleitenden Geschlechtsmerkmale*. Sie sind für
die Zeugung und das Werden der Frucht nicht direkt notwendig, aber sie sind
charakteristisch für die normale Ausbildung der beiden Geschlechter. Man hat
sie früher auch sekundäre Geschlechtsmerkmale genannt. Diese Merkmale, die
so recht die Verschiedenheit von Mann und Weib bestimmen, sind ungemein
zahlreich. Wir können nur die wichtigsten herausgreifen. Die Körpergröße des
Weibes ist allgemein geringer als die des Mannes; ein weibliches Wesen ist durchschnittlich 10 cm kleiner. Dementsprechend sind die Extremitäten beim Manne
größer und die Beinstellung des Weibes neigt mehr zu O-Beinen. Auch die
Knochen sind beim Weibe zarter gebaut als beim Manne. Der Schädel des

Mannes ist absolut größer als der des Weibes. Der durchschnittliche Rauminhalt des männlichen Schädels beträgt 1500 ccm, der des Weibes nur 1300 ccm. Dagegen ist das weibliche Becken weiter und ausladender angelegt. Sehr wichtig sind die Unterschiede am Kehlkopf. Er bleibt beim Weibe auf einer kindlichen Stufe stehen, während beim Manne zur Zeit der Geschlechtsreife die Stimmritze auf das Doppelte wächst und so der sogenannte Adamsapfel entsteht. Da damit auch die Stimmbänder wachsen, tritt die sogenannte Mutation der Stimme ein, so daß die weibliche Stimme eine Oktave höher bleibt als die des Mannes. Die Muskulatur des Weibes ist schwächer, und bei gleichem Körpergewicht besitzt das Weib etwa 10 kg weniger Muskelmasse als der Mann. Umgekehrt lagert sich beim Weibe mehr Fett ab. Die Hinterbacken, Oberschenkel, Brustdrüsen und der Venusberg werden so rundlicher geformt als beim Manne. Auch die Nervenmasse des Weibes ist größer als die des Mannes. Besonders besitzt das Weib mehr Hautnerven, hat also einen feineren Tast- und Drucksinn. Die Schmerzempfindlichkeit ist dagegen beim Manne größer. Die Haut des Weibes ist glatter und gespannter, zarter und durchscheinender, während die des Mannes pigmentreicher ist, d. h. mehr Hautfarbstoffe besitzt. Sehr wesentlich ist, daß der Hautgeruch des Weibes von ganz anderer Art ist wie der des Mannes, worauf wir später zurückkommen. Sehr charakteristisch für beide Geschlechter ist aber die Behaarung. Das weibliche Einzelhaar ist weicher und dünner, das Kopfhaar länger als das des Mannes. Besonders interessant ist aber, daß das neugeborene Mädchen eine Wollbehaarung (Lanugo, von lat. lana: Wolle) zeigt, die dem neugeborenen Knaben fehlt. Dieser besitzt dagegen eine kürzere oder längere Behaarung, die später verschwindet und zur Zeit der Pubertät (Geschlechtsreife) wieder auftritt. Mit dieser beginnt das Terminalhaarkleid (von lat. terminus: Grenze = am Ende auftretend, also Altershaarkleid) oder Fellhaarkleid zu wachsen, und damit zugleich die Geschlechtsunterschiede. Die Fellhaare sprießen beim Mädchen zuerst am Venusberg, später in den Achselhöhlen, beim Knaben über den Geschlechtsteilen, dann aber gleichzeitig in den Achselhöhlen, an der Oberlippe, an Kinn, Wange, Brust, Unterleib, manchmal auch am Rücken. Im fortgeschrittenen Alter tritt schließlich auch an den übrigen Körperstellen mehr oder weniger Behaarung auf, niemals aber an Hand- und Fußflächen. Das Kopfhaar ist beim Manne von kürzerer Lebensdauer als beim Weibe, wo man von einem Dauerwachstum sprechen kann. So kann man sagen, daß der Mann das Wollhaarkleid beseitigt und das Fellhaarkleid fördert, während das Weib das Wollhaarkleid teilweise behält. In der Behaarung der Geschlechtsgegend ist aber auch ein charakteristischer Unterschied zu verzeichnen. Beim Weibe erscheint sie als ein Dreieck, dessen obere Seite geradlinig oder sogar nach unten gebogen abschneidet, während beim Manne die Biegung nach oben ausladet, ja die Haare sogar manchmal in Form einer Spitze gegen den Nabel verlaufen. Der Damm (Gegend zwischen Geschlechtsteilen und After) ist beim Manne behaart, beim Weibe nicht. Weiterhin ist die weibliche Blase größer; das Weib kann daher den Urin länger halten als der Mann. Die Brustdrüsen formen sich beim Weibe rundlich hervorstehend durch Einpolsterung von Fett. Mit der Schwangerschaft entwickeln sich darin die Drüsenschläuche. Die Schilddrüse des Weibes ist kräftiger entwickelt und von größerer Bedeutung als beim Manne, dafür auch öfter Erkrankungen unterworfen. Mit der Schwangerschaft vergrößert sich beim Weibe auch der Hirnanhang bedeutend über den des Mannes. Sehr verschieden ist die Atmung beider Geschlechter. Das Weib atmet mehr mit der Brustmuskulatur (kostal), der Mann mehr mit den Bauchmuskeln (abdominal). Die Atemzüge des Weibes sind außerdem häufiger als die des Mannes. Die Zahl der roten Blutkörperchen des Weibes ist geringer und ebenso der Hämoglobingehalt. Auch der Blutdruck ist beim Weibe geringer; man zählt beim Manne durchschnittlich 72 Pulsschläge, beim Weibe 80 in der Minute. Das Frauenherz wiegt außerdem weniger als das des Mannes. Der Geruchsinn des Mannes ist besser entwickelt, während umgekehrt dasselbe vom Geschmackssinn beim Weibe gilt. Auch die seelischen Unterschiede sind bedeutend, vor allem rufen äußere Eindrücke beim Weibe leichter stärkere Gemütsbewegungen hervor als beim Manne.

Es entsteht nun die Frage: Was ist die Ursache dieser Verschiedenheiten? Dies erfahren wir durch die Betrachtung von: *4. Die beeinflussenden Geschlechtsmerkmale (die Drüsen der inneren Sekretion).* Froschmännchen bekommen bekanntlich an den Daumen ihrer Vorderfüße, wenn sie brünstig werden, Schwielen, die sie zum Umklammern der Weibchen bei der Begattung benötigen. Nußbaum kastrierte nun Froschmännchen, und die Daumenschwielen blieben aus. Er spritzte nun diesen kastrierten Froschmännchen Hodenbrei von anderen Froschmännchen ein, und sofort bildeten sie wieder Daumenschwielen; also geht von den Hoden etwas aus, das die Bildung der Schwielen verursacht. Hier knüpfte nun Steinach an. Er spritzte kastrierten Froschmännchen, die weder Schwielen noch Umklammerungstrieb besaßen, Hodenbrei von brünstigen Froschmännchen ein; bald darauf trat beides ein. Der Umklammerungsreflex mußte aber selbstverständlich durch das Nervensystem hervorgerufen werden; es bedurfte also des Nachweises, wodurch dieses zur Auslösung des Reflexes veranlaßt wurde. Steinach nahm an, daß das Gehirn beeinflußt sei und spritzte daher kastrierten Froschmännchen einen Brei aus dem Gehirn und dem Rückenmark von brünstigen Fröschen ein. Folgerichtig wurde der Umklammerungsreflex ausgelöst. Dies geschah aber nicht, wenn er Hirnbrei von nicht brünstigen Fröschen wählte. Dadurch war bewiesen, daß durch einen bestimmten Stoff, der den Hoden entstammte, das Gehirn in seiner Wirkung verändert, daß es im geschlechtlichen Sinne beeinflußt wird. Diesen rein chemischen Vorgang nennt Steinach die „chemische Erotisierung". Nun kastrierte Steinach sehr junge (etwa 3 bis 6 Wochen alte) Rattenmännchen. Es zeigte sich, daß alle jene Merkmale, die mit dem Wesen eines männlichen Tieres zusammenhängen, unentwickelt blieben; sie blieben auf „kindlicher" Stufe stehen. Nähte er nun solch kastrierten Rattenmännchen an irgendeiner Körperstelle Hoden ein, so erfolgte die Entwicklung ganz normal; aber nur dann, wenn diese Hoden angewachsen waren. Untersuchte man jetzt solche angewachsenen Hoden, so fand sich, daß die Samenkanälchen verkümmert, die Zwischenzellen aber stark ausgebildet waren. Damit war erwiesen, daß in allererster Linie diese Zwischenzellen den Stoff absondern, durch den sowohl die Ausbildung der begleitenden Geschlechtsmerkmale als auch die chemische Erotisierung erfolgte. Da von dieser Absonderung vor allem auch die Pubertät oder Geschlechtsreife abhängt, so bezeichnete Steinach diese Zwischenzellen auch als „Pubertätsdrüse". Ganz ähnlich — allerdings viel komplizierter — konnte der Vorgang im weiblichen Sinne bei den Eierstöcken nachgewiesen werden. Nun war die Frage wichtig, ob es gleich sei, wenn man Hoden oder Eierstöcke einnäht. Da zeigte sich nun interessanterweise, daß durch Einnähen von Eierstöcken bei kastrierten Männchen dessen männliche Geschlechtsteile nicht entwickelt werden, und daß das Umgekehrte beim Weibe der Fall ist. Also enthalten Hoden und Eierstöcke vielleicht verschiedene Stoffe oder eventuell verschiedene Dosierungen; jedenfalls regen die Hoden die Entwicklung

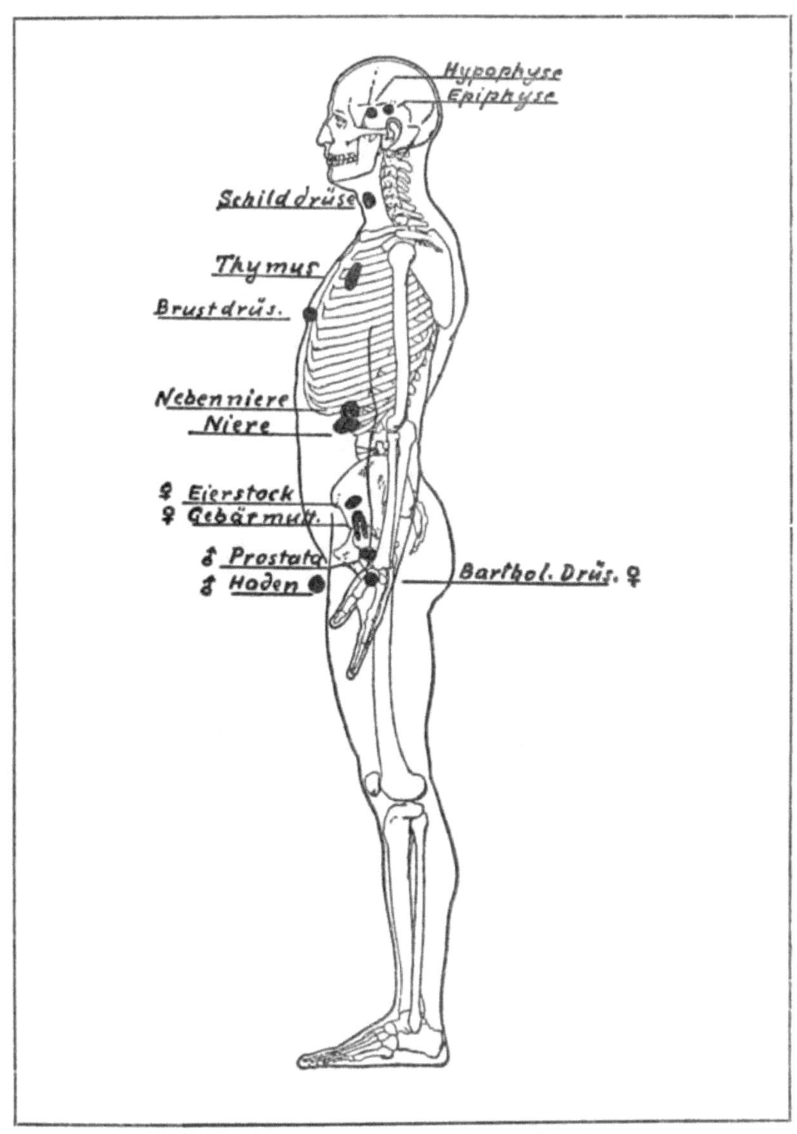

Zeichn. 1. Lage der Drüsen mit innerer Sekretion.

der männlichen Eigenschaften, die Eierstöcke die der weiblichen Eigenschaften an und beide wirken im entgegengesetzten Geschlecht hemmend. Bei Männchen mit eingenähten Eierstöcken entwickelten sich außerdem die begleitenden Geschlechtsmerkmale mehr weiblich, bei Weibchen mit eingenähten Hoden dagegen mehr männlich. Ja, die Männchen, denen Eierstöcke eingenäht waren, entwickelten genau dieselbe Brustdrüse wie normale Weibchen und stillten die Jungen besser als diese. Solche abgesonderte Stoffe nennt man *Sekrete der inneren Sekretion oder Reizstoffe (Hormone)*.

Der Mensch besitzt aber noch mehrere solcher Drüsen, die wir noch kurz betrachten wollen. Zunächst unterscheidet man Drüsen mit einem Ausgangskanal nach außen; sie geben ihre Sekrete nach außen ab, so die Speicheldrüse, die Galle, die Schweißdrüsen. Es gibt aber auch Drüsen, die diesen Ausführungsgang nicht besitzen; sie geben ihre Sekrete nach innen, also direkt ins Blut ab. Man nennt sie daher Blutdrüsen oder Drüsen der inneren Sekretion (Zeichn. I). Hoden und Eierstöcke tun beides. Durch Samen- und Eileiter geben sie ihre äußeren Sekrete nach außen ab, ihre inneren Sekrete aber gehen direkt in den Blutumlauf. Alle diese Drüsen sind für den menschlichen Organismus von höchster Wichtigkeit, denn sie regeln alle Vorgänge mehr oder minder, beeinflussen unser Wachstum, den Blutumlauf, die Ausbildung der verschiedensten Körpermerkmale, unser geistiges Leben, unseren Gemütszustand. Ob wir heiter oder traurig gestimmt sind, ob wir in Wut geraten, ob wir Liebe oder Abneigung empfinden, ob unser Geschlechtsleben normal oder anormal verläuft, ist von diesen Drüsen abhängig. Uns interessiert nun zunächst, daß ein Teil dieser Drüsen der Entwicklung des Geschlechtslebens entgegenwirkt, der andere Teil dieses aber fördert. Da steht an erster Stelle die Thymus- oder Brieseldrüse. Sie liegt auf der Brust unter dem Brustbein, ist bei den Kindern stark entwickelt und bildet sich vom 10. Lebensjahr ab zurück. Sie hemmt die Entwicklung der Geschlechtsorgane und beherrscht so die Zeit des Keimschlafes des Kindes, d. h. jene Periode, die bereits in den ersten Monaten des Embryo (der Frucht im Mutterleibe) beginnt und bis zum Beginn der Geschlechtsreife andauert. In ähnlichem Sinne wirken neben ihr zunächst zwei Drüsen an der Unterseite des Gehirnes, die Hypophyse (von griech. hypo: unten und physis: Wachstum) und die ihr benachbarte Epiphyse. Die Hypophyse oder der Hirnanhang besteht aus einem hinteren und einem vorderen

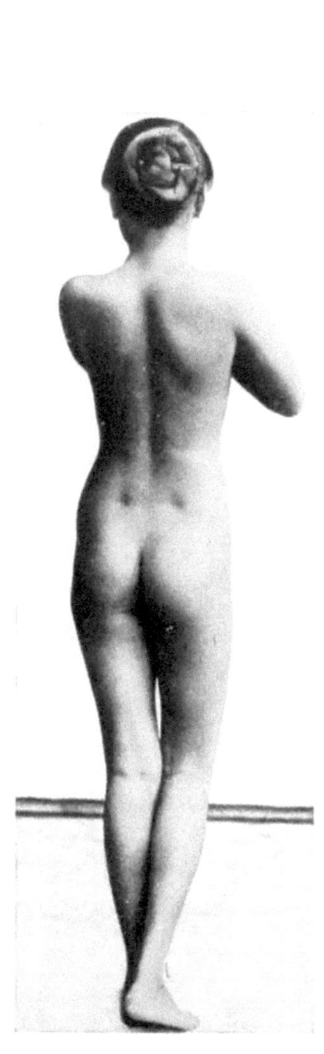

Abb. 20. Lendengrübchen bei
einem Mädchen aus Java.

Anthrop. Ges., Berlin.

Abb. 21.
Kreuzbeinraute bei einer Mulattin.

Phot. C. Gunther, Berlin.

Abb. 22. Zulukafferweib.

Nach Friedenthal.

Abb. 23.
Chippeway-Indianerin mit Kind.
Nach M'Kenney.

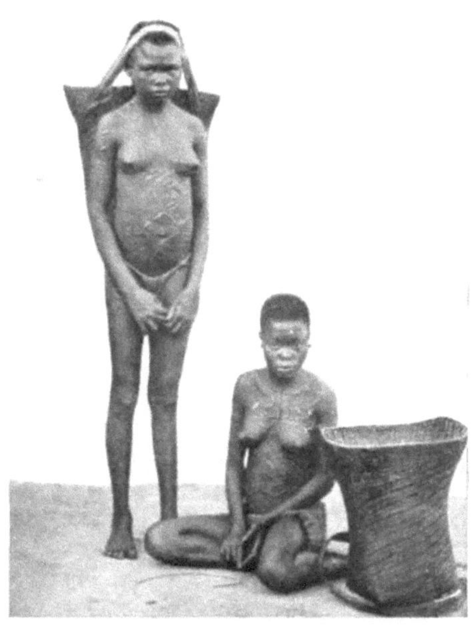

Abb. 24. Lunda-Mädchen (Angola).

Abb. 25. Hottentottin
mit Steatopygie.

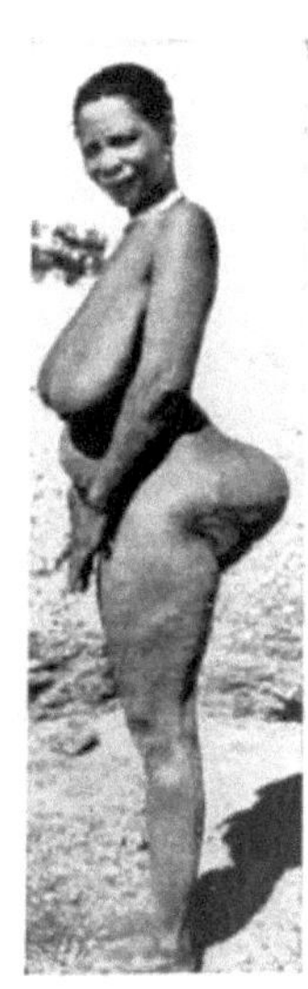

Abb. 26. Hottentottin von
Berseba mit Steatopygie.
1,48 m groß, ca. 40 Jahre alt.

Abb. 27. Weiber aus Ostperu.
Phot. Kröhle.

Abb. 28. Wozulen-Mädchen.

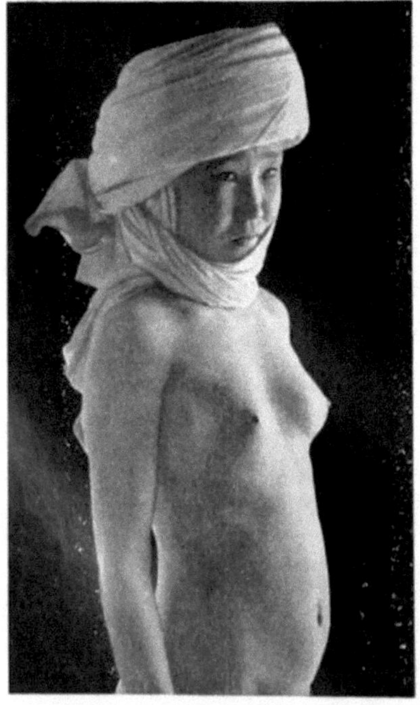

Abb. 29. 33 jährige Kirgisin.

Abb. 30. Ainu-Mädchen.

Lappen. Der hintere Lappen enthält Pituitrin, das Geburtswehen verursacht, während das Sekret des vorderen Lappens besonders Einfluß auf das Wachstum hat. Es verhindert nämlich die Verkalkung der Knochen, so daß das Körperwachstum unter seiner Wirkung andauert, bis es von der Gegenwirkung der Geschlechtsdrüsen gehemmt wird. Zu geringe Funktion ruft den bekannten Zwergenwuchs, Vergrößerung aber Riesenwuchs hervor. Bei Geschwülsten der Hypophyse beobachtet man Verkümmerung der Geschlechtsteile, Stehenbleiben auf kindlicher Stufe und Fettsucht, bei Herausnahme hört die Bildung von lipoider Substanz und die Follikelreife in den Eierstöcken auf (siehe später). Die *Epiphyse oder Zirbeldrüse* bildet sich ebenfalls schon im Kindesalter teilweise zurück, ohne aber ihren Einfluß zu verlieren. Auch sie wirkt hemmend auf die geschlechtliche Entwicklung. Von besonderer Bedeutung scheint die Schilddrüse oder die Thyreoidea (von griech. thyreos: viereckiger Schild). Sie ist seitlich vom Kehlkopf am Halse leicht zu fühlen. Ihre Vergrößerung ist der Kropf. Störungen führen zu geistiger Minderwertigkeit oder Verblödung (dem sogenannten Kretinismus, der wieder mit Stehenbleiben des Wachstums, Verkümmerung der Geschlechtsteile und manchmal mit Kropf Hand in Hand geht). Von besonderem Interesse ist, daß sich die Schilddrüse bei Frauen während der Schwangerschaft (wirkliche Hypertrophie) und während der Menstruation (Hyperämie) vergrößert. An der Schilddrüse selbst befinden sich die Nebenschilddrüsen (Parathyreoidea; von griech. para: an den Seiten). Ihre Wegnahme zieht den Tod nach sich, denn sie zerstören gefährliche Giftstoffe, die sich im Körper bilden. Alle diese Drüsen wirken mehr oder weniger der Entwicklung der Geschlechtsorgane und teilweise der Geschlechtsmerkmale entgegen. Mehr in deren Sinne wirken dagegen die Nebennieren (glandulae suprarenales). Sie bestehen aus zwei Schichten, einer Rinden- und einer Markschicht. Beide sondern ein Sekret ab, und diese Sekrete stehen sich in ihrer Wirkung entgegen. Die Rindensubstanz wirkt arterienerweiternd und setzt so den Blutdruck herab, während die Marksubstanz Adrenalin (oder Suprarenin) absondert, das die Arterien verengt und den Blutdruck steigert. So regelt die Nebenniere wie eine feine Waage den Blutkreislauf. Die Rindensubstanz scheint aber auch durch Vernichtung von Ermüdung schaffenden Giftstoffen sehr wichtig zu sein, denn die Zerstörung der Rindensubstanz hat den Tod zur Folge. Spritzt man Adrenalin Tieren ein, so treten Wuterscheinungen auf und die Rückenhaare sträuben sich. Die Nebenniere hat auch Einfluß auf Bartbildung der Frauen, auf Frühreife, auf Hermaphroditismus, Pigmente usw. Ihre Sekrete scheinen es auch zu sein, welche die Thymusdrüse zerstören und so langsam die Periode des Keimschlafes des Kindes, in der die geschlechtliche Entwicklung ruht, beenden. Damit beginnt die Zeit der Geschlechtsreife oder die Pubertät (14. bis 20. Lebensjahr), die mit dem 20. Lebensjahr, in dem ungefähr das Wachstum beendet ist, in die Periode der Geschlechtstätigkeit übergeht. Von der Pubertät ab treten die Geschlechtsdrüsen oder Gonaden in den Vordergrund, wie wir oben bereits sahen. Während nun beim Manne die Hoden in ihrer Tätigkeit ziemlich klar sind, ist dies bei den Eierstöcken des Weibes weniger der Fall; um aber die innere Sekretion der Eierstöcke zu verstehen, bedarf es näherer Ausführungen. Der Eierstock besteht aus dem Bindegewebe, das ihn als Hülle umgibt, der *Drüsensubstanz (Rindenschicht)* und der *Marksubstanz*, d. h. dem innersten, von Gefäßen durchzogenen Teil (Abb. 2, 3). In dieser Rindensubstanz vollzieht sich nun ein ganz besonders wichtiger Vorgang, die Bildung der *weiblichen Geschlechtszellen (Follikeln)* in drei Stufen, dem *Primordialfollikel*, dem *reifenden Follikel* und dem *Graafschen Follikel*. Der Primordialfollikel stellt das ursprüngliche Ei, umgeben von kubischen Zellen, aus denen später Follikelepithelien entstehen, dar. Im Zustand der Reife vermehren sich diese und umwuchern die Eizelle, die so zu einem Bläschen wird, das sich mit *Flüssigkeit (Liquor folliculi)* füllt und nun *Graafscher Follikel* genannt wird (Abb. 4 und 5). Es wird umgeben von einer Schicht, die aus Bindegewebe mit reichlich Blutgefäßen *(Theca externa)* und einer zweiten Schicht von sehr lockerem Gewebebestand *(Theca interna)* besteht. Diese enthält dagegen kleine lipoidhaltige Körnchen, das Lutein, einen gelblichen Farbstoff, weshalb man von *Thecaluteinzellen* spricht (Abb. 6), und grenzt nach innen an eine dünne Membran, die *Basalmembran,* die in die *Membrana granulosa* übergeht, aus der auch der *Cumulus oophorus,* in dem das Ei eingebettet ist, besteht. Nach Eintritt der Reife platzt nun regulär während der Zeit der geschlechtlichen Funktion des Weibes allmonatlich ein solcher Follikel und stößt ein Ei aus. Der Vorgang heißt *Ovulation.* Mit diesem Geschehen geht aber ein wichtiger — vielleicht der wichtigste — physiologische Vorgang im weiblichen Geschlechtsleben, die *Menstruation,* Hand in Hand. Ist die Ovulation erfolgt, dann füllt sich der geplatzte Follikel mit gelblichen Zellen, über deren Herkunft noch Unklarheit herrscht. Er wird deshalb gelber Körper (corpus luteum) genannt. Wird nun das Ei nicht befruchtet, dann bildet er sich sehr rasch zurück, um einem neuen Platz zu machen; wird es dagegen befruchtet, dann hält er mindestens während eines Teiles der Schwangerschaft an und heißt corpus luteum gravidatis; er zerstört dann jedesmal die sich allmonatlich bildenden Follikeln, aus deren Gewebe — das viele Thecaluteinzellen enthält — wie es scheint, neue Zwischenzellen im Eierstock gebildet werden. Demnach ist beim Weibe die innere Sekretion des Eierstockes an drei Gewebeteile geknüpft: an die Follikeln, an das corpus luteum und an die noch nicht allgemein anerkannten Zwischenzellen; man nimmt an, daß die Sekretion der Follikeln die schwächste, die des corpus luteum aber die stärkste ist, besonders die des corpus luteum gravidatis. Durch das corpus luteum wird also ein Einfluß auf die Menstruation ausgeübt, jedes vorhergehende wird durch das nachfolgende zerstört, so daß so lange eine Menstruation eintritt, als eben kein Eichen befruchtet wird. Ist dies der Fall, dann entsteht ein corpus luteum gravidatis, das die Reifung weiterer Follikeln verhindert. Ihr Gewebe bildet dann neue Zwischenzellen, und die Menstruation bleibt aus. Die Menstruation selbst verläuft also parallel zur Ovulation, denn sie bleibt aus, wenn man das frische corpus luteum ausbrennt. Die Menstruation zerfällt nun in vier Abschnitte; je nachdem die Gebärmutterschleimhaut mit Blut gefüllt ist. Zunächst beobachten wir eine Ruhezeit, die bis 14 Tage dauert. In ihr ist die Gebärmutterschleimhaut normal und durchfeuchtet sich erst gegen Schluß dieser Zeit. Dann schwillt sie sehr stark durch Überfüllung mit Blut an (Vorläuferzeit). Sie ist jetzt vorbereitet für die Aufnahme eines befruchteten Eies. Bleibt die Befruchtung aus, dann war die Vorbereitung umsonst, die feinen Blutgefäße platzen und geben das Blut nach außen ab. Man kann also die Menstruation als die Geburt eines unbefruchteten Eies bezeichnen. Es folgt dann die Nachmenstruationszeit, in der die Gebärmutterschleimhaut wieder in ihren alten Zustand zurückkehrt. Man glaubt, daß in dieser Zeit oder am Anfang der Ruhezeit das Platzen eines neuen Follikels erfolgt und so der Kreislauf wieder beginnt. Das corpus luteum gravidatis bereitet aber auch die Brustdrüsen auf ihre neue Funktion vor, indem es ihr Wachstum veranlaßt. In der zweiten Hälfte der Schwangerschaft vernarbt das corpus luteum und es scheint, daß jetzt die Zwischenzellen (die weibliche Pubertätsdrüse) die sekretierende Funktion übernehmen, bis wieder ein neues corpus luteum gebildet ist. Hört nun mit dem Erlöschen der Follikelreifung beim Weibe die Menstruation auf, dann tritt das Klimakterium (von griech. klimakter: Leiter, also Zeit, in der es anfängt, abwärts zu gehen), die Wechseljahre ein. Die damit Hand in Hand gehenden Störungen der inneren Sekretion bringen die sogenannten Ausfallserscheinungen hervor, die sich in Herzklopfen, Blutandrang zum Kopf, Angstgefühl, Schwindel, Schlaf- und sonstigen Störungen äußern und auf eine erhöhte Tätigkeit der Nebennieren zurückzuführen sind. Aber auch Mutterkuchen (Placenta) und der Fötus (das sich entwickelnde Kind) (Abb. 7 und 8) selbst üben eine innere Sekretion aus, die vor allem auf das Wachstum der Milchdrüsen einwirkt. Mit der Geburt hört natürlich diese Sekretion auf und die Milchabsonderung beginnt. Es wird auch behauptet, daß die wachsenden Brustdrüsen ein Sekret abgeben, das auf die Gebärmutter zusammenziehend wirkt, demnach die Wehen unterstützt. Wir haben es also beim Weibe mit sehr komplizierten Vorgängen zu tun, die noch viel der Klärung bedürfen.

Betrachten wir nun noch einige Momente, die für die Anthropologie und Ethnologie der Geschlechtsteile von Interesse sind. Leider sind die Forschungen hier noch sehr wenig weit gediehen, denn man darf annehmen, daß gerade die weiblichen Geschlechtsteile für die Rassenbestimmung sehr wichtig werden. Aus der Beschaffenheit des *Mons veneris (Geschlechtshügels)* kann zweifelsohne auf die Stellung des Beckens geschlossen werden. Man hat zunächst zwischen stark und schwach gewölbtem Mons veneris zu unterscheiden. Im ersten Fall ist das Becken wenig, im zweiten stark geneigt. Negerinnen und Feuerländerinnen haben ihn sehr schwach gewölbt, während die Polynesierinnen (Samoanerinnen) und überhaupt die Malaiinnen sehr stark gewölbten Mons veneris besitzen. Die mehr oder minder starke Ablagerung von Fett spricht dabei sehr mit. Auch der *Haarwuchs* ist für die Rassenunterscheidung wichtig. Er folgt dabei im wesentlichen der Körperbehaarung überhaupt. Feuerländerinnen, Südamerikanerinnen, Frauen der Buschmänner und Hottentotten haben schwache Behaarung, während die Dayakweiber, die Melanesierinnen, Polynesierinnen, vor allem aber die Ainufrauen sehr starke Behaarung aufweisen. Sehr kräftig und noch dazu rotgefärbt sind die Haare bei den Weibern des Bismarckarchipels. Ebenso bedingt die Stellung des Beckens die *Lage der Gebärmutter* und damit der *äußeren Geschlechtsteile*. Bei Naturvölkern sind wir sehr wenig darüber unterrichtet; in Europa liegen im allgemeinen die äußeren Geschlechtsteile bei den Nordländerinnen tiefer als bei den Südländerinnen. Von den Feuerländerinnen, Togonegerinnen und anderen Völkern wird uns berichtet, daß die Genitalien überhaupt weniger gut ausgebildet sind. Die Hottentottenfrauen hingegen bilden das Extrem nach der anderen Seite. Hier sind die kleinen Geschlechtslippen läppchenartig vergrößert, und selbst der Kitzler ist von auffallender Länge. Man hat diese Abnormität, die übrigens auch sonst — selbst in Europa — vorkommt, *Hottentottenschürze* (siehe später) genannt. Vielleicht ist sie Rassenmerkmal und in Europa Nachklang einer in der späteren Bevölkerung aufgegangenen Urrasse. Daß ein solches Merkmal bei den Hottentotten ein Charakteristikum des Schönheitsideals ist und so künstlich gefördert wird (durch Ziehen, was schon die kleinen Mädchen tun), ist klar. Auch in Dahomey (Westafrika) werden Mädchen mit verlängerten Geschlechtslippen bevorzugt, während sich die Weiber von Betschuanaland (Südafrika), dann die Mandingofrauen, die Abessinierinnen usw. durch große Kitzler auszeichnen. Die Verlängerung der kleinen Lippen kommt außerdem in Neubritannien, bei den Kamtschadalinnen, beim koreanisch-mandschurischen Typus der Japanerinnen vor. Was nun die *Geschlechtsteile* selbst anbelangt, so sind sie bei Feuerländerinnen und Woloffinnen (Afrika) schwach entwickelt, es mangelt das Fettpolster der Labia majora, und die Klitoris ist klein geblieben. Interessant ist, daß der langschädeligen Bevölkerung der Inseln Leti Maa und Lakor Frauen mit länglichrunder Geschlechtsspalte, der breitschädeligen solche mit rudimentären Nymphen angehören. Von den Kamtschadalinnen erfahren wir, daß sie besonders große weite Geschlechtsöffnung haben. Sie tragen darin Kränzchen aus Birkenrinde, ähnlich wie die Ostjakinnen einen Büschel Seidenbast; damit dieser nicht herausfällt, benutzen sie einen Gürtel, von dem eine Binde zwischen den Beinen durchgeht, was für die Menstruation von großer Bedeutung ist.

Den Übergang zu den begleitenden Merkmalen bildet die *Brust*, die vom genetischen Standpunkte aus überhaupt bereits zu diesen zu rechnen ist. Man darf wohl Bartels zustimmen, daß die Brust für die Rassenunterscheidung ziemlich wichtig werden wird, wenn einmal wirklich genaue Beobachtungen vorliegen; das Material ist an sich recht gut in dem oben erwähnten Werk von Ploß-Bartels (Band I) zusammengetragen. Im Grunde genommen kann man sagen, daß die Brüste der Asiatinnen (besonders im Norden) und der Europäerinnen (Abb. 11, Lappin), in gewissem Grade auch der Ozeanierinnen (Abb. 13) halbkugelförmig, während die der Zentralafrikanerinnen (Abb. 12) und Amerikanerinnen (Abb. 9) mehr konisch und in die Länge gezogen sind. So haben die der ersten Gruppe mehr die Möglichkeit in sich, dauernder zu sein als die der zweiten Gruppe. Selbstverständlich darf die Beobachtung nur bei Weibern gemacht werden, die noch nicht geboren haben, da durch die Schwangerschaft die Form der Brust sich ändert und die Hängebrust aufzutreten beginnt. Trotzdem kann man bei Afrikanerinnen beobachten, daß diese Formveränderung schon häufig vor dieser Zeit eintritt. Auch der *Warzenhof* ergibt dieselbe Gruppierung; während er in Nordasien und Europa (vgl. Abb. 11) scheibenförmig den Brusthügeln aufsitzt, erscheint er bei Afrikanerinnen, denen hier allerdings teilweise auch die Ozeanierinnen (Abb. 10, 13) folgen, mehr erhaben halbkugelförmig. Dies bestätigen die zahlreichen Einzelnotizen. So berichtet Steller über die Itälmenerinnen (auf Kamtschatka): „Die Weibspersonen haben kleine runde Brüste, die bey vierzigjährigen Frauenzimmern noch ziemlich hart sind und nicht bald hängend werden." Für die Wedda in Ceylon heben die Vettern Sarasin hervor, daß bei jungen Mädchen die Brüste leicht kegelförmig sind, während sie später zu starken Beuteln werden. Jederzeit ist aber die Warze groß und zylindrisch. Interessant sind die Ausführungen von Jacobs über die Weiber von Atjeh auf Sumatra. Hier unterscheiden auch die Eingeborenen eine kugelrunde und eine spitzige Form der Mädchenbrust und nennen die erstere Form tek broek = halbe Klappertopf-(Kokosnußschalen-)Brust, die zweite tek djantoeng = Pisangblütenherzbrust. Für viele Ozeanierinnen ist charakteristisch, daß der Warzenhof halbkugelig auf der Brust aufsitzt und so wie abgeschnürt aussieht. Miklucho-Maclay beobachtete dies sowohl bei den Papuas von Neu-Guinea als bei Polynesierinnen. Die Brüste der Melanesierinnen bezeichnet Fintsch als gut geformt (Abb. 13), in der Jugend mit Neigung zur Fülle; aber schon nach dem ersten Kindbett, oft auch schon vorher, werden sie hängend (Abb. 46). Bei den Polynesierinnen dagegen ist eine Entwicklung zur spitzen Form fast unverkennbar (Abb, 43), wozu die oben erwähnte Abschnürung wesentlich beiträgt. Von der Brust einer etwa 16—18jährigen Australierin sagt Virchow: „Die Büste der Tagarah ist von großer Schönheit, ihre Brüste sind von streng jungfräulicher Beschaffenheit; die vollen Brüste halbkugelig, oben etwas flacher, unten stärker gewölbt, ein großer, im ganzen etwas vortretender Warzenhof mit flacher, rundlicher Warze." Über die Negermädchen sagt Hartmann: „Viele Negermädchen haben in der Jugend eine anmutige, weich und grazil geformte Büste. Die Brustdrüsen sind dann halbkugelig hervorstehend, prall, unten gewölbter, oben flacher (Abb. 17). Der Warzenhof ist, wie bei manchen unserer jungen Mädchen, ebenfalls gewölbt und von einer kurzen Warze überragt. Häufiger aber zieht sich bei selbst jungen nigritischen Frauenzimmern die Brust mehr oder minder spitzkugelig nach außen. Kegelförmig entwickelt sich dann auch der Warzenhof, weniger die Warze. Das gewährt einen unschönen Anblick (Abb. 12). Noch mehr verliert sich das Ästhetische der weiblichen nigritischen Torsobildung, wenn solche spitzkugelförmigen Brüste früh welken und sich herabhängen. Nach Geburten können daraus schlappe, schmale, spitzige Hautfalten werden. Bei noch anderen Nigritierinnen zeigt sich ein in der Jugendblüte breiter, hoher, voller, manchmal übervoller Busen. Aber auch der welkt früh dahin und erhalten sich an seiner Statt nur breitere, ebenfalls flache, leeren Tabaksbeuteln gleichende Reste." Südafrika zeichnet sich durch große Brüste aus, die bei den Hottentottinnen und Buschweibern meist hängend und sehr unschön sind (Abb. 14). Hübscher sind dagegen die Brustbildungen der Kaffernmädchen. Bald erreichen sie allerdings zumeist große Fülle und werden hängend (Abb. 22, 50). In Amerika gilt ähnliches. Die Frauen der Feuerländer haben üppige Brüste, die hübsch sind, obwohl sie Neigung zum Hängen zeigen (Abb. 59). Bei den südamerikanischen Indianerinnen finden wir dagegen in der Jugendzeit sehr hübsche Formen (Abb. 16), im Alter werden sie allerdings auch hier spitz und hängend (Abb. 15). Der Warzenhof ist zumeist groß. Die nordamerikanischen Weiber zeigen weniger starke, die Eskimofrauen dagegen sehr stark entwickelte Brüste. Damit kommen wir zu den eigentlichen *begleitenden Geschlechtsmerkmalen*. Da ist zunächst der *Gesamtkörper*, der unser Interesse beansprucht. Wohl bei allen Völkern der Erde ist der *Rumpf* des Weibes länger als der des Mannes, Arme und Beine aber kürzer. Das Volumen des *Brustkastens* ist im allgemeinen beim Weibe geringer, weshalb die Menge der Ein- und Ausatmung ebenfalls kleiner ist. An der Brustlänge fehlt dem Weibe etwa eine Rippenbreite, daher ist die *Luftröhre* kürzer, was zu höherer Stimmlage beiträgt. Die *Kiefergelenke* sind beim Weibe schwächer, das *Gesicht* ist kleiner, ebenso bei allen Völkern der *Hinterschädel* des Weibes. *Schädelgewicht* und *Schädelinhalt*, dann *Horizontalumfang* und *Schädeldurchmesser* sowie *Gehirn* sind ebenfalls kleiner. Die *Haut* ist zarter und zumeist heller als die des Mannes, das *Haar* länger, die *Körperbehaarung* dagegen geringer. Die *Muskulatur* ist nicht so stark entwickelt, nur die Zunge des Weibes ist originellerweise schwerer als die des Mannes; dagegen ist die *Fettbildung*, besonders des Unterhautfettes, größer. Der *Puls* schlägt schneller (10 bis 14 Schläge pro Minute mehr), womit auch die größere Reizbarkeit des Weibes zusammenhängt. Schon aus all den vorausgehenden Betrachtungen zeigte sich, *daß bei tieferstehenden Völkern die Unterschiede zwischen Mann und Weib geringer sind als bei höherstehenden*, daß also die Kultur auch eine stärkere Differenzierung der Geschlechter bedingt. Wenn also ein Zweig der modernen Frauenbewegung nach geringer Differenzierung strebt, so erhebt er eine tiefere Kulturstufe zu seinem Ideal. Henning betont das gleichfalls, wenn er sagt: „Je roher ein Volk, um so verwischter stellen sich die geschlechtlichen Unterschiede am knöchernen (weiblichen) Becken dar. Die Darmbeinschaufeln rücken tierähnlich mehr nach hinten oben; dies ist bedingt durch die den Frauen und Mädchen aufgebürdete schwere Männerarbeit, wodurch das Becken zugleich eckiger, den Muskelursprüngen und -ansätzen entgegenkommender wird." Dies führt uns aus das wichtigste sekundäre Geschlechtsmerkmal, das *Becken*. Es ist beim Weibe breiter als beim Manne. Dadurch wird eine größere Konvergenz der Oberschenkelknochen herbeigeführt, ein Unterschied, der sich schon lange vor der Geburt ausbildet. Waldeyer sagt: „Das Becken des Weibes ist niedriger und geräumiger, seine Darmbeinschaufeln liegen flacher, der Schambeinwinkel ist erheblich größer, mehr einem Bogen als einem Winkel gleich." Beim normalen Weibe übertrifft der Beckendurchmesser die Schulterbreite, und je mehr das der Fall ist, desto größer wird die Konvergenz der Oberschenkel. Daraus entspringt wieder jene Neigung zur X-Beinigkeit, die wir bei den Weibern mancher Völker beobachten, so bei den Samoanerinnen und

Gilbertinsulanerinnen. Sehr wichtig für die Anthropologie wird die Neigung des Beckens werden. Form und Stellung des Beckens bedingt zwei äußerliche Erscheinungen: die *Lendengrübchen* und die *Kreuzraute.* Die Lendengrübchen (Abb. 20) finden sich beim Weibe stets, beim Manne nur in rund 20%. Es sind zwei Vertiefungen oberhalb der Hinterbacken, die durch ein kleines, an dieser Stelle von Muskeln freies Knochenstück verursacht werden. Durch dieses Knochenfeld wird zugleich ein mit der Spitze nach abwärts stehendes Dreieck gebildet: das Kreuzbeindreieck, dessen andere Ecken die Lendengrübchen sind. Manchmal findet sich über ihm ein weiteres Grübchen, das dann mit den Endpunkten des Dreiecks eine Raute, die Kreuzraute (Abb. 21), bildet. Auch sie kommt fast nur bei Weibern vor. Auf die *Gestaltung des Beckens* wirkt zweifelsohne die Tätigkeit und Lebensweise des Weibes ein, besonders die Art, wie es die Kinder trägt. Viele Naturvölker pflegen diese bis in fortgeschrittenes Alter während der Arbeit auf dem Rücken zu tragen (Abb. 23), so daß ein starker, fortwährender Druck auf die Lendensäule ausgeübt wird, aus dem eine größere Neigung des Beckens resultiert. Die Form des Beckens hat aber sicherlich großen Einfluß auf die *Schädelbildung* des Kindes, und schon Weber hat dementsprechend die Beckenformen bestimmten Rassengruppen zugewiesen, so die ovale den Kaukasierinnen, die vierseitige den Mongolinnen, die runde den Amerikanerinnen, die keilförmige den Negerinnen. Neuerdings hat Martin diese Unterscheidung vereinfacht; er weist Becken mit rundem Eingang den Urbewohnern Amerikas, Australiens, Südasiens und Ozeaniens, Becken mit querovalem Eingang den Afrikanerinnen und Europäerinnen zu. Für die äußere Erscheinung der Beckengegend ist die Entwicklung des *Fettpolsters,* besonders an den Hinterbacken, von größter Wichtigkeit. Ihre extremen Grade bezeichnet man mit *Steatopygie.* Sie findet sich in Afrika und wohl auch im prähistorischen Europa (Abb. 19), am ausgeprägtesten bei den Buschweibern, Korannafrauen und Hottentottinnen (Abb. 25 und 26), während umgekehrt die Weiber der Loangoküste oder Angola (Abb. 24) wieder gar keine Fettentwicklung zeigen und außerdem sehr schmal gebaute Becken besitzen, so daß, wie Falkenstein berichtet, beide Geschlechter von hinten gar nicht zu unterscheiden sind.
Daß natürlich alle diese Merkmale nicht nur die *Schönheit* selbst, sondern auch die *Auffassung von dem, was schön ist,* wesentlich beeinflussen, ist klar. Es

ist ja überhaupt sehr schwer, zu sagen, dieses oder jenes weibliche Wesen ist schön, sehr schön. Man wird immer Widerspruch begegnen. Und was unter uns Menschen, die wir doch unter nahezu gleichen Verhältnissen aufwachsen, gilt, das gilt natürlich um so mehr zwischen uns und den Naturvölkern. Unsere Schönheitsbegriffe decken sich zumeist nicht. Wir haben also stets zu unterscheiden zwischen einer Erscheinung, die unter ihren Stammesgenossen für hübsch gilt, und einer solchen, die wir für hübsch finden. Da unsere Auffassung natürlich auch nur Ansichtssache ist, so kann man über ihre Berechtigung oft streiten. *Eine* Norm darf man aber auf alle Fälle aufstellen: *Unschön sind Weiber, deren Erscheinung männliche Züge trägt, deshalb, weil darin eine Verneinung des weiblichen Wesens liegt.* Bei Naturvölkern besteht nun allerdings dazu häufig eine gewisse Neigung, zumal bei den Indianern Nord- und Südamerikas (Abb. 27). Dieser Eindruck wird dann noch erhöht durch die sehr ähnliche einfache Tracht beider Geschlechter und den Mangel des Bestrebens, die sekundären Geschlechtsmerkmale zu betonen, wofür unsere europäischen Frauen und Mädchen so viel Geschick besitzen. Woher kommen diese *männlichen Erscheinungen?* Zweifelsohne liegt die Disposition bereits in den Merkmalen der Rasse, d. h. im Wesen der *Inneren Sekretion.* Wir sahen oben, daß es von ihrer Tätigkeit abhängt, ob der werdende Mensch sich zu jener Form bildet, die wir männlich, oder zu jener, die wir weiblich nennen. Ein stärkeres Vorhandensein männlich beeinflussender Sekrete wird also auch im weiblichen Körper männliche Formmomente anlegen. Daß sie sich aber weiterentwickeln, liegt in den Arbeitsverhältnissen. Die Weiber bei den Naturvölkern verrichten oft männliche Berufe und werden zu einer stumpfsinnigen, ununterbrochenen schweren Arbeit verurteilt. Infolgedessen gilt auch das Weib am meisten, das verspricht, das beste Arbeitstier zu sein; dies ist für die Ehe und damit für die Fortpflanzung maßgebend. So findet keine Zuchtwahl zugunsten der Schönheit statt, ein Standpunkt, dem Europa allerdings mit seinen Geldheiraten auch recht nahe kommt. So kommt es denn, daß auch bei Naturvölkern in den vermögenderen Schichten sich mehr hübschere Erscheinungen finden denn in den ärmeren. Dies führt uns von selbst zu einem weiteren Element, dessen wir schon oben gedachten, nämlich zur *Ernährungsfrage.* Stämme, die durch die Lage ihres Gebietes gezwungen sind, jedes Jahr eine Zeitlang hungern zu müssen, werden sich auch körperlich nicht günstig entwickeln. So zitiert Ploß-Bartels eine sehr bezeichnende Notiz von Du Chaillu über die Seelappen Skandinaviens; er sagt: „Auch die Frauen sind treffliche Seefahrer, und die lappischen Bootseigentümer lassen die Bedienung der Fahrzeuge und Netze oftmals ausschließlich nur von ihren Frauen, Töchtern, Schwestern oder auch wohl von den eigens zu diesem Zwecke gedungenen Weibern besorgen. ... Die Züge der Frauen werden, eine natürliche Folge ihres beständigen Verweilens im Freien und ihrer harten Lebensweise, mit den Jahren sehr grob, und man kann sie oft ebensowenig von den Männern unterscheiden, wie man bei Kindern Mädchen von Knaben zu erkennen vermag." Die Erfahrung lehrt, daß sehr häufig Kinder, deren Eltern *verschiedenen Rassen* angehören, besonders hübsch werden (Abb. 32). Nun ist es anthropologisch von höchster Bedeutung, daß diese *Mischtypen*, besonders solche zwischen Europäern und Naturvölkern, häufig auch von diesen als die schöneren anerkannt und mehr begehrt werden. Nordenskjöld betont dies z. B. von den Eskimos, von denen er berichtet, daß sie beginnen, sich für minder schön zu halten als ihre Mischlinge mit Europäern, und Kropf erzählt ähnliches von den Xosa-Kaffern, denen besonders die hellere Farbe zusagt. Bedenkt man nun, daß z. B. auf den Karolinen die Erfahrung lehrt, daß bereits eine zweimalige Blutmischung mit Weißen (also $^3/_4$-weiß) von Europäern nicht mehr zu unterscheiden ist, so kann man daraus Schlüsse ziehen, wie sehr das Schönheitsgefühl in der Lage ist, die Rasse zu beeinflussen und oft schon nach kurzer Zeit umzugestalten. Ploß-Bartels hat eine ganze Reihe von Notizen zusammengestellt, die sich mit der Schilderung der weiblichen *Schönheiten* bei den einzelnen Stämmen der Erde befassen. Betrachten wir zunächst *Asien*. Die Bevölkerung des *hohen Nordens* weist keine schönen Weiber auf (Abb. 28). Wenn man will, mag man die eine oder andere in früher Jugend hübsch finden, aber das Wenige, was an ihnen zu loben wäre, wird für unsern Geschmack durch den Schmutz, mit dem sie behaftet sind, und den widerlichen Trangeruch stark beeinträchtigt. Meistens unterscheiden sie sich von den Männern lediglich durch die Geschlechtsteile, und zu diesem männlichen Äußeren sind sie noch recht klein. Weiter nach *Zentralasien* zu treffen wir auf *Turkvölker*. Man kann sie ihrer Mehrzahl nach nicht mehr zu den Naturvölkern rechnen, und wir wollen sie deshalb nur streifen. Hier macht es deutlich den Eindruck, als ob die Schönheit der Frauen mit der Kultur wachsen würde; aber trotzdem kann von einem erfreulichen Aussehen auch hier nicht gesprochen werden, wenigstens nicht vom Durchschnitt der Frauen. Die Männer sind meist hübscher. Unsere Abb. 29 zeigt eine Kirgisin. Ganz eigenartig aber ist ein Völkersplitter im nordöstlichen Asien, die *Ainu.* Sie dürften ehedem ein viel größeres Gebiet innegehabt haben als heute, wo sie das nördlichste Japan bewohnen. Das nicht gerade unschöne Gesicht wird durch die schnurrbartähnliche Tatauierung der Oberlippe stark männlich beeinflußt (Abb. 30). Besser wird es, wenn wir zu den Naturvölkern des *südlichen Asiens* kommen. Da begegnen wir zunächst unter den primitiven Stämmen Indiens sehr ansprechenden, oft sogar sehr hübschen Frauen. Schon unter den äußerst tief stehenden Wedda von Ceylon gibt es nicht unschöne Gesichtsbildungen, freilich nur in der Jugend; später verursacht die schwere Arbeit ein frühzeitiges Altern. Wirkliche, wenn auch eigenartige Schönheiten finden sich mehr unter den Todas, einer Urbevölkerung Indiens. Das weiche Lockenhaar umrahmt ein schön geschnittenes ovales Gesicht mit großem Auge von fast träumerischem Blick (Abb. 31). Auch Jagor bezeichnet diese südindischen Frauen als ungemein zierlich, zart, reinlich, elegant, anmutig und verführerisch. Daß Blutmischungen diese Schönheit gehoben haben, das zeigen uns die Singhalesen, die ein Misch-volk alter Bevölkerung Ceylons mit Ariern darstellen. Unsere Abb. 35 zeigt ein junges Mädchen, einen Mischling aus singhalesischem und Weddablut. Abb. 34 zeigt ebenfalls einen sehr schönen Körper. Ganz ähnlich liegt die Sache in Hinterindien. Hier haben wir mindestens eine ebenso reiche Völkerschich-tung als in Vorderindien; auch hier eine negroide Urbevölkerung, über die sich eine Reihe fremder, teilweise Gebirgsvölker schichten. Hier kann darauf nicht eingegangen werden. Die Senoi- und Sakaimädchen der Halbinsel Malakka haben meist nicht unschöne Augen und ein ganz erträgliches Gesicht; der Körper läßt allerdings viel zu wünschen übrig. Diese primitiven südasiatischen Stämme finden wir aber auch noch sonst auf der Halbinsel Malakka, wir sehen sie auf den Andamanen (Minkopis) (Abb. 36), auf den Philippinen (Abb. 76 und 82), auf dem Indonesischen Archipel usw. All das gilt natürlich auch hier nur vom Weibe in seiner Blütezeit, die sehr früh eintritt und nur kurz währt. Im Alter werden sie auch hier oft abstoßend häßlich. Weniger schön sind oft die indonesischen Frauen, von denen wir als Beispiel Dajakfrauen von Borneo geben (Abb. 127), sowie die Bewohner der Molukken. Doch kommen auch hübschere Weiber vor, wie dies eine Karo-Battakfrau mit ihren Kindern (Sumatra) zeigt (Abb. 37). Zu verhältnismäßig großer Schönheit gelangen dagegen jene Leute, die ein Mischprodukt zwischen diesen alten Schichten Indonesiens und dem malaiischen Blute darstellen. Besonders die Javanerinnen sind auch nach unserem Geschmack schön zu nennen. Unsere Abb. 38 zeigt javanische Mädchen, Kakao sortierend.

Besonders rasch vollzieht sich der Prozeß des Alterns der Frauen bei den *Ozeanierinnen*, was Hand in Hand mit einer großen Neigung zur Fettbildung geht, die am meisten bei den *Kanakinnen von Hawai* auffällt, die aber in ihrer Jugend sehr schön genannt werden dürfen (Abb. 39). Zweifelsohne bedeutete auch in Ozeanien die so wichtige Rassenmischung einen Fortschritt in der körperlichen Entwicklung. Hier sind es die Polynesier, die sich in der Hauptsache mit melanesischen Elementen mischten. Zwar sind sich die Reisenden oft gar nicht einig in der Beurteilung. So werden von manchen die *Samoanerinnen* als die schönsten Frauen unter den Naturvölkern gepriesen, während andere allerlei zu bemängeln suchen. Dies liegt aber daran, weil diese Forscher, so z. B. Zöller, unser europäisches Schönheitsideal als Maßstab wählen; wir dürfen uns im Gegenteil der ersteren Auffassung ruhig anschließen. Besonders schön ist häufig die Brust ausgebildet, die in ebenso schöne Hüften übergeht. Es fehlt leider noch sehr an guten Bildern, und unsere Abbildungen werden ihnen nur zum Teil gerecht (vgl. Abb. 41, 42, 43, 44, 78). Ganz ähnlich ist das Verhältnis bei den *Fidschiinsulanerinnen*, bei denen der melanesische Einschlag bereits sehr stark ist. Unsere Abb. 45 führt uns ein recht hübsches Mädchen vor. Ähnlich bei den Frauen von Tonga (Abb. 48). Die *Tahitierinnen* sind bedeutend heller von Farbe als ihre Männer, oft sogar um so viel, daß man eine Rötung der Wangen beobachtet. Forster lobt ihre großen, heiteren Strahlenaugen und ihr unbeschreiblich holdes Lächeln. Von den Marquesanerinnen sagt Krusenstern, daß ihr Wuchs klein, der Unterleib dick, aber das Gesicht schön rundlich mit großen, funkelnden Augen, schönen Zähnen und von blühender Farbe sei. Den Gesamteindruck des Lieblichen erhöht noch der reichliche Blumenschmuck, mit dem sich die Schönen vom Stillen Ozean ständig zu zieren verstehen (Abb. 121). Ganz ähnlich liegen die Verhältnisse in *Mikronesien*, jener ehedem zum größten Teil deutschen Inselflur östlich von den Philippinen. Das in unserem Bilde 10 wiedergegebene Faismädchen zeigt zwar ein etwas derbes Gesicht, dafür aber eine ganz schön entwickelte Brust. Als häßlich werden fast durchgehend die *Melanesierinnen* geschildert; dennoch sind die Mädchen und Frauen in früher Jugend, abgesehen von der dadurch bedingten Eckigkeit, nicht gerade abstoßend (Abb. 46). Eine eigene Stellung nehmen die *Maori*, die alte Bevölkerung von Neuseeland, ein. In jungen Jahren haben die Mädchen etwas sehr Schönes an sich (Abb. 40), aber die Härte der Züge, die bereits unverkennbar ist, steigert sich im Alter ins Unerträgliche. Die Frauengesichter gleichen derben Männergesichtern, und die Tatauierung vermag diesen Eindruck nur zu erhöhen. Das richtige Arbeitstier ist die *Australierin*, und so kommt es auch, daß das Wenige, was uns an ihren jungen Stammesgenossinnen (Abb. 49) etwa gefällt, sehr rasch dahinwelkt. In hohem Alter werden die Frauen geradezu abschreckend häßlich. Dies muß für die heute ausgestorbenen Tasmanierinnen in noch höherem Grade gegolten haben (Abb. 47). Ihre Blütezeit fällt sehr früh, im allgemeinen schon in das 10. bis 14. Jahr, und es kommt dazu, daß sie in ihren Bewegungen eine gewisse Anmut zeigen. Virchow sagt: „Die Frauen haben eine so graziöse Art, den Kopf zu tragen, Rumpf und Glieder zu stellen und zu bewegen, als ob sie durch die Schule der besten europäischen Gesellschaft gegangen wären."

Sehr verschiedenartig liegen die Verhältnisse in *Afrika*, und man darf im wesentlichen sagen, daß auch hier maßgebend ist, ob und inwieweit das Weib zum Lasttier geworden ist. Während nämlich bei den nordöstlichen Stämmen (Galla, Somali usw.) hübsche Frauen nicht gerade selten sind, nimmt diese Möglichkeit nach dem zentralen Gebiete zu ab. Zu den hübschesten Afrikanerinnen gehören aber zweifelsohne die *Kaffernweiber* (Abb. 50 und 67), denen die *Basuto* (Abb. 58) nahestehen. Hier haben wir es gar oft mit wirklich schönen, wenn auch etwas derben Gestalten zu tun. Wiese sagt, daß sie oft entzückend schön und wohl fähig seien, ihrem Gatten enthusiastische Liebe einzuflößen. Den Kaffern benachbart sitzen eine Reihe von Stämmen, die uns besonders deshalb sehr interessant erscheinen, weil man sie stets als Rest einer Urbevölkerung Afrikas betrachtete. Es kann aber wohl kein Zweifel sein, daß auch in

Europa noch in der Magdalenienzeit eine ähnliche Bevölkerungsschicht lebte. Ohne Zweifel gehören sie den Zwergrassen an. Ihre am reinsten erhaltenen Vertreter (im weitesten Sinne) sind die Buschmänner, während die Hottentotten durch Beimischung anderer Elemente sich körperlich und kulturell stark von ihnen entfernt haben. Männer wie Frauen sind nicht schön zu nennen und werden im Alter außerordentlich häßlich. Unsere Abbildungen zeigen eine Hottentottin in jüngeren (Abb. 55, 56), eine solche in älteren Jahren mit starker Hängebrust (Abb. 25) und ein Buschweib (Abb. 141). Alle neigen mehr oder weniger zur Steatopygie. Ihnen nahestehend sind die Damara, deren „Schönheiten" unserm Urteil nicht widersprechen. Benachbart sind die Ovambo. Auch hier sind die Frauen nur in der Jugend einigermaßen hübsch. Unsere Abb. 52 zeigt das deutlich. Freilich treten hier schon jene mageren, fast wadenlosen Beine auf, die den weiblichen Körper so sehr entstellen, weil sie ihn eines seiner wesentlichsten Charakteristika berauben. Den Höhepunkt stellen die Frauen von Westafrika (Angola und Loanga) dar, die oft von erschreckend häßlicher Figur sind. Unsere Abb. 24 zeigt zwei Lundamädchen aus Angola. Im Zentrum von Afrika mischt sich dieser für einen Teil der Bantuneger in gewissem Sinne charakteristische Typus mit einer derben Körperform (Abb. 119). Die oft mehr männliche Erscheinung wird durch die Tatauierung des Gesichts noch mehr ungünstig beeinflußt. Erfreulicher dürfen wir unser Urteil bei den Sudannegern gestalten. Hier haben wir z. T. sogar wieder hübsche Gestalten, wie das Mädchen vom Senegal (Abb. 53) zeigt. Freilich sind im Sudan auch die Mischtypen sehr deutlich und als solche manchmal leicht erkennbar. Nase und Mund sind meist bezeichnend negroid, die Augen aber verraten einen starken Einschlag mittelländischer Elemente. Die Mädchen aus dem französischen Sudangebiet sind auch für unsere Begriffe nicht gerade unschön, die Mädchen aus Togo ebenfalls nicht, und bei den Aschantifrauen (Abb. 54) kommt gar manches, was uns nicht zusagt, auf Rechnung des bereits vorgeschrittenen Alters. Der Norden Afrikas, als bereits dem arabischen Kulturkreis angehörig, scheidet aus unserer Betrachtung aus, wir geben lediglich das Bild einer Abessinierin im Matronenalter (Abb. 57), das recht deutlich zeigt, wie häßlich diese Frauenwelt werden kann. Damit soll freilich nicht gesagt werden, daß es für dieses Alter in Europa anders wäre. Ganz ähnliche Typen finden wir auch in Südafrika (Abb. 65). Für Ostafrika besitzen wir die prächtigen Aufnahmen von Oberleutnant Weiß, deren er einen großen Teil in seinem vorzüglichen Werke „Die Völkerstämme im Norden Deutsch-Ostafrikas" gibt. Abb. 62 zeigt ein Wahimamädchen in frühester Jugend, die einen auch für unsere Begriffe sehr schönen Körper bietet. Nordostafrika zeigt vielfach unschöne Körper. Es macht sich schon leise jener Mangel weiblicher Charakteristika in vielen Beziehungen bemerkbar; die Brust ist flach, oft sehr hochsitzend, und die Beine zeigen schon jene Momente, deren Höhepunkt wir bei Westafrika erwähnten. Von ganz besonderem Interesse sind die nach Innerafrika zu ab und zu siedelnden *Zwergvölker* (Abb. 61).

Noch schlechter als in Afrika ist es mit der Schönheit der Frauen *Amerikas* bestellt. Hier tritt, abgesehen von einzelnen Stämmen, nur hin und wieder ein Weib auf, das wir als hübsch bezeichnen können, wenigstens in jungen Jahren. Dies gilt besonders für das zentrale Südamerika. Hier zeigen unsere Bilder 16 und 66 und besonders 110 ganz leidliche Erscheinungen, und von einer unter besonderen Schwierigkeiten gemachten Aufnahme Dr. v. Weickhmanns darf man sogar sagen, daß sie, abgesehen von den Beinen, ein immerhin hübsches Mädchen darstellt. In älteren Jahren wird die südamerikanische Indianerin dann aber besonders häßlich, wie unsere Abb. 63 und 64 zeigen, die eine schwangere Chacoindianerin darstellen. Wenden wir uns südwärts, so treffen wir zunächst auf Patagonier und Araukaner, deren Frauen einen ganz besonders männlichen Eindruck machen und so allgemeinen Schönheitsbegriffen ebenfalls sehr widersprechen. Dies gilt selbst für die Jugendzeit der Weiber (Abb. 69). Die Feuerländerinnen, die im späten Alter geradezu furchtbar häßlich werden, sind in der Jugend, wenigstens was den Körperbau anlangt, nicht unschön, und unsere Abb. 59 führt uns zwei zwar derbe, aber hübsch gebaute Körper vor. Der Norden und Westen Südamerikas ist mit Ausnahme der Caraibinnen Guyanas keinesfalls erfreulich. Die Stämme des Orinoko- und Rio-Negro-Gebiets, die neuerdings Dr. Koch-Grünberg besucht hat, haben recht unschöne Frauen, ebensowenig können wir die Indianerinnen der Republiken des südamerikanischen Westens schön finden (Abb. 9). Im Alter werden sie sogar entsetzlich abstoßend, wie Abb. 27 zeigt. In Mittelamerika begegnen wir wieder besser gebauten Körpern. Erwähnt muß allerdings werden, daß die *Mischlinge* von Eingeborenen und Weißen sowohl im peruanischen als

Nach Hoernes.

Abb. 31. Todafrauen.

Abb. 32.
Nordamerikanische Mestizin.
(Vater Amerikaner, Mutter Sioux-
Indianerin, Süd-Dakota.)

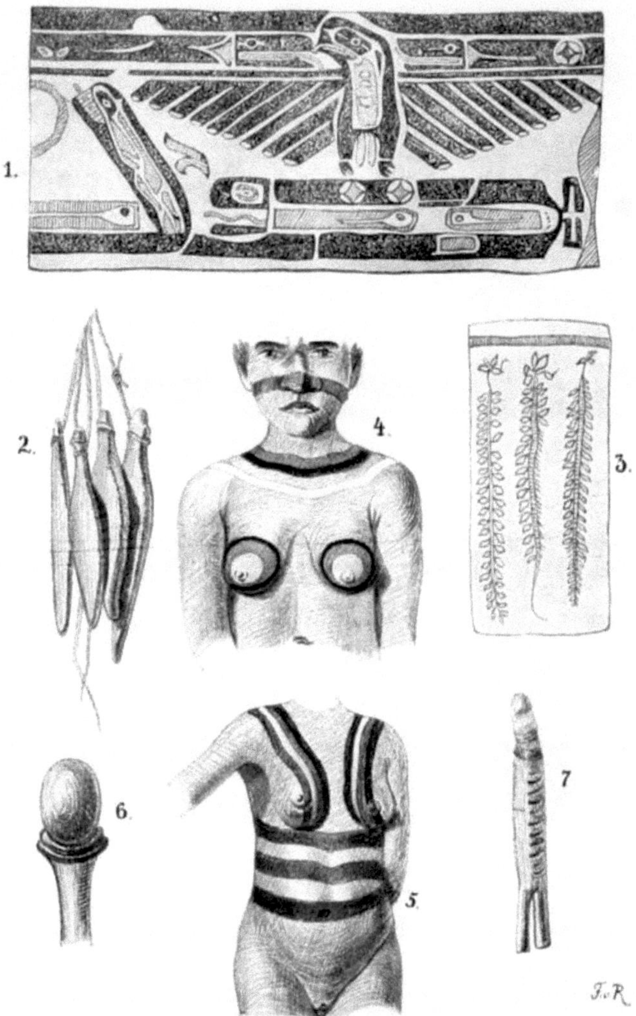

Abb. 33. Reife und Menstruation.

1. Bemalte Holzwand der Nutka-Indianer (Nordwestamerika), hinter der das geschlechtsreife Mädchen verborgen wird, mit den Bildern von Donnervogel und Wal. 2. Kopfkratzer aus Holz und Knochen der Hoskurath-Mädchen (Nordwestamerika). Wird beim Reifefest benutzt, da sie die Haare nicht berühren dürfen. 3. Zaubermuster von einem Karget für die Abwaschungen nach der Menstruation der Unverheirateten (Orang Sennoi, Malakka). 4. Bemalung der Mädchen bei den ersten Reifezeremonien (Pitta-Pitta, Boulia-Distrikt, Australien). 5. Federbemalung der Mädchen bei den Reifezeremonien der Yaroinga (Upper-Georgian-Distrikt, Australien). 6. Ende eines Stabes aus sehr hartem Holz zum Zerreißen des Hymen.

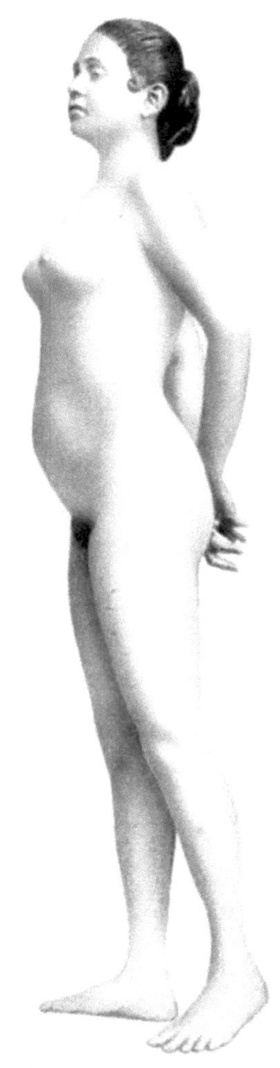

Abb. 34. Singhalesin.
Nach Stratz.

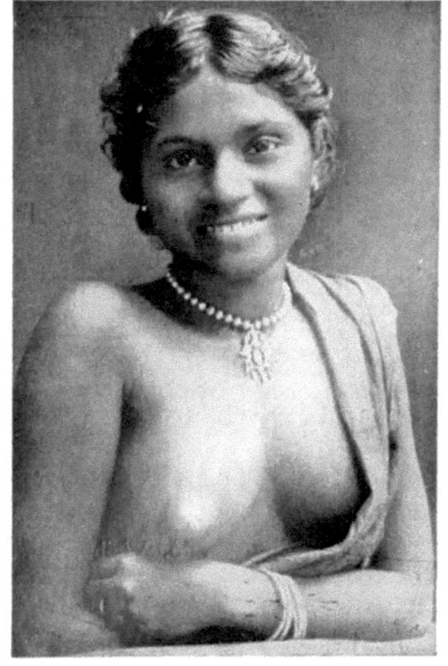

Abb. 35. Weddamischling.

Abb. 36. Weiber von den Andamanen.

Anthrop. Ges., Berlin.

58

zentralamerikanischen Gebiete (Abb. 73) oft sehr schön werden und mit dem hübschen, manchmal auffallenden Äußeren ein sehr lebhaftes Temperament verbinden. Die Frauen der Eingeborenen Nordamerikas sind nicht besser, z. T. noch abstoßender als die Südamerikanerinnen. Wie furchtbar erscheinen z. B. alte Haidaweiber (Abb. 70)! Erfreulicher kann man die Hopimädchen (Abb. 71) nennen, aber man muß bedenken, daß sie genau wie die Prärieindianer eine starke Neigung zu männlichen Charakteristiken haben, die durch die Kleidung noch besonders betont werden. Auch unter den Prärieindianern stehen den sehr schönen Männern keine schönen Frauen gegenüber. Am meisten sind an ihnen ihre zierlichen Hände zu loben. Was wir von den Feuerländern gesagt haben, darf man z. T. auch von dem Eskimos sagen. Freilich ist gerade dort, wo wir hübschen Erscheinungen begegnen, auch die Mischung mit europäischen Elementen am stärksten. Nordenskjöld weiß uns viel Schönes von diesem leider so unverdient verkannten Volke zu erzählen. Er sagt: „Eine festlich gekleidete grönländische Schöne, mit ihrer braunen, gesunden Gesichtsfarbe und ihren glatten, vollen Wangen, sieht in dem aus ausgewählten Seehundsfellen gefertigten, dicht ansitzenden Anzuge und den kleinen, eleganten, mit hohen Stulpen versehenen Stiefeln und den bunten Perlenbändern um Hals und Haar nicht übel aus. Ihr Äußeres gewinnt noch durch eine stetige Heiterkeit und ein Benehmen, in dem sich eine größere Portion Koketterie geltend macht, als man bei einer Schönheit der mit Unrecht verschrienen Eskimo-Rasse erwarten möchte. Ein entschlossener Seehundjäger führt das hübsche Mädchen mit milder Gewalt nach seinem Zelte. Mit Gewalt wollen sie genommen sein, und deshalb werden sie auch mit Gewalt genommen. Sie wird seine Frau, bringt Kinder zur Welt und vernachlässigt ihr Äußeres. Die vorher so gerade Haltung des Körpers wird gebeugt infolge der Gewohnheit, ein Kind auf dem Rücken zu tragen; die Rundung des Körpers verschwindet, derselbe wird welk und der Gang wackelig, das Haar fällt an den Schläfen aus, die Zähne werden durch das Kauen der Häute beim Gerben bis auf die Wurzel abgenutzt und die Sauberhaltung und Wartung des Körpers und der Kleidung versäumt. Die in ihrer Jugend recht behaglichen Eskimo-Mädchen werden daher nach ihrer Verheiratung abscheulich häßlich und schmutzig.“ (Vgl. Abb. 74). Diese vorzügliche Schilderung des Werdegangs einer Eskimoschönen ist eigentlich mehr oder minder für alle Naturvölker gültig, die das Weib zum bloßen Last- und Arbeitstier werden ließen, während beim Mann die Beschäftigung mit Jagd und Fischfang den Körper stählt und ihm zu schön entwickelten Formen verhilft.

2. ABSCHNITT

Das Weib in physiologischer Hinsicht

Über die *Kinderjahre* des Weibes haben wir in diesem Buche wenig zu berichten. Sie verlaufen wie die anderer Kinder in Spiel und Vorübung auf die künftige Tätigkeit. Im allgemeinen unterscheiden sich aber die Naturvölker darin von uns, daß die *geschlechtliche Sphäre* aus dem Gesichtskreise des Kindes nicht ferngehalten wird, und daß bei sehr vielen Völkern das Kind nicht in eine bestimmte Zucht genommen wird, sondern sich in seiner Entwicklung mehr selbst überlassen bleibt. Die Mädchen werden dann allerdings sehr frühzeitig zur Arbeit angehalten. Eine gewisse Unterbrechung erleidet dies gleichmäßige Dasein durch die Vornahme der *ersten Manipulationen der Körperplastik*, auf die wir im nächsten Abschnitt zu sprechen kommen. Die allmähliche *Ausbildung der geschlechtlichen Merkmale* gibt den Naturvölkern viel zu denken. Auch auf das *Wachstum des Kindes* selbst können wir hier nicht eingehen, da es für alle Menschen gleichartig sich vollzieht; auch bei Naturvölkern kann man in der ersten Kinderzeit von einer geschlechtlichen Neutralität sprechen; auch bei ihnen tritt etwa in der Zeit des ersten Zahnwechsels die getrennte Entwicklung in Augenschein, der hier wie bei uns eine *Periode der ersten Streckung*, d. h. ein plötzliches Längenwachstum vorausgeht. In der Zeit der beginnenden Differenzierung wird dann dieses Wachstum wieder geringer zugunsten einer neuen körperlichen Fülle, die sich bei Mädchen besonders auf das Hinterteil und die Oberschenkel erstreckt. Dann folgt wieder eine Zeit der Abmagerung, mit der ein neues Wachstum Hand in Hand geht, eine Periode, die man die Zeit *der zweiten Streckung* nennt. Sie unterscheidet sich darin aber von der ersten Streckung, daß in ihr die geschlechtliche Differenzierung immerhin ihren Fortgang nimmt. Diese Periode schließt dann mit dem sogenannten *Backfischalter* ab, das hauptsächlich durch die endgültige Ausbildung der geschlechtlichen

Merkmale gekennzeichnet wird. Die geschlechtliche Reife übt jetzt besonders
auf das Mädchen einen vollständigen Umschwung in jeder Hinsicht aus. Am
augenfälligsten ist die *Ausbildung der Brüste*. (Vgl. Zeichn. II.) Zuerst (vgl.
Abb. 75 und 136) unterscheidet sich die Brust des Mädchens in nichts von der
des Knaben. Der Warzenhof liegt mit Brustkorb scheibenförmig auf, und aus
ihm heraus erhebt sich die Brustwarze *(Stadium der puerilen oder neutralen*

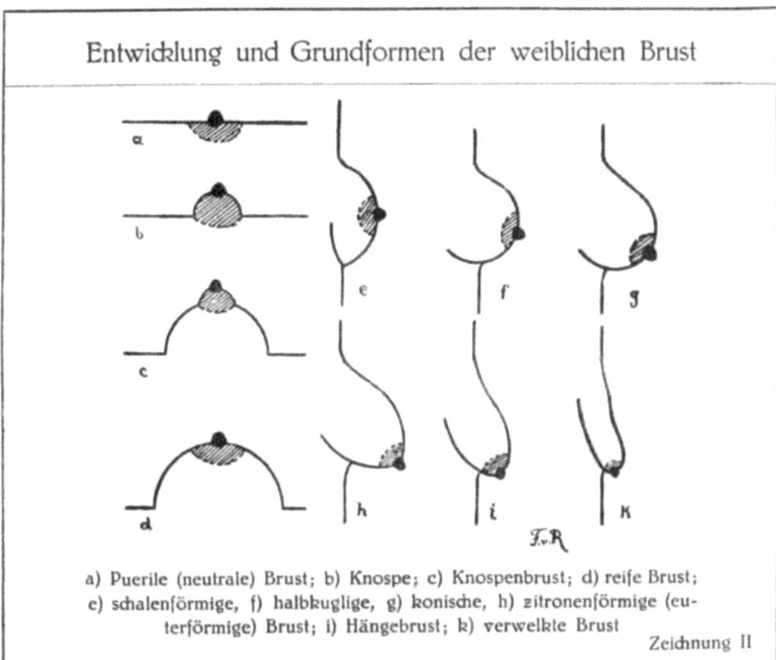

Entwicklung und Grundformen der weiblichen Brust

a) Puerile (neutrale) Brust; b) Knospe; c) Knospenbrust; d) reife Brust;
e) schalenförmige, f) halbkuglige, g) konische, h) zitronenförmige (eu-
terförmige) Brust; i) Hängebrust; k) verwelkte Brust

Zeichnung II

Brust). Dann beginnt der Warzenhof beim Mädchen zu schwellen und sich
halbkugelförmig zu erheben unter gleichzeitiger Entwicklung der Milchdrüse
(Stadium der Knospe) (Abb. 76). Schließlich tritt ein noch stärkeres Wachstum
des Unterhautfettgewebes ein, das die Knospe hebt, und zugleich wachsen die
Drüsenausläufer in die Tiefe. So bilden sich die Brusthügel heraus *(Stadium
der Knospenbrust)* (Abb. 13 und 72). Sehr viele Naturvölker bleiben auf diesem
Standpunkt stehen, besonders viele ozeanische und afrikanische Stämme

(Abb. 83). Bei anderen Völkern tritt aber eine Weiterbildung dadurch ein, daß der Warzenhof in die Entwicklung einbezogen wird und sich wieder in irgendeiner Form mit dem Brusthügel verbindet *(Stadium der reifen Brust)*. So unterscheidet man denn, wie schon oben erwähnt, schalenförmige (Abb. 29, 78, 79), halbkugelförmige (Abb. 77), halbzitronenförmige (Abb. 22, 61), konische oder piriforme (Abb. 15, 46, 82) Brüste. Auch die *Ausbildung der Geschlechtsteile* vollzieht sich jetzt. Die Lippen nehmen an Länge und Dicke zu, und am Mons veneris beginnt das Fettpolster immer stärker zu werden, wodurch er sich mehr und mehr wölbt. In seiner Mittellinie tritt die erste *Behaarung* auf — mit Ausnahme der der Achselhöhlen die einzige, die am Weibe vorkommt. Der Haarwuchs verbreitert sich dann etwa um Fingerbreite nach jeder Seite hin über den Mons veneris, während er sich erst nach vollständig erreichter Pubertät über die ganzen äußeren Geschlechtsteile erstreckt. Ein Teil der Naturvölker nimmt allerdings, wie wir oben bereits erwähnt haben, diese Entwicklung nicht, da bei vielen die Genitalbehaarung so viel wie fehlt. Auch die *Schweißabsonderung* wird stärker, besonders die der Achselhöhlen, und es ist bekannt, daß diese Gerüche bei der geschlechtlichen Anziehung stark mitwirken (sexuelle Osphresiologie, auf die wir später kommen). Über die Reihenfolge der einzelnen Entwicklungsstadien untereinander sind wir leider noch zu wenig unterrichtet; bei Naturvölkern so viel wie gar nicht, und selbst in unserer Umgebung sehr dürftig.

Damit sind wir bei der *Geschlechtsreife* angelangt, die sich durch die *erste Menstruation* äußert. Sie ist einer der wichtigsten Abschnitte im Leben des Weibes. Die *Blutung* erscheint Naturvölkern wohl ursprünglich als unnatürlich. So sagt Karl v. d. Steinen von den Bakairi: „Plötzlich treten Blutungen auf; hier ist eine Erkrankung gegeben. Daß der Indianer ursprünglich so dachte, wird klar bewiesen durch die bei den meisten Stämmen übliche, höchst überflüssige medizinische Behandlung des menstruierenden Mädchens mit Isolierung, Ausräucherung, Diät, Inzision und den übrigen Hilfsmitteln wider die unbekannten Feinde. Man entfernte säuberlich das Schamhaar und legte einen Verband an oder eine Pelotte, das Uluri. ... Man sieht, es war nicht die Reinlichkeit, die das Verfahren eingab, sondern das ärztliche Bemühen, dem Blutverlust entgegenzuarbeiten." Dabei ist aber für die Naturvölker der erste

Blutausfluß das absolute *Kennzeichen der Pubertät*. Dieser Eintritt ist jedoch nicht überall gleichzeitig; kalte und warme Gegenden machen sich dabei sehr bemerkbar. Doch ist es noch eine offene Streitfrage, ob die Rassenunterschiede nicht noch mehr dabei mitsprechen, da gerade hier Untersuchungen über die Einflüsse der inneren Sekretion noch fast gänzlich fehlen. Auch die Beschäftigungsart geht nicht spurlos daran vorüber. Leider sind die Beobachtungen sehr schlecht und vielfach widersprechend, so daß folgende Zahlen nicht absolut gesichert sind. Die Menstruation tritt ein bei:

Lappinnen, Samojedinnen	mit 12—13	Jahren,
Jakutinnen, Kamtschadalinnen	„ 12—13	„
Singhalesinnen	„ 13—14	„
Südindischen Stämmen	„ 11	„
Indonesierinnen	„ 14	„
Tanembarmädchen	„ 9—11	„
Andamanenmädchen	„ 15	„
Negritos (Philippinen)	„ 10	„
Australierinnen	„ 8—12	„
Neu-Kaledonierinnen	„ 12	„
Fidschiinsulanerinnen	„ 10	„
Maorimädchen	„ 12	„
Neue Hebriden	„ 13	„
Samoanerinnen	„ 12—13	„
Senegalnegerinnen	„ 11—12	„
Suahelimädchen	„ 12—13	„
Wanjamwesi	„ 10—13	„
Somali	„ 16	„
Mädchen aus dem Fezzan	„ 12—15	„
Araukanerinnen	„ 11—12	„
Amazonenstrom-Stämmen	„ 12	„
Paraguay-Stämmen	„ 12	„
Surinamstämmen	„ 12	„
Odschibwä	„ 14—16	„
Algonkinstämmen	„ 12—14	„

Schoschonenmädchen . . . . . mit 13 Jahren,

Apatschenmädchen . . . . . . „ 12 „

Omahamädchen . . . . „ 12—13 „

Eskimomädchen . . . . „ 13—15 „

Feuerländerinnen . . . . . . „ 14—15 „ .

Da Naturvölker mit dem *geschlechtlichen Verkehr* häufig sehr frühzeitig beginnen, gewöhnlich stets vor dem Eintritt der Menstruation, so kommen die Wirkungen dieses Verkehrs auch für die frühere Reife in Betracht, die wieder ihrerseits für die Zeit der ersten Menstruation ausschlaggebend ist. Man hat mehrfach die Ansicht aufgestellt, daß die Menstruation beim Menschen ursprünglich, ähnlich wie bei Tieren, sich nur zweimal im Jahre vollzog und dementsprechend auch beim Menschen Zeiten vorhanden gewesen wären, die den *Brunstzeiten* der Tiere entsprächen. Absolut nachweisbar ist dies vorläufig nicht, wenn auch einzelne Fälle darauf hinzudeuten scheinen. So hat man bei zwei Feuerländerinnen, die Europa bereisten, halbjährliche Menstruation beobachtet, und die Obduktion der Leichen ergab, daß auch keine reifen Eier in diesen Perioden vorhanden waren. Hat also hier nicht etwa der Klimawechsel eine unregelmäßige Ovulation hervorgerufen, dann wäre der Fall nach der oben angedeuteten Seite hin sicherlich einer Untersuchung wert.

Über die *Dauer der Menstruation* bei Naturvölkern sind wir auch recht wenig unterrichtet; Ploß-Bartels stellt einige wenige Angaben zusammen, aus denen wir folgende Notizen für Naturvölker entnehmen:

Nayerfrauen (Indien) .	3 Tage,	Apatschenfrauen . . .	5—6 Tage,
Dayakinnen	4 „	Chilenische und kali-	
Atjehfrauen	4—5 „	fornische Indianerinnen	3—8 „
Omahaindianerinnen . .	3—4 „	Negerinnen der Old	
Yankton Sioux	2—5 „	Calabarküste	3—4 „
Sac und Fox	3—4 „		

Wir sehen daraus, daß auch hier die Naturvölker im wesentlichen das gleiche Mittel: 4 Tage, aufweisen. Gegen *Ausbleiben oder zu starke Menstruation* werden überall Mittel gebraucht. Mehr oder minder sind diese Mittel, entsprechend der ganzen Medizin der Naturvölker, magischer Art. So hat das Weib bei den Suaheli ständig eine Holzpuppe in der Hand oder auf dem

Rücken zu tragen, bis die Menstruation auftritt. Wichtiger ist für unsere Darstellung aber die Grundidee, die wir über die ganze Welt verbreitet finden, daß die Frau, die sich in dieser Zeit befindet, *unrein*, und daß das Blut entweder *giftig* oder doch höchst schädlich ist, eine Ansicht, die selbst unter uns Europäern noch lange nicht verschwunden ist, allerdings auch noch ganz wenig untersucht ist. (Siehe Näheres in den von mir bearbeiteten Abschnitten „Aberglauben" und „Feste und Riten" in M. Marcuse: Handwörterbuch der Sexualwissenschaft, Bonn 1923, in folgendem mit Hdwtb. bezeichnet.) So sagt Plinius: „Aber nicht leicht wird man etwas finden, was wunderbarere Wirkungen hervorruft als der Blutfluß der Weiber. Kommen sie in diesem Zustand in die Nähe von Most, so wird er sauer, die Feldfrüchte werden durch ihre Berührung unfruchtbar, Propfreiser sterben ab, die Keime in den Gärten verdorren und die Früchte der Bäume, unter denen sie gesessen haben, fallen ab. Der Glanz der Spiegel wird durch ihren bloßen Anblick matt, die Schneide eiserner Geräte wird stumpf, das Elfenbein verliert seinen Glanz, ja sogar Erz und Eisen rosten und bekommen einen üblen Geruch; Hunde, die davon lecken, werden wütend, und ihr Biß wird dadurch zum unheilbaren Gifte. Selbst das sonst so zähe und klebrige Harz, welches zu einer gewissen Zeit auf dem Asphaltsee in Judäa herumschwimmt, das sich nicht ablösen läßt und an alles, was damit in Berührung kommt, sich fest anhängt, haftet nicht an einem Faden, der mit diesem Gifte benetzt ist. Sogar die Ameise, dieses so kleine Tier, soll eine Empfindung davon haben; denn sie wirft die zusammengetragenen Körner, welche davon berührt sind, weg und sucht sie niemals wieder auf." Noch der Leibarzt des Großen Kurfürsten, B. T. v. Güldenklee, schreibt in seinem 1704 erschienenen „Zeughaus der Gesundheit": „Dieses (das Menstruationsblut), so es in den Leib genommen wird, machet den Menschen vergessen, stumpfsinnig, melancholisch, unterweilen gar rasend und unsinnig oder aussätzig." Sehr häufig erstreckt sich der Glaube an schädlichen Einfluß auf die Tätigkeit des Mannes; so vermeinen die Bering-Eskimostämme, daß die zum erstenmal Menstruierende eine besondere Atmosphäre um sich verbreite, die so gefährlich sei, daß ein junger Mann, der in ihr Bereich kommt, keine Jagderfolge mehr erzielen wird, weil ihn fortan jedes Tier bemerken wird.

Im Gebiete der Omahaindianer glaubt man, daß die Menstruation besonders den

Kindern gefährlich sei. Wenn nämlich ein Kind mit einem menstruierenden Weibe ißt, bekommt es eine fressende Brustkrankheit und seine Lippen verdorren im Umkreis von zwei Zoll; das Blut wird schwarz und das Kind muß erbrechen. Die *Urheberschaft der Menstruation* schreiben daher die Naturvölker meist bösen Dämonen zu, die in Beziehung zum Blute stehen. Sehr häufig ist es der *Mond* — denn überall auf der Erde wird der Verlauf der Menstrualperioden mit dem Mondumlauf, die beide 28 Tage dauern, in Verbindung gebracht. Anstatt anderer Erzählungen sei daher nur eine von Seligmann aus Britisch-Neuguinea berichtete Erzählung wiedergegeben: „In alten Zeiten lebte der Mond auf Erden als ein Jüngling von winziger Größe und am ganzen Körper mit hellfarbigen Haaren bedeckt. Er pflegte den Frauen und Mädchen nach dem Garten zu folgen. Lange Zeit nahm keine von ihm Notiz, bis er eines Tages zu schreien anfing, worauf eine verheiratete Frau ihn aufnahm und in ihren geflochtenen Korb setzte, der an einem Aste hing. Nach einer anderen Angabe war er selber hier hineingeklettert und hatte erst von hier aus zu schreien angefangen. Da sagte ihm die Frau, er solle still sein, sie wolle für ihn Nahrung holen und sie kochen. Während sie für diesen Zweck eine Yams-Wurzel ausgrub, schlüpfte der Kleine aus dem Korb, brach ein Stück Zuckerrohr ab und aß es. Darauf kohabitierte er mit der Frau mit dem Erfolge, daß sie schwanger wurde. Ihr Ehemann beschuldigte sie des Ehebruchs mit dem Jungen; sie leugnete zwar, aber er hatte doch Verdacht und lauerte ihr auf, und in kurzer Zeit fand sich das Paar zusammen, worauf der Bursche in seinen Korb zurückkletterte, der jetzt in dem Gartenhause hing, und hier wieder zu schreien begann. Die Frau sagte, er solle still sein, sie wolle ihm zu essen geben und dann ins Dorf zurückkehren. Der Gatte aber zündete vor und hinter dem Hause ein Feuer an, so daß der Bursche nicht entrinnen konnte und getötet wurde. Sein Blut spritzte zum Himmel auf und wurde hier zum Mond. Letzterer verkündigte, daß zur Vergeltung alle Mädchen und jungen Frauen bluten sollten, wenn er erscheint, aber daß alte Weiber und Schwangere hiervon ausgenommen sind, letztere, seitdem er für diesen ihren Zustand verantwortlich sei." Daß zu diesem Glauben der Schädlichkeit praktische Motive führten, ist klar; es kann aber hier nicht näher untersucht werden. Selbstverständlich ist aber andererseits, daß man sich vor den Weibern während dieser Zeit abschließt. Meist wird die

Frau *abgesondert* oder doch wenigstens durch ein Zeichen als *unrein* kenntlich gemacht. So tragen die Woloff-Frauen ein buntfarbiges Tuch, das dreieckig zusammengelegt ist, über die Brust zusammengeknüpft um den Oberkörper, während die Queensland-Australierin von ihrer dritten Menstruation ab einen Korb mit leeren Muscheln auf dem Rücken trägt, der verhindern soll, daß sie sich zwecks geschlechtlicher Beiwohnung auf den Rücken legen kann. Am häufigsten begegnen wir aber der Absperrung in einen getrennten Raum oder in ein eigens für diesen Zweck bestimmtes Haus; oder gar, wie beispielsweise auf der Insel Serang, in den Wald. Die *einfache Absonderung* finden wir meist auf den Südseeinseln, bei den Omahaindianern, wo sich die Frau während dieser Zeit ein eigenes Feuer anzündet; gewöhnlich müssen die Weiber dabei auch ihre besonderen Geschirre und Geräte benutzen, meist auch eine Art Diät einhalten. Der Gebrauch eigener Hütten, *Menstruationshütten* genannt, ist aber eigentlich noch verbreiteter. Diese Hütten sind oft in einiger Entfernung vom Dorfe gebaut; so in Australien in vielen Gegenden, bei Indianerstämmen Nord- und Südamerikas und besonders in Afrika. An der Elfenbeinküste hat jedes Dorf seine abgesonderte Hütte, die Burnamon heißt, in die sich die Weiber zurückziehen und hierher ihre Nahrung gebracht erhalten. Bei den Hottentotten sowohl als bei den Kaffern baut sich das Weib diese Hütte sogar jedesmal selbst. In solchen Hütten können an verschiedenen Stellen der Erde auch mehrere unreine Frauen hausen, die sich manchmal nach außen hin auch durch *Bemalung* kennzeichnen, eine Sitte, die aber wohl ursprünglich einen tieferen Grund hatte; so malen sich die Hottentottenweiber ein brillenförmiges Zeichen ins Gesicht, während sich verschiedene andere Völker, so die Negerinnen der Loangoküste rot, die nordostasiatischen Itynay schwarz färben. Von den Siusi im nordwestlichen Südamerika berichtet Koch-Grünberg: „Bei der ersten Menstruation wird dem Mädchen von der Mutter das Haupthaar kurz geschnitten und der Rücken mit Genipapofarbe überstrichen. Die Jungfrau sitzt während der Prozedur inmitten des Hauses, im Kreise der ‚Freundschaft‘. Jeder von den Freunden nimmt sich einige Büschel Haare, die er sorgfältig verwahrt. Darauf findet ein großes Kaschirifest statt. Bis zur zweiten Menstruation darf das Mädchen *nur* Beiju, Pfeffer und kleine Fische *essen*. Alle größeren Fische und warmblütigen Tiere sind ihr verboten. Beim Eintritt der zweiten Menstruation singt der Vater früh vor Sonnenaufgang einen ähnlichen langen Gesang mit Aufzählung aller Tiernamen, wie es bei der Totenfeier gebräuchlich ist. Dann wird der Jungfrau ein großer Topf voll Fische und Fleisch von allen möglichen Jagdtieren vorgesetzt, und das Fasten ist beendet. Zur Feier des Tages wird sie mit Carayuru-Farbe schön bemalt. Kaschiri mit Tanz darf natürlich auch bei dieser Gelegenheit nicht fehlen." Die Rückkehr zur Allgemeinheit erfolgt gewöhnlich nach 3 bis 7 Tagen und macht verschiedene *Reinigungszeremonien* nötig. Dazu gehören von allem *Waschungen*, die manchmal, so bei den Konde (Ostafrika), durch die Tätigkeit einer Medizinfrau unterstützt werden. Am besten sind wir über diese Waschungen durch Vaughan Stevens bei den wilden Stämmen von Malakka unterrichtet. Das Waschwasser ist in eigens diesem Zwecke dienenden großen Bambusröhren, die bei den Orang Hutan den Namen Chit-nort, bei den Orang Sinnoi und bei den Orang Kenaboi aber Karpet führen, enthalten (Abb. 33, Fig. 3). Die Röhren sind außen mit Zaubermustern bemalt, was die Hebamme besorgt. Es wird erzählt, daß das Muster eine Pflanze darstelle, die die Stämme in ihrer eigentlichen Heimat, wo sie gewachsen sei, dem Wasser tatsächlich beigemischt hätten. Die Muster sind bei Mädchen und verheirateten Frauen verschieden und haben den Zweck, „das Blut zu zerstören". Wird das unterlassen, so entstehen daraus die Hantu Darah, Dämonen, die in den Leib des Weibes kriechen und den Blutfluß vernichten. Dieses ist dann nicht mehr in der Lage, gesunde Kinder zu gebären. Wir kommen später bei der Defloration auf die Wichtigkeit dieser Ansicht zurück. Außer durch Waschung wird die Reinigung aber auch durch *Schreiten über Feuer* oder durch *Beräuchern* bezweckt (s. Näheres Hdwtb. „Aberglaube" und „Feste und Riten"). Die Samojedin schreitet über ein Feuer hinweg und räuchert sich an Dämpfen von Renntierhaaren oder Bibergeil. Die Samoliweiber benutzen eine besondere Art von Myrrhe, die sogenannte „weibliche Myrrhe", von der sie Stückchen auf Tontöpfe werfen, die mit glühenden Kohlen gefüllt sind. Darauf setzt sich die Frau, hüllt sich fest in ein Tuch und läßt die Genitalgegend beräuchern. Von den Mundruku (Südamerika) berichten Spix und Martius (1820), daß sie ihre Mädchen, wenn sie eben Jungfrauen werden, einem anhaltenden Fasten und dem Rauche im Giebel der Hütte aussetzen. Zweifelsohne wird auf diese Weise als Nebenwirkung der starke Menstrualgeruch vertrieben, der wieder mit der

Furcht, Ekel zu erregen, zusammenhängt, auf die wir beim Schamgefühl kommen werden; der Hauptsache nach aber dient der Rauch, das Feuer usw. der Vertreibung von Dämonen, die sonst in den Körper eingehen.

Die größte völkerkundliche Wichtigkeit hat aber die *erste Menstruation*, weil im Zusammenhang mit ihr eine ganze Reihe von Gebräuchen, insonderheit die *Reifezeremonien*, stehen, die etwa unserer Konfirmation entsprechen, von der man sicherlich behaupten kann, daß sie auf Reifezeremonien zurückgeht, die das Christentum nicht verdrängen konnte. Es mögen zunächst bei der großen Wichtigkeit der Sache einige vollständige Beschreibungen Platz finden und dann die einzelnen Gebräuche einer näheren Betrachtung unterzogen werden. So berichtet Dobrizhofer in seiner wertvollen Geschichte der Abiponen (Südamerika): „Nicht zufrieden mit den Malen, welche beide Geschlechter bei den Abiponen gemein haben, lassen sich ihre Töchter noch allerlei Charaktere in ihr Angesicht, ihre Brust und Arme einstechen, so daß sie wie türkische Tapeten aussehen. Je vornehmer und ansehnlicher ein Mädchen bei seinem Volke ist, desto mehr muß es sich zerstechen lassen. Diese Zieraten kosten ihm nicht wenig *Blut*, aber noch weit mehr Seufzer. Hier ist die ganze Trauerszene: Sobald die Natur durch irgendein Zeichen die *Mannbarkeit* des Mädchens außer Zweifel gesetzt hat, sobald wird es nach hergebrachter Gewohnheit bezeichnet. Eine alte Indianerin setzt sich nämlich auf die Erde und nimmt den Kopf der zu Bezeichnenden in ihren Schoß. Ihre Art zu malen ist sonderbar. Dörner sind ihre Pinsel und die mit dem Blut vermischte Asche ihre Farbe. Sie zerfleischt ihr Mädchen, um es dem Landesgebrauch gemäß zu schmücken. Tief sticht die grausame Künstlerin ihre Dorne in das Fleisch der Unglücklichen und zieht damit Figuren und Linien, so daß ihr Gesicht im *Blute* schwimmt. Preßt ihr der Schmerz einen Seufzer aus, oder zuckt sie mit ihrem Gesichte, so wird sie mit Beschimpfungen und Spöttereien überhäuft. ‚Pfui der feigen Empfindlichkeit!‘ wird die Alte griesgramen. ‚Du bist der Auswurf und die Schande unserer Nation. Wie, das Kitzeln mit dem Dorne findest du so unausstehlich? Hast du schon vergessen, daß du von Männern abstammst, die sich nach Wunden sehnen und selbe für Gewinn achten? Schäme dich, du weichliche Memme! Du bist wie Baumwolle. Ganz gewiß bekommst du keinen Mann! *Wer von unserer Heldennation soll eine so unverschämt Furchtsame seiner*

Liebe würdigen? Wirst du dich aber still halten, so sollst du so schön werden wie die Schönheit selbst.' — Diese Vorwürfe wirken so sehr auf das Mädchen, daß es, um nicht das Märchen und der *Spott ihrer Gespielinnen* zu werden, keinen Laut mehr von sich hören läßt, die heftigsten Schmerzen verbeißt und sich mit heiterer Stirne der grausamen Operation unterwirft, welche die Vettel mit ihren Dornen einige Tage nacheinander fortsetzt: denn wenn sie mit der einen Hälfte des Gesichtes fertig ist, so wird das Mädchen nach Hause geschickt und die Bezeichnung der andern Hälfte, der Brust und der Arme erst die folgenden Tage vorgenommen. Während dieser ganzen Zeit wird die Patientin in der Hütte ihres Vaters eingeschlossen und mit *Ochsenhäuten* umgeben, daß ihr die kalte Luft nicht schade. *Fleisch, Fische und gewisse andere Speisen läßt man ihr nicht* zu. Alles, was sie essen darf, sind kleine *Äpfelchen*, die man Kakie, Roayami oder Nauaprahete nennt und an einigen Dornenhecken findet. Wiewohl diese Frucht sonst sehr fieberhaft ist, so trägt sie dennoch zur Erfrischung des Blutes nicht wenig bei. Weil nun die Mädchen so viele Tage *fasten* müssen und täglich viel *Blut* verlieren, so werden sie außerordentlich blaß. Das Kinn wird nicht mit Punkten, wie die anderen Teile, sondern mit geraden Linien, welche die Alte mit ihrem Dorn auf einen Zug aufreißt, gezeichnet. Diese Linien sind so gezogen, daß man Noten darauf schreiben könnte. Alle Dorne scheinen etwas Vergiftetes zu enthalten; daher schwellen der jungen Indianerin, die damit gestochen wird, Augen, Wangen und Lippen schrecklich auf. Die an die wunde Haut angeriebene Asche gibt auch derselben eine so traurig düstere Schwärze, daß sie, wenn sie aus ihrer Folterstube tritt, einer Furie vollkommen gleicht. Ihr Anblick bewegt selbst ihren milden Vater zum Mitleid. Aber darum denkt doch niemand daran, diesen unmenschlichen Gebrauch abzuschaffen: denn die Indianer glauben, daß ihre Töchter durch diese martervolle Zeichnung geschmückt und zur Ertragung der Geburtsschmerzen *abgehärte*t und vorbereitet werden. So sehr ich die Unempfindlichkeit der Alten, mit der sie ihre Mädchen peinigen, verabscheue, so sehr bewundere ich ihre Geschicklichkeit in Auftragung der Figuren, wobei sie nicht nur in den Punkten viele Mannigfaltigkeit anbringen, sondern auch auf beiden Backen ein genaues Ebenmaß der Linien und eine vollkommene Gleichheit der Züge beobachten, ohne daß sie sich hierzu eines anderen Werkzeuges als der Dorne von verschiedener Größe bedienten. So viele Abiponerinnen, so viele verschiedene Gesichtszeichnungen. Die am meisten gezeichnet und gestochen ist, ist die *Vornehmste* und aus dem ansehnlichsten Geschlechte. Hingegen gehört die unstreitig zu den Gemeinen oder Gefangenen, welche nur mit drei oder vier schwarzen kleinen Linien bemerkt ist." Auch die Mädchen von Formosa werden nach Fischer bei den nördlichen Stämmen tatauiert, wenn sie in das heiratsfähige Alter treten. Weiteres interessante Material gewinnen wir aus einem Berichte Büttikofers über die Negerinnen von Liberia. Er erzählt: „Eine *mit der Ehe in engem Zusammenhang stehende Institution* ist der sogenannte *Zauberwald* (engl. Greegree-bush), der als ein *auf das Eheleben vorbereitendes Pensionat* betrachtet werden muß. Es gibt für Knaben und Mädchen je einen besonderen Zauberwald. Beinahe jede größere Stadt (Dorf) besitzt je einen solchen, sowohl für Knaben als für Mädchen, doch sind beide Institute weit voneinander abgelegen und stehen in keinerlei Beziehung zueinander. Ich habe die Greegree-bush-Institution bei den Vey, Kosso, Godah, Pessy Queah und den westlichen Bassa angetroffen, habe aber keine Sicherheit, ob dieselbe auch unter den östlichen Stämmen besteht. Wie gesagt, besteht ein ähnlicher Greegree-bush auch für die Mädchen. Derselbe wird bei den Vey ‚sandy' genannt. Auch dieser Zauberwald ist eine Art von Pensionat, das auf einem dazu angewiesenen Platz im Walde, nahe bei der Stadt, errichtet ist. Die Erzieherinnen, bei den Liberianern greegree-women, devil-women genannt, sind alte Frauen, deren Oberhaupt gewöhnlich die älteste Frau des Häuptlings ist. Diese Frauen kennt man stets an kleinen, tatauierten Kreuzchen hinten auf jeder Wade. In den Sandy treten die Mädchen im zehnten Jahre, manchmal schon früher, ein und bleiben dort bis zu ihrer Heiratsfähigkeit, oft auch noch länger. Wie an die Soh-bah für die Knaben, so bezahlen die Eltern für ihre Mädchen eine gewisse Leistung in Naturalien an die Dämonsfrauen, um es ihren Kindern an nichts fehlen zu lassen. Auch die Mädchen gehen im Zauberwalde *nackt* und haben beim Eintritt, wie die Knaben, die *Verbandstatauierung* anzunehmen und sich einer *Beschneidung* zu unterziehen, die in der *Entfernung der Spitze der Klitoris* auf operativem Wege besteht. Diese letztere wird darauf in ein Läppchen gebunden, getrocknet und dem Mädchen als Zeichen der Jungfräulichkeit (?) um den Hals gehängt. Die Zeichen, welche Knaben und Mädchen im Zauberwalde erhalten, sind meist auf dem Rücken oder den Lenden angebracht und werden durch Reihen von knötchenartig erhabenen *Hautnarben* gebildet, die einigermaßen an Perlschnüre erinnern ... während sich die Zeichnung bei den Vey-Frauen auf einen vertikalen Streifen auf den Lenden beschränkt. Das Betreten des Zauberwaldes der Frauen ist Männern und uneingeweihten weiblichen Personen streng untersagt. Wie der Belly (Knabenzauberwald), so ist auch der Sandy unter die Obhut der N'janas oder der *Geister der Verstorbenen* gestellt, und wer es wagt, denselben zu betreten, wird, wie man glaubt, durch die wachsamen N'janas sofort angegriffen und getötet. Ältere Frauen dürfen, wenn sie die Abzeichen des greegree-bush tragen, ungehindert ihre Angehörigen besuchen, doch sind sie verpflichtet, beim Eintritt ihre *Kleider abzulegen* und zurückzulassen. Auch dürfen die Mädchen gelegentlich ihre Verwandten zu Hause besuchen, doch *beschmieren* sie sich vor dem Austritt *mit weißem Ton*, so daß sie wie die Clowns in einem Zirkus aussehen; auch dürfen sie, ebensowenig wie die Knaben, keine baumwollenen Zeuge tragen, sondern kleiden sich beim Ausgehen mit einem Schürzchen von Baststoffen oder Blattfasern der Weinpalme. In diesem Zauberwald lernen die Mädchen unter der Aufsicht ihrer Erzieherinnen Gesang, Spiel und *Tanz* sowie zahlreiche Gedichte, von denen einige, wie schon Dapper sich ausdrückt, ,*manches enthalten, das nicht mit Ehren (!!) gesungen werden darf*'. Zudem lernen die Mädchen kochen, allerlei häusliche Arbeiten verrichten, Netze stricken und dem Fischfang obliegen. Die Zauberwaldmädchen werden von den Liberianern greegree-bush-girl, bei den Vey sandyding (Zauberwaldkind), meist aber Bony (Jungfrau) im Sinne von Virgo genannt. Auch der sandy hat sein besonderes jährliches Antrittsfest. Dabei werden die austretenden Mädchen, nachdem der ganze Körper reichlich eingeölt, durch ihre Angehörigen mit oft sehr kostbarem *Schmuck*, wie silberne Halsketten, Armbänder, Beinringe und Schellen, behangen, welch letztere um die Füße getragen werden, um beim Tanzen möglichst viel Lärm zu machen. An diesem Feste tragen die Soh und Soh-bah hölzerne *Masken*. Diese sind mehr oder weniger kunstreich aus einem Stück Wollbaumholz geschnitzte Masken, von unten genügend ausgehölt, um den ganzen Kopf hineinzustecken. Ein solcher Dämonskopf wird der Person, für die er bestimmt ist, auf Maß gemacht und so tief ausgehöhlt, daß sie, wenn sie denselben auf den Kopf stülpt, durch die vorn an der Stelle der Augen angebrachten kleinen Öffnungen bequem sehen kann. Die Masken der Soh-bah stellen Mannsgesichter, die der Soh Frauengesichter vor, bei welchen die eigentümlichen Haarfrisuren mit vieler Sorgfalt nachgeahmt sind. (Soh = Walddämon, bah = groß; Soh-bah also Großdämon, zum Unterschied von Soh, wie die weiblichen Dämonen genannt werden.) Diese schwarz bebeizten Masken sind meist einfarbig, manchmal aber auch auf eine phantastische Weise mit grellen Farben, besonders mit Weiß und Rot, bemalt. Der untere Rand der Maske hat eine starke Einkerbung, um welche ein Blättermantel befestigt werden kann. Von dem in Nieder-Guinea sehr beliebten Federschmuck findet sich in demselben keine Spur. Die weiblichen Dämonen pflegen unter ihrem Blättermantel oft europäische Mannskleider, Strümpfe, Schuhe oder Pantoffel zu tragen. Sie werden, sobald sie sich in der Öffentlichkeit zeigen, von einigen Frauen begleitet, welche Matten bei sich tragen, um bei einem etwaigen Toilettenunglück die Soh vor neugierigen Blicken zu schützen." Ähnliche Veranstaltungen oder dementsprechende Feste finden wir allenthalben. Fast überall sind die Mädchen und die Teilnehmer *nackt*, und es herrscht große *geschlechtliche Freiheit*, so besonders bei den Xosa-Kaffern, wo alle Tänze nackt getanzt werden und den jungen Leuten der Verkehr mit jungen Mädchen und Witwen freisteht. Schon aus diesen zusammenhängenden Darstellungen können wir ohne weiteres die *Hauptmomente der Reifezeremonien erkennen: die Annahme von Abzeichen, die Reinigung, den Unterricht mit Prüfung, die Tötung und Wiedergeburt und die Befruchtungsriten im Anschluß an den Verkehr mit den Ahnen.* Betrachten wir die einzelnen Stufen genauer. Zunächst fallen uns *Tatauierungen, Schmucknarben, Schmuckdurchbohrungen* und *Zahnbehandlung* auf; wir werden sie im nächsten Abschnitt gesondert besprechen, da sie nicht immer an die Reifezeit allein gebunden sind. Sehr interessant ist aber, daß bei verschiedenen Völkern, so bei den caraibischen Mädchen in Britisch-Guyana, ein *Abbrennen der Kopfhaare* erfolgt, während man auf Samoa das *Haar abschneidet,* bei Betschuanenstämmen es aber bis auf einen kleinen Schopf *abrasiert.* Diese Haarzeremonien wiederholen sich nämlich bei vielen Völkern als Hochzeitsriten; wir werden also mehrmals Gelegenheit haben, darauf zurückzukommen. Weit wichtiger sind aber jene Riten, die sich auf die *Sexualorgane* beziehen. Zunächst die *Erweiterung der Vagina.* Wir erfahren von den Mädchen aus Azimba-Land in Zentralafrika, daß ihnen ein Horn oder ein Hornkolben in die Vagina getrieben und dort durch eine Bandage aus Rindenstoff festgehalten wird. Auf den Sawu-Inseln (Indonesien) wird ein gerolltes Koliblatt eingeschoben; bei den Alfuren dienen Tampons aus Baumbast dazu. Ob der einzige Grund dieser Manipulation der der bloßen Erweiterung der Vagina ist, ist sehr zweifelhaft, zumal die Mädchen vor der Reifezeit sehr häufig Verkehr haben. Vielleicht spielen dabei außer der künstlichen Defloration — soweit diese in Betracht kommt — Befruchtungsriten eine Rolle. Die *künstliche Defloration* ist jedenfalls von größter Wichtigkeit. Wir haben oben von der Gefährlichkeit des Menstruationsblutes gesprochen; auch das Deflorationsblut gilt in gleicher Weise als schädlich. Um seine Gefahren abzuwenden, insbesondere um den Einfluß der dadurch entstehenden bösen Geister, die Empfängnis und Menstruation des Weibes hindern, zu brechen, wird die Defloration vielfach entweder in frühester Jugend, zur Zeit der Reife oder vor der Eheschließung vollzogen und dazu entweder künstliche Mittel verwendet, oder ein Priester, auch ein Häuptling hat die Pflicht dazu, wenn nicht endlich ein Fremder gebeten wird, dieses Amt zu übernehmen. Das bekannte *jus primae noctis* wurzelt sehr in dieser Idee. So wird von den Itälmenen in Kamtschatka berichtet, daß sie es für eine Schmach halten, würde ein Mädchen als Jungfrau in die Ehe treten. Deshalb erweitern die Mütter in frühester Jugend mit den Fingern die Scham, zerreißen die Obstacula und die Jungfrauschaft und lernen ihnen das Handwerk von Jugend auf, wie Steller sich ausdrückt. Ähnliche Berichte haben wir von südamerikanischen Indianern (Machacuras, Paraguay). Die künstliche Defloration wird mit allerlei Geräten vollzogen; so verwenden die Nordaustralier, wie uns Miklucho-Maclay berichtet, ein *Stöckelchen*, die Bewohner von Neusüdwales einen *Feuersteinsplitter* (bogenan) usw. In Indien kommt es vielerorten vor, daß der *Penis* eines Götterbildes zur Defloration benutzt wird, eine Sitte, die ihre Nachklänge noch im alten Rom hat, besonders als Hochzeitszeremonie, wo sich die Braut auf den Phallus einer Statue der Gottheit der männlichen Befruchtung, Mutunus, die mit der Gottheit der weiblichen Empfängnis zusammen gewöhnlich als Mutunus-Tutunus bezeichnet wird, setzen mußte. In Verbindung damit stand bei der römischen Eheschließung genau wie bei manchen Reifezeremonien der Naturvölker das *Peitschen der*

Abb. 37. Karo-Battakfrau mit Kind.

Abb. 38. Javanerinnen, Kakao sortierend.

Abb. 39. Mädchen von Hawai.
Museum f. Volkerkunde, Dresden.

Abb. 40. Maori-Halbblut.
Nach Marquart.

Phot. Andrew.

Abb. 41. Samoanische Mädchen.

Abb. 42. Samoanisches Mädchen.

Frauen mit Riemen aus Bocksfell. Die Frauen liefen dabei nackt (wie bei den Reifezeremonien) und wurden von Priestern, die Luperci hießen, gepeitscht. Man erwartete dadurch Übertragung von Fruchtbarkeit. Im Peitschen liegt an sich auch ein physiologisches Erotikum, das durch eine vasomotorische Reizung Blut in die Gegend der Geschlechtsteile zieht (vgl. Abb. 80). In diesem Bilde ist der alte Gebrauch auf faunische Gestalten übertragen, während ursprünglich wohl nur der Zauberer unter faunischer Maske erschien. Er ist auf alle Fälle sehr alt. Wird die Defloration durch einen *Priester* oder den *Häuptling* vollzogen, so glaubt man, daß dieser in der Lage sei, den drohenden Schäden zu begegnen. Bei einer Reihe von Stämmen ist der alte Zauberpriester verblaßt zu einer Privatperson, der diese Handlungen übertragen werden. Die Priester wurden insonderheit an der Malabarküste gebeten; der *Häuptling* (resp. König) nimmt die Zeremonie bei den Ballanten (Senegalgebiet), bei den alten Caraiben Südamerikas, bei den alten Bewohnern von Teneriffa usw. vor. Bei den Nairi von Malabar wird ein Stammesangehöriger gebeten, dem mannbaren Mädchen vier Nächte lang beizuwohnen; er erhält dafür Geschenke und hängt dem Mädchen als Zeichen der Geschlechtsreife ein *Tali* um den Hals. Manchmal wird dies schon vor der Mannbarkeit an 3—11jährigen Mädchen vollzogen. An der Loangoküste wird ein *Sklave* dazu gedungen. Von besonderem Interesse ist aber, daß bei den wilden Stämmen der Halbinsel Malakka (Orang Sakai), dann bei den Batak von Sumatra, den Alfuren von Celebes usw. der *Vater* seiner Tochter als erster beiwohnt. Auf diese Sitte kommen wir noch zurück. Recht häufig aber wird das Mädchen *Fremden* überlassen. So erzählt Cabral (Anf. des 16. Jahrh.), daß in Calicut die jungen Mädchen nackt gingen, reichlich mit Schmuck behangen, und ihre Haare gefärbt hätten. Sie wären sehr sinnlich und bäten die Männer, ihnen die Jungfrauschaft zu nehmen, da sie in jungfräulichem Zustand keinen Gatten fänden. Ähnlich war es 1505 in Tenasserim von Ludw. v. Barthema beobachtet worden, dann von Mandelslo bei den Eingeborenen von Malakka. Die Sitte muß sehr weit verbreitet gewesen sein, denn, wie wir sehen werden, begegnen wir einer *Verachtung der Jungfrauschaft* allenthalben bei Naturvölkern. Wie sehr dies den geschlechtsreifen Mädchen zum Bewußtsein gebracht wird, geht aus einer Notiz von R. Schmidt hervor, der das Cepas-kain-kadu-Fest der Alfuren von Ceram wie folgt schildert: „Nach dem Essen wird mit großer Feierlichkeit ein irdener Topf herbeigebracht, der von oben von einem Pisang- oder Bananenblatte verdeckt ist; in der Mitte befindet sich ein Löchelchen. Das Mädchen muß nun die Augen schließen und versuchen, mit ihrem Finger das Loch zu treffen, was ihr die Anwesenden möglichst schwer zu machen suchen, indem sie den Topf hin und her bewegen. Glückt ihr nach vielen vergeblichen Versuchen endlich das Kunststück, dann gibt es ein lautes Gejauchze von allen Seiten. Natürlich deutet dieser Brauch auf den Koitus und das Zerreißen des Hymen und hat den Zweck, das Mädchen sehen zu lassen, daß für sie Jungfräulichkeit nichts zu bedeuten hat. Von diesem Augenblick an ist sie denn auch frei und kann nach Lust und Laune handeln." Mit diesem Feste ist aber ein weiterer wichtiger Brauch verbunden, das *Ablegen des Menstruationskleides,* eine Sitte, die wieder parallel läuft mit dem Ablegen der Brautnacht- respektive Deflorationskleidung. An seine Stelle tritt eine neue Kleidung, die allerdings oft sehr primitiv ist, ja manchmal nur in einer besonderen Art der Bemalung und Anlegen von Schmuck besteht. Die Australierinnen werden gewöhnlich vor der ersten Menstruation verheiratet. Tritt diese aber ein, dann werden sie fünf Tage lang abgesperrt und danach von der Mutter wieder dem Gatten zugeführt. Dabei haben sie einen Leibgürtel, eine Halskette aus Perlmuscheln, ein Kopfband, manchmal auch eine Perlmuschel-Brustplatte erhalten. Schnüre mit eingedrehten Federn vom grünen Bergpapagei sind ihnen um Arme, Handgelenke und Schultern gewunden. Außerdem sind sie mit roten, weißen und gelben Tupfen bemalt. Besonders charakteristisch ist das Anlegen der *Bauchschnur* bei südamerikanischen Völkern und ähnlicher primitiver Kleidungsstücke, die wir im folgenden Abschnitt besprechen werden. Recht eigenartig ist die Reifetracht der nordwestamerikanischen Nutkaindianerinnen; sie erhalten eine Zedernbastdecke als Kleidung und einen *beutelartigen Schmuck* aus Zedernbast, der heute mit Perlen verziert wird, ins Haar. Bei anderen Völkern macht sich das Bestreben geltend, die Hüftschnüre oder flachen Gürtelchen (Abb. 53) durch eine *größere Verhüllung* zu ersetzen, so bei den Kaffern (Abb. 50). Zweifelsohne spielt hier die Furcht vor dem *bösen Blick* eine große Rolle. Ähnlich wird bei den Jap-Insulanerinnen das kleine Grasröckchen durch einen größeren Bastrock ersetzt. Sehr eigenartig sind aber die noch immer nicht völlig erklärten Gebräuche der *Infibulation und der Beschneidung.* Eine sehr typische Beschreibung der Beschneidung hat uns Dapper gegeben, die noch den Vorzug hat, aus älterer Zeit zu stammen. Sein Bericht bezieht sich auf die Veyneger von Liberia: „Wie nun diese Mannsbilder das Zeichen Belly (d. h. die Narbenzeichen des Zauberwaldes, siehe oben) haben, so haben fast eben auf dieselbe Weise die Frauen ein Zeichen des Bundes, welches sie Nesogge nennen. Dieses hat seinen Uhrsprung in Gale genommen und ist itzund auch in Folgia und Quoja gebräuchlich. Man bringet 10 oder 12, auch wohl mehrjährige Töchter, als auch Frauen an einen sonderlichen abgeschiedenen Ort in einem Busch (= Wald) nicht weit vom Dorfe; da die Männer ihnen erst Wohnhütten gemacht und darnach eine Frau aus Gola kommen lassen, welche sie Soghwilly nennen, weil sie die Oberste ist dieses Werkes, nähmlich im tödten der Garnur oder Vala Sandyla, wie sie es heißen. Die Soghwilly, welche als eine Priesterin ist, giebet der Versammlung Hühner zu essen; welche sie Hühner des Bundes, Sandy-Laten, nennen, weil sie dadurch verbunden werden alda zu bleiben. Darnach *schähret man ihnen das Haar* mit einem Schährmesser ab, und bringt sie des andern Tages an einen *Fluß* im Busche; da zur stunde die gemalte Priesterin die Beschneidung verrichtet: nehmlich eine muß die andere festhalten, und die Priesterin ziehet oder schindet den Kützel der wohllust (= Kitzler) aus der Schaam; welches überaus *bluhtet* und sehr schmertzet. Nach der beschneidung heilt die Priesterin die Wunden mit grünen Kreutern; welches zuweilen kaum in 10 oder 12 Tagen geschiehet. Gleichwohl bleiben sie alda drey oder vier Mohnden bey einander, und lernen unterdessen *Tänze* und *Lieder* von ihrem Sandy: welche so mancherley und so übel zu begreiffen seynd. Und in solchen Liedern ist sehr wenig, welches sie mit Ehren singen mögen; ob sie schon sonsten in ihren täglichen reden züchtig, ehrbar und schaamhaft seynd. So lange sie alda bey einander seynd, gehen sie *gantz nacket:* dan alle ihre Kleider werden ihnen, bey ihrer ankunft, von der Priesterin genommen, und sie bekommen dieselben niemahls wieder. Die alten Beschnittenen dürfen zwar bey ihnen aus- und eingehen, so oft sie wollen: aber sie müssen ihre Kleider draußen auf dem Wege liegen lassen, und *ohne Kleider* zu ihnen kommen. Wen die Zeit herbey komt, daß sie wieder heraus sollen geführet werden, so machen sie ihnen ein *Kleid aus Baste* von den Bäumen, welches sie roht und gelbe färben; und ihre Freunde bringen ihnen vielerley Zierraht, als Armringe, Korallen, Schällen, welche sie um ihre Beine hängen,wan sie tantzen, und dergleichen mehr, damit sie sich im Ausgehen schmücken." Ploß Bartels haben einige Angaben über das *Alter* der Mädchen, in dem die Beschneidung vorgenommen wird, gesammelt; daraus geht hervor, daß diese Beschneidung entweder im zarten Jugendalter oder zur Zeit der Reife geschieht. Auch über die Art der Ausführung sind wir gut unterrichtet. Bei verschiedenen Völkern wird zuerst versucht, das Mädchen möglichst *unempfindlich* zu machen; dies geschieht bei den Masai durch vorherige Überschläge mit kaltem Wasser, bei peruanischen Indianerstämmen durch starke *Berauschung* des Mädchens mittels Tschitscha (einem aus Maniokwurzeln bereiteten Getränke). Die Operation erstreckt sich auf verschiedene Teile; zumeist wird die *Klitoris abgetragen*, manchmal auch die *kleinen Geschlechtslippen* oder beides. Die Ablösung eines Teiles oder der ganzen Klitoris beschreibt uns Merker für die Masai: „Die Operation ist ein einfaches Abschneiden der Klitoris und wird mit einem geschärften Stückchen Eisenblech, wie man es zum Rasieren des Kopfes verwendet, ausgeführt. Darauf wird die kleine Wunde mit *Milch* gewaschen, die zusammen mit dem vergossenen *Blut* in den Erdboden einsickert. Ein blutstillendes Mittel wird nicht angewendet. Bis zur vollständigen Heilung bleibt das Mädchen in der Hütte der Mutter." Etwas fortgeschrittener ist die Technik bei der Bevölkerung des Niger-Delta. Cardi berichtet darüber: „Die Art, wie die Operation ausgeführt wird, schwankt bei den verschiedenen Stämmen: im Old-Calabar-Distrikt geschieht das auf folgende Weise. Derjenige Teil von der Spitze einer Kokosnußschale, welcher die Augen hat, wird sorgfältig abgeschnitten und wird sehr glatt und dünn geschabt. Dann wird das Auge, welches die Milch ausfließen läßt, sorgfältig ausgebohrt und die Ränder ganz glatt geschabt. Darauf wird die Glans der Klitoris durch dieses Loch gezogen und mit einem Rasiermesser oder in manchen Fällen auch mit einem als Rasiermesser dienenden Stück Flaschenglas abgeschnitten. In ähnlicher Weise wird auf Celebes ein kleines Stückchen der Klitoris abgelöst, dann aber die Wunde sorgfältig behandelt." Die Ablösung größerer Partien beschreiben Ploß-Bartels bei den Woloffen: „Das junge Mädchen setzt sich auf einen nicht weit von der Wand abstehenden Klotz, spreizt die Beine und lehnt hinten über, so daß die Wand ihren Körper stützt. Die Operateurin faßt die *kleinen Schamlippen* mit der linken Hand und schneidet sie mit kräftigem Zuge mit einem alten Messer ab, das mehr an eine Säge erinnert. Ein aufgelegtes Pflaster stillt die Blutung. Eine Woche bleiben die Operierten zu Hause; dann sieht man sie noch 3 bis 4 Wochen hindurch täglich mit Stöcken in der Hand zum Flusse gehen und dort ihre vorgeschriebenen *Waschungen* machen. Zuletzt wird der Verband abgenommen." Fragen wir uns nach dem *Zweck dieser Operation*, so kommt zunächst die Beobachtung in Betracht, daß in afrikanischen Gegenden Klitoris und Lippen oftmals zu einer die Beiwohnung hindernden *Größe* auswachsen, so daß ihre Entfernung naheliegen muß. Doch dürfte das bei weitem nicht genügen, um diese Erscheinung zu erklären. Fast überall geben die Völker selbst an, daß man glaube, die *Ehen* würden durch diese Operation *fruchtbarer*, oder die Kinder seien erst nach dieser Operation stammesecht. Krauß bringt sogar von den Suaheli bei, daß man bei Frauen, denen alle Kinder sterben, die Klitoris oder Teile davon mit dem Rasiermesser abträgt, und daß dann alle folgenden Kinder am Leben bleiben. Es handelte sich also ursprünglich um eine Art Zauber, bei dem das abgeschnittene Stückchen eine Rolle spielte, etwa um die die Fruchtbarkeit hindernden *Dämonen zu bannen*. In manchen Fällen trägt das Mädchen das Segment eine Zeitlang bei sich. Damit würde man die Behandlungsweise ähnlich zu fassen haben, wie den Zauber mit der Nabelschnur, den wir später berühren, oder das Abschneiden von Fingergliedern (s. Hdwtb. „Aberglaube", „Couvade", „Feste und Riten", „Liebesleben", wo ich genau darauf einging, besonders im Abschnitt „Reifezeremonien"). Auf ein weiteres Moment kommen wir weiter unten. Jedenfalls ist es durchaus nicht notwendig, *daß die Beschneidung der Frauen und die der Männer den gleichen Ursprung haben müssen*. Die Geschlechtsteile spielen im Ideenkreis der Naturvölker eine so große Rolle, daß eine Reihe von ähnlichen Gebräuchen ganz verschiedenen Ursprung haben kann. Die Beschneidung als Einleitung zum Geschlechtsverkehr zeigt uns deutlich die von Spencer und Gillen berichtete Auffassung bei zentralaustralischen Stämmen. Bei den nördlichen Aranda und Ilpirra bespricht sich der dem etwa 14 bis 15 jährigen Mädchen zugewiesene Mann mit den Söhnen der Schwester seines Vaters (unkulla). Sie und die gesetzmäßigen Gatten des Mädchens (unawa) sowie der Bruder der Großmutter mütterlicherseits (ipmunna) schleppen das Mädchen hinaus in den Wald. Der Ipmunna führt hier die Beschneidung mit einem Steinmesser aus und berührt dabei die Geschlechtslippen des Mädchens mit einer Churringa. Nach der Beschneidung ver-

binden sich diese sämtlichen Männer mit dem Mädchen, das vom Ipmunna mit
Pelzstreifen usw. geschmückt nun ihrem eigentlichen Ehemann zugeführt wird,
der sie aber an die genannten Männer wieder verleihen kann. Ein Beschneidungs-
messer stellt Abb. 94 dar, die Mitglieder des Bundubundes dagegen Abb. 81.
In Sierra Leone sind die beiden wichtigsten Geheimbünde (der Mendi) der Porobund für Männer und Knaben und der Bundubund für Frauen und Mädchen.
Ein großer Teil aller Weiber tritt in ihn ein gewöhnlich mit 8 bis 10 Jahren.
Es spielen sich nun im Bundubusch Zeremonien ab, die ganz den oben geschilderten gleichen; so werden die Mädchen mit Ton beschmiert, beschnitten und tatauiert. Abb. 86 zeigt die Masken der Medizinweiber des Bundubundes. Hand in
Hand mit den Reifezeremonien geht aber auch eine *Art von Belehrung*, der
sich eine *Reifeprüfung* anschließt. Dies besteht sowohl in der Erprobung gewisser Fähigkeiten als im Ertragen von Schmerz und Qualen. In irgendeiner
Form scheint dieser letzte Punkt fast immer mit den Reifezeremonien verbunden
zu sein. Wir haben bereits oben gesehen, daß die Mädchen im Zauberwalde einen
gewissen Unterricht genossen. Bei den Basuto lernen sie beispielsweise Feuer an-
blasen, in der Kälte des frühen Morgens baden usw. Es wird ihnen gesagt, daß
ein Weib nicht lügen darf, und ähnliches. Bei den Konde in Ostafrika werden
sie über *sexuelle Dinge* unterrichtet und mit den Pflichten der Gattin bekannt
gemacht. Bei den Suaheli wird ihnen beim Tanzen das „tikitiza" gezeigt, die
mahlenden Körperbewegungen beim Koitus, die sie nachmachen müssen, da ihre
Kenntnis unbedingt erforderlich erachtet wird. Unter anderem müssen die Mädchen schließlich auch Proben von *Kunstfertigkeiten* ablegen, so bei den Basuto
einen ins Wasser geworfenen Ring durch Tauchen heraufholen, bei den Suaheli
einen Gegenstand, der hinter ihnen liegt, mit den Lippen durch Hintüberbeugen
aufheben und den Sinn von Liedern mit sexuellen Anspielungen deuten. Wenn
dies nicht gelingt, erhalten sie Schläge. Die beste Übersicht gibt ein Auszug, den
Ploß-Bartels aus Zache über die Suaheli machen: „Bei dem Unterricht beteiligen
sich eine große Zahl von Weibern, welche der jungen Elevin so lange den Bauchtanz vortanzen, bis sie nach einer Reihe von vergeblichen Versuchen ihn endlich
selber zur Zufriedenheit ihrer Lehrerinnen auszuführen imstande ist." Von
diesem erotischen Tanzunterricht macht Zache folgende Schilderung: „In eng-
aufgeschlossener Reihe bewegen sich die Tänzerinnen gemessen im Kreise um

die in der Mitte hockende Mwari herum. Langsam schiebt eine jede die Füße
weiter, ab und zu dreht sie sich um sich selbst. Die Arme hängen am Körper
herunter, das Auge ist niedergeschlagen oder schweift träumerisch umher. Währenddessen macht das Gesäß eine, ich möchte sagen, mahlende Bewegung von
der rechten Hüfte herab zur linken Gesäßhälfte, dabei lassen sich einzelne in
die Knie herab, besonders tief die Manyema-Weiber. Bewundernswert ist dabei
die fabelhafte Gelenkigkeit, ‚die Hüfte spielen zu lassen‘. Die den Tanz begleitenden Gesänge beziehen sich sämtlich auf den Geschlechtsverkehr, unter-
richten das Mädchen gleichzeitig aber auch in den Geheimbezeichnungen.“ Zache
führt mehrere solcher Lieder an, von denen zwei hier folgen mögen. Das eine
lautet:

> „Laß dich, wenn auch bebend, beschlafen,
> Damit du zu den Wissenden gehörest.“

Das andere wird gleichsam dem jungen Mädchen in den Mund gelegt:

> „Am Tage, wo meine Vulva erweitert wird,
> Da ist nicht bei mir die Mutter,
> Da ist nicht bei mir das Schwesterchen,
> Am Tage, wo meine Vulva erweitert wird!
> O Mutter! Die alte Geschichte!
> Die Kette (langer Penis), die alte Geschichte!“

„Die Schülerin hat dann, abgesehen von dem Examen im Tanzen, auch noch
andere Proben abzulegen. So muß sie z. B. an das *Feuer tanzen*, in dessen Mitte
eine bis an den Rand mit Wasser gefüllte Tasse gestellt ist; dieselbe soll sie dann
kniend, langsam, ohne etwas zu verschütten, herausholen. Eine andere Probe ist
folgende: Ein von der Mutter gestiftetes kleines Geschenk, eine Perlenschnur oder
ein silbernes Kettchen, wird über dem Kopfe des auf dem Rücken liegenden, am
Boden ausgestreckten Mädchens hingelegt. Sie muß nun die Wirbelsäule so weit
krümmen, daß sie den Gegenstand mit den Lippen fassen kann. Da die Eltern
des Backfisches während der drei Monate für die ganze Gesellschaft den Unter-
halt zu bestreiten haben, können nur reiche Leute ihren Töchterchen den Luxus
eines vollständigen Kursus gestatten; ein solches Goldfischchen heißt Kiranja (Vortänzerin). Ärmere gestatten sich nur die siebentägige Feier, nehmen dann aber
gerne, sechs bis zehn an der Zahl, als Wari Kumbi, an der Weihe einer Kiranja

teil. Zugelassen werden ferner vielfach Wari kilili, längst mannbare Mädchen,
bei denen seinerzeit aus irgendeinem Grunde die Weihe nicht stattfinden konnte,
z. B. Wanjamwesi-Mädchen, welche erst in späterem Alter an die Küste gekommen sind und sich entschlossen haben, dort zu bleiben. Diese beeilen sich
dann, islamische Suaheli-Sitten anzunehmen, insbesondere bedürfen sie, um bei
der männlichen Küstenbevölkerung Glück zu machen, unbedingt der geschätzten
Kunst des Ku-tikitiza, d. h. der Beherrschung der von den Suaheliweibern zu
einem vollständigen Kunstsystem entwickelten Hüftbewegungen beim Koitus.
Dann erst sind sie aus Wilden (washenzi) Damen (bibi) geworden."
Sehen wir nun von allen diesen rein praktischen Momenten ab, so erkennen wir
bereits aus den erwähnten Tatsachen, daß das Wesen der Reifezeremonien die
Abwehr böser Dämonen (durch die Reinigungsriten) und die *Wiedergeburt*
„eines neuen Menschen", wie wir später genauer sehen werden, einerseits und ein
Befruchtungszauber andererseits ist. Die Abwehr der bösen Geister wird besonders durch zwei Mittel bezweckt, das *gründliche Abwaschen der Blutung, aus der*
sie entstehen können, und durch Nacktgehen. Dieses hat bekanntlich bei allen
Völkern der Erde diesen Zweck; ebenso wie die Entblößung der Geschlechtsteile.
Noch bei den Hexenprozessen wurden bekanntlich die Angeklagten entkleidet
und öfter bei Frauen die Genitalhaare abgebrannt, damit sie „dort keinen Zauber für Standhaftigkeit verbergen könnten". Von den Wabondei in Ostafrika
erzählt Baumann: „Die Mädchen begeben sich *splitternackt* mit einer ‚weisen
Frau' in den Wald, wo sie 6 bis 8 Tage verweilen. Doch können sie während
dieser Zeit manchmal *nackt* in das Dorf zurückkehren, um etwaige Verrichtungen
zu besorgen. Der Schlußtanz, der alles junge Volk der Umgebung vereint, findet
im Dorfe statt. Dabei sitzen die Mädchen *nackt* in der Dorfschenke auf den ausgestreckten Beinen ihrer Mutter, werden am Körper und im Gesichte mit *weißen*
Zeichnungen bemalt und müssen später laufend *glühende Kohlen* in der Hand
durchs Dorf tragen. Die *Bemalung mit weißer Farbe* deutet bereits auf
das folgende Moment, das *Sterben des alten Menschen,* denn Weiß ist die Farbe
des Todes. Dies dauert 1 bis 2 Tage, während welcher alles, was Beine hat, tanzt
und sich am Palmweingenuß ergötzt." Damit andere nicht geschädigt werden,
wird das Mädchen *abgesperrt.* Während der Absperrung sind die Kandidaten
im Totenreich. Sie werden gleichsam wiedergeboren und erhalten *neue Namen,*

Abb. 43. Samoanisches Mädchen.

Abb. 44. Junge Samoanerin.

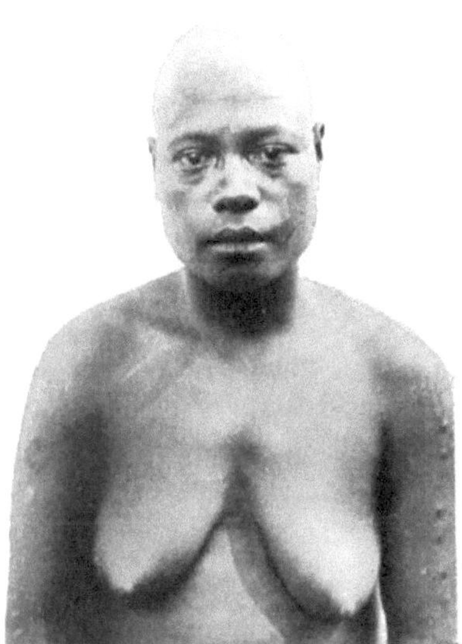

Abb. 46. Frau von den Admiralitätsinseln, ca. 20 Jahre alt.
Museum f. Völkerkunde, Dresden.

Abb. 47. Alte Tasmanierin.
Museum f. Völkerkunde, Dresden.

Abb. 45. Fidschi-Insulanerin.
Nach Friedenthal.

Abb. 48. Tongamädchen.

Phot. W. A. Mansell & Co.

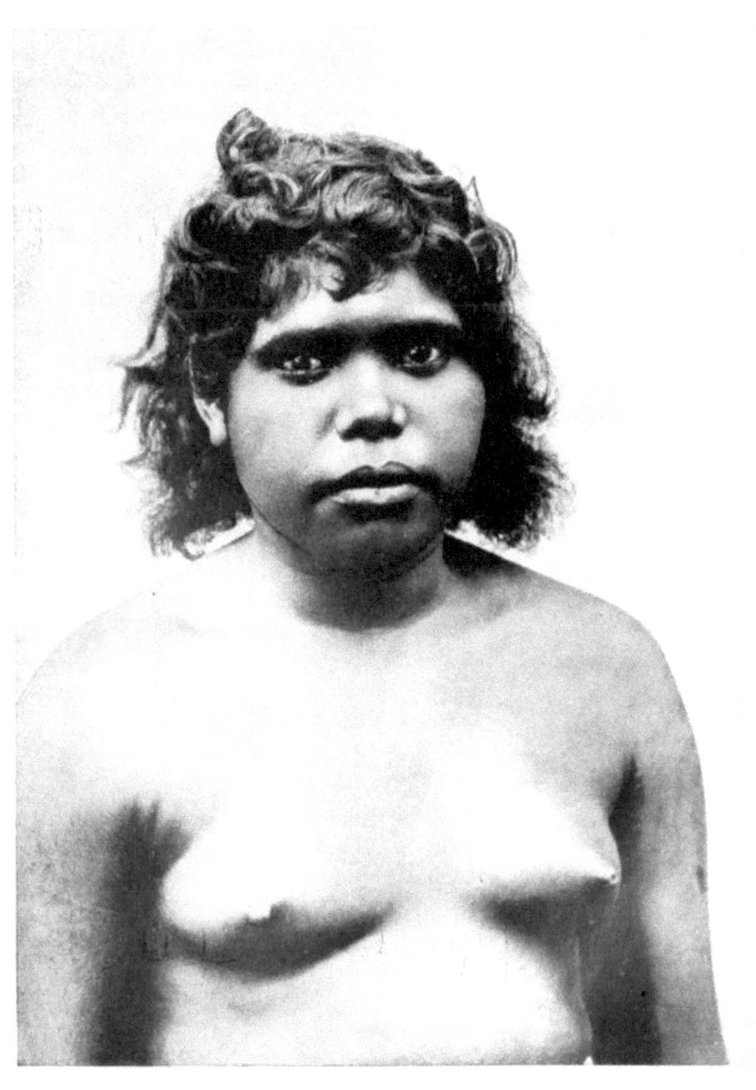

Abb. 49. Mädchen von Neu-Südwales.

Anthrop. Ges., Berlin.

Abb. 50. M'Kosa Kafferin.

Nach Friedenthal.

Abb. 51. Mutter und Kind (Nordafrika).

Phot. Dobbertin.

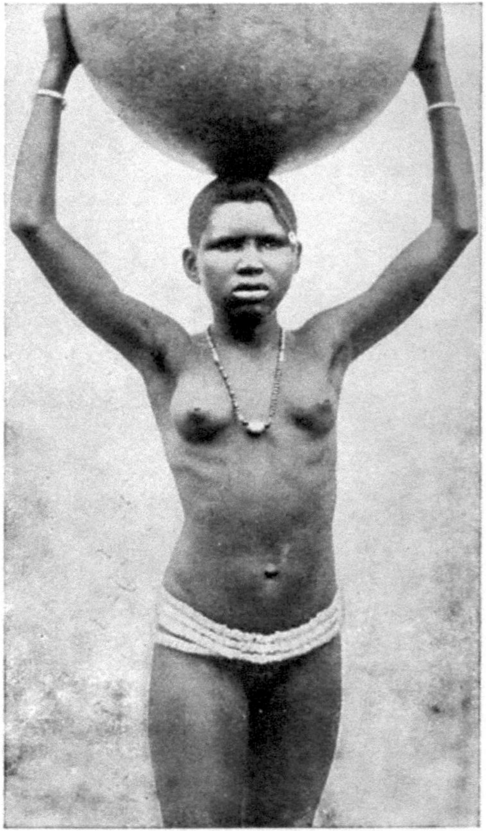

Abb. 53. Dreizehnjähriges Mädchen vom Senegal.
Nach Vasse.

Abb. 52. Ovamboweiber.
Nach Stratz.

womit zugleich das Opfer der *Beschneidung* und andere *Blutopfer usw.* verbunden sind. Diese Abschließung leitet uns aber von selbst zu den *Befruchtungsriten;* denn man übt in der Reifezeit allerlei Zauber aus, gar häufig denselben, den man zur Erhöhung der Fruchtbarkeit der Felder vollzieht. In der frühesten Zeit hatte der Mensch keine Ahnung davon, daß die *Beiwohnung des Mannes die unbedingte Ursache der Schwangerschaft sei.* Er glaubte vielmehr, daß beide nichts miteinander zu tun hätten; der Beischlaf wurde lediglich als angenehme Beschäftigung aufgefaßt und über die Herkunft der Kinder dachte man, daß sie als *fertige Wesen* von außerhalb in die Mutter gelegt würden. Der Naturmensch konnte den wahren Zusammenhang auch gar nicht erkennen, denn er denkt nur auf ganz kurze Zeiträume. So war es für ihn kaum möglich, darauf zu schließen, wenn er ein schwangeres Weib sah, daß eine Kohabitation, die vom Tage des deutlich Sichtbarwerdens der Schwangerschaft etwa 5 Monate zurücklag, die Ursache dieser Veränderung bilde, da kein ununterbrochener Vorgang die Handlung der Beiwohnung mit dem Tage der Erkenntnis der Schwangerschaft verbindet. Dem primitiven Menschen fehlte eben auch jede Probe. Wir können heute leicht sagen, ein Mädchen, das nicht mit Männern zu tun hatte, kann nicht schwanger werden, und schließen als ganz selbstverständlich daraus, daß das Kind das Produkt der Vereinigung beider Geschlechter ist. Für Naturvölker gibt es nun aber *keine Jungfrauschaft;* in den meisten Fällen erwartet man dringend den Tag, an dem man ein Mädchen für den geschlechtlichen Verkehr bekommen oder eine Tochter um teueren Kaufpreis weggeben kann. Aber sogar vor dieser Zeit der Heirat findet bereits geschlechtlicher Verkehr statt. Die Kinder haben darin schon freie Hand und beginnen mit Spielereien, die sehr bald in eine wirkliche Nachahmung des Koitus übergehen. Dies gilt sogar für Völker, bei denen mit Rücksicht auf Ahnenkult und Stammesechtheit eigentlich Keuschheit gefordert wird (hier werden dann eben die Kinder getötet). Dagegen haben Naturvölker eher Proben für das Gegenteil. So werden, wie schon oben gezeigt wurde, sehr häufig Ehen vor der Geschlechtsreife geschlossen; *man übt Beischlaf aus, bekommt aber keine Kinder;* ebensowenig bei den geschlechtlichen Spielereien der Jugend. Noch wichtiger aber ist, daß gerade bei dem häufigen Geschlechtsverkehr die weitaus größere Zahl von *Beiwohnungen eine Schwängerung nicht im Gefolge hat.* Man hat also zunächst gar keinen Anhaltspunkt für den Zusammenhang, wohl aber für das Gegenteil. An diese älteste Periode menschlicher Forschung über das Geheimnis der Zeugung reiht sich eine zweite an, bei der der Mensch dachte, daß die Beiwohnung des Mannes eine *Vorbereitung für die Aufnahme des Kinderkeimes sei* und das Sperma dem Keime als erste Nahrung diene. Daran schloß sich eine dritte Periode der Erkenntnis, die bis in unsere Tage hineinreicht. Hier wird die Beiwohnung zwar als unumgänglich notwendig für die Befruchtung erkannt, das Kind aber trotzdem aus der Natur gebracht, meist durch *elbische Mittler* (Storch, Kranich, Ibis, Löffelreiher, Känguruh usw.). Die letzte Phase dieser Periode beherrscht noch unser religiöses Denken von heute, bei der der ursprünglich materielle Kinderkeim zu einem spirituellen Wesen, der Kinderseele, geworden ist, die aus den Händen der Gottheit kommt und dem materiellen Wesen gleichsam eingeblasen wird. Diese Entwicklungsweise entspricht vollständig der sonstigen Denkentwicklung des Menschen, die überall vom rein Materiellen zum Spirituellen fortschreitet. Zweifelsohne kam der Mensch durch die Gewinnung von *Haustieren* und ihre Beobachtung erst zu der Erkenntnis, daß der Beischlaf die Ursache der Befruchtung sei. Hier ist einerseits die Trächtigkeitsperiode viel kürzer, die beiden Endpunkte liegen also näher beisammen, und andererseits konnte durch unabsichtliche Absperrung eines Weibchens sehr leicht die Beobachtung gemacht werden, daß ohne Belegen eine Schwangerschaft nicht eintritt. Betrachten wir noch kurz an einem Beispiel, wie der primitive Mensch sich den Befruchtungsvorgang vorstellte. Eine Reihe tüchtiger Beobachter, so Roth, Spencer-Gillen, Wettengel und Strehlow haben diesbezügliche Feststellungen betreffs einiger australischer Stämme gemacht, die der ursprünglichen Denkungsweise noch nahestehen. Hier glaubt man, daß ein *Pflanzengeist* ins Weib fährt und sich zum Kinde bildet; dieser Pflanzengeist kommt aus einem *großen Walde* oder der *Wassertiefe* und wird materiell gedacht. Der Naturmensch betrachtet sich selbst sowie die Tier- und Pflanzenwelt als gleichstehend und glaubt, daß sie alle aus denselben Keimen hervorgehen. Menschen können zu Tieren und Pflanzen werden und umgekehrt. *In den Bäumen glaubt man so die Seelen der Ahnen hausen zu sehen, ebenso in gewissen Steinen* (Abb. 89) *oder im Wasser.* Von ihnen können sich dann emanationsartig die Kinderkeime ablösen, die entweder durch Zauber- oder durch eigene Machtmittel in das Weib eingehen. Bei den australischen Stämmen glaubte man, daß diese Keime etwa die Größe eines Sandkorns hätten, durch den Nabel in die Mutter eingingen und im Uterus zum Kinde auswachsen. Trotzdem seien diese Keime von Anfang an völlig ausgebildete Knaben und Mädchen von rötlicher Hautfarbe und mit Leib und Seele begabt. Verletzt ein Weib solche Bäume oder ißt es von ihren *Früchten*, so wird es davon schwanger. Durch allerlei Zaubergeräte, besonders durch das *Schwirrholz*, durch *Stäbe*, *Puppen* und ähnliches wird bei verschiedenen Völkern der Erde dieser Vorgang unterstützt. Besonders geschieht das aber bei den *Reifezeremonien*. Dies ist auch der Grund, weshalb Naturvölker sehr oft jene Kinder töten, die ein Mädchen *vor* Erledigung der Reifezeremonien geboren hat. Man betrachtet sie nicht als Angehörige des Stammes, da sie nicht von dessen Ahnen herrühren, denn durch die Reifezeremonien wird erst die Befruchtung des Weibes durch die Stammesahnen eingeleitet. Missionar Tönijes bestätigte mir, daß z. B. die Ovambo jedes Kind, das vor den Reifezeremonien geboren wird, töten, und von anderen Völkern haben wir die gleiche Nachricht[1]). *Wenn also die Mädchen bei den Reifezeremonien in einen abgeschlossenen Wald oder zum Tanz unter einen Baum geführt werden, so hat das nur den Zweck, sie zu jenen Stammesvorfahren zu bringen, von denen man wünscht, daß sie in der Folgezeit befruchtet werden.* Sehr deutlich geht das aus einer brieflichen Notiz von Vortisch an Bartels hervor: „Die zu Bräuten ersehenen Jungfrauen (der Kroboneger [Goldküste]) wurden auf den Kroboberg geschickt, der sich wie ein kleiner Vulkan aus der Ebene erhebt und mit einer Felsenfluh gekrönt ist. Dort oben lag einst die Stadt, *in der die Kroboer ihre Toten im Boden ihrer Familienhäuser begraben.* Dort fanden große Fetischfeiern mit Menschenopfern statt, und dort wurden Jungfrauen in die Geheimnisse der Ehe eingeweiht. In dieser Zeit durften die Mädchen außer einem zylinderartigen Hut *kein Kleidungsstück* tragen, auch nicht, wenn sie zu Besuch in ihr Dorf kamen. Stellte es sich heraus, daß ein Mädchen *während dieser Zeit* sich mit einem Manne vergangen hatte, so wurde sie von der Felsenfluh in die Tiefe gestürzt. Jetzt ist das Betreten jener Stätte den Negern verboten, und die Gebräuche, die Mannbarkeit zu erlangen, haben etwas andere, mildere Gestalt angenommen."

---

[1]) Weiter ausgeführt habe ich diese Beobachtung, die unabhängig, aber gleichzeitig mit mir Hartland auch machte, in dem Aufsatze: „Kausalzusammenhang zwischen Geschlechtsverkehr und Empfängnis" in der „Zeitschrift für Ethnologie", Berlin 1909, Heft 5.

Das wichtigste bei allen Handlungen mit den Geistern ist ihre *Herbeiholung*. Die Dämonen bewohnen nun allerlei auffällige Dinge, seien es natürliche Gegenstände oder Schöpfungen von Menschenhand, die man *Fetische* nennt. Der ganze Verkehr zwischen ihnen und dem primitiven Menschen beschränkt sich nun aber auf zwei Momente: das *Herbeiziehen dieser Dämonen* und das *Ausüben eines Druckes*, der sie vom Bösen abhält und zum Guten zwingt. Diese beiden Momente kann entweder der Mensch selbst vollziehen, oder es besorgt sie eine andere *(ältere) Person* oder ein berufsmäßiger *Zauberer*. Das Hingehen erfolgt sowohl im *Traume* als in der *Ekstase*. Beide werden entweder künstlich herbeigeführt oder abgewartet. Es ist bekannt, daß der *Hungernde* ebenso wie der *Verletzte* allerlei phantastische Vorstellungen hat, und *Naturvölker glauben, daß er während dieser Zeit im Geisterreiche weilt*. So blieben für alle Zeiten Beten und Fasten im Zusammenhang. Durch Gifte oder Alkoholika werden ähnliche Zustände geschaffen, ebenso durch starke *Blutentziehung*. Darin ist nun der eine Teil der Reifezeremonien begründet; man bringt den Kandidaten in ekstatischen Zustand, währenddessen man annimmt, daß er im Geisterreiche weile, und faßt seine Wiederbelebung als „*Wiedergeburt*" auf, eine Idee, die wir über die ganze Welt finden und die auch das Christentum erhalten hat (Untertauchen im Wasser). Äußerlich wird diese Wiedergeburt dadurch charakterisiert, daß dabei vielfach Zeremonien verrichtet werden, die sonst als *Totenriten* erscheinen. Sie gelten dem Absterben des alten Menschen (Hdwtb. „Feste und Riten"). So berichtet Koch-Grünberg von den Siusi in Nordwestbrasilien, daß „beim Eintritt der zweiten Menstruation der Vater früh vor Sonnenaufgang einen ähnlichen Gesang singt, mit Aufzählung aller Tiernamen, wie es bei der Totenfeier gebräuchlich ist". Ähnlich ist die *Herbeizwingung des Dämons* begründet. Sie geschieht in erster Linie durch *Opfer*. Die Grundidee ist die, daß Seelen und Götter ernährt werden müssen, und daß man sie am leichtesten herbeiholt, wenn man ihnen Nahrung bietet; diese ist in erster Linie das Blut der Opfertiere oder, was noch wirksamer ist, das eigene *Blut*. Mit dieser Idee mag die Beschneidung in gewissem Zusammenhang stehen, da sie im Grunde genommen eine Blutentziehung darstellt, die an dem Geschlechtsteile geübt wird, weil man sie mit dem Wirken der Dämonen in Verbindung bringen will. Recht deutlich hat sich diese Anschauung in der Okipazeremonie der Mandanindianer erhalten. Hatte im

Winter irgendwie Mangel geherrscht, so wurde an einem großen Platze ein
Pfahl, der Sonnenpfahl, aufgestellt. Die Teilnehmer machten sich Einschnitte ins
Fleisch, befestigten Pflöcke darin, die mit dem Pfahl verbunden wurden; dann
tanzten sie so lange um ihn und betrachteten ihn unverwandt dabei, bis sie ohn-
mächtig zusammenbrachen. Damit war der Zustand erreicht, in dem die Gottheit mit ihnen in Verbindung trat.[1])

So haben wir die Grundlage für das so schwierige Verständnis der Reifezeremonien geschaffen und verstehen einerseits, weshalb Naturvölker ihnen eine so
große Bedeutung beilegen, andererseits, weshalb sie sich auch bei Kulturvölkern
in ihren letzten Ausläufen nicht verdrängen ließen, denn schließlich ist die christliche Konfirmation nichts anderes als eine Ummodlung alter Reifezeremonien,
deren anderer Teil in der Taufe steckt (vgl. auch meinen Artikel: „Feste und
Riten", sowie „Aberglaube" in M. Marcuse, Handwörterbuch der Sexualwissenschaft, Bonn 1923). Für die *Blutentziehung* haben wir bereits genügend Beispiele.
Meist geht sie Hand in Hand mit dem *Fasten*. So berichtet Ploß-Bartels nach
Bates: „Bei den Uaupés wird mit dem Eintritt der Pubertät die Jungfrau auf
kärgliche Kost beschränkt und in dem oberen Teil der Hütte zurückgehalten.
Außerdem hat sie aber noch Peinigungen zu überstehen. Sie empfängt von jedem
Familienmitgliede und Freunde mehrere Hiebe mit schmiegsamen Ranken über den
ganzen nackten Leib. Hierbei sind *Ohnmachten* nicht selten, bisweilen erfolgt
selbst der Tod. Diese Operation wird in sechsstündigen Zwischenpausen viermal
wiederholt, während sich die Angehörigen dem reichlichen Genusse von Speisen
und Getränken überlassen; die zu Prüfende aber darf nur an den in die Schüsseln
getauchten Züchtigungsinstrumenten lecken." Bei den kalifornischen Stämmen
müssen sich die Mädchen der Fleischkost enthalten. Heute erklären verschiedene
Völker das Fasten anders, als wir es oben betrachtet haben; so glauben die

---

[1]) Weitere Ausführungen darüber in meinen folgenden Arbeiten: Artikel: „Aberglaube,
Beschneidung, Feste und Riten" in *M. Marcuse, „Handwörterbuch der Sexualwissenschaft"*,
Bonn 1923; dann *Ploß-Bartels, „Das Weib"*, 11. Aufl., herausgegeben von Ferd. Frhr.
v. Reitzenstein, Berlin 1923; „Der Kausalzusammenhang zwischen Geschlechtsverkehr und
Empfängnis" in „*Zeitschr. für Ethnologie*", Berlin 1909, Heft 5; „Der Zauber als Grundlage des Gebetes" in „*Dokumente des Fortschrittes*", Berlin, Aprilheft 1910; „Die ersten
sexuellen Darstellungen der Menschheit" in „*Geschlecht und Gesellschaft*", herausgegeben
von Ferd. Frhr. v. Reitzenstein, Dresden 1921, Heft X; „Ethnoanalyse" in „*Jahreskurse
für ärztliche Fortbildung*", 1922, Septemberheft.

Guayquirias am Orinoko, die das Menstruationsblut für besonders giftig halten, daß ihre Weiber fasten müssen, damit das Gift vollständig eintrockne. Dieser Grund mag mitwirken, ausschlaggebend war er aber keinesfalls. Auch dem *Tanz* kommt sicherlich eine doppelte Grundbedeutung zu. Einerseits verursacht er *ekstatische Zustände*, andererseits stellt er einen *Fruchtbarkeitszauber* dar, wie das besonders bei den Buschleuten deutlich ist. Dort liegt nach Passarge das Mädchen auf der Erde und die jüngeren verheirateten Frauen gehen im Gänsemarsch, zu dem Takt der Musik mit den Füßen aufstampfend und die nach abwärts ausgestreckten Arme gleichfalls rhythmisch nach unten stoßend, um das Mädchen herum, eine Kringelform beschreibend. Dabei haben sie das hintere Schurzfell hochgehoben. Mit dem entblößten Gesäß, das übrigens, wie bei den Hottentotten, in auffallender Fülle entwickelt ist, wackeln und kokettieren sie umher. Das geht so eine Weile; plötzlich naht sich ein Buschmann langsamen Schrittes, gleichfalls im Takt mit den Füßen stampfend und mit den angezogenen Unterarmen und geballten Fäusten ebenfalls den Takt schlagend. Auf dem Kopf hat er ein paar *Hörner nebst einem Stück Fell* befestigt. Vermutlich sollen eigentlich Elandhörner genommen werden, unser Buschmann hatte sich aber ein paar geschnitzte, fingerlange, mit Holzkohle geschwärzte Holzhörner nebst einem Stück Ziegenfell vor die Stirn gebunden. Der gehörnte Buschmann ist der Bulle, die Weiber sind die Kühe, diese Beziehung ist unverkennbar. Der Bulle naht sich, läuft mehrmals um die Kühe herum, die ruhig weiterstampfen und kokettieren. Plötzlich springt er in die Reihe hinter eine Frau und zieht mit. Die Bewegung des Bullen und der Kühe ist dabei so drastisch, daß man ohne weiteres erkennt, *es handle sich um eine Szene aus der Brunstzeit der imitierten Tiere.* So geht der Zug eine Zeitlang auf und ab. Bald springt der Bulle hierhin, bald dorthin, schließlich löst sich die Reihe unter Lachen und Scherzen auf, die Kapelle verstummt, aber nach einiger Zeit beginnt das Spiel von neuem." — Die *Befruchtungszeremonien* selbst knüpfen, wie oben angedeutet wurde, entweder an *Bäume* und *Pflanzenteile*, oder an das *Wasser* oder endlich an *Fetische* an. Auch die *Mittlertiere* werden manchmal hereingezogen. Die Suaheliweiber tragen nach Velten die Mädchen nachts auf dem Rücken zu einem *Muyombobaum*, unter dem dann der Tanz stattfindet. Bei den Ovambo werden die Mädchen ebenfalls zum Tanz um einen Baum geführt usw. In gleicher Weise wird der

Wasserzauber gehandhabt. Boas erzählt uns von den Nutkaindianern in Nordwestamerika: „Dann ergreifen acht Mann je eine Schüssel, laufen zum Flusse, schöpfen frisches Wasser und kehren damit zu dem Hause zurück. Hierbei müssen sie sich im Kreise bewegen, wobei sie die linke Hand im Innern des Kreises haben müssen. Dann gießen sie das Wasser über die Füße des Mädchens und kehren darauf zum Flusse zurück, sich beständig im Kreise bewegend mit der linken Hand nach innen." *Steine* gelten als Fetisch; man glaubt, daß Dämonen in ihnen ihren Sitz nehmen. Bei den Suaheli gibt eine alte Frau, bei der das Mädchen bis zur Reifezeit weilt, diesem den sogenannten *„Stein der Salbung"*, ein Stück glattgeschliffenen Korallenfels, der mit Gewürz eingerieben wird. Er darf niemals öffentlich gezeigt werden. (Vgl. dazu den heiligen Stein in der Kaaba zu Mekka [Arabien].) Bei südkalifornischen Stämmen endet die Reifefeier nach Rust damit, daß den Mädchen ein merkwürdiger *halbmondförmiger Stein* gezeigt wird, der in Beziehung zu den weiblichen Geschlechtsorganen stehen soll. Kröber erzählt von den Luiseño-Indianern (einem Zweig der Schoschone), daß den Mädchen *zwei erwärmte flache Steine* auf den Unterleib gelegt werden. Man mag dazu eine Stelle Sahaguns vergleichen, der sagt, die Mexikaner seien der Ansicht gewesen, daß *durch Wärme sich die Kinder im Leibe* ihrer Mutter erzeugten. Nichts als eine höher entwickelte Stufe ist es, wenn an Stelle des einfachen Steinfetischs eine *Figur aus Ton* oder eine *Puppe* oder ähnliches verwendet wird. Missionar Schlömann teilte Bartels mit, daß bei den Bawenda in Nord-Transvaal vor jedes Mädchen eine ganz kleine menschliche Tonfigur gestellt wird, die man *Koma* heißt. Nach Marensky bedeutet dies Wort bei den Konde-Stämmen am Nyassa-See die Gottheit. *Solche Figürchen werden auch gebraucht, wenn Weiber in der Ehe unfruchtbar sind* (also im wesentlichen dieselbe Sache). Bei den Evhe-Stämmen heißen diese Figürchen Se. Missionar Spieß beschreibt sie wie folgt. In einem Körbchen sitzt eine menschenähnliche Figur aus graugelbem Ton, in den in ziemlich regelmäßigen Abständen Kauris und die ungefähr ebenso großen runden Samenkerne von Caesalpina Bonducella eingedrückt sind. Zwei Kauris bilden die Augen, auf dem Kopf sind einige Hühnerfedern eingesetzt. Mehrere Baumwollenlappen stecken zwischen der Korbwand und dem unteren Teile der Figur (vgl. Abb. 99, Fig. 10). Bei vielen Völkern ist das Tier als Mittler noch deutlich erhalten; so tanzen in Nord-Transvaal die

Mädchen um eine aus Lehm gebildete *Schlange*. Besonders von Interesse ist für diese Frage eine Notiz von Poljakow über die Oronken auf Sachalin, der erzählt, daß sie sich ein eigenartiges Gebilde über das Bett hängen: „Es war eine Gruppe, die eine Frau und einen Seehund, mit einer gemeinschaftlichen Decke bedeckt, zusammen schlafend, repräsentierte." Der Seehund spielt überhaupt in religiöser Beziehung dort eine große Rolle. Tritt bei den Reifezeremonien ein *Zauberer* auf, so erscheint er gewöhnlich in einer Tiermaske. So erzählt Powers von den Hupa (Kalifornien), daß sich junge Burschen eine Maske aus Leder oder Schilf über den Kopf stülpen, die an den *Seelöwen* erinnert. Sie nehmen das Mädchen in die Mitte; rechts und links von ihnen stellen sich zwei alte Weiber. Noch deutlicher berichtet Boas von den nordwestamerikanischen Nutkaindianern. Währenddem Männer und Frauen um das in der Reife stehende Mädchen singen und tanzen, steht auf beiden Seiten des Mädchens ein *Mann im Anzug des Donnervogels.* „Dieser besteht aus einer großen Maske und aus einer vollständigen, mit Federn und zwei Flügeln versehenen Kleidung." Später wird eine mit Figuren des Donnervogels bemalte Holzwand vor das Mädchen gestellt und auf beiden Seiten werden Matten aufgehängt. In diesem so begrenzten Raum muß sich das Mädchen mehrere Tage verborgen halten. (Vgl. Abb. 33, Fig. 1.) Trotz dieser höchst umständlichen Zeremonien sind die Mädchen sehr stolz und fühlen sich zu diesen Zeiten recht wohl. So schilderte Hahn eine Nama-Hottentottin (bei Ploß-Bartels): „Nach dieser Einkleidung sitzt sie drei Tage lang dem Eingang der Hütte gegenüber an der Seite, wo das Hausgerät sich befindet, in einem von fußhohen Stäben eingeschlossenen, $2^{1}/_{2}$ bis 3 Fuß im Durchmesser weiten Kreise mit untergeschlagenen Beinen, *den Mund zum Zeichen ihres Hochgefühls und Stolzes fischmaulartig vorgestreckt und zuweilen mit dem Kopf herausfordernd nickend.*"

Die Wichtigkeit ist eben auch überaus groß, die gerade dieser Zeremonie beigelegt wird, denn die meisten Naturvölker nehmen sie als eine der wichtigsten Perioden, nach denen das Leben des Weibes gegliedert wird. So teilen die Masai (nach Merker) ein:

1. bis zur Beschneidung gilt das Weib als „*Mädchen*" (en dito);
2. während der Beschneidungszeit bis zum Heilen der Wunde wird es „*es siboli*" genannt;

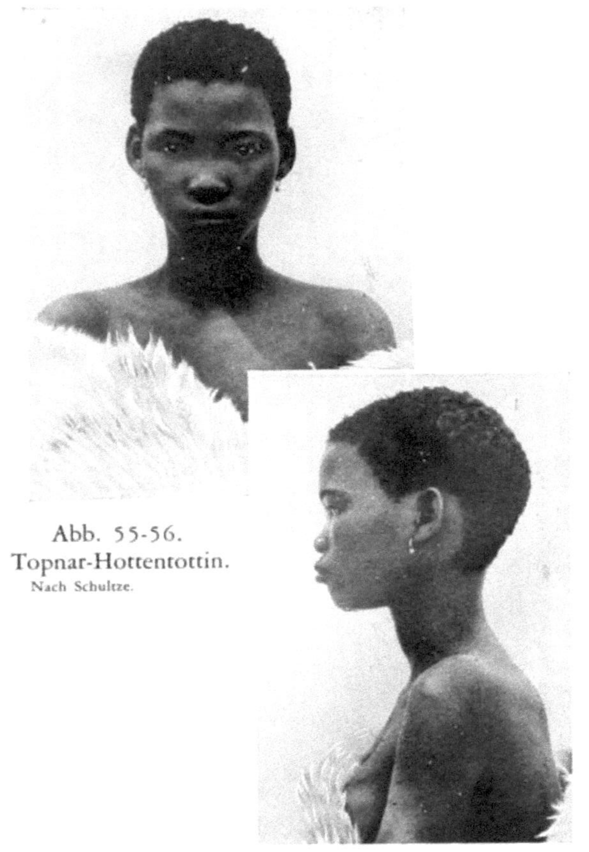

Phot. C. Gunther.

Abb. 54. Aschantifrauen.

Abb. 55-56.
Topnar-Hottentottin.
Nach Schultze.

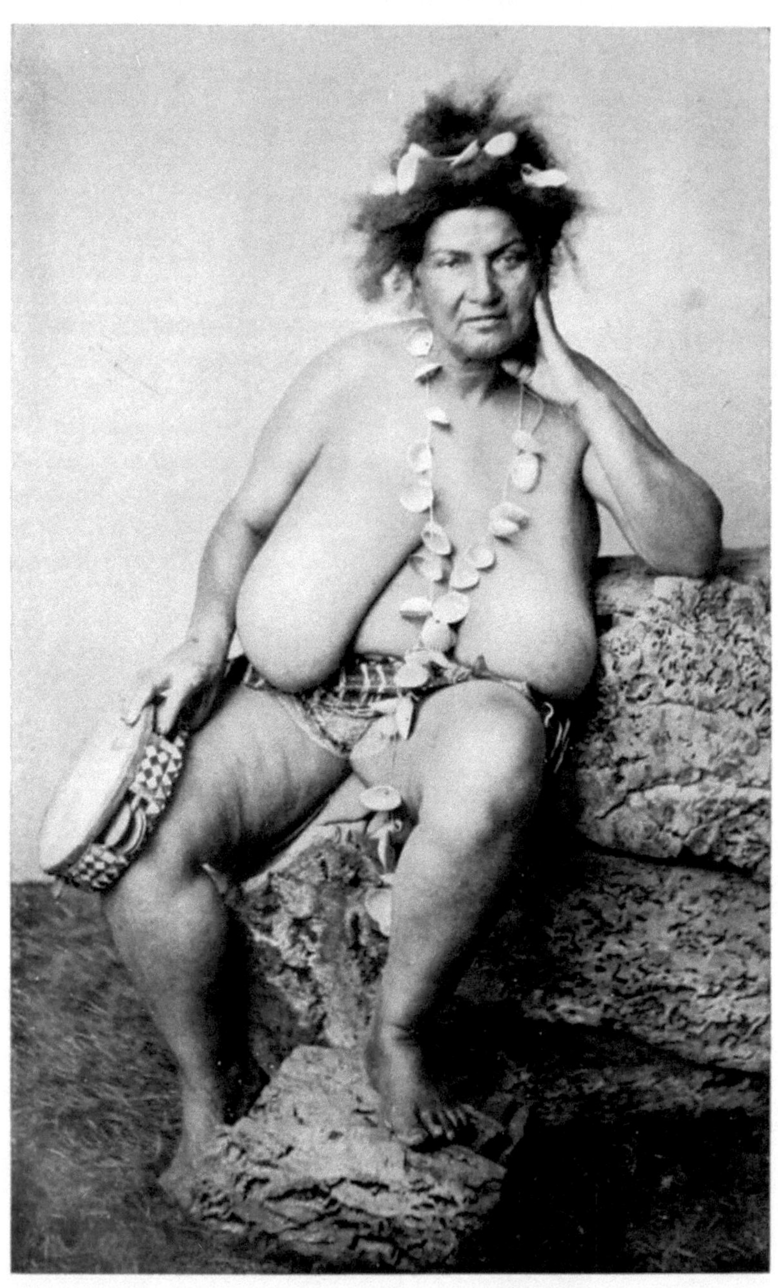

Abb. 57. Abessinierin im Matronenalter
(sog. „Amme des Menelik").

Abb. 58. Basutomädchen.
Nach Stratz.

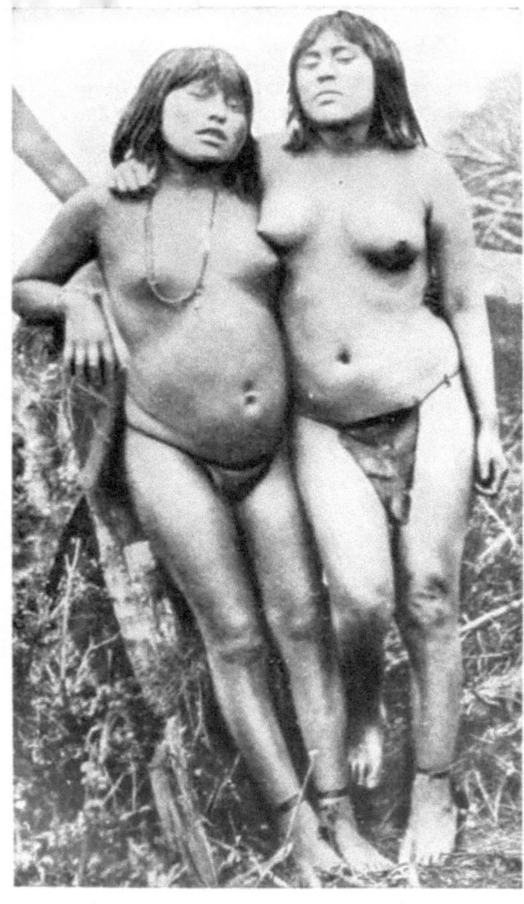

Abb. 59. Zwei Feuerländermädchen.
Nach Hyades und Deniker

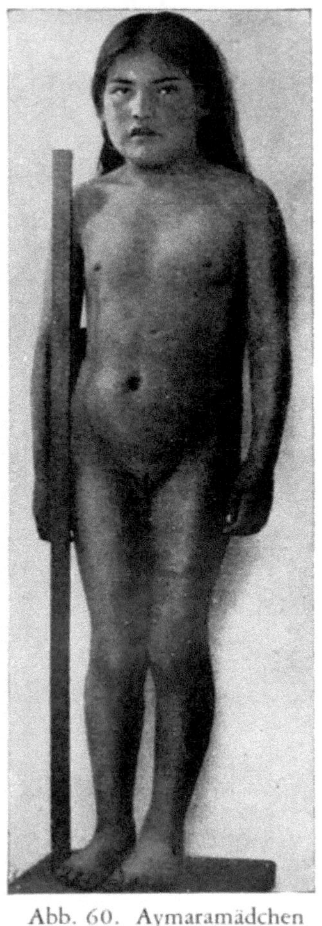

Abb. 60. Aymaramädchen
von etwa 10 Jahren.
Nach Posnansky.

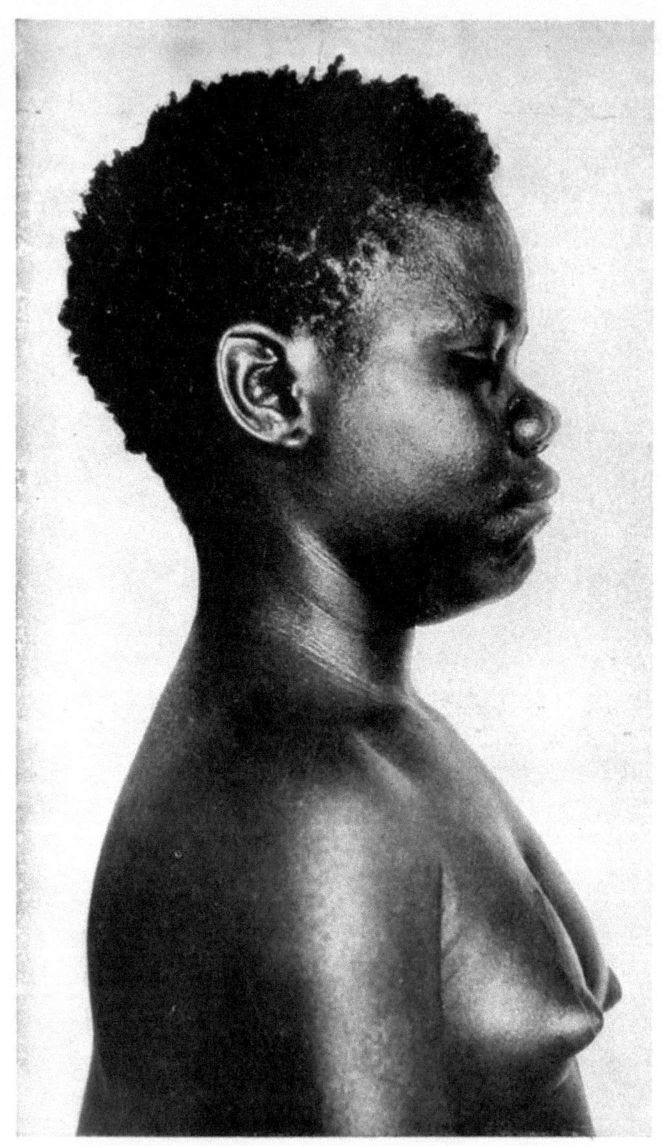

Abb. 61. Zwergin vom Ituri.

Anthropol. Ges., Berlin.

3. als beschnittenes Mädchen „*junge Frau*" oder *e singiki;*

4. nach dem Aufhören der Menses: *'n akitok;*

5. nach dem Ergrauen der Haare „*Greisin*" oder *Koko.*

Ganz ähnlich ist die Einteilung nach Spencer und Gillen bei den Zentral-Australiern:

1. bis zum Eintritt der ersten Menstruation: *Quiai (Mädchen);*

2. von der ersten Menstruation bis zur Zeit, wo die Brüste hängend werden: *Wunpa;*

3. als ältere Frauen: *Arakutja.*

Noch eine vorläufig recht unklare Operation, deren Zweck nicht gut zu erkennen ist, muß hier erwähnt werden, da sie zur Zeit der Geschlechtsreife vorgenommen wird. Sie betrifft einige wenige Stämme Zentralaustraliens. Purcell berichtet darüber folgendes: „Ein junges Mädchen von 10 bis 12 Jahren wird ausgewählt; die alten Männer fertigen eine lange Rolle von Emu-Federn, um deren eines Ende eine Haarschnur gebunden wird, deren freies Ende zu dem Ende der Rolle geführt wird. Die Schnur wird dann in den Hals der Gebärmutter geschoben; hier wird sie einige Tage gelassen und dann zerren die alten Männer *einen Teil der Gebärmutter*, welche sie eröffnet haben, heraus. Nach drei Wochen führen sie ein kleines Steinmesser ein und inzidieren den Mutterhals horizontal und vertikal. Daunen von der Ente oder vom Adler werden hineingebracht, um die Gebärmutter offen zu halten. Dann sehen alte Weiber nach dem Mädchen und legen heiße Fettklumpen auf, um die Wunde einzuschmieren und reinzuhalten. Wenn sie geheilt ist, so schneiden sie die Vagina gegen den After hin ein. Das geschieht, um die ‚Mika' (den aufgeschlitzten Penis der Männer) zuzulassen.[1]) Wenn die Frau dieser Operation unterworfen ist, so wird sie Eurilthas genannt. Wenn nur die Vagina halb eingeschnitten ist, ohne Verstümmelungen, so heißt die Frau Woridoh Windees."

Über das *Klimakterium* besitzen wir nur wenige Beobachtungen, eigentlich nicht viel mehr, als was Ploß-Bartels darüber zusammenstellen. Danach tritt diese Zeit des Aufhörens der Menstruation ein bei den:

Kirgisinnen . . . . mit 44 Jahren,

---

[1]) Mit der Mikaoperation hat diese Manipulation vielleicht nichts zu tun. Vgl. v. Reitzenstein: „Aberglaube" in M. Marcuse, Handwörterbuch der Sexualwissenschaft, Bonn 1923.

Sac und Fox . . . . mit 48 Jahren,
Crow (Absároka) und Assiniboin . „ 40—50 „
Uintah . . . . „ 40—50 „
Apatschen . . . . „ 42—53 „
Scheienne und Arapaho . . . . „ 46—57 „
Sioux . . . . „ 40—58 „

Die Begattungsfähigkeit hat damit aber ihr Ende durchaus nicht erreicht, sie kann bis gegen 70 Jahre dauern.

Wie in der Jugendzeit eine gewisse Neutralität zwischen dem männlichen und weiblichen Körper bestand, so auch im *Greisenalter*. Es ist charakteristisch für das Grundprinzip der Natur, daß das Weib seine Rasseneigentümlichkeiten *nur in der Zeit seiner geschlechtlich wertvollen Lebensperiode trägt und nur während dieser Zeit mit dem ausgestattet ist, was wir weibliche Reize nennen.* Das alte Weib dagegen verliert diesen Zauber und nimmt männliche Züge an. Das speziell weibliche *Unterhautfettgewebe* wird aufgezehrt, während die darüberliegende Haut nur wenig zurückgeht. Die Folge davon sind die Runzeln. Ebenso verschwinden die Hinterbacken und der Mons veneris, während die *Behaarung* dieser Gegend eher größer wird und etwas später ergraut als die Kopfhaare. Die *Brüste* werden hängend oder verschwinden ganz. Dagegen besteht *Neigung zur Bartbildung*, und die *Stimme wird tiefer* (über den innersekretorischen Anteil siehe oben). Das Interesse der Naturvölker an den alten Weibern ist daher sehr gering, zumal sie auch für die Arbeit nicht mehr zu gebrauchen sind. Höchstens der Aberglaube einerseits oder die Unterweisung der jungen Mädchen andererseits sichern ihnen nicht viel mehr als ein Gnadenbrot. Wird dagegen die Nahrung knapp, so gibt es viele Stämme, die sich der alten Weiber zuerst entledigen. So berichtet Darwin von den Feuerländern: „Nach den übereinstimmenden, aber völlig unabhängigen Zeugnissen des von Mr. Low mitgenommenen Knaben und Jemmy-Buttons (ebenfalls ein junger Feuerländer) ist es richtig, daß, wenn sie im Winter von Hunger geplagt werden, sie eher ihre alten Weiber töten und verzehren, ehe sie ihre Hunde schlachten. Als der Knabe von Mr. Low gefragt wurde, warum sie dies täten, antwortete er: ‚Hunde fangen Ottern, alte Weiber nicht.' Dieser Knabe beschrieb die Art und Weise, in welcher sie durch

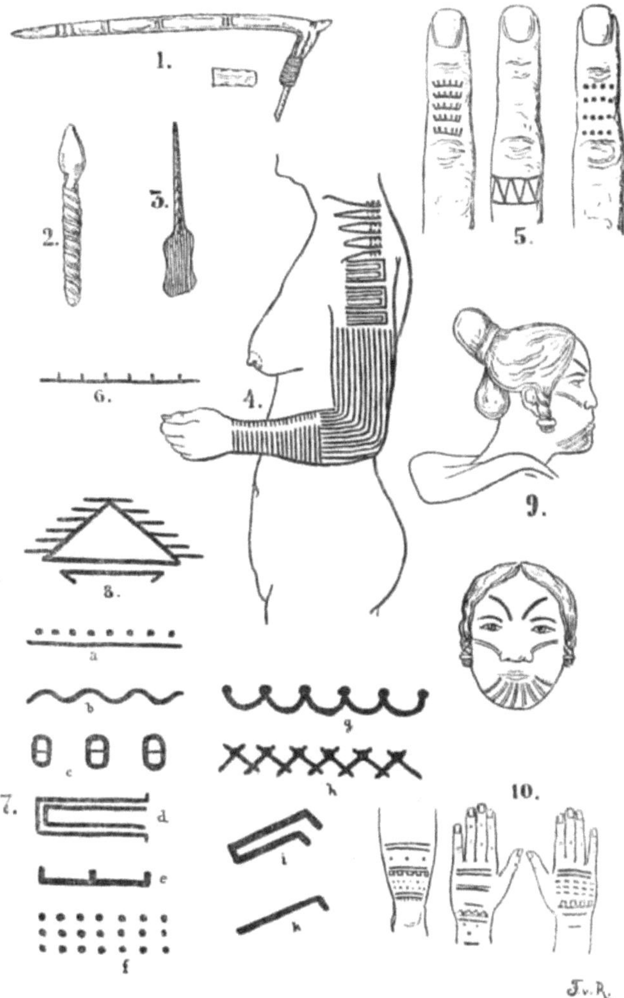

Tatauierung. 1. Tatauierinstrument von Neuseeland. (Nach Joest.) 2. Tatauiermesser aus Adamaua. (Nach Passarge.) 3. Tatauernadel der Bakuba (Kongostaat). (Nach Schurtz.) 4. Frau von Djalut. (Nach Krämer.) 5. Fingertatauierung der Marschallinsel-Frauen. (Nach Krämer.) 6. Tatauierungsmuster (Grashalm, an dem Fliegen sitzen). (Nach Krämer.) 7. a—k: Tatauierungsmuster: a) uadjir-Punkte und äo-Linien (danach die Tatauierung äo genannt), b) kleine Linienwolken, c) Kofferfisch, d) Delphin, e) Fisch, f) Fischzähne, g) gestielte Entenmuscheln, h) Edelsteine und Perlen. 8. Tatauierung des Mons veneris der Nukuoro-Insulanerinnen zur Zeit der Geschlechtsreife. (Nach Kubary.) 9. Rußtatauierung der Zentral-Eskimo. (Nach Boas.) 10. Rußtatauierung der Zentral-Eskimo (Schenkel und Hände). (Nach Boas.)

Zeichnung III

Halten über Rauch und daher durch Ersticken getötet werden; er machte ihr Geschrei zum Scherz nach und beschrieb die Teile ihres Körpers, welche als die besten zum Essen betrachtet werden. So schrecklich ein derartiger Tod durch die Hände ihrer Freunde und Verwandten sein muß, so ist es doch noch peinlicher, an die Furcht der alten Weiber zu denken, wenn der Hunger anfängt zu drücken. Es wurde uns gesagt, daß sie häufig in die Berge davonlaufen, daß sie aber von den Männern verfolgt und zu dem Schlachthaus an ihrem eigenen Herd zurückgebracht werden."

3. ABSCHNITT
Körperkultur

a) Die Körperplastik.

Einzelne Gebiete der Körperplastik haben wir bei Gelegenheit der Schilderung der Reifezeremonien bereits behandelt, andere haben wir wenigstens gestreift; wir können uns hier also ziemlich kurz fassen. In sehr übersichtlicher Weise stellt Stoll die Arten der Körperverzierung zusammen; er teilt ein:

A. Verfahren, welche die äußeren Körpergewebe in Substanz beschlagen und deren Form dauernd oder zeitweilig verändern:
  I. Verfahren, welche die allgemeine Hautdecke zum Gegenstand haben:
    a) die Tatauierung:
      1. die Tatauierung durch Akupunktur (echte Tatauierung),
      2. die Tatauierung mittels Fadenzeug;
    b) die Anlage von Zeichnungen mittels Keloid-Narben.
  II. Verfahren, welche bestimmte Epidermoidalgewebe betreffen:
    a) die Behandlung der Haare durch Schnitt, Rasieren oder Sengen:
      1. die Behandlung der Kopfhaare,
      2. die Behandlung des Bartes,
      3. die Behandlung der übrigen Körperhaare;
    b) die Behandlung der Fingernägel;
    c) die Behandlung der Zähne durch Zufeilen oder Ausschlagen.
B. Verfahren, die nur die natürliche Färbung der äußeren Körpergewebe

dauernd oder zeitweilig ändern:

- a) Färbung der allgemeinen Hautdecke durch Schminken oder Bemalen,
- b) Färben der Haare,
- c) Färben der Nägel,
- d) Färben der Zähne.

Zu diesen von Stoll so treffend eingeteilten Verfahren der Körperverzierung tritt noch die eigentliche Körperplastik, bei der Körperteile einer Umformung unterzogen werden. Ich möchte sie dementsprechend gliedern:

- a) Körperplastik, die auf das Knochengerüst einwirkt:
    1. Kopfplastik und Schädeldeformation,
    2. Fußverkrüppelung,
    3. Amputation von Gliedern;
- b) Körperplastik, die nur auf muskulöse Teile wirkt:
    α) den ganzen Körper betreffend: Mästung,
    β) die Brust betreffend,
    γ) Geschlechtsteile betreffend,
    δ) die Extremitäten betreffend.

Schon aus diesem Überblick sieht man, welch ungeheures Gebiet wir hier zu durchwandern haben. Zunächst die *Tatauierung* (vgl. Zeichn. III). Sie ist beiden Geschlechtern gemeinsam, obwohl die Tatauierung der Frauen von der der Männer grundverschieden ist. Der Zweck ist noch in keiner Weise genügend erklärt, wir dürfen aber annehmen, daß sie mehrere Gründe hatte, jedenfalls aber nicht den, daß sie aus „*Schamgefühl*" gemacht werde. Im Gegenteil lenkt die besondere Betonung der Sexualsphären die Blicke in erster Linie auf diese. Sicherlich ist auch ein Zweck der *Trieb zur Verschönerung*. Dabei sprechen aber *soziale Momente, Stammesabzeichen, totemistische Ideen* und ähnliches mit. Die ursprünglichste Ursache ist wohl die *Blutentziehung* (Ritzen mit Dornen usw.) und deren dauerndes Sichtbarmachen durch Farbstoffe oder Narben. Die formvollendetste Tatauierung finden wir in Ozeanien (Abb. 88, 92) (daher auch der Name tatau = kunstgerecht) und im zentralen Südamerika. Besonders Neuseeland zeigt eine eigenartige Tatauierung des Gesichtes: bei den Männern ein Ge-

wirr von Spiralen (Abb. 213), bei den Frauen (Abb. 40) dagegen nur eine Behandlung der Lippen und der Mundwinkel nach dem Kinn zu (vgl. Abb. 213
rechts). Bei der Ausführung singen dann die Gespielinnen des Mädchens:

Leg' dich hin, meine Tochter, zu zeichnen dich,

Zu tatauieren dein Kinn!

Daß nicht, wenn du kommst in ein
fremdes Haus,

Sie da sagen: „Woher dieses häßliche
Weib?"

Leg' dich hin, meine Tochter, zu zeichnen dich,

Zu tatauieren dein Kinn!

Daß du fein anständig werdest,

Damit nicht, wenn du kommst zum
Feste,

Sie da sagen: „Woher dies rotlippige
Weib?"

Auf daß wir dich reizend machen,
Komm und laß dich tatauieren,

Damit nicht, wenn du kommst, wo die
Sklaven sitzen,

Sie da sagen: „Woher das Weib mit
dem roten Kinn?"

Wir zieren dich, wir tatauieren dich,
Bei dem Geiste des Hine-te-iwa-iwa;

Wir tatauieren dich, daß der Strandgeist

Möge gesendet werden von Rangi
Zu den Tiefen der See,
Zu der schäumenden Welle!
Deine Schönheit ist gepaart mit Liebreiz!
Deine Schönheit ist wie der Himmel,
Wie die Sterne Pahatiti, Ruatapu,
Rongonui und Kahukura.
Du bist schöner
Als Uetonga und Tamerereti
Oder der heilige Schatten Reretoros!
Der Strandgeist wird gesendet werden
von Rangi
Zu den Tiefen der See,
Zu der schäumenden Welle!
Laß die Schmeichler und die Kinder,
Laß dein Lebewohl bei ihnen,
Geh hin wie die scheidende Wolke
Über den Raukawa-Bergen,
Und laß sie weinen in Kummer!
Jedoch ich —
Ich bin Rangi und Papa —
Mein Werk ist vollendet!

Soziale Unterschiede werden in der Südsee allenthalben damit verbunden; die
Tatauierung ist ein Recht der Vornehmen. Bei anderen Stämmen gibt sie lediglich das *Stammesabzeichen* wieder, wie es Ehrenreich von den Karayá berichtet;
sie beschränkt sich hier auf ein kleines blaues Ringchen. Die Haidaindianerinnen (Nordwestamerika) tragen Tatauierungen, an denen man ihren Rang
und ihre Familie erkennt. Ganz eigenartig ist die Tatauierung auf den Pelau-
Inseln. Nachdem bereits die Mädchen in der Kinderzeit eine Tatauierung erhalten haben, über die später eine andere gefertigt wird, wird zur Zeit der

Geschlechtsreife die Genitalgegend geziert. Dann aber — berichtet Kubarry — sind die Frauen der Reichen mit dem vorgerückten Alter ihrer Stellung schuldig, die komplette Frauentatauierung zu erwerben, welcher volle Schmuck jedoch im Prinzip von der Erfüllung verschiedener sozialer Pflichten abhängt. Hat auf Veranlassung der Frau eine Festlichkeit stattgefunden, so hat sie das Recht, die Tatauierung von dem „telengékel" (der Genitaltatauierung) an in einem schmalen Streifen auf die beiden Seiten der Geschlechtsgegend bis in die Gegend des Afters auszudehnen. Hat aber ihr Ehegemahl ihretwegen einen „honget" oder „mur turukel" gegeben, dann erhält sie die telteket-Tatauierung. Bei dieser werden die noch bislang freien Stellen der Beine mit dem gewöhnlichen Muster zugedeckt, so daß dieselben wie mit schwarzen Trikots bekleidet aussehen. Hier ist bereits die *Tatauierung zur Zeit der Geschlechtsreife* erwähnt; wir haben oben schon ihre Ausführung besprochen. Sie ist die häufigste von allen. Die Herstellung ist eine verschiedene (vgl. Zeichn. III). In der eben erwähnten oben gegebenen Beschreibung dient ein *einfacher Dorn* zum Einstechen der Ornamente. Die noch blutenden Stellen werden dann mit *Holzkohlenpulver* eingerieben, das mit einheilt und durch die Oberhaut dunkelblau durchschimmert. In der Südsee werden *hakenförmige Instrumente* verwendet (Zeichn. III, Fig. 1, und Abb. 90), bei denen an einem hölzernen Stiel eine Klinge aus Muschelschale oder Knochen angebracht ist, deren Schneide feine Spitzen zeigt. Diese werden mit Farbstoff bestrichen, auf die Haut aufgesetzt und durch einen leichten Schlag eingetrieben (Abb. 91). Bei anderen Völkern benutzt man mehrere zusammengebundene Nadeln. Originell ist die Tatauierung der Ainufrauen, der Formosanerinnen, der Aleutenweiber usw., die sich eine *Art Schnurrbart* tatauieren (Abb. 30). Ähnliche Formen sind auch auf Formosa üblich (Abb. 113). Über die Aleuten schreibt Langsdorf (1807), daß die Tatauierung in früheren Zeiten besonders unter dem weiblichen Geschlechte sehr üblich war. Sie punktierten sich das Kinn, den Hals und die Arme, und rieben dann den mit Urin angerührten Kohlenstaub in die Punktierung ein. Jetzt sähe man dergleichen Verzierungen selten und meistens nur bei alten Weibern, da die Russen den jungen aleutischen Mädchen ihr Mißfallen gegen diesen Gebrauch zu verstehen gegeben hätten, worauf diese auch gefällig genug gewesen wären, denselben zu unterlassen. Sehr auffallend seien aber häufig gewisse

Extreme. Die Männer reißen sich nämlich sorgfältig die Barthaare aus und die Weiber tatauieren sich einen Schnurrbart um das Kinn, so daß es in einiger Entfernung völlig den Eindruck machte, als hätten sie einen blauen Bart. Diese Art pflegt man *echte Tatauierung* zu nennen, im Gegensatz zu der *Faden- oder Rußtatauierung*, wie sie im nördlichen Asien und bei den Eskimos gebräuchlich ist. Ein in Tran getränkter, mit Lampenruß geschwärzter Faden wird dabei mit einer Nadel durch die Haut gezogen; der Ruß bleibt im Stichkanal zurück und heilt als Punkt in die Haut ein. Hans Egede Bischof von Grönland beschreibt diese Tatauierung bei den Grönländerinnen deutlich: „Es ist auch noch ein gewisser anderer Schmuck unter denen grönländischen Frauenspersonen gebräuchlich, da sie nämlich zwischen die Augen, am Halse, an denen Ärmen, Händen und sogar an denen Schenkeln schwarze Linien mit einer Nadel und einem geschwärzten Faden machen, die sie nachher ziehen: und ohnerachtet uns dergleichen Putz ziemlich mißfällig vorkömmt, so behauptet man doch in dem Lande, daß nichts zierlicher sei als dieses. Wenn eine Frauensperson kein auf diese Art eingefaßtes Gesicht hat, sagt man, daß *ihr Kopf in einen Fischtrantopf werde verwandelt und unter die Lampe gesetzet werden,* wenn sie in den Himmel, oder an den Auffenthalt derer Seelen gelangen werden.“ (Vgl. Zeichn. III, Fig. 9 und 10.)

Ähnlich der Tatauierung sind die *Schmucknarben;* auch sie werden mehrfach bei Gelegenheit der Reifezeremonie hervorgerufen. Das klassische Gebiet dafür ist Australien und Afrika (vgl. Abb. 95). Eine andere Veranlassung zur Hervorrufung solcher oft ganze Wülste darstellender Narben ist die *Trauer.* Dieffenbach berichtet über die Frauen Neuseelands: „Die Frauen tragen außerdem (d. h. außer der Tatauierung) die Abzeichen ihrer ‚tangi‘ oder Totenklagen; dies sind Einschnitte, die an ihrem Leibe gemacht und mit ‚narahu‘ gefärbt werden, und die oft regelmäßig über die Brust und die Extremitäten herablaufen, zuweilen aber auch gar keine regelmäßige Anlage zeigen.“ Auch in Melanesien sind sie verbreitet (Abb. 46). Von indianischen Stämmen haben wir ganz ähnliche Schilderungen. Besonders reich ist Afrika daran; unsere Abb. 96 und 118 geben deutliche Beispiele. Hier erfahren wir, daß sie teilweise gemacht werden, um Unheil abzuwenden. Zu diesem Zwecke machen sie die Bantu der Landschaft Kavirondo in die Stirne (ähnlich wie es im Beningebiet [vgl.

Abb. 93] Sitte war). Johnston, dem wir diese Notiz verdanken, fährt dann fort: „Ebenso machen die Frauen, um für sich und ihre Männer *das Glück zu sichern*, eine Anzahl kleiner Einschnitte, gewöhnlich in Form regelmäßiger Muster, in die Haut am Unterleib und reiben ein reizendes Mittel in die Wunden, so daß die Narben sich in großen Hautgeschwülsten erheben. Bevor ein verheiratater Kavirondo in den Krieg zieht oder eine gefahrdrohende Reise unternimmt, pflegt er auch wohl am Leibe seiner Frau ein paar Extraeinschnitte als ‚Glücksbringer‘ zu machen." Ich bin überzeugt, daß die Narbentatauierung die ursprüngliche Form war, um den Vollzug der großen Blutentziehung dauernd sichtbar zu machen, und daß man erst über diese derbere Art zur feineren Tatauierung gelangte, bei der nur Farbstoffe eingeheilt wurden.

Sehr naheliegend mußte es natürlich von jeher für Naturvölker sein, die *Haare* in den Bereich ihrer Umformungen hereinzuziehen. Ganz abgesehen von der Haartracht, auf die wir in folgenden Zeilen kurz zu sprechen kommen werden, haben wir eine ganze Reihe von *Haarvertilgungen oder Zustutzungen*. Dies gilt sowohl für die *Kopfhaare* als die *Behaarung des übrigen Körpers*, bei der Naturvölker im allgemeinen das Bestreben haben, sie zu entfernen. Auch *Färbemittel* sprechen allenthalben mit. Einzelnes haben wir bei den Reifegebräuchen bereits erwähnt, andere Fälle treten im Anschluß an die Eheschließung auf. Eine gewisse Feierlichkeit ist die sogenannte *erste Haarschur*, die bei vielen Völkern festlich begangen wird. Bei den Inselcaraiben hieß sie nouboucaetium und hatte zweifelsohne rituellen Charakter. Bei manchen Völkern, so bei den Crowindianern, sind die Frauen gezwungen, ihr Haar kurz zu schneiden, während es die Männer möglichst lang tragen. Mit der *Totentrauer* ist bei vielen Völkern der Erde Haarschur verbunden. So wurde bei den Abiponen der Witwe das Haar vollständig abgeschnitten und über den Kahlkopf eine schwarze Kapuze gezogen, die sie erst ablegen durfte, wenn sie sich neuerdings verheiratete. Bei den Reifezeremonien werden den Caraibenmädchen in Britisch-Guyana nach Schomburgk die Kopfhaare *abgebrannt*. Die Genitalhaare werden bei vielen Völkern durch *Epilation* entfernt. So beobachtete v. d. Steinen bei den Indianerinnen des Schingugebietes (Brasilien), daß sie alle Genitalhaare vollständig entfernten; ebenso die Samoanerinnen. Die Mittel dazu sind verschiedene. Die Woloffinnen benutzen ein Stück *Flaschenglas*, mit dem sie sie abrasieren, die

See-Dayakinnen von Borneo reißen sie mit einer Pinzette aus, die Suaheliweiber reiben das *Harz des Mtondrôbaumes* ein und rupfen sie so aus; sie heißen diese Zeremonie *„den Hof fegen"*. Mit Pinzetten werden auch in Nordostafrika die Augenwimpern ausgerissen (vgl. Abb. 97). Umgekehrt pflegen aber andere Stämme die Genitalhaare *rot zu färben;* dies beobachtete Bäßler bei den Frauen von Neupommern. Nicht zu vergessen ist auch, daß besonders die Körperhaare im *Liebeszauber* verschiedener Völker eine große Rolle spielen. Zweifelsohne ist unter den Motiven der Epilation auch der *Zauber* zu suchen; im allgemeinen aber dürfen wir doch annehmen, daß mindestens ein Nebenzweck dabei auch die *Reinlichkeit* ist.

Die *Fingernägel* werden bei verschiedenen Völkern als Zeichen der Vornehmheit lang wachsen gelassen (Abb. 101); Kotzebue erzählt beispielsweise von der hawaiischen Königin Kahumanna, daß ihre Nägel drei Zoll lang waren. Eine besonders große Rolle spielen dagegen die Nägel als *Zaubermittel,* weshalb wir häufig der Anschauung begegnen, daß sie nach dem Abschneiden gründlich vernichtet werden müssen. Auch das *Färben* der Nägel ist sehr verbreitet.

Schon bei den Reifezeremonien haben wir flüchtig der *Zähne* gedacht. So werden bei den Australiern sowohl den Knaben als den Mädchen zur Zeit der Reife zwei Zähne *ausgeschlagen* (Abb. 102). Ploß-Bartels beschrieb diese Zeremonie, die man im Seengebiet Tschirrintschirri nennt, wie folgt: „Zwei Stäbe von Holz, die keilförmig zugeschärft sind, werden zu beiden Seiten eines Zahnes eingetrieben; auf den Zahn legt man ein Stück Fell und setzt darauf ein scharfes, etwa 60 cm langes Holz; ein bis zwei Schläge mit einem schweren Stein auf dieses Holz genügen in den Regel, um den Zahn so zu lösen, daß er mit der Hand herausgenommen werden kann. In gleicher Weise wird der zweite Zahn entfernt und dann feuchter Ton auf die Wunde gedrückt, um die Blutung zu stillen." Der Zweck dieser sonderbaren Operation, die sehr weit auf der Erde verbreitet ist, ist nicht ganz klar. Sicher ist, daß damit ein *Zauber* ausgeübt werden soll, nicht ausgeschlossen wäre sogar, daß man dem *Hauch* einen freien Weg bahnen will (Hauchseele). Wo die Zähne nicht ganz ausgeschlagen werden, werden sie oft eigenartig *zugefeilt.* Brooke Low berichtet ähnliches von den Rejang Dajak: „Die oberen Schneidezähne werden bei beiden Geschlechtern oft in eine einzige scharfe Spitze zugefeilt; durch die Mitte eines jeden wird ein

Loch gebohrt und diese mit Messing ausgefüllt. Der Schmelz wird mit einem rauhen Stein weggekratzt und die Zähne mit Blättern eingerieben, die sie *schwarz* färben. Die unteren Schneidezähne werden auf die Hälfte ihrer natürlichen Höhe niedergefeilt und in derselben Weise geschwärzt; dagegen weder spitz zugefeilt noch mit Metall plombiert. ... Es ist Sitte, sich in der erwähnten Weise zu verstümmeln, sobald das *Pubertätsalter* erreicht ist. Junge Männer tun es, wenn sie anfangen, den Mädchen gefallen zu wollen. Sie verabscheuen weiße Zähne und halten sie für scheußlich." Neben der Spitzfeilung kommt auch *Flachfeilung* (z. B. bei den Makassaren) vor. Auch der Gebrauch des *Schwärzens der Zähne* ist weit verbreitet. Über die Art des Färbens erzählt Senfft von den Bewohnern von Jap: „Es wird eine in dem Dorfe Gatschalau, aber auch in den Tarosümpfen gefundene Erde (rungedu) mit dem Blättersaft von Käll (Terminalia catappa), Aberur (Sonneratia acida) und ngumat (?) gemischt, daraus werden sechs wurstähnliche Rollen geformt, diese werden nach und nach während der Nacht zwischen Lippen und Zähne geschoben, wo jede etwa zehn Minuten bleibt. Dies genügt, um die Zähne für Lebenszeit schwarz zu beizen. Am Morgen nach der Färbung kommt die Familie zur Besichtigung und bringt eine Perlschale als Geschenk." Es wäre nicht ausgeschlossen, daß das Schwarzfärben der Zähne — wenigstens soweit es als Reifezeremonie oder als Hochzeitsgebrauch auftritt — ähnlich wie das Schwarzfärben von Gesichtsteilen mit *Fruchtbarkeitsriten* in Verbindung zu bringen ist. Freilich wird in sehr vielen Fällen tatsächlich das *Schönheitsempfinden* die Ursache sein.

Dies führt uns auf die *Verwendung von Farben* überhaupt, denn bei vielen Naturvölkern ist es beliebt, sowohl den ganzen Körper als seine Teile zu bemalen oder doch in bestimmter Weise zu färben. Es währte sehr lange, bis die Wissenschaft einigermaßen Einblick in die Gepflogenheit und ihre Motive erlangte, und noch heute ist wohl die Mehrzahl der Bemalungen in ihrem Wesen und ihrer Bedeutung unklar. Früher sah man darin eine *bedeutungslose Spielerei* — es gibt ja heute noch Ethnologen, die in ähnlichen Vorgängen bei Naturvölkern nur die Äußerung des Spieltriebes sehen, weil sie von einer Ansicht ausgehen, die in letzter Zeit in der Völkerkunde sich ganz unverdient breit machte, *daß man Naturvölker und Kinder in spezieller Weise vergleichen könne;* man hat so die Naturvölker zu spielenden Kindern gestempelt, ganz ähnlich wie man in der Wendezeit des 18. und 19. Jahrhunderts im Anschluß an die Rousseausche Philosophie in ihnen eine Art von Idealmenschen sah, eine Art von „besseren Menschen". In mancher Beziehung trifft das allerdings zu, manchmal ist der Naturmensch der ehrlichere und bessere Mensch, niemals aber werden seine Handlungen von der kindlichen Naivität getragen; er muß viel zu schwer um die Existenz ringen, leider viel zu sehr unter einem drückenden Aberglauben, der ihn allerorts in schrecklichen Phantastereien angrinst, als daß jene tändelnde Lebensauffassung bei ihm überall vorhanden wäre und alle seine Handlungen bestimmen würde. Ab und zu mag dort, wo irgendwie die Umstände günstig sind, auch der Naturmensch dem Spieltrieb folgen; in den meisten Fällen haben aber seine Zeichnungen, seine Malereien usw. eine tiefere Bedeutung. Bei der *Körperbemalung* dürfen wir das wohl in allen Fällen annehmen, wenn es auch die früheren Zeiten nicht erkannt haben. Noch Kolumbus sagte von den 1492 von ihm entdeckten Bewohnern der Insel Guanahani: „Manche bemalen sich schwarz, während sie selbst von der Farbe der Canarier sind, nicht schwarz, noch weiß; manche bemalen sich weiß und manche rot und manche mit der Farbe, die ihnen gerade zur Hand ist; einige bemalen sich das Gesicht, andere den ganzen Leib, einige nur um die Augen, andere nur die Nase." Kolumbus hatte eben gar keine Ahnung, daß alle jene Bemalungen einen ganz bestimmten Sinn haben. Wir wissen von Bemalungen bei Gelegenheit der *Reifezeremonien*, bei der *Eheschließung*, bei den *Totenriten;* aber trotzdem sind unsere Kenntnisse im Detail sehr gering. So z. B. vgl. Abb. 33, Fig. 4, junges Mädchen aus dem Bouliadistrikt (SO-Australien) im Stadium des Ka-na-ri (Zeit der vollen geschlechtlichen Reife), und Fig. 5, junges Mädchen aus dem Upper-Georgia-Distrikt. Kurz vor dieser Zeit wird die Erweiterung der Geschlechtsteile durch Aufschlitzen eines Teiles des Perinäums vorgenommen. Eine Menge von Bemalungsarten der nordamerikanischen Indianer werden uns geschildert, aber nur wenige können wir erklären. Heute können die Stämme nur in den seltensten Fällen wertvolle Aufschlüsse geben. Was will es sagen, wenn uns berichtet wird, daß die Frauen der Kutschinindianer das Kinn mit einer Anzahl radial von der Unterlippe über das Kinn laufender, rot pigmentierter Narben verzieren und bei anderen Gelegenheiten das Gesicht schwarz malen, oder wenn uns Catlin erzählt, daß die Frauen der Krähen- und Schwarzfuß-

indianer die Haare über der Stirn scheitelten und den Scheitel mit Ocker rot
färbten, daß sich nach Spix und Martius 1820 die Weiber der Mundruku ein
schwarzes, halbmondförmiges Zeichen, dessen Hörner nach oben spitz zulaufen,
ins Gesicht malten? Einen ganz bestimmten Zweck hatte das stets. Bei den Seri,
einem äußerst primitiven Stamm an der sonorischen Küste und den Inseln des
kalifornischen Golfes, ist die Bemalung *nur* bei den Frauen geübt. Als Farben
dienen rot, weiß und blau. Die Mütter bemalen ihre Töchter bis gegen das
12. Jahr, wo sie es dann selbst können müssen. Die Beobachtungen von Mc. Gee
haben uns gezeigt, daß diese Bemalung in *enger Beziehung zur Stammesorganisation* steht. Die Seri teilen sich in drei totemistische Gruppen, den Schild-
kröten-, Pelikan- und Klapperschlangen-Clan, und durch die Bemalung unterscheiden sich die Frauen als Zugehörige der einzelnen Gruppen. Dies wird um
so wichtiger, weil wir wissen, daß bei den Seri die ganze Stammesorganisation
mutterrechtlich ist, daß mithin die Frauen allein die Verwandtschaft bestimmen
(Abb. 100). Sehr genau hat uns Merker die Bemalung der Massai geschildert: wir
finden hier, daß nach der Beschneidung sowohl Knaben als Mädchen mit
weißem Ton bestrichen werden, daß sich Krieger und junge Mädchen bei Festlichkeiten den ganzen Körper *rot* bemalen. Dabei haben die Frauen noch eine
besonders interessante Art. Sie nehmen den mit Blut vermischten Saft einer
Plumbayoart, der die Oberhaut stark ätzt, und malen damit zwei konzentrische
Ringe auf beide Backen. Nach zwei Tagen läßt sich die *Oberhaut abziehen* und
es bleibt eine *weiße Narbe,* die erst nach etwa 10 Tagen wieder dunkel durch
Pigmentation wird. Weiterhin bemalen sich die Wöchnerinnen täglich ihre
Stirne mit *weißem Ton.* Eine Beobachtung von Oskar Lenz (1877) bei den
Oyowestämmen in Westafrika besagt deutlich, daß damit ein Abwehrzauber
gegen Dämonen ausgeführt wird. „Eine allgemein verbreitete Sitte besteht
darin, bei irgendwelchen ungewöhnlichen Ereignissen, bei Totenfeierlichkeiten,
Tänzen, Kriegen usw. Gesicht und Arme mit weißer oder auch gelber und roter
Farbe zu bemalen. *Sie glauben sich dadurch vor dem Einfluß der Unholden
geschützt.*" Bei einigen Völkern, besonders den Fan, nahm die Kolorierung die
größten Dimensionen an, und Lenz habe da Frauen gesehen, die über und über
ziegelrot gefärbt waren. Bei anderen wieder, wie bei den Okota, einem kleinen
(auf den Inseln der Kataraktgegend des Oyowe wohnenden) Volk, galt die

Bemalung des Gesichts, besonders der Stirn und der Wangen, mit roten, weißen und gelben Tupfen als beliebter *Schmuck* der jungen koketten Frauen und Mädchen. Bei den Australiern wird neben der Bemalung, die besonders in rot, gelb und weiß, seltener auch in blau und grün ausgeführt wird, noch *Federflaum* verwendet, der aufgeklebt wird. Einen besonders tiefen Einblick in die Frauenbemalung geben uns, wie Spencer und Gillen berichten, die Zentralaustralier. Da man glaubt, daß *kein Todesfall auf natürlichem Wege vor sich gehe, sondern in jedem Falle durch Zauberei verursacht werde*, ist es notwendig, den Zauberer zu ermitteln und gegebenenfalls zu töten. Werden zum Auffinden Frauen gewählt, die man dann Illapurinja nennt, so muß dies sehr geheimgehalten werden. Die Frau zieht bei Nacht aus, nachdem sie ihr Mann mit *Fett und rotem Ocker* eingerieben und mit *weißem Flaum* beklebt hat, den er mittels seines eigenen Blutes zum Heften bringt. Ein weiterer Zweck ist auch die *Kühlung der Haut*. So wissen wir, daß sich die Andamanesen deshalb mit hellgrauem Ton bestreichen. Eine „sehr schöne" Bemalung zeigt die Kadiuéo-Indianerin (Abb. 105), Geräte zum Bemalen Abb. 104. Südamerikanische Indianer verwenden zum Aufdrucken von Farbornamenten einen Rollstempel (Abb. 103), andere Stämme benutzen überhaupt Stempel aus Holz, um Motive aufzudrucken. Des *Haar-, Nagel-* und *Zahnfärbens* haben wir bereits gedacht. Gehen wir zur *Körperplastik* über, so haben wir bei der *Schädeldeformation* nur kurz zu verweilen, da sie in keiner Weise speziell an die Frau gebunden, sondern dort, wo sie auftritt, meist beiden Geschlechtern gemeinsam ist. Bei einigen Stämmen, wie den Tschokta, werden nur die Schädel der Knaben deformiert. Hier wissen wir gar nicht über den ursprünglichen Grund dieser eigenartigen Sitte, die wir in Amerika, Ozeanien, Teilen von Indonesien und in Europa (besonders in Frankreich) beobachten. Wenn eine Reihe von Anthropologen, besonders Ranke, zeigten, daß die Deformation des Schädels durch jene *Kindertragen* bedingt sei, bei denen der Kopf des Kindes mittels eines Brettchens oder einer Binde (Abb. 106) an das eigentliche Traggestell angebunden ist, um beim Stehen nicht nach vorwärts zu sinken, so ist das zweifelsohne als nächste Ursache richtig. Ob aber die Furcht vor dem Vorsinken des Kopfes die ursprüngliche Ursache für die Herstellung solcher Kindertragen war, erscheint mir doch zweifelhaft. Auch hier wird es vielleicht einer Spezialuntersuchung gelingen, verschiedene

Ursachen festzustellen, die gemeinsam mitgewirkt haben. Die *Fußverkrüppelung*, deren klassisches Land China ist, findet sich bei Naturvölkern recht selten. Wir begegnen dieser Unsitte aber bei einem ganz nördlichen Zweig der Athapasken, den Kutschinindianern; sie bandagieren die Füße ihrer Kinder, da man kleine Füße *für schöner hält*. Es ist nicht ausgeschlossen, daß wir es hier mit einer Übertragung aus China zu tun haben. Wichtiger wird für uns wieder die sonderbare Gepflogenheit, *Körperteile zu amputieren*. Dazu wird in erster Linie der *kleine Finger* ausgewählt (s. Hdwtb. „Feste und Riten"). Auf den Tongainseln beobachtete dies Forster bei beiden Geschlechtern, bei den Hottentotten stellte Kolb fest, daß es *nur* bei Frauen geschah. Wir finden als Ursache meist die *Trauer* um einen Verstorbenen; bei den Kutschinindianern hofft man *Schwerkranke zu heilen*, wenn man ihrer Tochter oder Schwester den kleinen Finger an der rechten Hand amputiert. Besonders charakteristisch ist aber die Beobachtung Kolbs bei den Hottentotten. Er sagt: „Wenn eine Frau ihren ersten Mann verlohren, und sich wieder verheurathen will, oder aber Freyer bekommet: so ist ihr nicht erlaubet denselben zu nehmen, und Hochzeit mit ihm zu machen, es sey denn, daß sie sich vorhero das vörderste Glied an ihrem kleinen Finger der linken Hand abnehmen lasse. Wenn dieses geschiehet, so muß sie anders machen, und dabey schlachten, damit die andern Weiber einen Schmaus davon tragen und gleichsam sie wieder unter die junge Töchter zehlen, welche, wegen ihrer Jugend und Schönheit, noch wohl eines Mannes werth sey. Findet sich nun ein Freyer, oder hat sich vorhero schon einer angegeben: so mag sie kühnlich und unverwehret wieder heurathen, weil man an ihrer Hand schon erkennen kann, daß sie einen Mann bereits vor diesem gehabt habe. Solte aber auch dieser wieder sterben, und sie zur dritten Ehe schreiten wollen, so muß das vordere Glied des folgenden Gold-Fingers mit eben den Umständen herunter, und weggeschnitten werden. Ja wenn es zur vierten Ehe kommen sollte, so muß wieder ein Glied von dem folgenden Finger herunter: und diese Ceremonie wird so steif und unverbrüchlich beobachtet, daß gantz keine Exception darwieder einzubringen ist; massen es von allen, sie seyen hohen oder niedern Standes, Reiche oder Arme muß verrichtet, und derselben nachgelebet werden: und ist ihnen hierinnen keine Zeit vorgeschrieben, wenn sie es thun müssen; sondern man lässet sie hierinnen selbsten nach eigen Gutdünken handeln und zu Wercke gehen."

Nicht minder grausam erscheint uns aber eine andere Art der künstlichen Körperverunstaltung, nämlich die *Mästung der Frauen* (Abb. 84). In Afrika, besonders in der Landschaft Karagwe am Westufer des Viktoriasees ist wohl ein Zentrum dieser sonderbaren Sitte. Früher mag sie auch anderweitig vorgekommen sein. Emin Pascha beschreibt uns die näheren Zustände dieser nach unseren Begriffen höchst unschönen Sitte, die besonders an den afrikanischen Höfen sehr durchgreifend ist und so weit geht, daß die armen Wesen sich nicht mehr vom Platze bewegen können und ihnen das Fleisch zwischen den Gelenken herabhängt. Er sagt: „Im nahen Dorfe ist eine so dicke Frau, daß sie nur mit Unterstützung gehen kann. Die fetten Frauen scheinen bei dem Wahima eine Art Familienerbstück zu sein, auf welches man sich viel einbildet. Rumanika hatte welche und Kabrega zeigte mir 1877 vier, die buchstäblich wie Bierfässer aussahen. Außer ihnen wurden noch einige trainiert. Die armen Mädchen, von denen einige recht hübsch waren, bekamen nichts zu essen als süße Milch, von der sie jeden Tag ein bestimmtes Quantum zu verzehren hatten. Einmal in der Woche bekamen sie gesalzene Fleischbrühe und an diesem Tage etwas mehr Milch; Wasser niemals. Es kommen übrigens überall bei Negern von Natur aus unglaublich fette Frauen vor. Im Jahre 1880 erhielt ich vom Gouverneur von Chartum den Auftrag, die in Makraka — sechs Tage westlich von Lado — zurückgebliebene Frau eines Chartumers nach dem nächsten Dampfer dorthin zu senden. Da aber die Frau zum Gehen unfähig und zum Tragen selbst für vier Leute zu schwer war, so mußte ich auf den Transport verzichten und die Frau ist später gestorben." Auch der *Wadenplastik* ist hier zu gedenken. Ihr klassisches Land waren die westindischen Inseln mit ihrer Caraibenbevölkerung. Den Mädchen wurde bereits in früher Jugend eine Art Halbstrumpf über den Unterschenkel gezogen, der vom Knöchel bis zur Wade eine kräftige Kompression ausübte. Oberhalb der Wade lag zwischen ihr und dem Kniegelenk eine andere Binde, an deren oberem Rande ein runder, mehr als tellerbreiter Kragen aus Binsen oder Baumwolle und am unteren Rand ein ähnlicher, nur kleinerer Kragen angebracht war. So quoll die Wade dick zwischen den beiden Bandagierungen hervor und die Caraibinnen hielten dies für besonders schön;

Abb. 62.
Wahima-Mädchen (12 jährig).
Nach Weiß.

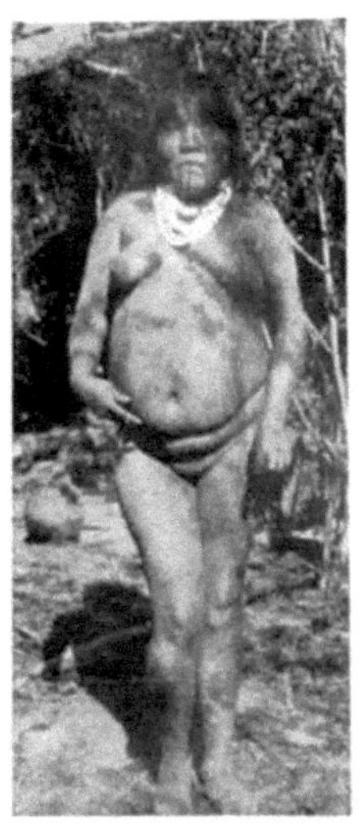
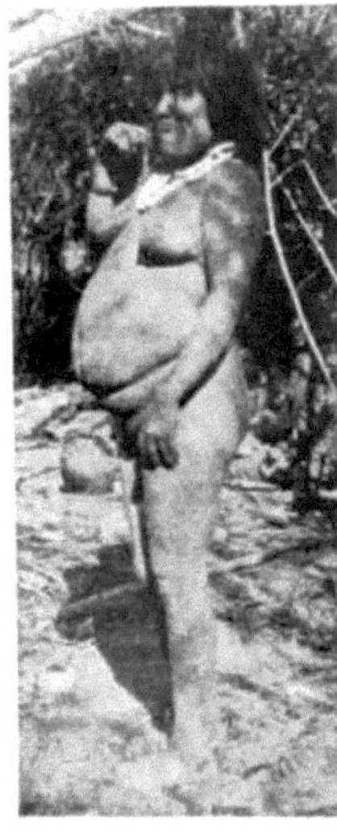

Abb. 63-64. Schwangere südamerikanische
Indianerin.
Museum f. Volkerkunde.

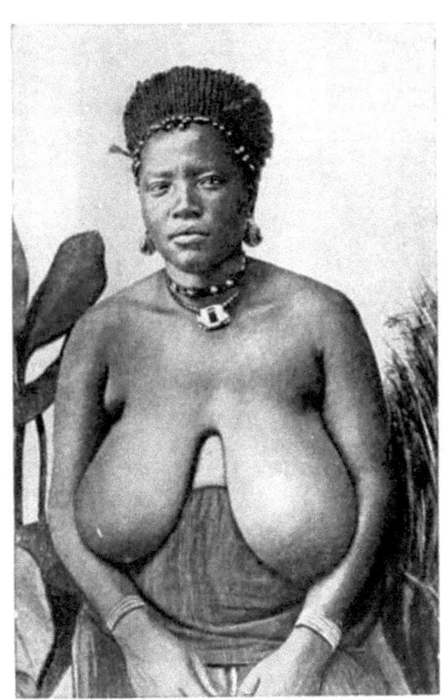

Abb. 65. Kaffernweib.
Anthropol. Ges., Berlin.

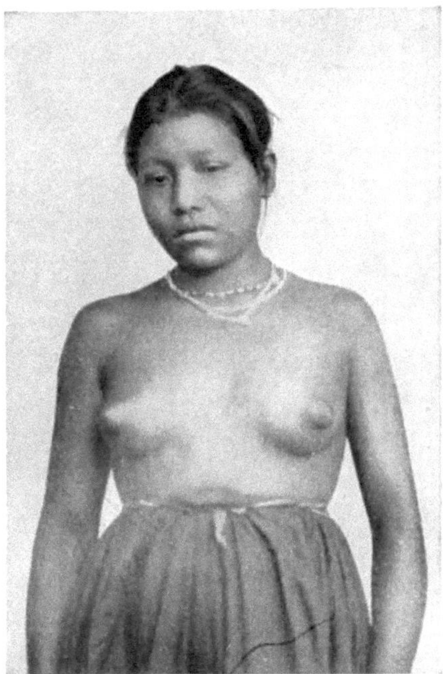

Abb. 66. Siusimädchen vom Rio Aiary
(nordwestliches Brasilien).
Nach Koch-Grünberg.

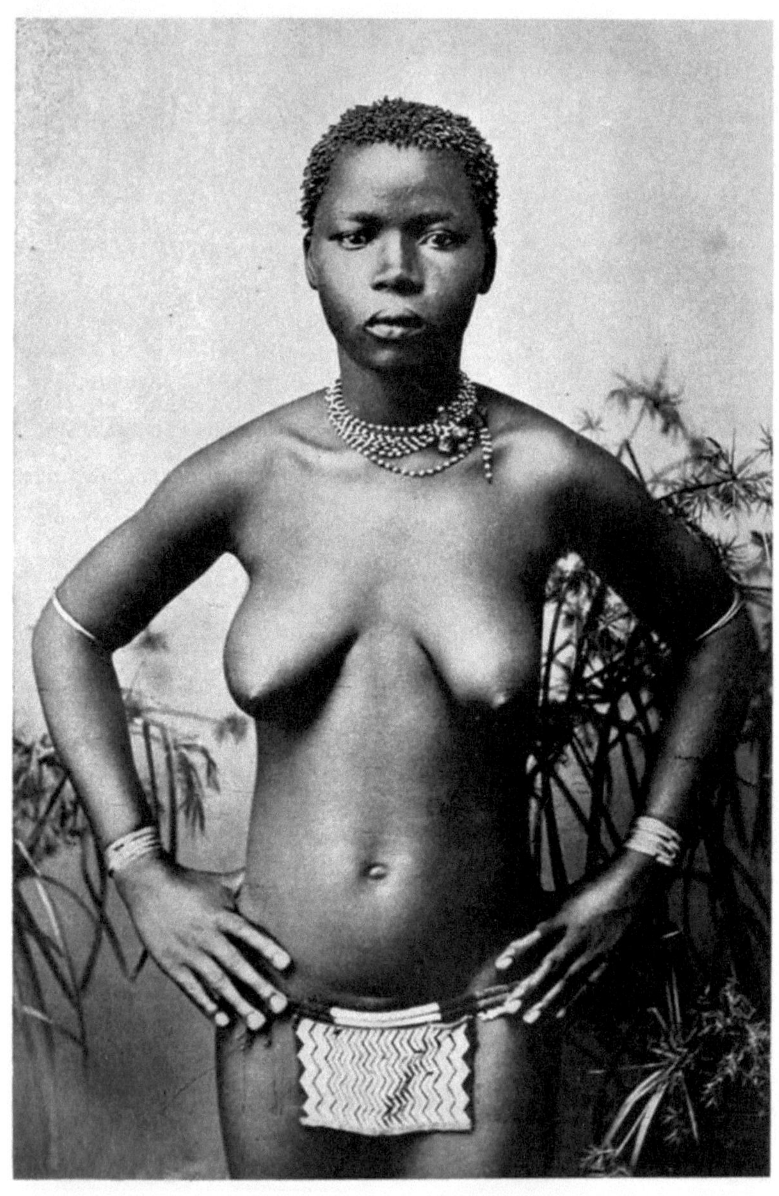

Abb. 67. Kaffernmädchen.

124

Abb. 68. Zwei Tanzende.

Phot. O. Hackel, Berlin.

Abb. 69. Patagonierin.

Sammlung Umlauff, Hamburg.

Abb. 70. Alte Haidaindianerin.

Nach Friedenthal.

Abb. 71. Junges Hopimädchen.

Nach C. Pierre, Los Angeles.

zugleich war es ein *Zeichen freier Geburt*, denn den Sklavinnen stand dieses
Recht nicht zu (Abb. 111). Noch heute finden wir eine ähnliche Wadenplastik
in Guyana. Verschiedentlich zeigt sich auch eine Art von *Armplastik*, wenn hier
auch wohl unbeabsichtigt zu enge Binden und Ringe teilweise die Ursache sein
mögen (Abb. 110 und 151). Zum Schlusse muß noch der sehr wichtigen *Brust-*
und *Genitalbehandlung* gedacht werden, und es ist originell genug, daß ein Teil
der Völker das Wachstum der Brüste zu fördern sucht — sei es auf eine wirklich
wertvolle oder auf eine wertlose mystische Art —, während andere bestrebt
sind, ihr Wachstum hintanzuhalten, ja sie ganz oder zum Teil zu entfernen,
wie das Sage und Geschichte von den Amazonen berichtet. Das Wachstum wird
auf zwei Wegen *bekämpft,* indem man entweder die Brüste allein oder den
ganzen Brustkorb komprimiert, eine Unsitte, die zurzeit auch Europa beherrscht,
als einer der vielen Beweise, daß uns durchaus keine Kluft von den Naturvölkern trennt, sondern daß wir viele ihrer Unvernünftigkeiten mitmachen, zum
Teil sogar auf den Höhepunkt treiben. Riedel berichtet über die Bewohnerinnen
von Amboa: „Wenn die Brüste bei den Mädchen sich zu entwickeln anfangen,
werden sie mit warmgemachten Bambuszylindern wiederholt gedrückt, um das
Wachstum hintanzuhalten. Kleinen Brüsten geben die Frauen den Vorzug.“
Auch die *Busenschnur* afrikanischer Völker dient einem einseitigen Schönheitsbegriff. Bowditch sagt von den Aschanti: „Die Busen der 13- und 14jährigen
Mädchen sind wahre Modelle; aber die jungen Weiber zerstören absichtlich diese
Schönheit, um ihnen eine Form zu geben, die sie für schöner halten, indem sie
ein breites Band fest über die Brüste binden, bis diese endlich die runde Gestalt
verlieren und kegelförmig werden.“ Viele Negermädchen wollen allerdings einen
wirklich *ästhetischen Zweck* damit verbinden. Sie legen die Busenschnur straff
über die obere Busenpartie um den Brustkorb, so daß dadurch die Haut gespannt und der Busen hochgezogen wird. In Uganda, wo man die hängende
Brust vorzieht, wird das Band so gelegt, daß es die Brust herunterzieht. Das
Busentuch resp. die Busenschnur kommt dann auch in Ozeanien, in Indonesien,
in Südamerika usw. vor (Abb. 107, 151, 159). Die natürliche Folge ist aber
meistens die, daß die straffe Bindung einen *Schwund der oberen Weichteile*
hervorruft, so daß der untere Teil zu schwer und die Brust selbst hängend wird.
Die *absichtliche Wegnahme der Brustwarzen* wird uns verschiedentlich berichtet,

so von den Australiern. Man will den Mädchen auf diese Weise das *Säugen unmöglich machen*. Umgekehrt ist die Sache dagegen bei den Zentralaustraliern, von denen uns wieder Spencer und Gillen erzählen: „Um bei einem Mädchen das *Wachstum der Brüste zu befördern*, versammeln sich die Männer im Ungunja oder Männerlager, wo sie alle miteinander lange Gesänge, deren Worte eine *Ermahnung an die Brüste, zu wachsen*, ausdrücken, sowie andere Lieder zu dem Zweck absingen, eine Portion Fett und roten Ocker, die von Männern, welche Gammona, d. h. Brüder der Mutter des Mädchens sind, mitgebracht worden sind, sowie auch Kopf- und Armbänder aus Fellschnüren durch Zauber zu weihen. Diese Männer gehören zu der anderen Stammhälfte und nicht zu derjenigen des Mädchens; wenn sie z. B. eine Panunga ist, so müssen sie Kumara sein. Bei Tagesanbruch geht einer von ihnen hinaus und ruft das Mädchen an einen dem Ungunja nahegelegenen Ort, wohin sie dann in Begleitung ihrer Mutter kommt. Hier wird ihr nun der ganze Körper von den Gammona-Männern mit dem Fett eingerieben, die ihr dann auch mit dem roten Ocker eine Reihe gerader Streifen über den Rücken herab und auch über die Mitte der Brust und des Bauches malen. Um jede Brustwarze wird ein weiter Kreis angelegt und unterhalb von jedem dieser Kreise gerade Linien gemalt. Lange Stränge von Beuteltierfell werden über jede Schulter und unter jeder Achselgrube durchgeführt; zahlreiche Halsringe werden ihr um den Hals gelegt, mehrere Kopfringe über die Stirn gebunden und eine Anzahl von Schwanzenden so daran befestigt, daß sie über Stirn und Ohren herabhängen. All diese Gegenstände sind von den Gammona mittels Zaubergesängen geweiht worden. Wenn dies geschehen ist, wird das Mädchen von seiner Mutter in den ‚bush‘ hinausgeführt, und diese macht dort ein Lager in einiger Entfernung vom Hauptlager, und hier muß nun das Mädchen bleiben, bis die ilkinia oder Malereien auf seinem Körper verschwinden. Dann, aber nicht vorher, darf es ins Hauptlager zurückkehren. Das Mädchen trägt die geweihten Hals- und Kopfbänder, bis sie nach und nach abgenutzt werden und abfallen.“ Wir haben es hier deutlich mit einer Art von Zauber ähnlich dem Fruchtbarkeitszauber zu tun; nur wird hier offenbar bezweckt, die Brüste zu reichlicher Milchabsonderung zu bringen. Oben haben wir von der *Beschneidung der Klitoris und der Geschlechtslippen* bereits gesprochen. Es kommt aber auch das Gegenteil, nämlich die *künstliche*

Vergrößerung dieser Körperpartien vor. Zweifelsohne ist die Vergrößerung in ihrer eigentlichen Ursache häufig gar keine beabsichtigte. Onanie der jungen Mädchen spielt sicherlich dabei eine große Rolle. Freilich darf auch nicht geleugnet werden, daß viele Völker die Verlängerung *lieben* und sie für ein geschlechtsreifes Mädchen für erforderlich halten (s. Abb. 109). Von den Hottentottinnen haben wir oben bereits die natürliche Verlängerung der Geschlechtslippen zur sogenannten *Hottentottenschürze* erwähnt; in Wahia am Nyassasee verlängern die Weiber den *Kitzler* künstlich bis auf Fingerlänge. Ähnliches zeigt auch eine Steinfigur aus dem Bismarckarchipel (Abb. 112). Auch in Amerika bei verschiedenen Indianerstämmen sowie in Ozeanien ist die künstliche Verlängerung bezeugt. Von den Mädchen von Ponapé, einer der Karolineninseln, berichtet beispielsweise Finsch: „Als besonderer Reiz eines Mädchens oder einer Frau gelten besonders verlängerte, herabhängende Labia interna. Zu diesem Berufe werden impotente Greise angestellt, welche durch Ziehen und Zupfen bei Mädchen, noch wenn dieselben kleine Kinder sind, diesen Schmuck künstlich hervorzubringen bemüht sind und damit zu gewissen Zeiten bis zur herannahenden Pubertät fortfahren. Zu gleicher Zeit ist es ebenso die Aufgabe dieser Impotenten, der Klitoris eine mehr als natürliche Entwicklung zu verleihen, weshalb dieser Teil nicht allein anhaltend gerieben, sowie mit der Zunge beleckt, sondern auch durch den Stich einer großen Ameise gereizt wird, der einen kurzen prickelnden Reiz verursacht. Im Einklang hiermit stehen die Extravaganzen im Genuß des Geschlechtstriebes. Die Männer bedienen sich zur größeren Aufreizung der Frauen nicht allein der Zunge, sondern auch der Zähne, mit welcher sie die verlängerten Schamlippen fassen, um sie länger zu zerren." Im Jahre 1875 berichtet der Missionar A. Merensky über künstliche Verlängerung der Labia *minora* bei den Basutos usw., was dadurch geschehe, daß die älteren Mädchen, sobald sie mit den jüngeren allein seien, an diesen Teilen zerren und sie später förmlich auf Hölzchen wickeln. Nehmen wir ruhig einen Teil dieses Berichtes auf Kosten der Phantasie des Herrn Missionars, so dürfte doch sicher bleiben, das bei all den Stämmen, die solche verlängerte Geschlechtslippen haben, künstliche Eingriffe eine Rolle spielen. Diese sind aber sicherlich nicht die Ursache überhaupt. Auch C. Vaillant berichtet von künstlicher Verlängerung und sagt, daß es die großen Lippen seien; die

Verlängerung erfolge durch Zerren und Reiben und Einführung von Steinen. Der Sprachforscher Fr. Müller spricht von einer Verlängerung der *„äußeren* Schamlippen"*. War es an sich sehr unwahrscheinlich, daß es sich um eine Verlängerung der großen Lippen handelt, so war es doch wertvoll, endlich fachmännische Feststellungen zu bekommen. Ploß gibt folgende Beschreibung: „Die großen (äußeren) Schamlippen stellten hier zwei ganz flache Wülste dar, die sich nach oben und unten hin so allmählich verloren, daß weder von einer rima pudendi noch von einer Kommissur die Rede ist. Die kleinen Schamlippen liegen daher frei (fötale Bildung). Vom flachen Venusberg (mons veneris) geht ein 26 mm langer Wulst ab, der Kitzler (Klitoris). Die von der Kitzlervorhaut (präputium clitoridis) ausgehenden kleinen Schamlippen haben eine Höhe von 3,85 cm und eine Länge von 6 cm. Beide Nymphen in der Mitte aneinandergelegt, bilden einen nasenähnlichen Vorsprung."

b) Schmuck und Kleidung.

Es tobt seit langer Zeit ein Streit über den *Ursprung der Kleidung*. Er wäre an sich so einfach zu erklären, wenn man nur wollte. Man will aber nicht sehen, denn man will vor allem das *Schamgefühl* als eine primäre Eigenschaft des Menschen *retten*, da die christliche Moral seiner als hauptsächlichster Grundlage bedarf. Man hat diese Neurose dem Volke aufgedrängt und behauptet, es sei vorhanden gewesen, denn man bedarf die „gröbliche Verletzung des Schamgefühls", um diese Moral amtlich zu decken, die an sich nichts anderes ist als der Ausfluß einer ehedem gültigen und dazu egoistischen Sozialpolitik der christlichen Hierarchie. Und zu dieser Deckung soll die Kleidung dienen; sie soll entstanden sein, weil die Menschen sich „schämten". Das ist die landläufige Auffassung. Sie ist ein Märchen und wissenschaftlich nicht haltbar; ja sie ist sogar komisch, weil sie die Tatsachen auf den Kopf stellt. *Die Kleidung ist nämlich nicht aus dem Schamgefühl entstanden, sondern umgekehrt dieses aus der Kleidung.* Wie das geschah und wie sich das Schamgefühl überhaupt bildete, darauf kommen wir später. Hier wollen wir lediglich den Entwicklungsgang der Kleidung, und zwar der weiblichen, betrachten.

Schon im Tierreiche kommt es vor, daß die Männchen bestimmter Vögel vor dem Weibchen tanzen und dabei einen bunten Gegenstand, ein Federchen in den Schnabel nehmen. Wie oft sieht man, daß ein Hund, der jemand begrüßen will, den nächsten besten Gegenstand erfaßt und ihm im Maule entgegenträgt. Sie haben die *Absicht, zu gefallen.* Bereits am Eingang unserer Darstellung haben wir von dieser Bestrebung gesprochen; ihr entspringt, wie wir schon dort erwähnten, das Bedürfnis, sich zu schmücken. Der Mann hat vielleicht den ersten Schmuck angelegt und das Weib ist ihm darin gefolgt. Das war das einzige, was der Mensch am Körper trug, und wir haben noch heute viele Naturvölker, die es dabei Genüge sein lassen. So erzählt beispielsweise Spix und Martius (1820) von den Mundruku (Südamerika), daß sie im wilden Zustande *unbekleidet* gewesen seien, nur die Männer hätten die Taconha-oba getragen. Die Weiber sahen sie selbst in der Mission *ganz nackt,* und es kostete Mühe, sie zu überreden, für die Kirche eine Schürze anzuziehen. (!) Dagegen seien diese Indianer nebst den Mauhes die *größten Künstler in Federarbeiten.* Ihre Zepter, Hüte, Mützen, ellenlange Girlanden und Quasten, die sie bei den Tänzen wie eine Mantille über die Schultern, und Schürzen von Straußen- und andern Federn, die sie um die Lenden tragen, wetteiferten mit den zierlichsten Arbeiten dieser Art in den Nonnenklöstern von Portugal, Bahia und Madeira. Was schmückt nun das Weib alles? Wir dürfen sagen, jeden Teil seines Körpers, an dem Schmuck zu haften vermag. Von jenem Schmucke, der in Körperplastik und Bemalung liegt, haben wir bereits gesprochen und an ihm bereits beobachten können, daß er nirgends bestrebt war, den Intentionen eines Schamgefühls zu folgen. Wir haben hier also nur noch jenen Schmuck zu betrachten, der durch *Gegenstände, die am Körper angebracht werden,* bewirkt wird. Dies kann nun entweder mit Hilfe von *Durchbohrungen* oder durch *bloßes Anhängen* geschehen. Dementsprechend läßt sich — abgesehen von der Körperplastik selbst, die wir im vorigen Kapitel behandelt haben — der Schmuck einteilen in:

I. *Schmuck mit Körperplastik* (Befestigung mittels Durchbohrungen):

1. Nasen,
2. Ohren,
3. Lippen und Wangen,
4. Haut,
5. Genitalien.

II. *Schmuck ohne Körperplastik* (eigentlicher Schmuck):
   a) Dekorationsschmuck (rein ästhetisch),
   b) Gelegenheitsschmuck (bei Festen und Zeremonien),
   c) Standesschmuck (zur Unterscheidung sozialer Stufen),
   d) Zauberschmuck:
      α) subjektiv (Amulette),
      β) objektiv (bei Zauberhandlungen).

Durchbohrungen sind bei uns selten; sie beschränken sich eigentlich nur auf das Ohrläppchen. Bei Naturvölkern sind sie häufiger. Sie haben denselben Zweck wie die oben behandelte Körperplastik selbst, deren Wirkung durch die Schmuckstücke noch unterstützt werden soll, d. h. sie dienen der Blutentziehung, und das eingesetzte Schmuckstück ist ursprünglich nur das Denkzeichen an das Opfer. Man durchbohrt hier Ohrmuscheln, Nasenflügel, Nasenscheidewand, Lippen, Wangen und Geschlechtsteile und fügt ihnen oft sehr große, nach unseren Begriffen erschreckende Gegenstände ein. Das *Ohrläppchen* muß hier am meisten aushalten. Reichard sagt von den Wanjamwesi: „Die Ohrläppchen werden in der Jugend oder, wenn es da versäumt wurde, beim Erwachsenen mit einer eisernen Nadel oder einem Dorn durchbohrt und zunächst ein Faden hindurchgezogen, welcher am dritten Tag durch einen feinen Strohhalm ersetzt wird. Diesem fügt man jeden zweiten oder dritten Tag bei regelmäßigem Verlaufe der Heilung einen weiteren Strohhalm hinzu, bis ein fingerdickes Bündel derselben nach erfolgter Heilung innerhalb vierzehn Tagen durch einen spundartigen Holzpflock ersetzt wird, welcher, um die entstandene Öffnung immer mehr zu erweitern, täglich durch eine Windung Bast- oder Baumwollstoffes verdickt wird. Will man die Öffnung noch mehr erweitern, so steckt man den sich verdickenden Hals eines Flaschenkürbis ein, denselben immer weiter eintreibend. Ein fest zusammengerollter, stark elastischer Palmblattstreifen wirkt dann oft noch federnd so lange, bis man bequem eine sehr große Taschenuhr in der Öffnung des mißhandelten Ohrläppchens unterbringen könnte. Der nach unseren Begriffen Verunzierte kann dann ganz bequem das Ohrläppchen über das Ohr ziehen." Unsere Bilder 108 und 113 (Fig. links) sind noch sehr milde Formen. Auch Abb. 37 und 65 gehören hierher. Ferner Abb. 98, Fig. 1, 3, 10, 11, 13, 14, 16. Nächst Afrika ist Südamerika für die Ohrpflöcke charakteristisch; ein ganzes

Volk hat danach seinen Namen bekommen: die Botokuden (von botoque
= Zapfen). Bei den meisten Stämmen aber war dieser eigenartige Körperschmuck männliches Vorrecht, bei den Botokuden dagegen trugen ihn beide
Geschlechter; hier bildeten sie mit den *Lippenpflöcken* zusammen einen ganz
furchtbaren Eindruck (vgl. Abb. 98, Fig. 6). Prinz Max von Wied, der in der
ersten Hälfte des 19. Jahrhunderts diese Gebiete bereiste, gibt uns eine Beschreibung. Er sagt: „Der Wille des Vaters bestimmt die Zeit, wann die Operation vorgenommen und das Kind die seltsame Zierde seines Stammes erhalten
soll, welches gewöhnlich schon im 7. oder 8. Jahre, öfters auch noch früher
geschieht. Man spannt zu dem Ende die Ohrzipfel und *Unterlippe* aus, stößt
mit einem harten, zugespitzten Holze Löcher hindurch und steckt in die Öffnungen erst kleine, dann von Zeit zu Zeit größere Hölzer, welche endlich Lippe
und Ohrläppchen zu einer ungeheuren Weite ausdehnen ... Obgleich diese Hölzer
äußerst leicht sind, so ziehen sie bei älteren Leuten dennoch die Lippe nieder-
wärts; bei jüngeren steht sie hingegen geradeaus oder etwas aufgerichtet. Es ist
dies ein auffallender Beweis von der außerordentlichen Dehnbarkeit der Muskel-
fiber; denn die Unterlippe erscheint nur als ein dünner um das Holz gelegter
Ring und ebenso die Ohrläppchen, welche bis beinahe auf die Schultern herab-
reichen. Sie können das Holz herausnehmen, so oft sie wollen, dann hängt der
Lippenrand schlaff herab und die Unterzähne sind völlig entblößt. Mit den
Jahren wird die Ausdehnung immer größer und oft so stark, daß die Ohrläppchen oder die Lippe zerreißt, alsdann binden sie die Stücke mit einer Cipo
wieder zusammen und stellen den Ring auf diese Art wieder her. Bei alten
Leuten findet man meistens das eine oder selbst beide Ohren auf diese Art
zerrissen. Da der Pflock in der Lippe beständig gegen die mittleren Vorderzähne des Unterkiefers drückt und reibt, so fallen diese zeitig, ja schon im
20. bis 30. Jahre, aus, oder sind mißgestaltet und verschoben." Die Frauen
tragen im allgemeinen *kleinere* Pflöcke. Der Lippenpflock tritt auch bei den
Weibern der nordwestamerikanischen Indianerstämme auf, und zwar sind hier
teilweise ausnahmsweise die Männer nicht damit „geschmückt" (vgl. Abb. 98,
Fig. 7). Sehr interessant ist die Schilderung, die Landsdorff in seinem bereits
1812 in Frankfurt erschienenen Werke gibt, weil in jener Zeit noch die alten
Pflöcke in Gebrauch waren, die bald darauf durch silberne Stifte ersetzt wurden,

weil die europäischen Matrosen sich vor den indianischen Mädchen ekelten; er schreibt: „Wenn das junge Mädchen das 13. oder 14. Jahr erreicht, oder sich die Periode ihrer weiblichen Bestimmung einstellt, so wird eine kleine Öffnung unmittelbar in der Mitte dicht unter die Unterlippe gemacht und anfänglich ein dicker Draht, dann ein hölzerner Doppelknopf oder ein kleiner, auf beiden Enden etwas verdickter Zylinder in dieselbe gebracht. Diese einmal gemachte Öffnung wird nun allmählich nach mehreren Monaten und Jahren immer größer geschlitzt und die untere Lippe durch ein in dieselbe gebrachtes ovales oder elliptisches Brettchen oder Schüsselchen immer weiter ausgedehnt, wodurch jede Frau das Aussehen gewinnt, als wenn ein großer, flacher, hölzerner Suppenlöffel in das Fleisch der Unterlippe eingewachsen wäre. Der äußere Rand dieses Tellerchens ist mit einer Rinne versehen, damit die beträchtlich ausgedehnte Unterlippe desto fester um dieselbe anliegt. Dieser uns Europäern abscheulich scheinende Lippenzierat, dieser ganz eigene Begriff von Schönheit, findet sich an der Küste des nordwestlichen Amerikas vom 50. bis 60. Grad nördlicher Breite. Alle Weiber, ohne Unterschied, haben einen solchen Löffel unter dem Munde, in dessen Umfang ein besonderes Vorrecht entweder des Alters oder des Standes zu bestehen scheint. Derselbe ist 2 bis 3 Zoll lang, etwa 1¹/₂ bis 2 Zoll breit und höchstens 1 Zoll dick; die Weiber der Oberhäupter aber haben ihn im allgemeinen um vieles länger und breiter. Ich habe selbst bei einer sehr vornehmen Dame ein solches Lippenoval gesehen, das völlig 5 Zoll lang und 3 Zoll breit war; und Herr Dr. Wolf II, der weit davon entfernt ist, auch nur im geringsten zu übertreiben, und der mit dem Schiff ‚Juno‘ beinahe die ganze Küste von dem 50. bis 57. Grad N befahren hat, um Seeottern einzutauschen, versichert, er habe die bejahrte Frau eines Oberhauptes in Clatham-Street gesehen, deren Lippenlöffel so groß war, daß sie bei einer Bewegung der Unterlippe beinahe das gesamte Gesicht damit bedecken konnte." In Afrika ist besonders das Gebiet unseres ehemaligen ostafrikanischen Kolonialbesitzes dafür sehr charakteristisch (vgl. Abb. 116 u. 117 und Abb. 98, Fig. 12). Wir sehen aus dieser Schilderung, daß soziale Verhältnisse deutlich mitsprechen, daß also nicht das Schönheitsgefühl allein maßgebend ist. Man darf für derartige Körperverunstaltungen überhaupt annehmen, daß ihr Zweck urprünglich entweder ein religiöser oder ein sozialer war, und daß sich erst aus dem alltäglichen Gebrauch ein Schönheitsgefühl dafür herausentwickelte. Dies bezeugt uns Südindien, wo, im Anschluß an religiöse Zeremonien, Nasenflügel und Ohrläppchen geschlitzt werden, ohne daß man Schmuckgegenstände daran befestigt. Bezeichnend ist ferner, daß die Aleuten den Rand der Ohrmuschel mehrmals durchlochen und darein Schmuck setzen, wenn man bedenkt, daß im alten Mexiko dieser Rand ein besonders beliebter Platz für die rituelle Blutentziehung war, die mit spitzen Knochen ausgeführt wurde. Sie mag der Ursprung dieser Ohrdurchbohrung gewesen sein, und man fand es schön, diese Löcher *als Zeichen eifrigen Gottesdienstes durch eingesteckte Schmuckstücke besonders hervorzuheben*. Ein Fingerzeig ist ferner eine südindische Sitte, über die uns Thurston berichtet. Dort gibt man Kindern irgendeinen beschimpfenden Namen, etwa wie „Düngerhaufen", weil man glaubt, sie so vor Zauber zu schützen, und kennzeichnet solche Kinder nach außen hin dadurch, daß man sie im durchbohrten rechten Nasenflügel und im rechten Ohr ein goldenes Schmuckstück tragen läßt. Auch bei den indischen Frauen nimmt immer der rechte Nasenflügel den Schmuck auf, während bei den Malaien die Ohrdurchbohrung den Frauen vorbehalten ist. Sehr treffend erinnert Stoll daran, daß nach indischer Ansicht die Ohren, die man als direkt mit dem Gehirn in Verbindung stehend denkt, *den bösen Geistern als Pforte dienen;* darum sei den in ihnen angebrachten Zieraten besonders auch der Charakter von Amuletten beizulegen. „Deshalb pflegen," fährt Stoll fort, „wie Crooke erzählt, die Kanphatas von Cutch den Ohrknorpel zu spalten und in den Schlitz einen Pflock oder Stift aus dem Holze des Nimbaumes einzusetzen, der als heiliger Baum und als spezieller Aufenthalt der Krankheitsgeister gilt." Die Durchbohrung der *Nasenscheidewand* zeigen Abb. 114 und Abb. 98, Fig. 8, einen Nasenring Abb. 70. Die Durchbohrung der Genitalien behandeln wir später. Damit kommen wir zur Betrachtung des *eigentlichen Schmuckes*, d. h. Zierstücke, die ohne irgendwelche Körperplastik direkt am Körper oder seinen Extremitäten befestigt werden. Seine Entstehung ist weit komplizierter, als man denken mag. Der Trieb, sich zu schmücken, deckt sich heute im wesentlichen mit dem Trieb, „schön" zu sein. Wir haben aber bereits mehrmals darauf hingewiesen, daß dieses „Schönsein" gar vielfach *eine Art von Übereinkommen* ist. *Ein Gebrauch, der an sich gar nicht schön ist, aber aus wirklichen oder vermeintlichen Gründen innegehalten wird, gilt als notwendig und wird schließlich*

„schön". *Wir sehen dabei, daß das Verlangen, sich zu schmücken, vielfach auf einem Verlangen, das Stammesehte zu erfüllen, beruht.* Sehr bezeichnend zieht daher Schurtz ein modernes Beispiel heran: „Der neuernannte Offizier, der zum erstenmal seine Uniform anlegt, oder der Student, der Band und Mütze stolz spazieren trägt, schöpfen beide ihr Hochgefühl nicht aus dem Bewußtsein persönlicher Tüchtigkeit, sondern vor allem aus dem der Zugehörigkeit zu einer angesehenen oder gefürchteten Gruppe. Die Zuschauer, auf die man dabei Eindruck zu machen sucht, sind natürlich in erster Linie immer die Angehörigen des *anderen Geschlechtes.*" So ist es berechtigt, wenn wir oben den Schmuck in *Dekorations-, Gelegenheits-, Standes-* und *Zauberschmuck* teilten; aber selbst dabei ist der Dekorationsschmuck, der uns heute in rein ästhetischer Wirkung entgegentritt, nicht immer und von Haus aus rein ästhetischen Momenten entsprungen. Wenn heute die meisten Männer der Amurvölker und neben ihnen sogar Chinesen und Mandschu schön gezierte Daumenringe lediglich als Schmuck tragen, so ist das noch lange nicht die Ursache. Wir erfahren vielmehr, daß diese Ringe einem rein praktischen Bedürfnis entsprungen sind: sie wurden ursprünglich zum Spannen des Bogens benutzt. Dies mußte in Nordostasien natürlich jeder Mann gründlich können, und so war es selbstverständlich und zugleich für die jungen Leute eine Ehre, den Ring zu tragen. Auf diese Weise ist man stolz auf ihn, er wurde zum Schmuck und gilt als schön: Solcher Fälle ließen sich hunderte anführen; sie würden uns alle zeigen, *wie das ästhetische Empfinden sich an jeden Objekten der täglichen Übung, die zu zeigen eine Ehre war, gebildet hat.* Daß natürlich gerade solche Dinge sich die sozial höherstehenden Personen besonders beilegen, unter Umständen sogar ein Verbot den geringen Schichten gegenüber durchsetzen, ist klar. So entsteht eine gewisse *Abstufung nach sozialem Rang.* Aber auch der Reiche unterscheidet sich öfter vom Armen, und wäre es eventuell nur darin, daß er in der Lage ist, sich eine größere Anzahl von Schmuckstücken anzulegen. Bei den Wanyamwesi dürfen beispielsweise nur die Vornehmen Löwen- und Pantherfelle tragen. Welche Opfer man diesem äußerlichen Reichtumsmesser bringt, zeigen Worte Morgans, in denen er erzählt, daß er eine Häuptlingsfrau der Wavunia sah, die einen 16 bis 20 Pfund schweren Messinghalsring trug und genötigt war, sich öfter einmal niederzulegen und auszuruhen, um nicht unter dem Gewicht des Schmuckes zusammenzubrechen.

Die gesellschaftliche Stellung gründet sich aber glücklicherweise bei verschiedenen Völkern auch auf *Taten*. Auch diese Auffassung spiegelt sich im Schmuck wider. Die Dakotaindianer hatten beispielsweise ein ganzes System von Schmuckfedern geschaffen, aus denen man ohne weiteres ablesen konnte, *welche Verdienste* ihr Träger hatte. Unser Ordenssystem ist dem ähnlich, oder sollte es seiner Idee nach wenigstens sein. Wir sehen aber auch, daß der Mensch bei *bestimmten Gelegenheiten* eine bestimmte Art von Schmuck anlegt. So beobachtet man allenthalben bei Natur- und Kulturvölkern *Hochzeitsschmuck, Trauerschmuck, Festschmuck* und ähnliches. Diese Gattung, sich auszuzeichnen, entspringt wohl zumeist *religiösen Momenten;* oft will man einen Zauber damit ausführen. Dies bringt uns von selbst auf die letzte Gattung unserer Einteilung: den *Zauberschmuck* im engeren Sinne. Mehr oder weniger liegt er ja allen anderen Schmuckarten ganz oder teilweise zugrunde, in vielen Fällen aber erscheint er deutlich als solcher. Dann können wir ihn in zwei große Gruppen gliedern, in solchen Zauberschmuck, den man trägt, um sich selbst zu schützen, also in *Amulette*, und in solchen, der bei einer *Zauberhandlung unterstützen* soll. Es würde den dieser Darstellung gebotenen Raum weit überschreiten, wollten wir nun alle diese Unterabteilungen des eigentlichen Schmuckes der Reihe nach durchsprechen, zumal wir dem Körperschmuck an sich, seiner Wichtigkeit entsprechend, einen großen Raum gegeben haben. Wir können uns hier also nur mit einzelnen Grundzügen befassen. Da ist zunächst wichtig, festzustellen, daß in den meisten Fällen schon die *Materialien* selbst, aus denen der Schmuck gefertigt zu werden pflegt, eine gewisse soziale oder religiöse Bedeutung haben. Das *Gold* geht allen voran, wohl schon deshalb, weil es seiner Weichheit halber Naturvölkern zu nicht viel anderem dienen kann, und ferner deshalb, weil es wohl das erste Metall war, das verarbeitet wurde, denn es findet sich am ehesten gediegen, oder besser gesagt erzfrei. Ganz ähnlich verhält es sich dann später mit anderen Metallen und mit *edlen Steinen*. Allen schrieb man mehr oder minder eine bestimmte Zauberwirkung zu. Recht beliebt bei Naturvölkern sind dann aber *Blumen, Muscheln, Schnecken* und *Federn* und *Perlen*, sowie *Zähne*. Auch bei ihnen lassen sich eine ganze Kette mystischer Beziehungen nachweisen, so daß wir ohne weiteres erkennen können, daß schon an das Material, aus dem der Schmuck hergestellt wird, sich eine ganze Kette mystischer Vorstellungen knüpft, deren Wirkung in teilweise erhöhtem Grade sich um die Schmucksachen selbst webt.

Den Übergang zum eigentlichen Schmuck bildet die *Haartracht;* sie ist jederzeit veränderlich und unterliegt derselben Einteilung, die wir oben vom Schmucke gaben. Von Natur aus sind die verschiedenen Völker bereits verschieden bedacht worden. Die einen haben kurzes, krauses Haar (Abb. 13, 14, 47, 61), die anderen straffes, langes (Abb. 20, 23, 27), und die dritten welliges (Abb. 37, 39, 40, 41, 44). Darin liegt schon im wesentlichen die verschiedene Haarbehandlung begründet. Während Völker mit *kurzem Haar* das Bestreben haben, es durch Einreibung mit Lehm oder anderen derartigen Stoffen für eine besondere Art der Haarplastik geeignet zu machen, verschmähen dies zumeist Völker mit straffem, langem Haar und ebenso Völker mit lockigem (Abb. 123). Auch innerhalb der beiden Geschlechter ist meistens wie bei uns ein Unterschied, denn eine Gleichheit der Haartracht ist auch bei Naturvölkern selten. Interessant ist aber, daß bei verschiedenen Völkern die Frauen das kurze Haar tragen und neben ihnen die Männer manchmal langes. Dies gilt besonders für die Crowindianer, wo die Frauen ihr Haar kurz schneiden müssen, während die Männer es so lang als möglich wachsen lassen, so daß es nach Catlin vorkommt, daß es auf dem Boden schleift. Bei anderen Indianerstämmen war es dagegen umgekehrt. Von den Bewohnern der Provinz Chicora sagt Herreras, daß bei ihnen im 16. Jahrhundert die Männer die Haare bis zum Gürtel, die Frauen aber noch länger getragen hätten.[1]) Ungemein verbreitet sind aber allerlei Formen von Haarfrisuren. Die einfachste ist das Herstellen eines kleinen *Schopfes.* Fritsch schildert diese Art bei den Zulukaffern: „Die Frisur der Frauen ist abweichend, indem die Mädchen das Haar ohne besondere Künstelei einfach kurz halten; bei den verheirateten Frauen aber rasiert man den Kopf bis auf den höchsten Teil des Scheitels, wo ein solides Haarbüschel stehenbleibt, welches durch Einreiben von Ockererde und Fett zu einer dichten roten Masse wird. Es bildet dieses Toupet einen gewöhnlich etwas mehr als faustgroßen Wulst oder Knopf, der wie eine

---

[1]) Stoll vermutet, daß diese Provinz in Georgien zu suchen wäre; dann wären diese Indianer der Maskoki-Gruppe zuzurechnen.

Handhabe auf dem Scheitel sitzt und vielleicht oft genug als solche gebraucht wird, wenn der Eheherr seiner Frau eindringliche Ermahnungen ergibt." Noch origineller ist die Haartracht bei manchen Gentes der Omahaindianer. Hier werden den Mädchen vier *Büschel* frisiert, eines über der Stirne, eines am Hinterkopf und je eines über jedem Ohr. Dieser Büschelfrisur steht die *Ringelfrisur* am nächsten. Als Beispiel nennen wir die Bewohner von Tanna (Neue Hebriden). Die Frauen tragen das Haar kurz und machen daraus eine Unmenge kleiner, aufrechtstehender, etwa 1¹/₂ Zoll langer Ringelchen. Besonders in Afrika stark verbreitet ist das Ordnen des Haares in eine Unzahl kleiner *Flechten;* wir sehen es bei den Somali, bei Sudanweibern, bei Kaffern, Ovambo (Abb. 52) usw. Aber es tritt auch sonst auf; so berichtet Pallas von den Kalmückinnen: Die Mädchen „läßt man, sobald sie etwas heranwachsen, alles Haar sorgfältig hegen, und im 12. oder 14 Jahre, da ein kalmückisches Frauenzimmer schon mannbar zu werden anfängt, flicht man den Dirnen das Hinterhaar vom Scheitel an in einen Hauptzopf (Täbi) und das Nebenhaar zu beyden Seiten in so viele kleine Flechten (Köckel) als man will oder kann; und diese hängen gemeiniglich hinten und auf die Schultern herunter, seltener werden sie um den Kopf geschlagen. Bey der Verehelichung eines Mädchens werden diese Flechten aufgelöst und aus allem Haar am Hinterkopf, gleich hinter den Ohren, zwey große und wohl noch mit eingemengtem fremden Haar vermehrte Zöpfe (Babagain Chojor Uessin) geflochten, welche nach vornen über beyde Schultern herabhängen müssen und in einer Scheide von schwarzer Kitaika oder Taffent verwahrt zu werden pflegen." Verschiedene Haarfrisuren zeigen die Abbildungen 120 124 u. 130. *Zöpfe* in allerlei Form zu tragen ist ebenfalls recht beliebt. Aus der Menge nur ein Beispiel, die Frauen der grönländischen Eskimos, nach Cranz: „Den Weibern aber wäre es eine Schande, die Haare abzuschneiden; das tun sie nur bei der tiefsten Trauer, oder wenn sie gar nicht heiraten wollen. Sie binden dieselben über dem Kopf zweimal zusammen, so daß über dem Scheitel ein langer, breiter, und über demselben noch ein kleiner Zopf steht, den sie mit einem schönen Bande abbinden, das auch wohl mit Glasperlen geziert ist." Dies leitet uns ohne weiteres auf jene Haarfrisuren über, deren Aufbau mehr oder weniger abhängig ist von den *eingeflochtenen Schmucksachen.* Trotz aller Einfachheit kann man hier bereits die Hottentottinnen anführen. Kolb berichtet uns, daß sie das Haar sehr kurz tragen, aber stark einfetten und kupferne Zieraten einflechten, wobei sie außerdem noch die Stirne mit Buchu, einem wohlriechenden Pulver, bestreuen. Am vornehmsten ist wohl der Haarschmuck der Polynesierinnen. Wie kaum andere Frauen der Erde verstehen sie den zauberhaften Reiz von *Blumen* mit ihrem an sich schönen Haar zu verbinden (Abb. 39, 41, 122). Bei anderen Völkern wird ein ganzer Haarturm errichtet, *Haarschöpfe, die mit Bändern dicht umbunden sind*, so daß sie schräg aufwärts stehen. Die kirgisischen Frauen tragen nach Lewschin die Haare geflochten in 2 bis 3 Zöpfe, „von denen zwei mit verschiedenen Bändern umwickelt über die Schultern herabhängen, oder sie wickeln sie um die Mütze herum; der dritte Zopf hängt hinten über den Rücken bis auf die Fersen herab. Zuweilen binden sie an Stelle dieses letzten Zopfes etwas anderes an, das ihn vorstellen soll, und schmücken es mit Zieraten und kleinen Knoten aus Bändern usw. Die Mädchen teilen ihr Haar in viele kleine Zöpfe, an welche sie Silberplättchen oder Steine in Form von kleinen Schlangenköpfen anhaken, und am Ende der Zöpfe befestigen sie Pompons, Bänder u. dgl."

Das führt uns nun direkt zu den *Schmuckstücken* selbst zurück. Die oben angedeuteten Unterschiede werden durch allerlei Schmuckgegenstände erreicht, man darf sagen, daß kein Körperteil, der überhaupt geschaffen ist, ein Schmuckstück halten zu können, davon frei geblieben ist. Wir können so von *Finger-* und *Zehenschmuck*, von *Unter- und Oberschenkelschmuck*, vom *Schmuck der Hüften, Taillen und Busen*, von *Unter- und Oberarmschmuck*, vom *Schmuck der Schultern, des Halses und des Kopfes* ebenso sprechen wie von einem *Schmuck der ganzen Gestalt*. Um die Finger trägt man *Ringe*. Freilich darf man sagen, daß gerade diese Schmuckgattung bei Kulturvölkern häufiger ist als bei Naturvölkern, doch kommt sie vor — ein Beispiel haben wir bereits oben herangezogen. Der Schmuck der Zehen durch Ringe beschränkt sich beinahe auf Indien, jenes Land, das nahezu für alle Gebiete der Völkerkunde ein Beispiel zu liefern imstande ist. Der Schmuck der Unter- und Oberschenkel besteht, der Zweckmäßigkeit entsprechend, hauptsächlich aus Ringen, die oft zu ganzen Systemen vereinigt sind. Sie kommen aus Metall, Leder, Fell, Rohr und ähnlichen Stoffen vor. Besonders eigenartig sind jene spiralartig aus Draht usw. gefertigten stulpenartigen Arm- und Beinschmuckstücke, die wir bei indonesischen

Völkern (besonders Dayakfrauen) (Abb. 127), dann bei Masai, im Kongogebiet (Abb. 119) finden. Ihnen gleicht im wesentlichen der Armschmuck. Auch hier leisten sich die Masai Ostafrikas wieder einen hohen Grad, der ohne weiteres die oben gegebene Einteilung des Schmuckes rechtfertigt und sich als eine Abart des Gelegenheitsschmuckes zeigt. Johnston berichtet: „Ledige Mädchen tragen wohl ein paar *Armbänder*, aber sobald ein junges Masaiweib im Begriffe steht zu heiraten, läßt sie sich dicken *Eisendraht* spiralig um ihre Beine wickeln. Auch trägt sie *Spiralen* desselben Drahtes um den Ober- und Vorderarm und wohl auch noch dazu ein oder zwei Armbänder aus Elfenbein." (Abb. 128 u. 129.) Mit Recht macht Stoll darauf aufmerksam, daß dieser Art von Schmuck in erster Linie auch eine Art von *musikalischer Wirkung* zuzumessen ist, denn man kann sich denken, daß die vielen Metallteile bei jeder Bewegung ganz bestimmte Klanglaute erzeugen. Daß man tatsächlich darauf etwas gibt, geht daraus hervor, daß hin und wieder diese Wirkung durch besondere *Schellen* aus Metall verstärkt wird. Sehr wichtig wird aber der Schmuck der Hüften, dessen einfachste Form die sogenannte „*Scham*"schnur oder besser *Hüftschnur* ist, denn mit Scham hat sie nichts zu tun. Daß es falsch ist, behaupten zu wollen, sie wolle verdecken, und zwar aus „Schamgefühl", das widerlegen unsere Abbildungen ohne weiteres. Wenn man diese Schnüre in Beziehung zu den Geschlechtsteilen setzen will, so kann man höchstens einen *Hinweis* auf diese darin erblicken (Abb. 136). Im allgemeinen wird man aber getrost sagen dürfen, daß die Körpermitte eines menschlichen Wesens sicherlich eine Stelle ist, auf die der Blick fällt, und daß es so selbstverständlich ist, an einem derartigen Orte Schmuck anzubringen, zumal er hier leicht zum Halten zu bringen ist. Diese Hüftschnüre sind nun ungemein stark verbreitet, und wenn wir heute viele Völker finden, die sie jetzt *unter* einer Art von Kleidung tragen, so kann man in allen Fällen behaupten, daß die Zeit nicht allzu fern ist, in der diese Völker nackt gingen, denn der Mensch verwendet keinen Schmuck an Stellen, die er verbirgt. Daß die Schnüre sich hielten, das zeigt einerseits die Stärke der überlieferten Sitte und andererseits, daß man diesen Schnüren eine wichtige Wirkung zumißt. Sie bestehen aus allen nur möglichen Stoffen, aus Perlschnüren und Leder naturgemäß am liebsten. An Stelle der Perlen dürften allerdings ursprünglich kleine Muscheln und Schneckengehäuse oder Muschelscheibchen und ähnliches verwendet worden sein. Manchmal werden auch wohlriechende Pflanzen dazu verwendet (Abb. 132). Auf ihre Bedeutung für die Kleidung und ihre Entwicklung kommen wir zurück. Hier mag bloß noch erwähnt werden, daß sie sehr häufig als Träger anderer Schmuckstücke, die anhängselartig von ihnen herabhängen, benutzt werden, seien es Blätter oder Blumen, seien es größere Perlen, Muschelchen oder sonstige Gegenstände. Sehr häufig begegnen wir aber auch der Erscheinung, daß die Hüftschnur nur bei jungen Mädchen verwendet und entweder bei den Reifezeremonien oder der Eheschließung feierlich abgelegt wird. Bei anderen Stämmen, die etwas auf die Jungfräulichkeit geben, wird sie dann so zu einem Zeichen der Jungfräulichkeit, und ihre Wegnahme durch Männer bedeutet im Grunde Defloration. Wir haben die *Hüftschnur als Träger* kennengelernt; dies gilt noch mehr für den *Gürtel*, dessen *Schwergewicht auf die Taille verlegt ist;* es gilt aber auch von der *Busenschnur*, von der wir oben bereits gesprochen und ihre Wechselbeziehung selbst zum Busen klargelegt haben. Nach K. v. d. Steinen besteht die Hüftschnur der Bakairi aus einem Baumwollenfaden, an dem kleine Halmstücke oder durchbohrte Samenkerne oder winzige Stücke von Schneckenschalen aufgereiht sind. Je nach Möglichkeit wird die Hüftschnur denn auch vervielfacht und verbreitert, aber nicht etwa zu dem Zwecke, um dem Schamgefühl zu dienen, sondern rein um zu schmücken; dies zeigt so recht deutlich unser Bild eines Mädchens vom Senegal (Abb. 53). Ebenso ist es mit den angehängten Blättern und Blüten, die wohl auf Photographien manchmal verdeckend wirken, nicht aber am lebenden, sich *bewegenden* Körper. Beispiele dafür sind die Negerinnen der oberen Nilländer, deren Buchta eine große Reihe photographiert hat, oder etwa die Pontoc-Igoroten. Erst durch Anhängen einer größeren Menge schmückender Dinge kam unbeabsichtigt eine Verhüllung zustande. Den Übergang dazu bilden jene eigenartigen *Fransengürtel*, wie wir sie im nördlichen Afrika finden und wie sie schon im alten Ägypten beliebt waren. Pallme beschreibt sie für die Mädchen von Kordofan, die ganz nackt gehen mit Ausnahme eines ledernen, öfters mit Achaten verzierten Gürtels, der *Rahat* heißt, und an dem Hunderte kleiner Riemchen herabhängen. Er ist ein Zeichen der ledigen Mädchen, denn bei der Eheschließung nimmt der Bräutigam „seine Auserwählte mit nach Hause, zerhackt den Rahat oder Jungfrauengürtel mit einem Messer in unzählige Stücke, bekleidet sodann

selbe mit einer Melaje (heute großes *Lendentuch)* als Zeichen, daß sie nunmehr sein Weib ist". Auf ein aus Riedel stammendes besonderes interessantes Beispiel macht Stoll aufmerksam: „Einfacher und durchsichtiger gestaltet sich der mit dem Schamgefühl verknüpfte Symbolismus für die Frauen von Serang. Wenn nämlich eine Frau das Mißgeschick hat, mit einer Bande von Kopfjägern im Walde zusammenzutreffen, so beginnt sie ihren Schamgürtel von hinten her zu lösen und gibt durch diese Gebärde zu erkennen, daß sie bereit ist, sich um den Preis des Beischlafs loszukaufen und dadurch ihr Leben zu retten." Auch die in Indonesien usw. vorkommenden „Metallschürzen" müssen ursprünglich als Schmuck aufgefaßt werden, denn als „Bedeckung der Geschlechtsteile" können sie nicht aufgefaßt werden (Abb. 131). Nicht anders ist in seiner Grundbedeutung der *Schulter- und Halsschmuck* aufzufassen. Kein Naturvolk zeigt etwa das Bestreben, den Busen verhüllen zu wollen; wo dies vorkommt, haben wir es stets mit einer von außen her kommenden Beeinflussung zu tun. Der Hals- und Schulterschmuck ist entweder schnur-, reif- oder kettenförmig, mit oder ohne Anhängsel. Die *Schnüre* bestehen sowohl aus Stricken von Pflanzenfasern, aus Lederriemchen oder Bändchen oder aus Perlenschnüren, also genau aus demselben Material wie der Hüftschmuck. Zum Anreihen auf die Schnüre wird alles nur mögliche Erreichbare verwendet: Steine, Knochenkugeln und -scheibchen, Muschelstückchen, Schneckenhäuser, bunte Pflanzenkerne usw. Von einer ganz eigentümlichen Art erzählt uns der alte Lindschotten, der Ende des 16. Jahrhunderts schrieb, von den Bewohnern von Moçambique. Er berichtet, daß man hier im Kampfe die Gepflogenheit habe, den Gegnern das *männliche Glied* abzuschneiden, und fährt dann fort: „Dasselbige Glied lassen sie wol dürr werden, damit es sich halte vund nicht stinckendt werde. Wann es dann dürre ist, kommen sie für den König mit sonderer Reuerentz in Gegenwart der Fürnembsten vund Obersten in demselbigen Dorff, nemmen eines nach dem andern in den Mundt, speyen es widerumb auß auff den Boden für deß Königs Füsse, welches der König mit einer großen Danksagung auffnimpt. Vnd damit er jhnen jhre Mannheit vund Dapfferkeit widerumb mit einer besondern Verehrung vergelte, so lässet er alle dieselbigen außgespeyten Quoniam widerumb auffraffen von der Erden, gibet sie widerumb dem, der sie hat präsentiert, ihm für ein Präsentz vnd sonderlichen Ehrentittel, dessen er sich zu erheben hab vnd fürter für eine

Ritterliche Person zu halten sey. Darauff nimbt er alle dieselbige Quoniam, welche jhm der König also hat verehret, reyhet sie zusammen an eine Schnur, machet darauß ein Pater noster, wann sie dann etwan Hochzeit oder sonsten ein Fest haben, so kommen die Bräute vnd Eheweiber desselbigen Ritters hinzu, haben diese Pater noster mit allen denselbigen Quoniam vmb den Halß hangen, welches bey jhnen so eine große Ehre ist, als bey vns das gülden Fließ, oder das Garthier auß Engelland, zu tragen. Wann nun gemeldtes Ritters Bräut oder Eheweiber solche stattliche Pater noster anhaben, bedüncken sie sich so groß vnd hoch zu seyn, daß sie beynahe meynen, sie seyen Königinnen der gantzen Welt." (Abb. 137.) Auch hier haben wir wieder deutlich die Wechselbeziehungen zwischen Körperschmuck und Ehe einerseits und dem sozialen Moment andererseits. Mehr nach der Zauberseite hin gravitiert aber gewöhnlich das oder die Anhängsel, die an dem Halsschmuck befestigt werden. Dies geht recht deutlich aus den von den Maori Neuseelands getragenen *Tikis* hervor. Es sind das teilweise recht kostbare, aus Nephrit (Jadeit) geschnitzte menschliche Figürchen von platter Gestalt mit sehr großem Kopf und riesigen Augen. Dieffenbach beschreibt sie wie folgt: „Es hat einen enormen Kopf, sehr große Augen und monströse, außer Proportion stehende Arme und Beine. Es wird keineswegs als eine Götterfigur betrachtet, obschon der Wert, den sie ihm beilegen, mit gewissen alten genealogischen Überlieferungen verknüpft zu sein scheint, da E'Tiki auch der Name eines ihrer großen Vorfahren ist. Im allgemeinen fand ich, daß sie diese Figuretten als Erbstücke in einer Familie betrachteten, aber wo kein solcher Wert in Frage kam, trennten sie sich leicht davon." (Abb. 40.) Wie wir schon bei Arm- und Beinschmuck der ungeheuern Metallgebilde der Masai und verschiedener Indonesier gedenken mußten, so müssen wir es hier beim Hals- und Nackenschmuck erst recht tun. Schon Schweinfurth berichtete über die am oberen Nil hausenden Mittu, daß ihnen fingerdicke, plumpe Eisenringe größerer Zahl um den Hals geschmiedet wurden, die *nicht mehr abnehmbar* sind und nur nach der Verwesung wieder zu entfernen sind. Ähnlich bei Masai (Abb. 129), Wandorobo (Abb. 128). Noch origineller ist der Bericht von Schmidt-Fischer über die Padaung: „Um den Hals tragen die Padaungweiber massive, etwa ein Drittel Zoll dicke Messingstangen, die je nach dem Alter fünf- bis fünfundzwanzigmal um denselben gewunden werden; sie finden ihre Fortsetzung auf Nacken und

Schulter, einen Panzerkragen bildend, der hinten von einem breiten Messinghenkel zusammengehalten wird und den Eindruck eines Krughenkels hervorruft. Ebensolche Ringe tragen sie unterhalb des Knies, um Fesseln und Handgelenk. Ungefähr mit dem siebenten Jahr werden die Halsringe, Brust- und Nackenringe erst mit dem zwölften, unter großen Schmerzen angelegt, und zwar von Weibern aus dem Loilongstaat, die jährlich einmal die Padaungdistrikte bereisen." Das Schmuckbedürfnis des Menschen macht aber am Halse nicht halt, auch der *Kopf* wird — abgesehen von der bereits behandelten Ohr-, Lippen- und Nasenschmückung — ins engste Bereich des Schmuckes gezogen. Man kann den Kopfschmuck vielleicht wie folgt einteilen:

<table>
<tr><td>1. eingesteckter Schmuck,</td><td>4. überragender Schmuck,</td></tr>
<tr><td>2. ringförmiger Schmuck,</td><td>5. Perücken,</td></tr>
<tr><td>3. hutförmiger Schmuck.</td><td>6. verhüllender Schmuck.</td></tr>
</table>

Unsere am Anfang gegebene Einteilung des Schmuckes paßt auch hier, denn wir haben mit allen jenen Stufen zu tun; der Kopfschmuck kann rein ästhetischen Momenten dienen, er kann gelegentlich getragen werden, er kann von sozialer oder kultischer Bedeutung sein.

Der *eingesteckte Schmuck* kann entweder allein auftreten oder in Verbindung mit anderen Schmuckarten. Tritt er allein auf, so wird er entweder hinter die Ohren in das Haar gesteckt. In erster Linie gilt das von *Kämmen, Blumen-* und *Blätter-*Arrangements, *Federn, Nadeln* verschiedenster Art usw. Kämme finden wir besonders in Melanesien, dann auch in Afrika, wie die Sangomädchen (Abb. 119) zeigen. Der Blumenschmuck hingegen tritt bei den polynesischen Frauen wieder am meisten in den Vordergrund; Beispiele zeigen unsere Abb. 39, 122. Verhältnismäßig am häufigsten ist der *ringförmige Schmuck,* bestehe er nun aus einem wirklichen Ringe oder einem Bande oder einem ringförmig um den Kopf gewundenen Tuche. Bei den Zulukaffern kommen diese Formen besonders schön vor. Die Mädchen kämmen die Haare zurück und legen am Kopfe ein rundes Band herum, oder sie tragen einen Ring, von dem auf die Stirne Metallplättchen herabhängen. Ein schmales Band zeigt das Togomädchen. Australische Weiber haben Fellschnüre (Abb. 98, Fig. 15). Eine Stoffbinde trägt das Buschweib (Abb. 141), doch wohl hier auf christliches Konto. Zu dem hutförmigen Schmuck mag man bei Frauen das völlig um den Kopf geschlungene *Tuch* rechnen, wie es die sitzenden Dayakfrauen unserer Abb. 138 zeigen. *Haarnetze* und *Schleier* gehören ebenfalls hierher. Zum *überragenden Kopfschmuck* muß man vor allem die schönen *Hauben* der Hereroweiber rechnen, die in drei gabelförmige Spitzen auslaufen. Die noch nicht heiratsfähigen Mädchen dürfen sie nicht tragen. Ist die Frau Mutter, so erhält sie um die Haube ein breites Band von Eisenperlen, ist sie kinderlos, so tritt an seine Stelle ein solches aus Kaurimuscheln. Auch die Samoanerin Abb. 42 gehört hierher. Bei den Kirgisen tragen die Frauen einen hohen, abgestutzten und von einem Kopftuch umschlungenen Kegel, die ledigen Mädchen aber einen Kegel, der sich hoch auftürmt, spitz zuläuft, aber statt des Kopftuches eine Troddel an der Spitze hat. Diademartiger Schmuck tritt bei den Dayakfrauen, den Tinguinanen (Philippinnen) auf (Abb. 143). Einen *zeremoniellen* Kopfschmuck zeigt die Samoanerin (Abb, 147). Zu den *verhüllenden Arten* des Kopfputzes gehören die *Masken*, die aber für Frauen wegen der seltenen Frauengeheimbünde nicht oft vorkommen (Abb. 133). Die Kälte veranlaßt dagegen das Tragen von *Kapuzen*, die oft dekorativ ausgestaltet sind; wir finden sie bei allen Nord-Völkern, so Eskimos, Aleuten, Kamtschadalen usw. (Abb. 134). *Perücken* sind ähnlich zu beurteilen wie Masken; sie sind im wesentlichen Festtracht, kommen aber in Melanesien und Afrika auch als ständige Tracht vor.

An den Schmuck schließt sich die *Kleidung* an, ja man darf sagen, daß sie der Hauptsache nach aus ihm hervorgegangen ist. Dementsprechend und folgend dem den Menschen innewohnenden Drange, alles mehr oder weniger zu verzieren, ist sie zugleich selbst Trägerin des Schmuckes.

Schwierig wird die Untersuchung dadurch, daß uns die Mission in ihrem Eifer gegen das Nackte die ursprüngliche Sachlage oft verdorben hat. Am meisten zu warnen ist aber davor, die Kleidungsverhältnisse der Naturvölker nach den in Europa vorgeführten Trupps zu beurteilen. Hier hat die Polizei, dem Drucke unserer Pseudomoral nachgebend, die Nacktheit verboten und den Auftretenden Phantasiekostüme aufgezwungen, die oft schlimmer sind als eine Maskerade. Wer denkt nicht an jenen Trupp von Zulus, von dem die sogenannte „Prinzessin" sehr bekannt geworden ist. Sie mußte ein Fellkostüm von lächerlicher Ausstattung tragen; wir geben in Abb. 139 und 140 ihr Bild normal und in marktschreierisch-moralistischer Form. In der Urzeit ging der Mensch *nackt*, und wir haben noch viele Naturvölker, für die das gleiche gilt; freilich haben die Berührungen mit der christlichen Mission in den letzten Jahrhunderten sehr damit aufgeräumt. Während noch im 16. Jahrhundert Florida, Antillen, das ganze nördliche und nordwestliche Südamerika, die südlichen Teile Mittelamerikas, die ganze afrikanische Guinea-, Gold- und Sklavenküste bis gegen Timbuktu, die ganze Westküste, ganz Zentralafrika, Moçambique, Teile von Madagaskar, das südliche Indien, Teile von Indonesien, Melanesien, ganz Australien usw. nackt gingen, beschränkt sich heute das Gebiet auf das zentrale Südamerika, das zentralste Afrika, Teile von Melanesien und das zentrale Australien; während aber ebenfalls im 16. Jahrhundert selbst in Europa Nacktheit noch in keiner Weise als verletzend oder *unanständig* aufgefaßt wurde, ist sie heute dazu angetan, das „Schamgefühl gröblich zu verletzen", und ist so strafbar geworden. Dem sei, wie ihm wolle, *was aber nicht angeht, ist, daß diese jüngste europäische Mode plötzlich als eine dem Menschen angeborene erklärt wird und ihr die Entstehung der Kleidung untergeschoben wird.* Kleidung und Schamgefühl in betreff von Geschlechtsteilen und Nacktheit stehen allerdings in einem gewissen Verhältnis, aber gerade im *umgekehrten*, als die europäische Moral glauben machen möchte. Nicht die Kleidung entstand aus dieser Art von Schamgefühl, sondern umgekehrt, *dieses Schamgefühl entstand aus der Übung, bekleidet zu gehen.* Wir haben oben gesehen, daß primitive Völker gerade jene Körpergegend, der die Geschlechtsteile angehören, durch allerlei Schmuck verzieren und so direkt auf diese Teile *hinweisen*, ohne sie im geringsten zu verhüllen. Die Absicht zu gefallen und anzulocken ist also zunächst maßgebend für die primitiven Schmuckstücke. Dies zeigt unser Bild 136. In einem früheren Kapitel haben wir aber von dem Glauben der Naturvölker von der *gefährlichen Wirkung der Körperausflüsse*, insonderheit des *Menstruationsblutes*, gesprochen und haben gezeigt, daß die Weiber sich absperren müssen, damit die Männer dadurch keinen Schaden leiden. Wir haben ferner gezeigt, daß sie großenteils gehalten waren, das Menstruationsblut aufzufangen und es sachgemäß zu vernichten oder vernichten zu lassen. Dies Bestreben führte dazu, die Geschlechtsteile mit einem Deckchen zu versehen, da sich beim Weibe sehr bald die *Furcht*, seiner Gefährlichkeit halber vom Manne verabscheut zu werden, ausbildete, was wieder mit der Zeit die Ekelneurose zeitigte. Diese *Verdeckungen* zeigen uns z. B. deutlich die beiden Feuerländerinnen (Abb. 59). Ein weiteres Grundbestandteil der Kleidung, das dem gleichen und ähnlichen Momenten entspringt, ist die *Binde*, d. h. ein Verschluß, der zwischen den Beinen des Weibes durchgeht und so abschließend wirkt. Ihm liegt teilweise das gleiche Bestreben zugrunde wie dem Schürzchen, teilweise aber auch die in tropischen Gegenden sehr berechtigte *Angst vor lästigen Tieren*, die mit Vorliebe in die Geschlechtsteile eindringen, so besonders verschiedene Zeckenarten (Abb. 151). Aus dieser Art der abschließenden Binde hat sich als typische Form das *Uluri* südamerikanischer Indianerstämme entwickelt, ein aus Bast geflochtenes Dreieckchen, das mit einer Schnur auf den weiblichen Genitalien befestigt wird (Abb. 144, 145). Daß es die Geschlechtsteile nicht verdecken soll, geht schon allein daraus hervor, daß die Bakairiweiber es in Gegenwart K. v. d. Steinens ohne jede Scheu sofort ablegten, als er viele derartige Uluris für seine Sammlung erwarb. Auch der *Taillengürtel* gehört zum Grundbestand der menschlichen Kleidung (Abb. 148). Er soll, wie wir oben feststellten, ebenfalls nicht dem Schamgefühl dienen. Zunächst ein Schmuck, wurde er bald zu einer praktischen Vorrichtung, um Gegenstände daran zu *tragen*. Ebenso diente er dazu, den Unterleib zusammenzuschnüren, wenn bei einem Nahrungsmittelmangel der *Hunger* starke Qualen verursachte, ein Mittel, das Naturvölker noch heute gerne verwenden. Einem anderen, ähnlichen Momente entspringt der *korsettartige Schutz der Taille* und der unteren Brust (Abb. 135). Südamerikanische Völker tragen beispielsweise Bastbinden, die sehr stark angezogen werden, weil sie dann besser in der Lage sind, mit dem Blasrohr Pfeile zu schießen. Das letzte Grundmoment von größerer Bedeutung für die Kleidung ist dann endlich der *Mantel*, d. h. ein um die Schultern gehängtes Fell oder Gewebe. Ursprünglich wohl ebenfalls dem Schmuckbedürfnis entsprungen, brachte er seine Träger in kälteren Gebieten sehr bald auf die Idee, in ihm ein *wärmeerhaltendes Mittel* zu sehen, das zugleich dazu beiträgt, das *Nahrungsbedürfnis*, das in kalten Klimatas bekanntlich größer ist, *herabzusetzen*. So wurde er zum hüllenden, wärmespendenden Kleidungsstück. Fassen wir zusammen, so haben wir also im Schulter- und Hüftschmuck, im deckenden Schürzchen, in der abschließenden Binde, im komprimierenden Gürtel und im hüllenden Mantel die Grundmomente der weiblichen Kleidung. Nirgends ist uns eine Spur davon begegnet, daß dabei Schamgefühl mitgewirkt hätte, obwohl sein Ursprung im deckenden

Schürzchen bereits erkennbar ist. Wir sehen es zunächst als Blätterbüschel, dann als Fellschürzchen (Abb. 142). Man kann diese Stücke die *primitive Kleidung* nennen. Durch Vereinigung des Schürzchens mit der Hüftschnur entwickelt sich dann die erste Stufe der menschlichen Kleidung, die *Schürze* und der *einfache Rock*. Die Schürze kann aus ganz verschiedenen Bestandteilen sein, aus Gras oder Bast, aus Stoff oder gestickt (Abb. 67) oder geflochten (Abb. 125) usw. Ganz ähnlich ist es mit dem einfachen Rock, der im wesentlichen eine rund um den Körper reichende Schürze darstellt. Auch er kann aus Blättern oder Gras (Abb. 126) oder aus einem Gewebe (etwa Baststoff) sein. Der Rock vereinigt wie die Schürze also das schmückende Moment mit dem deckenden und schließt so die Geschlechtsteile von den Blicken der Außenstehenden ab; es war also jetzt nicht mehr üblich, sie zu zeigen, und so empfand man wie immer auf der Welt das Ungewohnte als beschämend, man hielt es für unrecht, etwas zu tun, was der allgemeinen Übung widersprach. So heftete sich das Schamgefühl in erster Linie an die Geschlechtsteile und das Hinterteil, während man bei der Brust gar nicht daran dachte, sie in den Bereich dessen einzubeziehen, was man nicht zeigen dürfe. Aber alle diese Kleidungsstücke ruhen noch auf dem Hüftband. Diese Art bildet die *erste Stufe der eigentlichen menschlichen Kleidung; sie ist nahtlos und ihr Hauptzweck ist noch der reine Schmuck, in zweiter Linie das Verdecken der körperlichen Ausflüsse*, das dann später auf die Organe, die dazu dienten, übertragen wurde. Mit dem Fortschreiten technischer Kenntnisse verfiel man auf die Idee, die Bekleidung an das Taillenband zu legen, und kam so bald zum *zusammengesetzten, genähten Rock*. Man verband ihn nicht mehr mit der weniger tragfähigen Hüftschnur, sondern mit dem Gürtel. Damit wurde der Schwerpunkt der menschlichen Kleidung auf die *Taille* übertragen, ein Moment, das für die Weiterentwicklung ausschlaggebend sein mußte. Aus dem Mantel entwickelte sich aber durch stärkere Betonung der Schulter die *Jacke*, die auch zu den genähten Kleidungsstücken gehört. Sie ist entsprechend ihrem Ausgangspunkt eine Schöpfung der kalten Regionen (Abb. 146, 149, 150). Das dritte neue Kleidungsstück aber ist die *Hose*, die in ihren Grundmomenten das Schürzchen mit der Binde vereint und ebenfalls an den Taillengürtel anschließt. Zweifelsohne ist sie auch aus dem Schürzchen dadurch entstanden, daß dieses zwischen den Beinen durchgezogen wurde, um den Wert seines Zweckes zu erhöhen. Jacke, zusammengesetzter Rock und Hose bilden die *zweite Stufe in der Entwicklung der weiblichen Kleidung; sie sind genähte Erzeugnisse; der Hauptzweck ist jetzt das Verhüllen des Körpers, entsprechend der Ausbildung in nördlichen Gegenden; Schmücken ist weniger wichtig geworden, und auch Bedecken ist noch von geringer Bedeutung, denn die Nacktheit ist noch lange nicht anstößig.* Aus diesen drei Kleidungsstücken gehen nun alle heute bekannten hervor. Und zwar hat die Kleidungsart der wärmeren Gegenden, die wir als *mittelländische* bezeichnen wollen, zweckentsprechend die Verbindung von Rock und Jacke, die der kälteren Gegenden *(arktische Kleidung)* die Verbindung von Jacke und Hose bevorzugt (auch die in der moslemischen Welt verbreitete Frauenhose ist arktischen Ursprungs). Man kann diese Gruppe als *dritte (kombinierte) Stufe* bezeichnen. Ihrem Zwecke nach ist sie (besonders die arktische) *in erster Linie verhüllend, dann aber, rechnend mit dem jetzt gänzlich auf die Sexualsphäre, ja sogar darüber hinaus übergegangenen Schamgefühl, deckend und erst in letzter Linie schmückend.* Damit haben wir den Werdegang der weiblichen Kleidung verfolgt (der der männlichen ist ähnlich) und haben als wichtiges Resultat gefunden, daß das Schamgefühl durch die allmählich fortschreitende Körperverhüllung von den Genitalausflüssen auf die Organe und von diesen auf den nackten Körper überhaupt überging. Für unser folgendes Kapitel wird das von großem Werte sein.

KAPITEL II

Stellung des Weibes zu Mann, Kind und Öffentlichkeit

1. Allgemeine Stellung

Wir haben oben bereits gezeigt, daß dem primitiven Menschen die Kenntnis fehlte, daß zwischen Kohabitation und Konzeption ein Zusammenhang bestehe. Daraus folgt natürlich, daß er im Vater nicht den Erzeuger der Kinder erkannte und diese mithin auch nicht dessen Familie folgen konnten, *sondern der Familie der Mutter angehörten*, denn im Grunde genommen ist ja überall Mutterschaft Sache der Beobachtung, Vaterschaft Sache der Schlußfolgerung. Dieser Zustand ist sowohl für die älteste Zeit als auch für die späteren historischen Zeiten von größter Wichtigkeit, und man hat ihn als „*Mutterrecht*" bezeichnet. Wenn das Mutterrecht eine Zeitlang verschiedene Gegner fand, so liegt das daran, weil man sich gar oft über seine Grenzen und damit über den Begriff selbst im unklaren war. Es ist eben *scharf zu unterscheiden zwischen Mutterrecht und Gynäkokratie oder Frauenherrschaft*, wiewohl zweifelsohne extremes Mutterrecht zu dieser führt und auch da und dort mit ihr verbunden ist. Für unsere Betrachtung wird daher zunächst wichtig der Zustand in agamischer (eheloser) Zeit, und dann in jener Zeit, in der die sozialen Beziehungen von Mann und Weib durch die Ehe geregelt werden. Wir werden nämlich im folgenden Abschnitt sehen, daß eine Form des Geschlechtsverkehrs jene war, bei der *das Weib in ihrer Familie — respektive (bei Exogamie) in ihrem Stamme — verblieb und vom Manne lediglich besucht wurde.* Hier wohnte es dann entweder im Frauenhaus oder in einzelner Hütte. In diesem Falle wurden dann auch logischerweise die Kinder ihrem Stamme geboren. Diese agamische Form zeitigte denn auch eine eigentliche Eheform, bei der der Mann selbst in die Familie des Weibes überging unter gleichzeitigem Austritt aus seinem sozialen Verband. Man kann diese Verbindungen als mutterrechtliche Ehen bezeichnen.

Sie ragen noch stark in Kulturperioden hinein; z. B. in jenem Falle, in dem das Weib *Erbtochter* ist in Ermangelung eines Sohnes; ja in einem Falle sogar in unsere Zeit. Bei uns wird nämlich richtigerweise das außereheliche Kind mutterrechtlich behandelt. Die hauptsächlichsten Charakteristika des Mutterrechtes sind nun: Zugehörigkeit der Kinder zum Stamme der Mutter; bevorzugte Stellung des mütterlichen Oheims, Häuptlingsfolge nach der Familie der Mutter usw. Begreiflicherweise ist das Mutterrecht heute mehr eingeschränkt, als es früher war, doch kommen auch Stämme vor, die bereits vaterrechtlich geworden waren und doch wieder zum Mutterrecht zurückkehrten, wie die Kwakiutl in Nordwestamerika. Trotz alledem finden wir heute noch allenthalben seine Reste, so daß wir auf eine ursprüngliche Allgemeingültigkeit schließen dürfen, wenn es auch an manchen Orten sehr früh verschwunden sein mag, während es an anderen sich bedeutend ausgewachsen hat. Besonders deutlich verbreitet war es bei den Indianern Nordamerikas, seine Spuren finden wir in Südamerika, große Reste treten uns in Afrika, dann in Asien, besonders an der Westküste von Sumatra, auf den Marianen usw. entgegen. Bei den nordamerikanischen Indianern können wir überhaupt fast alle Phasen vom extremen Mutterrecht bis zum extremen Vaterrecht verfolgen. Mutterrechtlich waren die Golfstämme, und zwar die Maskoki-Gruppe (besonders Tschokta, Tschikasa und Seminolen), dann die zur Irokesengruppe gehörenden Tscheroki; viele atlantische Stämme, so von der Algonkingruppe die Delewaren, Mahikan, Abnaki, besonders deutlich aber Irokesen selbst und der Irokesenstamm der Huronen. Bei den Prärieindianern ist die Mischung von Vater- und Mutterrecht noch stärker; deutliches Mutterrecht dagegen finden wir wieder bei den Hopi. So tritt bei den Abnaki der Gatte in die Gens des Weibes ein und ist gehalten, wenigstens ein Jahr für die Angehörigen seiner Frau zu sorgen. Bei den Menomini vererben sich Kinder und Besitztum auf die nächsten Verwandten der Frau. Dementsprechend finden wir bei den Indianern auch ein *weibliches Levirat*[1]), denn bei den Bilochi pflegt der Mann gewöhnlich die Schwester seiner verstorbenen Frau zu heiraten. Ein Übergang zur Frauenherrschaft auf mutter-

---

[1]) Levirat, ein Institut, demzufolge der Bruder oder nächste Verwandte eines kinderlosen Verstorbenen die Verpflichtung hat, dessen Witwe zu heiraten, um mit dieser einen Sohn zu erzeugen, der als Kind des Verstorbenen gilt.

rechtlicher Grundlage machte sich bei den Huronen bemerkbar; hier hat sich der Freier an die Mutter des Mädchens zu wenden, die seine Werbung im Rate der Weiber unterstützt, wobei die Ehe ein Vertrag zwischen den Müttern des jungen Paares ist. Bei den südamerikanischen Aruakstämmen geht der Mann ebenfalls ins Dorf der Frau über, deren Stamm auch das Kind gehört. Bei den Khasi in Assam sind die Frauen sogar Besitzerinnen des Landes und ihre Ahnen genießen in erster Linie Verehrung, ebenso wie hier die Priester aus den Frauen genommen werden. Eine besondere Wichtigkeit kommt aber neben diesen mutterrechtlichen Beziehungen der sogenannten *Weibergesellschaft* zu, die auch heute noch bei verschiedenen Stämmen neben der allerdings weit häufigeren Männergesellschaft besteht. Die Grundidee ist eine soziale Sympathie der unvermählten Männer, derzufolge sich diese in Gesellschaften zusammenschließen mit eigenen Klubhäusern, in denen die junge Mannschaft schläft, sich unterhält und Kriege und Jagd vorbereitet usw. Die *unverheirateten Frauen* kommen nun entweder zu keiner Bildung einer engeren Genossenschaft, wobei es dann häufig vorkommt, daß sie zeitweise nach dem Männerhause zu freiem geschlechtlichen Verkehr kommen, oder sie bilden ähnliche Vereinigungen. Aus der Männergesellschaft entwickeln sich durch Verknüpfung mit dem Ahnenkult dann *Geheimbünde*, und in gleicher Weise geschieht das bei der Weibergesellschaft, hier aber wohl hauptsächlich zu dem Zwecke, dem Drucke der Männergesellschaft, die oft in ein permanentes Junggesellentum ausartet, entgegenzuwirken, manchmal aber doch auch, um bestimmte weibliche Kulte zu pflegen, die sich an Menstruationsaberglauben, an Fruchtbarkeitszeremonien und ähnliches anschließen. Wir finden die Weibergesellschaft überall dort, wo wir auch Reste der alten Männergesellschaft finden, so besonders in Melanesien und Westafrika. Codrington sagt: „Obgleich die Frauen vom Suqeklub der Männer gänzlich ausgeschlossen sind, haben sie doch etwas dem Ähnliches unter sich, was unrichtigerweise denselben Namen führt. Sie erwerben die einzelnen Grade durch Geldzahlungen und Veranstaltungen von Festen und werden auf diese Weise tavine motar, Frauen von Auszeichnung." Die Gilbertinsulanerinnen haben eigene Versammlungshäuser, und im Gabungebiet sind aus der Weibergesellschaft deutliche Geheimbünde entwachsen. Die Ursache des Entstehens der Männer- und Weiberbünde liegen zweifelsohne darin, daß schon frühzeitig der agamische Zustand dadurch unterbrochen wurde, daß besonders mächtige Persönlichkeiten — und das sind ehedem wie heute die älteren Männer — jene *Weiber kraft ihrer Machtmittel monopolisierten und so die Grundlage zur Ehe legten, während die ihnen gegenüberstehenden weniger mächtigen Leute sich zusammentun mußten und dabei den alten Zustand der Agamie erhielten.* Die Männerbünde suchten dann den Frauen gegenüber ihre Autorität zu verstärken durch eine ganze Reihe von Geheimniskrämerei, verbunden mit Schreckmitteln, die sich nach außen hin in Maskentänzen und allerlei Zaubergerät äußerten. Die Weiberbünde, oder oft auch die Weiber an sich, begegneten dem mit allerlei ähnlichen Dingen, unter denen die *Weibersprache* im Vordergrund steht. Es ist nämlich eine hochinteressante Tatsache, daß bei vielen Naturvölkern und in Spuren auch bei Kulturvölkern und bei uns die Weiber eine andere Sprache reden als die Männer, ja daß diese die Weibersprache gar nicht verstehen. Die Ursache ist eine mehrfache, und bei Behandlung den Konnubiums werden wir darauf zurückkommen. Hier interessiert uns aber jener Fall, bei dem die Weibersprache nur eine Nebenform oder eine Verunstaltung der Stammessprache darstellt. Dann ist sie nichts anderes als ein Symptom der Weibergesellschaft, die sich damit einen gewissen Rückhalt, ein gewisses, sie fest umschlingendes Band schaffen will und in vielen Fällen auch geschaffen hat, besonders wenn es ihr gelungen ist, die Sprache an Riten zu knüpfen, die mystischer Natur sind und die Männer abhalten; die Stammessprache hat sich so innerhalb der beiden Gesellschaften verschiedentlich entwickelt, und gar manchmal ist das Bestreben in der Weibersprache bemerkbar, absichtlich Worte zu ändern. Das klassische Beispiel dafür liefert uns Ehrenreich in seinen Aufzeichnungen über die Caraya-Indianer am Rio Araguaya in Brasilien: „Ihre bemerkenswerteste Eigentümlichkeit ist das Bestehen einer besonderen Männer- und Weibersprache, wie sich dies in ähnlicher Weise bei Guaicurus und Chiquitanos findet. Indessen sind nur *wenige Wörter gänzlich verschieden*, bei den meisten ist die *Form nur unwesentlich modifiziert.* Wo z. B. in der Stammessprache zwei Vokale aufeinander folgen, steht zwischen beiden im Weiberdialekt ein k. So heißt Neger bei Männern ‚biu‘, bei Weibern ‚biku‘; Mais bei Männern ‚mahi‘, bei Weibern ‚maki‘. *Bisweilen hat das weibliche Wort nur eine Endsilbe mehr usw.*“ In seinen „Materialien zur Sprachkunde Brasiliens“ schreibt dann Ehrenreich zur gleichen Frage: „Die merkwürdigste Erscheinung im Caraya ist das Bestehen eines besonderen Dialekts für die Weiber, eine Tatsache, die von allen bisherigen Berichterstattern übersehen, von mir leider zu spät konstatiert wurde, als daß Proben in ausreichender Menge gesammelt werden konnten. *Nur wenige Worte* scheinen in beiden Dialekten *gänzlich verschieden* zu sein, z. B.

> Topf bei Männern wa-tihui, bei Weibern beä;
>
> Häuptling bei Männern isandenodo, bei Weibern hauato;
>
> Kokosnuß bei Männern no, bei Weibern heeru;
>
> Nase bei Männern wa-dearo, bei Weibern wa-däana;
>
> Jagen bei Männern iramaanrakre, bei Weibern ditiüänanderi.

Doch ist hier natürlich die Möglichkeit vorhanden, daß diese Worte verschiedene Dinge bezeichnen. Für gewöhnlich sind die Unterschiede *rein lautlich.* Die Sprache der Weiber scheint ältere, volltönendere Formen bewahrt zu haben. So redet der Vater seine Tochter an mit dee, das Weib dieselbe mit deo. Am gewöhnlichsten ist die Eliminierung des in der Weibersprache häufigen k-Lautes im Männerdialekt. Wo bei dem Weib ein k im Inlaut zwischen zwei Vokalen steht, wird es im Männerdialekt ausgestoßen, wobei beide Vokale oft verschmelzen (z. B. bei Mädchen und Weibern yadokoma, bei Männern yaodoma usw.); k im Anlaut kann ebenfalls abgestoßen werden. Das Präfix bei Männern ari erscheint im Weiberdialekt als kari (weiblich kari-rokusikre, ich will essen, männlich: ari-rosikre). Hierauf beruht wohl auch der Wechsel der Formen in der zweiten Person der Possessivpräfixe.“

Die Sonderentwicklung der Sprache der Weibergesellschaft wird noch unterstützt durch den Zwang, daß bei manchen Stämmen die Weiber gewisse Worte *nicht aussprechen dürfen,* daß sie also dafür eigene Worte bilden müssen. So sagt Kranz von den Zulus: „Sie (die Frauen) haben immer nur Worte und Silben zu erfinden und je nach Umständen zu verändern. Würde also der Name ein Z enthalten, so würde das Wasser, gewöhnlich amanzi, umgeformt in amandabi, u. dgl. m. Diejenige Frau, welche dieser Sitte zuwiderhandeln sollte, würde durch einen Priester der Hexerei angeklagt und *mit dem Tode* bestraft werden.“ Ganz deutlich liegt uns die Weibersprache als das Idiom eines Geheimbundes vor bei den Suaheli, wo diese Sprache Neno da fumbo heißt und den jungen Mädchen in besonderem Unterrichte beigebracht wird. Zache sagt dazu: „Besonders die Weiber bedienen sich bei ihren Mysterien solcher Symbole zur Bezeichnung obszöner (!) Dinge. Diese Worte sind teils allgemein gebräuchliche Bezeichnungen harmloser Dinge, teils der alten Sprache oder *anderen Bantudialekten* entlehnt, mit Vorliebe dem Kiziguha; bei den Waziguha nämlich spielen geheimnisvolle Bräuche eine ungeheure Rolle, so daß man Uziguha geradezu als das klassische Land des Bantuaberglaubens, und zwar in seiner blutigsten und grausamsten Form, bezeichnen kann." Auch bei den Malaien finden wir eine Weibersprache, die die Männer kaum verstehen. Auf Borneo werden dabei die Silben der Worte vertauscht oder jeder Silbe eine neue angehängt. Die jungen Mädchen geben sich ständig Mühe, neue Systeme auszudenken und diese nur einem engen Bekanntenkreis mitzuteilen. Wir dürfen also in den echten Weibersprachen ein Hauptsymptom der Weibergesellschaft erkennen, mit dem sie sich gegen die Übergriffe der Männer deckt.

Die extremste Form der Weibergesellschaft kennen wir nur noch in Trümmern. Nach einigen griechischen — aber in ihrem Kern historischen — Sagen hat man diese interessante völkerkundliche Erscheinung mit „*Amazonentum*" bezeichnet. Dabei muß allerdings das echte vom falschen unterschieden werden, wenn auch zugegeben werden kann, daß dieses aus jenem sich entwickelt hat. Wir verstehen nämlich unter falschem Amazonentum die *bewaffnete weibliche Leibgarde* von Fürsten, wie wir sie in Indien, China und in Dahomey fanden. Außerdem muß man die Berichte vorsichtig nehmen, denn die Aufzeichner haben sich wohl gerade hier manchmal von den Erinnerungen an ihre Kenntnis der griechischen Sagen ablenken lassen; im Grunde genommen sind sie aber richtig beobachtet, wenn auch ins Märchenhafte verzerrt. So gibt uns Magrizi, der arabische Schriftsteller des Mittelalters, einen sehr interessanten Bericht, der angetan ist, uns die Loslösung der Weibergesellschaft von der Stammesgruppe selbst zu beleuchten. Er erzählt nämlich von den afrikanischen Bedscha, *daß bei ihnen von den Weibern die Lanzen an einem Orte angefertigt wurden, wo kein Mann wohnen oder auch nur hinkommen durfte, außer dann, wenn er sich Lanzen kaufen wollte.* Wurde nun eine der Frauen von einem Kinde, das sie von einem der Männer, die zum Kaufe kamen, empfangen hatte, entbunden, so tötete sie es sofort, wenn es ein Knabe, ließ es aber leben, wenn

es *weiblichen* Geschlechtes war. Im wesentlichen haben wir in den „Amazonen"
eine oft sogar in Waffen geübte Weibergenossenschaft zu erkennen, die meistens
in ihrem Stamme lebt und wohl nur selten abseits angesiedelt war; ihre Eheform war jene rein mutterrechtliche, bei der der Mann nur kam, um das Weib
zu besuchen. Fassen wir die griechischen Sagen in ihrem Kerne zusammen, so
bleibt mindestens so viel übrig, daß in der Kaukasusgegend Stämme existierten,
unter denen bewaffnete selbständige Weibergruppen waren, die keine Ehen
eingingen, wohl aber in gelegentlichen Verkehr traten. Besonders wertvoll aber
ist eine Stelle Diodors, wo er die afrikanischen Amazonen beschreibt: „In den
westlichen Teilen Libyens, an der Grenze der Welt, soll ein Volk gelebt haben,
das von Frauen regiert wurde; diese führten auch Krieg, verpflichteten sich
auf eine bestimmte Zeit des Kriegsdienstes und hatten ebenso lange der Männer
sich zu enthalten. Wenn die Jahre ihres Dienstes vorbei sind, so vereinigen
sie sich mit den Männern, um ihr Geschlecht fortzupflanzen. Die öffentlichen
Ämter und die Verwaltung des allgemeinen behalten sie jedoch ganz für sich,
Die Männer leben dort, wie bei uns die Frauen, ein häusliches Leben, gehorchend
den Aufträgen ihrer Gattinnen; an Krieg, Regierung und anderen Staats-
geschäften haben sie jedoch *keinen* Anteil, wodurch sie gegen ihre Frauen über-
mütig werden könnten. Gleich nach der Geburt werden die Kinder den Männern
übergeben, und diese ernähren sie mit Milch und anderen gekochten Speisen nach
Maßgabe des Alters der Kinder. Wird aber ein Mädchen geboren, so werden
ihm die *Brüste abgebrannt,* damit sie zur Zeit der Reife sich nicht erheben,
denn man hielt es für kein geringes Hindernis bei der Führung der Waffen,
wenn die Brüste über den Leib hervorragten; wegen dieses Mangels werden
sie auch von den Griechen Amazonen (Brustlose) genannt." Die Stelle ist natürlich an Übertreibungen, besonders politischer und sozialer Natur, sehr reich,
auch erscheint mir dies *Ausbrennen der Brüste* vielleicht doch auf einem Miß-
verständnis zu beruhen, es mag vielmehr sein, daß wir es nur mit einer Unterdrückung der Brüste zu tun haben, wie wir dies in vielen Gegenden Europas
noch heute finden, so in manchen Gegenden Spaniens, wo die Frauen mittels
Bleiplatten das Wachstum verhindern und es selbst so weit bringen, daß anstatt
Erhebungen *sogar Vertiefungen* auftreten. *Von größter Bedeutung ist nun aber,*
daß wir überall dort, wo wir auch die Weibergesellschaft finden, Spuren einer

ehemaligen Existenz von Amazonen antreffen. So auch in Südamerika; hier erregte ihre Entdeckung so großes Aufsehen, daß man nach ihnen seinen größten Strom Amazonenstrom nannte. Ein Kazike (Häuptling) hatte Orellana, dem spanischen Entdecker, 1539 mitgeteilt, daß an den Ufern dieses Stromes Weiber hausen, die im Kampfe mit Bogen und Pfeil geübt seien und vom männlichen Geschlecht *abgesondert* ihre *Felder* selbst bestellten. Alljährlich wurden sie von den Männern *eines* Nachbarstammes besucht; von der Nachkommenschaft ihres Verkehrs hätten sie *nur die Mädchen* selbst erzogen, während sie die Knaben den Vätern zurückgäben. Diese Amazonen hießen Conia-pu-yara, „große Weiber". Als die Expedition weiter vordrang, sah sie sich plötzlich von Indianern angegriffen, unter denen 10 bis 12 Weiber als die besten und mutigsten Kämpfer bemerkbar waren. Sie schlugen sogar jene Indianer, die Miene machten zu fliehen, mit Keulen nieder. (Also auch hier kein eigener Staat, sondern Einzelpersonen.) Diese Weiber waren von großer Gestalt, nackt und hatten ein schönes Gesicht. Als ihrer sieben gefallen waren, ergriffen die Indianer die Flucht. Auch andere Spanier hörten von den Amazonen, und Rodriguez berichtet uns sogar von einem einzigartigen Mondkult, dessen sie sich befleißigten, bei dem sie während der Nacht, wenn der Mond sich im See Yacyuarua spiegelte, hinabtauchten und Amulette aus Nephrit hervorholten, mit denen sie dann jene Männer beschenkten, die mit ihnen verkehrt hatten. Rodriguez grub nun tatsächlich an den Ufern des Sees solche Figürchen aus und identifizierte die Amazonen mit Weibern der Uaupes am Yamunda. Koch-Grünberg gibt nun allerdings in seinem mustergültigen Reisewerke „Zwei Jahre unter den Indianern" an, daß Uaupes lediglich ein Schimpfwort sei, so daß daraus über ihre Lokalisation wenig zu entnehmen ist. Aber auch für die Kaukasusamazonen haben wir Belege aus neuerer Zeit. So schreibt P. Archangelus Lamberti, daß man unter gefallenen Angreifern auf Moskau viele Weibspersonen gefunden habe. Hervorragend wichtig für die Frage sind aber jene Berichte, die uns mittelalterliche Quellen über jene östlichen Amazonen geben, weil sie eine Lokalisation gestatten. Da kommt zunächst die Notiz des Ibrahim-Ibn-Ja'kub in Betracht, der als spanisch-arabischer Jude im 10. Jahrhundert Europa bereiste und uns eine ausgezeichnete Reisebeschreibung hinterlassen hat. Da heißt es: „Und im Westen von den Rus (ist) die Stadt der Weiber. Sie besitzen

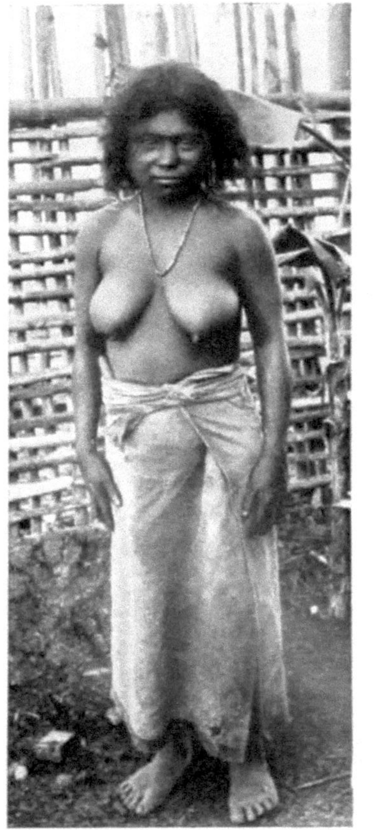

Abb. 82. Negritomädchen mit spitzer Brust.
Nach Dr. Schadenberg.

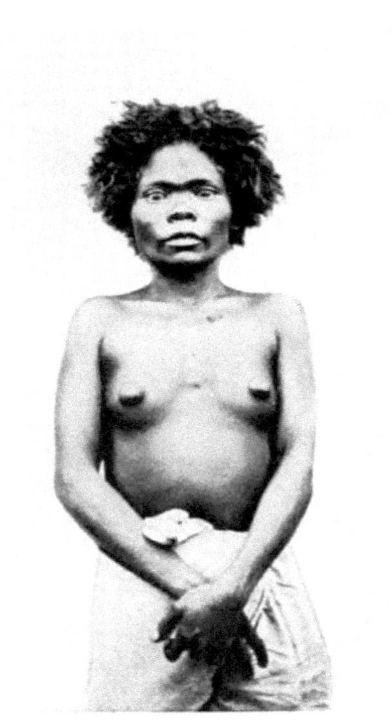

Abb. 83. Negritoweib von den Philippinen.
Anthropol. Ges., Berlin.

Abb. 84. Gemästetes Nauru-Weib.

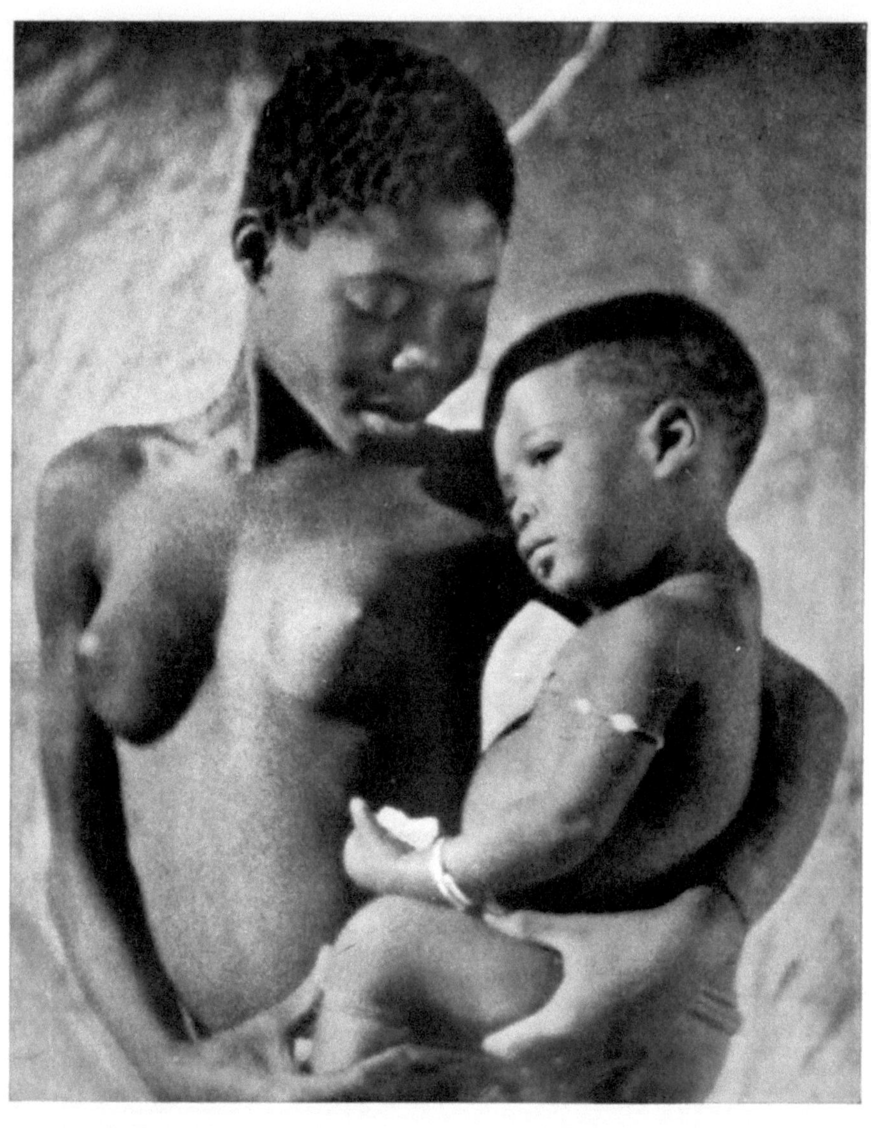

Abb. 85. Junges Ewe-Mädchen (Togo).

Phot. Dr. Dalsheim.
Aus dem Film: „Menschen im Busch".

Abb. 86. Masken der Medizinweiber des Bundubundes.

Abb. 87. Ewe-Mädchen beim Wasserholen (Togo).

Phot. Dr. Dalsheim.
Aus dem Film: „Menschen im Busch".

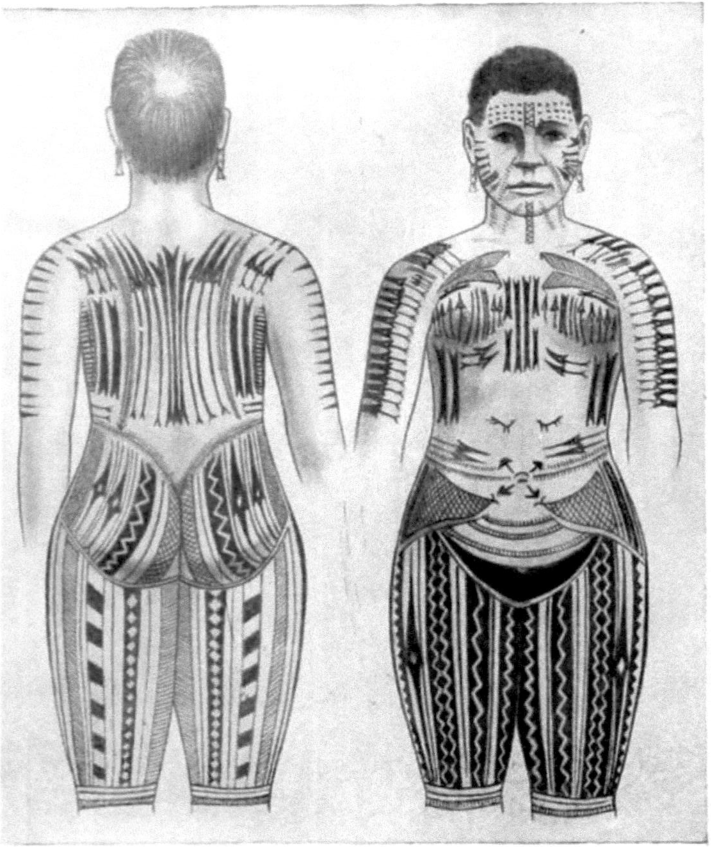

Abb. 88. Tatauierung der Weiber von Nukuman.
Nach Parkinson.

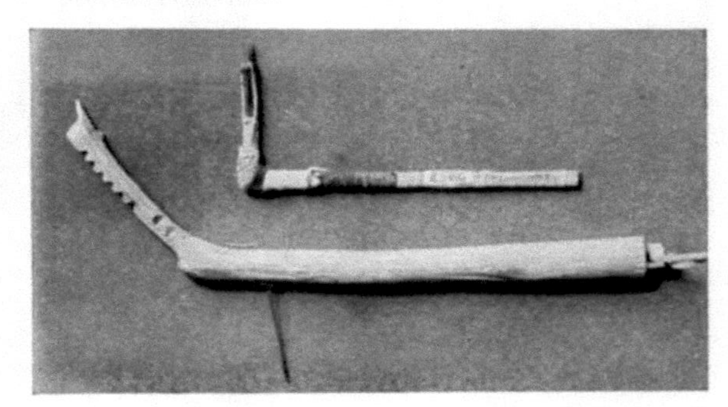

Abb. 89. Australierin vor dem Kinderstein.
Nach Spencer und Gillen.

Abb. 90. Tatauierapparat von Mentawei.
Links: Hölzchen mit Nähnadeln. Rechts: Holz mit Messingdraht.

Ländereien und Sklaven. Und sie werden von ihren Sklaven schwanger und wenn eine von ihnen einen Sohn gebiert, töten sie ihn. Sie reiten und ziehen in eigener Person in den Krieg und besitzen Mut und Tapferkeit. Es sagt Ibrahim der Sohn Ja'kubs des Israeliten: Die Nachricht über die Stadt ist wahr. Erzählt hat sie mir Huta, der König der Rum (= Otto der Große, der deutsche König)." Mit dieser Nachricht über die Lage der Weiberstadt stimmen unabhängig davon die isländischen Sagen (Koenugard), dann Adam von Bremen (terra feminarum), Alfred (Maegdhalano), dann al-Bajchaki, der seine „Weiberinsel" zwischen Thule und den nördlichen Teil des Landes Rus verlegt, sowie Edrisi, der sagt, daß man zu den zwei Inseln der heidnischen Amazanius im finstern Meer von der Stadt Kalmar aus gelangt, und schließlich Qazwini, der sie als große Stadt mit weitem Gebiet auf einer Insel im westlichen Meer bezeichnet, überein. Wir kommen damit aber ins Gebiet der Litauer, von denen wir noch aus späterer Zeit wissen, daß ihre Frauen kriegerisch ausgebildet waren. So unternahmen die litauischen Jatwingen mit ihren Frauen und Töchtern zu Pferde räuberische Einfälle in die Nachbarländer. Von größtem Interesse ist, daß auch die Chinesen dieses Gebiet der Amazonen westlich von ihrem Lande kannten. Für diese Gruppe wird nun wichtig, daß Bayern im kaukasischen Terekgebiete sehr bezeichnende Grabfunde machte. Zunächst war es ein Grab in Neu-Dschuta, das eine Frauenleiche in vollem Waffenschmuck und Pfeilspitzen, dann einen Schleuderstein aus Schiefer und ein Messer aus Eisen enthielt. Später kamen dazu noch eine Reihe von Funden, die auf ein kriegerisches Weibervolk deuten. Auch die Germanen hatten in ihren Idisi und die Skandinavier in ihren Valkyren eine Erinnerung an derartige kriegerische Frauen. Ähnlich wie die Berserker mögen solche Frauen auch einzeln vorgekommen sein, wenn sie Erbtöchter waren und sich als solche dem freien Waffenhandwerk ergaben. Damit treffen wir auf eines der wichtigsten Momente für die Entstehung der Sage. In Deutschland erschienen solche Gestalten anscheinend unter dem Namen *Idisi* (vgl. Merseburger Zauberspruch: Eiris sazun idisi sazun hera duoder). Sie werden auch hier als kämpfende Weiber übernatürlicher Art geschildert, ähnlich wie die Amazonen. Aber schon Kauffmann weicht von diesem Begriff ab. Er sagt: „Von solchen irdischen Kämpferinnen haben wir zahlreiche historische Nachrichten. Das Volk ehrte sie. Das Beispiel der Veleda, von welcher Tacitus berichtet, ist hierfür nicht vereinzelt. Ähnlicher Art mag jene gewaltige Frauengestalt gewesen sein, die dem ersten Eroberer Germaniens, Drusus, an der Elbe erschienen ist und ihm das Wort ‚Zurück‘ zugerufen haben soll." — Weiterhin aber erfahren wir, daß diese „Walküren" *meist sterblich* und als Töchter von Königen bezeichnet werden (Svava, Sigrun usw.). Paulus Diaconus berichtet von Kriegsjungfrauen im Innern von Deutschland; in der Bravallaschlacht kämpften mehrere Kriegsjungfrauen auf beiden Seiten (Hetha, Wisna [die Slavenfürstin], Webjörg, Weythbiörg, Rusla). Man mag diese Schlacht für historisch halten oder nicht (sie würde etwa ins Jahr 776 n. Chr. fallen — Grund zu ihrer Ablehnung besteht eigentlich nicht), so geht doch aus dem Bericht Saxos hervor, daß man sich diese Schildmädchen als *menschliche sterbliche Wesen* vorstellte. Nun sehen wir in einem karbadinischen Märchen, daß ein söhneloser Adliger seinen Töchtern der Reihe nach Männerkleider anlegen läßt und sie *im Kampfe erprobt*. Erst die dritte erscheint brauchbar. Weiter sehen wir aus einem Bericht Hahls über Neumecklenburg, daß dort ein *reiches* Weib das Recht hat, ein Männerhaus zu errichten, und als Mann geachtet wird. Wir erkennen nun in zwei Momenten den Kernpunkt unserer Sage: *die Tochter eines söhnelosen Vaters kann als Sohn erzogen werden und wird an den verheiratet, der sie besiegt oder durch eine gefährliche Situation erkämpft.* Die Werber müssen dann zumeist eine Stammeseintrittszeremonie vollziehen, die sonst das Weib zu vollziehen hat. Wir sehen aber aus der Neumecklenburger Sitte, daß das Weib reich, also eine *Erbtochter* sein muß. Wie in so vielen Fällen führen uns auch hier die Südslawen, die besonders alte Sitten bewahrt haben, ein Stück weiter. Krauß hat das Verdienst, hierzu reichliches Material beigebracht zu haben. Wenn in einer Hausgenossenschaft eine Familie bis auf eine Tochter ausgestorben ist, wird diese Erbtochter (kroat. blagarica oder blagasica). Von dem Manne, der sie heiratet, sagt man genau wie bei gewöhnlichen Ehen vom Weibe: „udao se", er habe sich *ausgeheiratet* (während man sonst vom Manne sagt: „zeni se", er beweibt sich). Zugleich aber kann der Mann, der die Tochter einer ausgestorbenen Familie (bratstvo) heiratet, immer nur Angehöriger eines anderen bratstvo sein; er muß sich in die neue Familie einkaufen und erhält den Zunamen des Weibes ebenso wie die beiderseitigen Kinder. Diese Stellung ist aber sehr *verachtet,* und gewöhnlich sind es ärmliche oder sonst nicht besonders hochstehende junge Männer, die sich dazu hergeben. Der eigene Stamm steht jedenfalls einer solchen Verbindung sehr *unsympathisch* gegenüber. Mit anderen Worten: Ein großer Teil des Kernes der „Amazonensagen" erklärt sich dadurch, daß das Weib bei söhnelosen Eltern die Erbin und Trägerin des Totenkultes wird, und daß nun infolgedessen der Mann *in* dessen Familie verheiratet wird, wobei er seine Rechte aufgeben muß. Sie wird scheinbar Mann, wird zum Waffenhandwerk erzogen, scheint aber nach der Geburt des Sohnes dann durch den Mann durch neue Zeremonien (Kampfzeremonien usw.) in die natürlichen Grenzen der Weiblichkeit zurückgebracht werden zu können.

Ein ähnlicher Nachklang der alten Amazonen zieht sich aber wie ein roter Faden durch die Völkerkunde Afrikas; ich denke an die oben als *unechte Amazonen* bezeichneten Fälle. Es handelt sich hier um eine weibliche Leibgarde verschiedener Herrscher, wie sie uns auch von indischen und chinesischen Fürsten bezeugt wird. Einen Bericht darüber aus dem Jahre 1578 verdanken wir Eduard Lopez; er betrifft das Reich der Monomotapa in Zentralafrika. Hier sind waffentüchtige Frauen im Dienste des Herrschers, deren Gewandtheit im Bogenschießen sehr gefürchtet war. Sie bewohnen eine eigene Landschaft, die ihnen der Herrscher zu Lehen gibt, und werden von den Männern zeitweilig zwecks Beiwohnung besucht (Abb. 152). Ganz verblaßt sind dagegen bereits die Amazonen von Dahomey, die noch in jüngster Zeit eine große Rolle spielten. Sie waren uniformiert, gut bewaffnet und im Kampfe recht brauchbar. Sie unterscheiden sich aber von den eigentlichen Amazonen völlig darin, daß es ihnen nicht gestattet war, mit Männern zu verkehren, wenigstens solange sie die Waffen trugen. War diese Zeit abgelaufen, so konnten sie sich verheiraten. Aber wir haben auch wirkliche *Gynäkokratien.* So berichtet uns P. Jean des Saints, ein Dominikanermönch portugiesischer Herkunft, daß es im Königreich Damum (Afrika) Amazonen gebe, über die nur eine *Königin* herrsche. Diese Verhältnisse sind offenbar ganz richtig beobachtet, denn im zentralafrikanischen Lundareich stand neben dem König, der Muata Yamvo hieß, eine Neben-königin, die *Lukokescha,* die aber nicht die Gattin des Herrschers war, sondern eine Angehörige des königlichen Hauses. Sie hatte eigenen Hofstaat, besondere Einkünfte und, was das wichtigste ist, den entscheidenden Einfluß auf die Wahl des Königs. Dabei durfte sie sich verheiraten, und es ist bezeichnend, daß ihre Männer offiziell als „*Weiber*" bezeichnet wurden und ohne Einfluß waren. Ähnliche Verhältnisse, wenn auch nicht so ausgeprägt, bestanden im Marutsereich, ebenfalls in Zentralafrika. Hier hatten die Könige auch Mitregentinnen, so der letzte Makololo Sekeleta seine Schwester Mamotschisane. Sehr charakteristisch sind nach Kubary die Verhältnisse auf den Palau-Inseln. Dort haben die Frauen ihre *eigene Regierung*, denn der Adschbatul gilt nur als Häuptling der Männer; er muß aus dem Familiensitze Adschdit stammen, und das älteste Weib aus dieser Familie ist neben ihm die *Königin der Frauen*, neben der, wie beim Häuptling die Männer, eine Anzahl Frauenhäuptlinge in niedersteigender Reihenfolge stehen. Dies ist der Raupakaldit, die weibliche Regierung, der die Ordnung unter den Frauen aufrechterhält durch Gerichtssitzungen, in die sich die Männer nicht mischen dürfen, wie überhaupt die beiden Regierungen ganz unabhängig voneinander bestehen.

Damit haben wir nur einen kleinen Einblick in das Matriarchat und seine Ausstrahlungen gegeben; bei der Ehe werden wir es nochmals streifen. Im allgemeinen blieb das Mutterrecht selbst in seinen schwachen Resten nur selten erhalten, wie es ja, abgesehen von der Mutterfolge, nur eine *lokale* Erscheinung war. Vielleicht hat oft die jeweilige Gründung solcher Verhältnisse in der Person der Gründerin physiologisch-innersekretorische Gründe. Jedenfalls ist es eine *krankhafte politische Entwicklung*, wenn heute ein Teil der Frauenbewegung darauf eine neue Machtverteilung der Geschlechter aufbauen will, denn man darf nicht vergessen, daß es stets *nur mit primitiver Kulturstufe verbunden war und bei Höherentwicklung der Kultur immer verschwand.* Es herstellen zu wollen hieße, genau wie beim Kommunismus. *zu jenen primitiven Stufen, denen beide angepaßt sind, zurückkehren. Denn überall wurde es durch das Vaterrecht verdrängt und dem Weibe dadurch teilweise allerdings manchmal eine unwürdige Stellung zugewiesen.* Das Vaterrecht erhielt, abgesehen von den in erster Linie festliegenden physiologischen Gründen, außerdem eine seiner wichtigsten Stützen im Aberglauben im Vereine mit der Männergesellschaft. Die größere Kampfesfähigkeit ließ den Mann in den Augen der Weiber viel geeigneter zur Bekämpfung der Dämonen erscheinen als es selbst war. So wahren die Männer meist allerlei Geheimnisse vor den Weibern, an die sie selbst nicht in vollem Umfange glauben. Einen hübschen Bericht dazu hat Koch-Grünberg von den Tukano: „Die Feste des Männerbundes finden stets zur Zeit der Reife einzelner Waldfrüchte statt und sind den Dämonen der Fruchtbarkeit geweiht. Die Tänze sind Zaubermittel, um diese Dämonen, die sich in den Instrumenten verkörpern, magisch zu beeinflussen und günstig zu stimmen. Deshalb unterwerfen sich auch die Eingeweihten den Kasteiungen und von Zeit zu Zeit schweren Geißelungen, besonders bei den Aruakstämmen am Icana und Aiary. Die Weiber dürfen die Instrumente nicht nur nicht sehen, sie dürfen nicht einmal von ihrer Existenz etwas wissen. Sie sollen nicht hinter das Geheimnis kommen. Sie sollen in dem Glauben erhalten werden, daß es wirkliche Dämonen sind, die den Männern erscheinen und diese unheimlichen Töne von sich geben. Mit dem Preisgeben des Geheimnisses fällt naturgemäß auch *der geheimnisvolle Einfluß, den die Männer mit diesen Zeremonien auf die Weiber ausüben,* und die Autorität der Männer gegenüber den Weibern wird dadurch überhaupt beeinträchtigt. Deshalb ist es den Teilnehmern streng verboten, den Weibern etwas davon zu verraten. Dazu kommt noch die Furcht vor der Rache der Dämonen, an deren Macht auch die Männer glauben. In Pinokoaliro hatte ich einige kleine Skizzen von Yurupary-Tänzern und -Instrumenten in mein Tagebuch gezeichnet. Ich machte zwar mit den Bildern bei den Männern großen Eindruck. Sie jubelten laut, wenn ich sie ihnen heimlich vorwies, baten mich aber jedesmal eindringlich, sie den Weibern nicht zu zeigen. Sie fürchteten für diese und für sich selbst. ... Selbst mir gegenüber sagten die Indianer stets von den Instrumenten: ‚*Es sind Dämonen* (Yurupary) mit verschiedenen Namen und verschiedenen Stimmen.‘ Am Umari-Igarapé zeigten mehrere Indianer deutlich ihren Verdruß darüber, daß wir Weiße überhaupt an der Feier teilnahmen, und Tuschau José ging in seiner Furcht von der photographischen Kamera sogar so weit, mir die Aufnahme der Tänze zu verbieten. Trotz aller dieser Vorsicht hatte ich öfters den Eindruck, daß die Weiber, besonders die älteren, den Zusammenhang wohl kannten oder wenigstens ahnten, sei es nun, daß sie die Tänze zufällig zu Gesicht bekommen hatten, oder daß sie mit echt weiblicher Schlauheit und Überredungsgabe ihren schwachen Ehegatten das Geheimnis entlockt hatten. Auch in diesem Falle zwingt sie die Furcht vor der Rache der Dämonen, den Anblick der Instrumente zu meiden oder ihr Geheimnis vor anderen Frauen zu bewahren. In früherer Zeit mag wohl auf die Profanierung der Mysterien durch die Weiber unmittelbar Todesstrafe gefolgt sein. Was jetzt mit einer solchen Sünderin geschieht, konnte ich nicht genau in Erfahrung bringen. Man sagte mir: ‚Der Dämon tötet sie.‘ *Vielleicht wird sie mittels eines langsam tötenden Giftes, das der Indianer sicher kennt, aus der Welt geschafft.*“

Die schlimmsten Extreme der weiblichen Stellung haben aber zweifelsohne die großen Religionssysteme: Christentum, Zoroastrismus, Konfuzianismus, Buddhismus und sekundär auch Mohammedanismus geschaffen. Die tiefste Erniedrigung des Weibes hat wohl die christliche Kultur in ihren *Keuschheitsgürteln* geschaffen; bei Naturvölkern kommt, wie wir sehen werden, nur in gewissem Sinne ein Anklang vor, die *Infibulation*, die aber zweifelsohne erst im Gefolge des Mohammedanismus verbreitet wurde. Freilich ist die Stellung der Weiber besonders in Australien eine sehr schlechte; aber sie werden offen brutal behandelt, nicht in den goldenen Käfig des Harems oder gar des Keuschheitsgürtels gesperrt. Wir dürfen eben nicht vergessen, daß man derartige Verhältnisse relativ betrachten muß; die australische Kultur ist, wie wir das im Laufe dieser Darstellung bereits mehrmals beobachten konnten, überhaupt eine äußerst derbe; die Behandlung der Weiber kontrastiert also nicht so stark, wie etwa der Keuschheitsgürtel zu der an sich hohen Kulturwelt der Renaissance im Widerspruch steht. Hier sind es eben die Gegensätze von religiöser und freigeistiger Kultur, die gerade im späteren Mittelalter ebenso aufeinanderplatzten wie heute. Daß auch bei Naturvölkern der Einfluß der Weiber nicht unbedeutend sein kann, bestätigt uns Koch-Grünberg. Er sagt da von den Siusi: „Kurze Zeit danach packte ich meine Tauschwaren aus, und die Weiber gerieten in ein großes Entzücken. Bald darauf erschien ein junger Ehemann und bot mir sein sorgsam behütetes Blasrohr nebst Köcher und Gifttöpfchen für einige Meter Kattun zum Kauf an. Seine eitle Frau hatte ihm *keine Ruhe gelassen.*“ Und an anderer Stelle von den Tukano: „Überhaupt war der Einfluß der Frau recht bemerkbar. Ich wollte für die Weiterreise einige geräucherte Fische kaufen, da sagte der Besitzer, *das habe seine Frau zu bestimmen*, der die Fische gehörten.“ Besonders interessant ist aber eine Nachricht Buchners über die Dualla in Kamerun (1885). Er betont, daß die Stellung der Frau trotz des Gekauftseins und trotzdem ihr die ganze Feld- und Hausarbeit zufällt, absolut nicht gedrückt genannt werden kann, da die Negerin sich nicht leicht zu einem willenlosen Werkzeug niederdrücken lasse, denn sie ist stets zur Opposition aufgelegt. Gerade an das alte Rom gemahnt es, wenn er dann weitererzählt, daß etwa Mitte der 60er Jahre alle Duallaweiber ausgezogen wären und sich draußen im Freien ein eigenes Dorf gebaut hätten. Der Zweck dieser Trennung ist eigenartig und charakteristisch genug. Sie forderten nämlich von den Männern eine Vergrößerung ihres Hüfttuches, das ihnen bisher zu klein war. Sie erreichten ihren Zweck auch vollständig. Dies ist zugleich interessant, weil wir sehen, wie die liebe Eitelkeit auch hier wieder Ursache der größeren Bedeckung des Körpers ist. Auch bei den Tinnchindianern finden wir neben großer Verachtung der Weiber Spuren einer gewissen Hochschätzung. Nach Richardson und Wentzel (1822) werden z. B. von den Kupferindianern die Weiber sehr gering geschätzt und als Eigentum behandelt, das der Stärkere jederzeit dem Schwächeren wegnehmen kann, sobald er mit ihm in Feindschaft steht. Anders bei den Hundsrippenindianern, die ihre Frauen sehr gutmütig behandeln, ihnen alle schwere Arbeit abnehmen, so daß diese sich hauptsächlich um ihren Putz kümmern, und die Männer sind sehr stolz darauf. In Südamerika oblag es den Weibern, die Gäste zu empfangen. Wir besitzen da den sehr alten Bericht des Johann v. Lery von 1559 über die Tupinamba. Kam ein Gast an, so mußte er sich auf eine baumwollene Hängematte setzen, während sich die Weiber um ihr her auf die Erde kauerten, die Augen mit den Händen bedeckten und seine Ankunft beweinten — als Zeichen der Freude. Sie riefen ihm zu: „Du hast so viele Mühe auf dich genommen, um zu uns zu kommen. Du bist ein guter, tapferer Mann“ usw. Auch darin liegt ein Beweis, daß das Weib durchaus nicht überall untergeordnet ist. Bei der Arbeitsteilung werden wir nochmals darauf zurückkommen.

Die *Polygamie* kann an sich nicht als ein Zeichen des tiefstehenden Weibes aufgefaßt werden, da die Monogamie zwar das höchste, aber auch für unsere Tage ein nur selten und dann noch zumeist nur zeitweilig zu erreichendes Ideal ist. Gewiß ist die hübsche Australierin stets in der Gefahr, geraubt zu werden, der Stärkere hält sich immer für mehr berechtigt als der Schwächere, was an sich eine ganz gute, aber innerhalb der Kultur nicht zu billigende Zuchtwahl darstellt. Wenn die Frau bei Naturvölkern oft zum *Arbeitstier* geworden ist, so ist das ebenfalls zu beklagen, zu tadeln aber nur dann, wenn der Mann dabei faulenzt, denn fast stets ist der Kampf ums Dasein bei Naturvölkern eben überhaupt größer als bei uns. Traurig ist es auch, daß die Australierin vielfach geprügelt wird. Auch das kann nur dann ernsthaft bei einem Vergleich ins Feld geführt werden, wenn die Allgemeinheit dies billigt; bei uns billigt es die Allgemeinheit zum weitaus größten Teil nicht, und dennoch ist das Prügeln der Frau in den unteren Kreisen gang und gäbe und in den oberen nicht allzu selten. Schlimmer ist dagegen vom Standpunkt unserer Weltanschauung zu beurteilen, wenn die Ozeanier ihre *Frauen mästen und aufessen.* Allein dabei trägt allerhand Aberglauben einen großen Teil der Schuld. Ploß-Bartels zitiert dazu eine Mitteilung von Thurnwald: „Man wählt mit Vorliebe Weiber, die wenige oder keine Beschützer haben, von denen Blutrache droht. Vor allem hat man es auf die Witwen abgesehen, die in geschlechtlicher Beziehung als Gemeinbesitz aller Männer des Dorfes betrachtet werden. In unserem sehr genau erhobenen Einzelfall handelte es sich um ein Buka-Weib, das an einen Nissan-Mann verheiratet war. Der Mann war vor 10 Monaten gestorben. Das Weib war zunächst bei dem Häuptling des Dorfes ihres Mannes verblieben. Nach etwa 3 Monaten holte sie der Häuptling Salin aus Malés zu sich. 5 Monate hielt sie sich bei Salin auf, führte dessen Wirtschaft und unterhielt mit ihm regelmäßig geschlechtlichen Verkehr. Da Salin dem Häuptling Somsom aus Bangalu bei Siar zu Lieferung von Menschenfleisch verpflichtet war, wurde schon 3 Monate vor Schlachtung des Weibes Karas abgemacht, daß Salin sie zur Schlachtung füttern sollte. Nun mietete Somsom, der das Fleisch bekommen sollte, den Schlächter in der Person des Häuptlings Mogan aus Torohabau. Er bezahlte ihm mit einem Schwein, 2 Bündeln Pfeilen (zu je 16 Stück), 5 Armringen und einem Messer. An dem verabredeten Tage erschien nun Somsom mit seinen Leuten und Mogan mit den Seinigen auf Salins Platz. Jetzt sträubte sich zunächst Salin, die Karas herauszugeben. Sie scheint beim geschlechtlichen Verkehr die Lüste des alten Salin zu reizen verstanden zu haben, außerdem erwartete Salin von ihr nach 3 bis 4 Monaten ein Kind. Er wünschte deshalb, daß Somson sich noch gedulde. Dieser alte Menschenfresser wollte aber nichts davon wissen und verlangte sein Opfer. Der Überzahl vermochte Salin nicht

standzuhalten, und so gab er schließlich doch die Karas heraus und half bei ihrer Schlachtung dadurch, daß er sie festhielt. Vorher war sie wie ein Schwein an Händen und Füßen gebunden und aus der Hütte Salins herausgetragen worden. Der erste Streich wurde von Mogan schräg über die Brust gegen die Bauchhöhle zu geführt, dann durchschnitt ihr einer von Somsoms Leuten, Sinai, mit einem Messer die Kehle, ein anderer, Nataweng, schoß ihr einen Pfeil in die Seite, und erst er machte ihrem Leben ein Ende. Das hatte sich am Nachmittage zugetragen. Man schleppte nun die Leiche nach dem Strand, verlud sie in ein Kanu und ruderte nach Somsoms Dorf. Dort wurde sie bei Mondschein in des Häuptlings Haus gebracht, und die ganze Familie schlief die Nacht über in demselben Raume. Am nächsten Morgen schaffte man die Leiche auf eine der üblichen Feuerstätten aus Korallenkalk und röstete sie dort an, wie man es mit den Schweinen tut. Hierauf erst schritt man dazu, die Leiche zu zerstückeln, zur ‚Kilue‘, der Fleischverteilung. Der Häuptling Somsom behielt für seine Person die rechte Lende; seinen Leuten gab er den Kopf; ein Gemeindegenosse, Welkerup, erhielt den linken Unterschenkel samt Fuß; Riritan den linken Arm, sein erwachsener Sohn Djomi kaufte für einen Armring von seinem Vater Somsom den rechten Unterschenkel und Fuß der Karas. Bartele aus Pipissu bekam die linke Lende und den Embryo; Kulu aus Pipissu den linken Oberschenkel; Hebi aus Kulo den rechten Oberschenkel; Monogalu aus Termaga den rechten Arm; Nedsin aus Walo die Brüste; Tewell aus Termutuan kaufte für zwei Bündel Pfeile den Bauch; Nassiad aus Taburussi erhielt den Rücken und Tokalian aus Siar die Geschlechtsteile. — Die Brüste und Lenden galten als Leckerbissen. Auch Männer werden gegessen; dies sind aber erschlagene Feinde. Für jeden Mann muß ein Mann, für jedes Weib ein Weib als Gegengabe zum Verzehren geliefert werden; so war die Karas eine Gegengabe des Salin an Somsom für eine Frau Li, und Somsom mästete bereits eine Frau, die er dem Salin zum Verzehren geben wollte.“
Hier schritt die deutsche Strafexpedition ein. Diese sicherlich schauderhafte Handlungsweise entschuldigt einigermaßen nur der Aberglaube, demzufolge man beim Aufessen eines Mannes glaubt, *seine geistigen und kriegerischen Fähigkeiten zu erben, beim Weibe aber seine sexuelle Potenz zu stärken.* Der deutliche Typus des *geknechteten Weibes* tritt uns bei den Samojeden entgegen.

Hier ist das Weib an sich ein unreines Wesen, und sogar die Berührung seines Eigentums vermeidet man. So erzählt Pallas: „Überhaupt ist das arme Weibsvolk bei den Samojeden noch unglücklicher und schlechter gehalten als bei den Ostjaken. Unter dem steten Hin- und Herwandern dieses Volkes müssen die Weiber außer aller Hausarbeit, die ihnen obliegt, auch allein die Hütte aufschlagen und abbrechen, von den Schlitten ab- und aufpacken und sich bei dem allen noch ihren Männern höchst sklavisch zu Dienst stellen, welche sie dagegen, einige verliebte Abende ausgenommen, kaum eines Anblicks oder eines guten Wortes würdigen, und es sich an den Augen ablesen lassen, was sie verlangen. Dieses ist noch nicht genug; die Weiber werden von den ungesitteten Samojeden sogar als unreine Geschöpfe betrachtet. Wenn ein Weib ihre Hütte aufgeschlagen hat, so darf sie eher nicht hinein, bis sie zuerst sich, dann alles, worauf sie gesessen, den Schlitten nicht ausgenommen, und endlich jedes Stück, welches sie in die Hütte trägt, über einem kleinen Feuer mit Renntierhaar ausgeräuchert hat. Wenn sie die vorn auf den Schlitten gebundenen Kleider losbinden will, so darf sie es nicht von oben tun, sondern muß, unter den Schlittenstangen, woran das Renntier gespannt ist, durchkriechend, sich dabei bemühen. Ebenso darf auf der Reise kein Weib quer durch die Reihe hintereinander folgender Renntierschlitten gehen, sondern muß entweder den ganzen Zug umlaufen oder unter den Schlittenstangen durchkriechen. In der Hütte sogar wird der Tür gegenüber ein Stab aufgepflanzt, welchen das Weib nie überschreiten darf, sondern, wenn sie wegen Verrichtungen von der einen zur anderen Seite übergehen will, so muß sie bei der Tür vorbei um das Feuer gehen. Denn die Samojeden glauben fest, wenn ein Weib die ganze Hütte umgeht, der Wolf gewiß in selbiger Nacht ein Renntier frißt. Und diesen Aberglauben haben die Ostjaken, welche Renntiere halten, gleichfalls angenommen. Aus einem anderen Aberglauben darf auch kein Weib oder erwachsenes Mädchen etwas von einem Renntiere genießen. Sie dürfen auch nicht mit den Männern zusammen essen, sondern sie bekommen den Überrest.“

2. Geschlechtsverkehr und Ehe.

Es würde über den Rahmen dieses Bändchens weit hinausgehen, wollte man hier dieses Kapitel auch nur einigermaßen erschöpfend behandeln; es läßt sich nur eine Skizze geben. Wollen wir den Anschauungen und den Sitten des Geschlechtslebens auch nur einigermaßen gerecht werden, so müssen wir bedenken, daß das Christentum gerade darin seinen Hauptwirkungskreis suchte und noch sucht, *das Geschlechtsleben als etwas Unreines zu betrachten und danach zu handeln* — so etwa wie die Samojeden das Weib selbst. Die Frage des Sexuellen ist wohl eine der unklarsten in der ganzen christlichen Lehre, weil hier die beiden Hauptwurzeln des Christentums einander widersprechen. Aus wirtschaftlichen Momenten mit ihrem Kapitalismus entsprang am Ende des klassischen Kulturlebens eine soziale Lehre der Nächstenliebe und Gleichheit, die sich vom Boden der Natur nicht wesentlich entfernte und sich der Hauptsache nach gegen das Sexuelle indifferent verhielt. Es ist jene Lehre, die man im allgemeinen *Jesus von Nazareth* zuschreibt, mag er nun ihr Stifter sein oder nur der Deckname für eine damals im ganzen Orient verbreitete Lehre, die man nicht mit Unrecht den „antiken Sozialismus" nennen könnte. Diese Lehre war aber für eine Religion ungeeignet. Es fehlte ihr eine besondere Metaphysik und vor allem eine besondere *Ethik.* Nun galt für die Spätantike dasselbe Gesetz, was für alle Völker zu beobachten ist, die in ein anderes geographisches Milieu eingewandert sind: zuerst Steigerung innersekretorischer Vorgänge mit dadurch bedingter erhöhter chemischer Erotisierung, dann langsames Abklingen der Reizbarkeit. *Sexuelle Vorgänge werden von lustbetonten zu indifferenten, schließlich sogar zu unlustbetonten.* Aus einer gesunden Sexualität wird eine krankhafte und aus dieser ein Haß gegen das, was bisher lustbetont war, also eine Art *Antifetischismus* gegen Sexualvorgänge. Dieser Umschwung ist bereits bei Plato, noch mehr aber in der neugriechischen Philosophie, besonders den Neuplatonikern, bemerkbar. Ihre hochgradig krankhafte Ethik benutzten Schwarmgeister der damaligen Zeit, die sich an das Christentum als soziale Lehre angeschlossen hatten, und machten sie allmählich zur christlichen. Der Antifetischismus gegen das Sexuelle war so ein ursprünglich wesensfremder Bestandteil der christlichen Lehre. Wir können diese zweite Wurzel als *Paulinismus* bezeichnen. Dadurch schlossen sich ähnliche Elemente an, die am eigenen Leibe dasselbe im kleinen durchgemacht hatten, wie die absterbenden Völker im großen, d. h. die ursprünglich ein erotisches Ausleben betätigten und dann der Askese zufielen, ein sich stets wiederholender Vorgang. Es sind die *Kirchenväter*

mit ihrer Lehre von der *Erbsünde*. Haß, Fanatismus, Verfolgung, Wut gegen
Kunst, Natur und Gesundheit gerät mit der gesunden alten Wurzel des Christentums in Streit und schafft so jenen Hiatus, der bis zum heutigen Tage geblieben
ist und so weit geht, daß man auf diesen Gebieten im Christentum keine Spur
von Nächstenliebe mehr bemerkt, sondern den ärgsten Fanatismus, der wohl je
ein religiöses System auszeichnete. Als aus der christlichen Lehre die „Kirche"
mit ihrer Hierarchie und ihren Machtgelüsten entstand, erwies es sich natürlich
für diese als vorteilhaft, den Paulinismus und die Lehre der Kirchenväter besonders stark zu betonen. Die Kultur des Abendlandes starb ab und machte
alle Folgen einer in innersekretorischen Vorgängen begründeten Degeneration
mit. Wenn sich, wie wir an anderer Stelle zeigen werden, das Abendland von
dieser Entartung auch wieder erholte, blieb doch die Lehre von der Erbsünde
bestehen. (Vgl. Näheres in: Ferd. Frhr. v. Reitzenstein, „Entwicklungsgeschichte
der Liebe", Stuttgart 1908, und „Ethnoanalyse" in Jahreskurse für ärztliche Fortbildung, Septemberheft 1922, München.) Auf der asketischen Philosophie des
Christentums beruht aber seit zwei Jahrtausenden unsere Gesetzgebung, und
diese hat unsere Moral gezeitigt, die fast überall mit der Natürlichkeit und in
sehr vielen Dingen mit der Vernunft überhaupt im Widerspruch steht. So darf
der Standpunkt *unserer* Moral auch nicht die Warte sein, von der wir das ganz
anders geartete, dabei aber oft weit bessere — weil natürlichere — Geschlechtsleben der Naturvölker beurteilen. *Soweit die Askese der Natur widerspricht,
ist sie krankhaft.* Der Grundsatz für alle diejenigen, die an sexuelle und ähnliche Fragen herantreten wollen, ist also der, daß alle unsere Moral *etwas
Gewordenes* ist, und daß gerade sie am allerwenigsten die Norm für die Beurteilung anderer werden darf, weil sie die *extremste* ist. Die wichtigste Frage,
die aufgeworfen wird, ist nun zumeist die, *ob Monogamie oder Polygamie
(Polygynie) oder Agamie das Ursprüngliche* ist, eine Frage, die sich im Grunde
genommen mit einer Universalfrage überhaupt deckt, ob nämlich die Progressionstheorie oder die Degenerationshypothese die richtige Methode zur Erforschung der Erscheinungswelt darstellt. Darauf kann man zunächst antworten,
daß für unseren speziellen Zweck die ganze Fragestellung unrichtig ist. Nicht
welche Eheform der älteste Mensch hatte, haben wir zu fragen, sondern *ob er
überhaupt eine Eheform kannte*, d. h. ob er von jeher den Geschlechtsverkehr
in ein bestimmtes Gewand kleidete.

Fragen wir uns nun, welchen *Zweck* die Ehe an sich für Naturvölker hat, so sehen wir, daß das Weib zur *Arbeit* verwendet wird, und daß man sich vor allem in den *Besitz seiner Kinder* setzen will. Das Weib als Arbeitstier zu gewinnen, kann nicht allein Ursache zur Bildung der Ehe gewesen sein, das hätte man mit der Sklavin oder den Weibern der nächsten Umgebung auch gekonnt, ohne dazu jene dauernde, durch eine Unzahl schwieriger Gebräuche ermöglichte Verbindung eingehen zu müssen. Anders ist es dagegen mit den Kindern. Wir haben oben gesehen, daß dem primitiven Menschen der Zusammenhang der Kohabitation mit der Schwängerung unbekannt war. So sah er also zunächst in der Gewinnung des Weibes die einzige Möglichkeit, die von ihr geborenen Kinder zu bekommen. Kinder waren ihm aber notwendig, um seinen Besitzstand zu behaupten und zu erweitern, worauf wir unten genauer kommen werden, und um die Ahnen mit Opfern zu versehen. Dieser *Ahnenkult* wuchs in seiner Bedeutung von dem Momente an, wo ihm der Zusammenhang von Beiwohnung und Befruchtung klar wurde. Der Begriff des Besitzes setzt aber voraus, daß *der Wille des einzelnen durch den Willen der Allgemeinheit ersetzt wird*, d. h. es kann von Besitz erst dann die Rede sein, wenn die Allgemeinheit dafür garantiert, daß der Bestand des Besitzes aufrechterhalten bleibt und er nicht mehr der Spielball des Stärkeren ist. Da auch das Weib zum Besitz geworden war, so unterliegt sein Binden durch die Ehe derselben Voraussetzung. Wir sehen also, daß eine Ehe erst dann möglich ist, wenn

    1. der Besitz entwickelt und garantiert,

    2. der Ahnenkult ausgebildet,

    3. der Zusammenhang zwischen Kohabitation und Konzeption bekannt ist.

Das ist, mit anderen Worten ausgedrückt, ebensoviel als: *Ehe setzt die Ausbildung eines nicht unbedeutenden Rechtes und eine gewissen Religion voraus.* Für die Wissenschaft gibt es also keine paradiesische Ehe für die ersten Menschen; die Ehe dient vielmehr in erster Linie sozialen Forderungen und ist so ein vom Menschen geschaffenes *soziales Institut*, das mit dem von der Natur gegebenen Geschlechtsverhältnis gar nichts zu tun hat. Der Geschlechtsverkehr liegt in der Natur begründet, die Ehe ist geschaffen. Das einzige Band zwischen beiden ist das, daß der Geschlechtsverkehr in der Ehe eben *auch* vorhanden ist; daß er in ihr aber conditio sine qua non wurde, ist, abgesehen davon, daß unter gesunden Verhältnissen der Mann nicht dauernd mit einem Weibe zusammen leben würde, ohne mit ihm zu verkehren, darin begründet, daß er ja Kinder *gerade von diesem Weibe*, das, wie wir bei den Reifezeremonien sahen, bestimmte Riten durchlaufen hat, wollte. So hat denn ganz folgerichtig *zu allen Zeiten der Geschlechtsverkehr auch neben der Ehe bestanden und wird es ewig tun, da es ja gar nicht der Zweck der Ehe ist, ihn völlig aufzusaugen.* Wo dieses Bestreben erscheint, ist es der Ausfluß einer religiös-moralischen Theorie, die aber ewig Theorie bleiben wird und bleiben muß, wenn den Völkern eine gesunde Weiterentwicklung garantiert werden soll. *Ob dieser voreheliche und außereheliche Geschlechtsverkehr oder die Vielehe mit Nebenfrauen als gut oder schlecht bezeichnet wird, ist Modesache und hängt von der jeweiligen Gesetzgebung ab.* Nach der offiziellen Auffassung von heute sind sie schlecht, und so wurde unsere Moral und die von ihr geschaffene Gesetzgebung die *Schöpferin der Prostitution*, eine Tat, für die am meisten das Wort gilt: Das ist der Fluch der bösen Tat, daß sie, fortzeugend, Böses muß gebären. Wir kranken heute an der sexuellen Frage, weil wir sie mit der Prostitution zu lösen versuchen, die man mit Recht unter die strafbaren schädlichen Handlungen setzen sollte; der Geschlechtsverkehr selbst ist dagegen niemals schlecht, weder in der Ehe noch außer ihr. Heute bringen wir den Naturvölkern die Prostitution als Folge unserer Kultur und bringen so den Nagel zu ihrem Sarge mit, während die gleiche Kultur den Weg dazu ebnet.

So haben wir also zunächst das Geschlechtsleben als solches und dann das ihm angegliederte soziale Institut der Ehe zu betrachten.

a) Das Weib und das Geschlechtsleben.

Das Weib steht mitten im Geschlechtsleben und ist sein Ziel zugleich, das ist ein Grundzug, der die ganze Welt umfaßt. Der Zug vom Manne zum Weib und umgekehrt liegt in der Natur; er ist selbstverständlich und gesund auch in seiner rein geschlechtlichen Seite. Wo dies anders erscheint, hat man nur ein gaukelndes Mäntelchen darumgehängt. Unsere erste Betrachtung muß also der *sexuellen Anziehung* gelten. Betrachten wir den *Geschlechtstrieb* als solchen, so zerlegt er sich in zwei Komponenten. Man spricht mit Vorliebe vom „Fortpflanzungstrieb". Diesen gibt es aber nicht, so wenig wie es einen „Ernährungstrieb" gibt. Der menschliche Zellenstaat bedarf der Zufuhr von Aufbaustoffen. Mangelt diese, so tritt ein unlustbetonter Zustand, den wir Hunger, Durst, Erstickungsempfindung nennen, ein. Diesen Unlustzustand beseitigt der Mensch, und die Natur erreicht damit ihren Zweck: die Ernährung des Zellenstaates. Genau dasselbe gilt für das Geschlechtsleben. Nirgends ist ein Trieb zur Zeugung vorhanden. Die Anhäufung von Sexualhormonen erzeugt beim Menschen ein Unlustgefühl, das er zu beseitigen sucht. Man nennt diesen Trieb den Geschlechtstrieb. Ist er normal eingestellt, richtet er sich auf das andere Geschlecht und drängt zur Vereinigung der Geschlechtsorgane, *um die Entspannung herbeizuführen*. Die Natur erreicht so die Möglichkeit, daß eine Befruchtung erfolgt. Man kann also höchstens beim normalen Triebleben von einem „*Begattungstrieb*", nicht aber von einem Fortpflanzungstrieb sprechen. Dementsprechend ist das Kind auch *nicht der Zweck des geschlechtlichen Verkehrs, sondern seine Folge*, und die Frage, ob geschlechtlicher Verkehr nur dann zulässig sei, wenn ein Kind beabsichtigt wird, ist müßig. Sie ist die Folge einer asketischen Spekulation. Deshalb unterscheidet Moll sehr richtig zwei Komponenten des Geschlechtstriebes. Der eine Vorgang spielt sich nach ihm an den Genitalien ab und drängt zu einer Veränderung an ihnen; er findet beim Manne seine Entspannung in der Ejakulation, während beim Weibe vielleicht schon genügt, wenn die erregten Schwellkörper der weiblichen Geschlechtsteile wieder abschwellen. Moll hat ihn mit *Detumeszenztrieb* bezeichnet. Der andere Vorgang ist ein Trieb, der es als lustbetont erscheinen läßt, sich einer andern Person im Momente der geschlechtlichen Erregung zu nähern, und zwar unter normalen Verhältnissen des anderen Geschlechtes, sie zu berühren, zu küssen und eventuell an ihr die Entspannung herbeizuführen. Die Berührung kann auch geistig sein. Moll bezeichnet ihn als Kontrektationstrieb. Es liegt in der Natur der Sache, daß der Kontrektationstrieb schon lange vor der geschlechtlichen Reife eintreten kann, und so spielt er tatsächlich schon im Leben der Kinder eine große Rolle. Zweifelsohne ist er beim Weibe stärker entwickelt als der Detumeszenztrieb, und es gibt Forscher, die die Behauptung aufstellen, daß der Detumeszenztrieb beim Weibe erst geweckt werden müsse. Vielleicht ist es richtig, wenn man die *Mutterliebe* als eine Art von Kontrektationstrieb auffaßt. *Die Stärke dieses Wollustgefühles wird aber keinesfalls durch die Ehe*

gehoben; im Gegenteil, hier fehlt gar oft die sexuelle Affinität, weil keine sexuelle Sympathie vorhanden ist. Wir sehen also auch aus physiologischen Gründen, daß der Grundzweck der Ehe nicht die Regelung des Geschlechtsverkehrs sein könnte. Aus der größeren Wichtigkeit des Detumeszenztriebes folgt aber, *daß geschlechtlicher Verkehr nicht nur dann ethisch wertvoll ist, wenn der Zweck die Zeugung eines Kindes ist, sondern auch dann, wenn er lediglich die Folge eines inneren Wollens, mit anderen Worten die Folge der sexuellen Affinität ist.* Religiöse und ähnliche Vorschriften drängen diese gar häufig zurück; ja die christliche Erziehung impft den Mädchen bereits in früher Jugend einen *Ekel* vor dem geschlechtlichen Verkehr ein, und die Folge ist das Überhandnehmen krankhafter oder widernatürlicher Zustände. Hier vermag nur eine gesunde Erotik sanierend einzugreifen, auf die der Mensch auch ein Anrecht besitzt. Bei Naturvölkern ist die *Jugend* an sich zumeist *frei* in ihren geschlechtlichen Beziehungen. So sagt beispielsweise Koch-Grünberg von den Kobéua: „Während das junge Mädchen die größte Freiheit genießt und ihre Unschuld nicht über alle Zweifel erhaben zu sein braucht, steht die Ehe durchschnittlich auf einer sittlich sehr hohen Stufe, und die Treue wird selten von einem der beiden Ehegatten verletzt." Oder er berichtet von den Tukano: „Die Makumädchen, die im Haushalt der Tukano dienten, galten als freie Weiber für die Jünglinge. Auch die jungen Ehemänner naschten bisweilen, wie man mir erzählte, von der verbotenen Frucht."
All diese Gesichtspunkte müssen wir im Auge behalten, wenn wir das Sexualleben der Naturvölker beurteilen wollen. Der Detumeszenztrieb wird durch eine Reihe von absichtlichen und unabsichtlichen Dingen gehoben, die man als *Reizmittel* bezeichnen kann. Dazu gehören in erster Linie die *Körperdüfte.* An ihre Bedeutung knüpft sich heute eine ganze Wissenschaft, die *sexuelle Osphresiologie.* Es ist eine bekannte Tatsache, daß der Körpergeruch des Menschen auf das andere Geschlecht erotische Wirkung ausübt. Gustav Jäger erzählt, daß seine Braut Dinge, die er bei seinem Besuche hatte liegen lassen, also etwa Handschuhe, Krawatten oder ähnliches, gesammelt und gelegentlich daran gerochen habe, da ihr alles sehr angenehm geduftet hätte. Zweifelsohne ist der Körperduft — wenn auch oft ganz unbewußt — eine der wichtigsten Grundursachen der sexuellen Sympathie. Wie stark dieser Geruch einerseits

Abb. 91. Tatauieren auf Nukahiwa.

Nach Langsdorff.

Abb. 92. Tatauiertes Samoanisches Mädchen.

Abb. 93. Schmucknarben,
Mädchen von Benin.

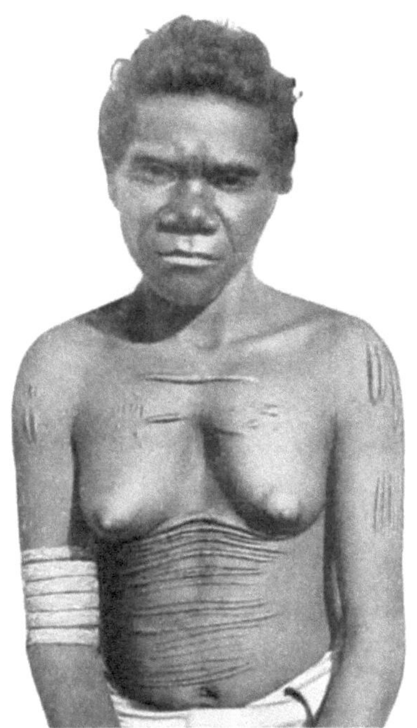

Abb. 95.
Australierin mit Schmucknarben.
Nach Spencer und Gillen.

Abb. 96. Ma Nyema-Weib
mit Schmucknarben.

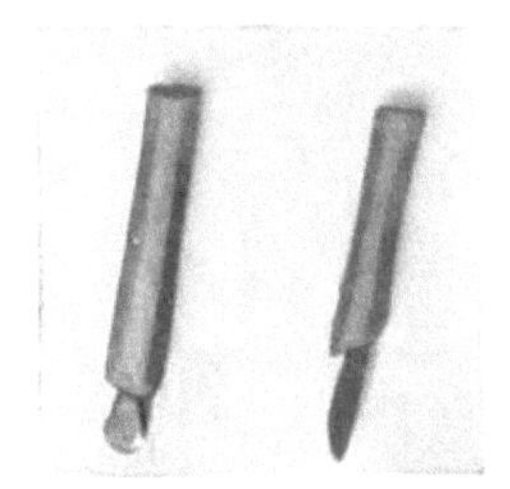

Abb. 94. Beschneidungs-
instrumente bei den Wagaya.
Links: Messer zur Beschneidung der Knaben;
rechts: Messer zur Beschneidung der Mädchen.
(Exstirpation der Klitoris).
Museum f. Völkerkunde, Leipzig.

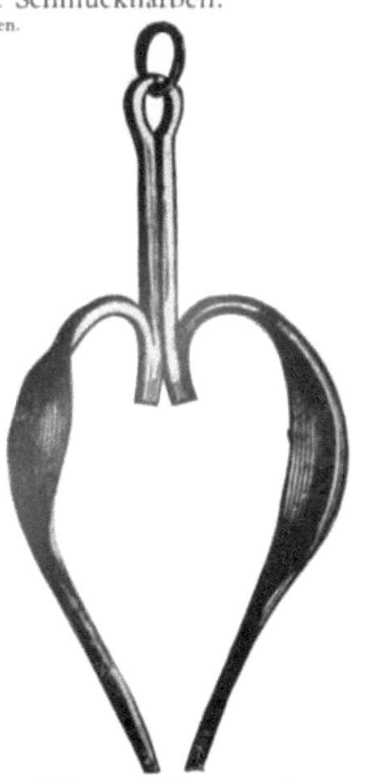

Abb. 97. Pincette der
Bongoweiber zum Ausrupfen
der Augenwimpern.

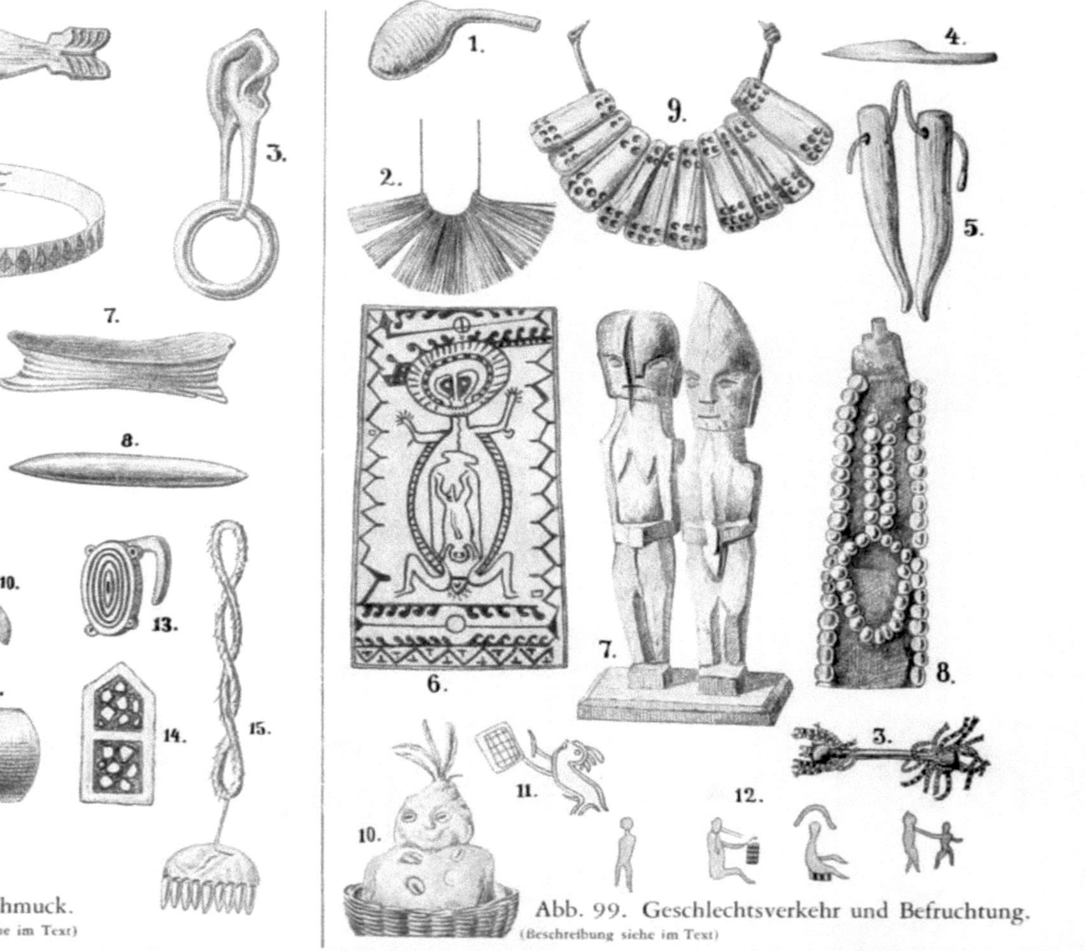

Abb. 98. Schmuck.
(Beschreibung siehe im Text)

Abb. 99. Geschlechtsverkehr und Befruchtung.
(Beschreibung siehe im Text)

ist und wie wenig wir ihn andererseits merken, geht aus den Beobachtungen eines gelehrten Japaners, Dr. Buntabo Adachi, hervor, die Stoll zitiert: „Der *Europäergeruch* ist in Japan allgemein bekannt. Für die Japaner ist der Geruch der Europäer sehr auffallend, besonders der der Europäerinnen. Er ist stechend und ranzig, nach Individuum aber verschieden, bald süßlich, bald bitter. Oft ist der Geruch so stark, daß er das ganze Zimmer erfüllt. Der Geruch steht in engem Zusammenhang mit dem Alter. Kinder und Greise riechen nicht oder weniger als Leute im kräftigen Alter. Man könnte glauben, daß die Europäer von ihrem eigenen Geruch nichts wissen, oder ihn doch weniger empfinden als die Japaner. So viel ist aber gewiß, daß die Europäer nicht wissen, daß ihr Geruch ihnen eigentümlich ist, und ebenso gewiß, daß sie ihn nicht sonderlich beachten. Ja, es sollen im allgemeinen die Männer den Geruch der Frauen (und umgekehrt) mehr angenehm fühlen. Interessant ist es auch, daß betreffs europäischer Weiber für Japaner die Geruchsempfindung mit der Zeit sich ändert. Die meisten Japaner, die längere Zeit in Europa bleiben, finden den Geruch der Europäerinnen anfangs sehr widerlich, nach Monaten aber nicht mehr, endlich oft sogar mehr angenehm und *wollüstige Vorstellungen hervor-rufend. —* Zugleich ist ihnen der Geruch der Männer nicht mehr so auffallend. — *Der Geruch steht zweifellos mit der Geschlechtstätigkeit im Zusammenhang.*" — Wir Europäer finden besonders an Negerinnen einen eigenartigen, an Bisam erinnernden Geruch, in geringem Grade auch an anderen Völkern, so daß man sich daran gewöhnt hat, von *Rassengeruch* zu sprechen. Besonders wichtig ist dafür eine Bemerkung, die Galopin (bei Stoll) macht: „Einer meiner Kollegen, Dr. X., ein französischer Arzt von weißer Abstammung auf Haiti, heiratete eine Negerin, deren Duft ihn, wie er sich ausdrückte, berauschte. ‚Ich begreife nicht,‘ äußerte er sich zu mir, ‚wie man eine fade und duftlose weiße Frau lieben kann.‘"

Wir können hier natürlich nicht alle Reizmittel besprechen, was an anderer Stelle geschehen soll, wollen aber doch noch einzelne streifen. Wir haben oben, bei der Kleidung, bereits die reichliche Verwendung metallener Schmucksachen erwähnt. Auch ihnen scheint ein ähnlicher Zweck teilweise innezuwohnen. Es ist bekannt, daß schon im Tierreich allerlei *Locktöne* für die sexuelle Anziehung von weittragendster Bedeutung sind. Dahin gehören gewisse Stimmlaute, dann aber allerlei Reibegeräusche, deren bekanntestes das Zirpen der Grille ist. Von diesem Standpunkte aus kann man auch beim Menschen von einem „*Klirrschmuck*" sprechen. Das für die Sexualsphäre wichtigste Beispiel erzählt Lindschotten von Pegu: „Viele in Pegu tragen vornen an jhrem Quoniam (d. h. Penis) eine Schellen, auch etliche zwo zugleich, die da so groß als eine welsche Nuß, welche also zwischen Fell und Fleisch hangen. Dieser art Schellen kan man bey Doctore Paludano zu sehen bekommen, welche ich mit mir auß Indien bracht und jm verehrt hab; es geben diese Schellen einen sehr lieblichen klang." Weiter müssen wir hier kurz des *Tanzes* gedenken, den wir später an sich näher behandeln müssen. Auch er enthält eine Reihe von Zügen, die sich als sexuelle Reizmittel erweisen, und auch für ihn haben wir das Vorbild mit erotischem Grundwert schon in der Tierwelt, besonders bei den Vögeln. Wichtige Kapitel in einer derartigen Spezialdarstellung würde fernerhin die *sexuelle Wirkung der einzelnen Körperteile*, insbesondere des weiblichen *Busens* darstellen, neben ihm aber kommt vor allem die eigenartige *Wirkung der Hautreize* in Betracht.

Ferner werden eine Reihe von Gebräuchen von Wichtigkeit, die jetzt zwar ganz in mystisches Gewand gekleidet sind, deren ursprünglich teilweise realer Hintergrund aber nicht zu verkennen ist. Man hat sich gewöhnt, sie unter dem Namen „*Liebeszauber*" zusammenzufassen. Da begegnet uns zunächst eine ganz bestimmte Art von *Tatauierung;* so machen sich die burmanischen Mädchen runde Flecken in Dreieckgestalt zwischen die Augen. Die Wirkung ist ungefähr die gleiche wie die unserer Schönheitspflästerchen. Der ausgiebigste Gebrauch beim Liebeszauber wird aber vom Körpergeruch gemacht, dann auch von der Übergabe von *Genitalhaaren.* Hagen erzählt z. B. von den Bewohnern von Bogadjim in Deutsch-Neu-Guinea: „Die offizielle Werbung geschieht durch die Mutter, und zwar auf folgende originelle Weise: Der von Amors Pfeil getroffene Jüngling dreht eine Zigarre, Tabakeinlage mit Hibiscus-Deckblatt. In die Einlage aber hat er ein Kopfhaar, ein *Achselhaar* und noch ein *sonstiges Körperhaar* von sich gewickelt. Diese Zigarre raucht er feierlich halb auf und übergibt den Stummel der Mutter mit der Bitte, ihn seiner Herzenserkorenen zu überbringen. Am nächsten Morgen wird die Antwort abgeholt. Hat das Mädchen den Stummel aufgeraucht, so gilt dies als Jawort, gibt sie ihn unverletzt zurück, so bedeutet das ein Nein. Doch das letztere kommt, glaube ich, nur selten vor, denn ehe der Jüngling den Zigarrenstummel sendet, ist gewöhnlich schon alles besprochen und geebnet, sowohl zwischen den Liebenden als deren Eltern." Die Zigarre mit den eingewickelten Haaren soll offenbar als Liebeszauber wirken. Die Zigarrenstummelfrage ist ein feierlicher Akt, zu dem sich der Liebende während einiger Tage durch Fasten (nach denselben Regeln wie bei der Beschneidung) vorbereitet. Besonders originell — schon deshalb, weil hier die sexuelle Bedeutung des *Locklautes* hereingezogen ist — ist ein Liebeszauber, den Stephan von Neupommern berichtet. Ein Blatt des Sassabaumes (Callophyllum inophillium) wird der Länge nach über die Mittelrippe gebogen und zwischen die Lippen gebracht. Bei heftigem Einatmen entsteht ein gellender Ton, der das Weib anlockt. Folgt sie dem Rufe, und das scheint die Regel zu sein, dann wird der Zauber in den Sand getreten, damit sie es nicht sieht. Ähnlich wird ein Schnepper aus einer Galipnußschale mit schlitzartiger Öffnung verwendet, die einen eigenartigen Ton erzeugt. Ähnlich wie man Genitalhaare gibt, gibt man auch von seinem *Blute;* besonders dem *Menstrualblut* wird eine derartige Wirkung zugeschrieben. Ganz ähnlich wird *Schweiß* verwendet. Wie wir ferner oben bei den Fruchtbarkeitsriten fanden, daß sie häufig von einem *Zauberer* ausgeführt werden, so gilt das auch hier. Es gibt bei vielen Völkern eigene Persönlichkeiten, denen die spezielle Beschäftigung mit Liebeszauber obliegt. Häufig sind es auch weibliche Personen. Hoffmann berichtet uns z. B. über den Liebeszauber der Odschibwäindianer Nordamerikas. Dort gibt es bestimmte Geheimbünde, deren Mitglieder Mide heißen. Der Liebeszauber durch Pulver kann nur von Mides der höchsten (4.) Stufe ausgeführt werden. „Diese Liebeszauber steht in hohen Ehren und seine Zusammensetzung ist ein tiefes Geheimnis; nur gegen eine hohe Bezahlung wird er einem anderen überlassen. Er besteht aus folgenden Ingredenzien: Vermillion, gepulverte Schlangenwurzel (Polygala Senega L.), eine kleine Spur von dem *Menstrualblute* eines Mädchens, das zum erstenmal die Regel hat, und ein Stück Ginseng (eine auch sonst sehr bekannte, die Potenz anregende Wurzel), das von der Bifurkation der Wurzel abgeschnitten und gepulvert ist. Das wird gemischt und in einen kleinen Kattunbeutel getan. Daß es gerade aus der Bifurkation der Wurzel genommen werden muß, darin liegt wohl mit großer

Wahrscheinlichkeit eine übernatürliche Beziehung zu den Genitalien der Menschen, welche ja an dessen Bifurkation, d. h. an der Gabelung der Beine ihren Sitz haben. Die Herstellung dieses Liebespulvers ist aber nicht so ganz einfach; es gehört dazu ein Opfer, aus Tabak bestehend, an den Ki'tshi Man'ido, das mit einem Mide-Gesang und mit dem Schall der Zauberrassel begleitet sein muß. Wird es einem anderen abgelassen, so muß dieser es unter das Lager des zu Bezaubernden praktizieren." Zweifelsohne werden bei diesen Zaubermitteln, wenigstens soweit sie innerlich genommen werden, häufig Mittel verwendet, die *aufreizend auf den Genitalapparat* wirken (Kantharidenpräparate) und so das Verlangen nach geschlechtlichen Verkehr steigern, so daß der anwesende Teil, der den Zauber ausübte, leichteres Spiel hatte. Eine andere Form von Liebeszauber zeigt unsere Abb. 153. In der ersten Figur dieser Abbildung hält sich der Zauberer für einen göttlichen Geist und singt: Mein Gemälde macht mich zu einem Gott. In der zweiten Figur betätigt er seine Zaubergewalt durch eine Trommel: Höre die Töne meiner Stimme, meines Gesangs; es ist meine Stimme. Die dritte Figur zeigt die Wirkung. Er sitzt in einer heimlichen Hütte, verbirgt sich und ist doch neben „ihr". In der vierten Figur hat er die Geliebte gewonnen: Ich kann sie verlegen machen, denn ich höre alles, was sie von mir sagt. In Figur 5 finden wir ihn auf einer Insel: Wäre sie auch auf einer fernen Insel, ich könnte machen, daß sie zu mir herüber schwämme. Figur 6 zeigt die Geliebte schlafend. Er rühmt sich seiner Zaubergewalt: Wenn sie auch noch so weit, selbst auf der anderen Seite der Erde entfernt wäre. Figur 7 stellt ein Herz dar: Ich spreche zu deinem Herzen. Man sieht also, überall ist man bestrebt, Liebe zu erzwingen, wo sie nicht vorhanden ist. Eine genauere Betrachtung zeigt aber, daß es dabei eigentlich nur um das „Erhörtwerden", also um physische Liebe zu tun ist. Bei eigentlichen Naturvölkern haben wir es ja überhaupt fast nur mit *physischer Liebe* zu tun, von einem höheren Empfinden für das Weib wissen sie wenig; erst bei den höherstehenden Stämmen findet sich der Anfang dessen, was ich in der „Urgeschichte der Ehe" und der „Entwicklungsgeschichte der Liebe" mit *physischer Liebe* bezeichnet habe. Dies gilt in erster Linie für Polynesier und nordamerikanische Indianer, beides Völker, die ehedem eine höhere Kultur hatten und durch eine Reihe von Umständen vieler äußerer Kulturgüter verlustig gingen. Auch Afrika hat da und dort unter seiner

Poesie einiges, was man als Regung einer höheren Liebesempfindung bezeichnen darf. Wir kommen darauf zurück.

Über *Stärke und Beginn des Geschlechtslebens* wissen wir bei den meisten Naturvölkern sehr wenig. Jedenfalls ist es vor der Ehe fast überall freigegeben, wenn auch sehr häufig verboten ist, daß es Folgen haben darf. Dies hängt aber nicht etwa mit moralischen Ideen, sondern damit zusammen, daß man glaubt, solche Kinder seien nicht stammeszugehörig. Miklucho-Macley beobachtete beispielsweise in Melanesien, daß Kinder beiderlei Geschlechts im warmen Sand des Strandes den Koitus als Spiel nachahmten. Jedenfalls pflegt die Jugend schon in sehr frühen Jahren bei Mondenschein am Meeresstrand zu schwärmen, und dieser Stimmung entspricht beispielsweise folgendes Liedchen:

> Der Mond ist da, auf zum Strand,
>
> Auf zum Drücken der Brust;
>
> Auch die Fische gehen spazieren,
>
> Gehen spazieren.
>
> Auf zum Strand,
>
> Auf zum Drücken der Brust.

Auf den Salomonsinseln ist es eine besondere Ehre für ein Mädchen, mit *möglichst vielen* Männern vor der Ehe verkehrt zu haben. Die Eltern erklären daher ihre Töchter als öffentlich, und man hat einen eigenen Namen für sie, nämlich mangotta. Eine größere Reihe von Stämmen findet auch nichts daran, den *Koitus öffentlich* zu vollziehen, so die Bewohner der Philippinen, dann verschiedene polynesische Stämme — eine Sitte, die uns übrigens auch von den alten Etruskern berichtet wird. Trotz des Einspruchs von Jacobs muß auch der *Stellung bei Ausübung des Koitus* eine ethnographische Bedeutung zugeschrieben werden, da oft mystische Gründe und ähnliches dafür angegeben werden. Zweifelsohne muß es einen Zweck gehabt haben, wenn ein *ganzes Volk* eine bestimmte als normal angesehene Stellung anerkennt. Infibulation, Operationen, Hottentottenschürzen und ähnliche Dinge tragen verschiedentlich die Schuld daran. So berichtet Steller von den Kamtschadalen (Itälmen): „Wer den Concubitum verrichtet, dergestalt, daß er oben aufflieget, begeht eine große Sünde. Ein rechtgläubiger Itälmen muß es *von der Seite* verrichten. Aus Ursache, weil

es die Fische auch also machen, davon sie ihre meiste Nahrung haben." Zweifelsohne ist aber sehr viel Raffinement bei diesen abnormen Stellungen, besonders
wenn sie nicht allgemein als Volksgut auftreten; ethnographischen Wert hat es
aber, wenn wir hören, daß die Australier die hockende Stellung weitaus bevorzugen, daß die Seitenlage auch bei anderen, an die Kamtschadalen angrenzenden
Völkerschaften, so den Tschuktschen usw., gebräuchlich ist, usw. Es ist sicher,
daß die *Lage des Vaginaleinganges* dabei auch eine Rolle spielt. Welche Stellung
wir als ursprünglich normale beim Menschen bezeichnen sollen, ist direkt nicht
nachweisbar; wir müssen also — wie das seit Jahrzehnten mit Recht geschieht
— die Form als ursprünglich bezeichnen, die der Normalstellung beim Tiere
am nächsten kommt, wo wir sicherlich am wenigsten von „Raffinement" sprechen
können, also den coitus a posteriori (von hinten). Dies scheint eine Darstellung
aus der im Beunetale bei Les Eyzies in der Dordogne in Frankreich liegenden
Höhle von *Combarelles* zu bestätigen, die etwa dem Spätsolutréen angehört
(Zeichn. IV). Noch etwas älter dürfte vielleicht das sicher ebenfalls eine Begattung
darstellende Relief von *Laussel* (auch im Tale der Beune in der Dordogne ge-
legen) sein, das sich dort im Abri Cap Blanc nebst anderen Felsskulpturen fand
und in der Solutréenschicht lag, wohl aber, wie Wiegers sicher richtig vermutet,
dem oberen Aurignacien angehört, da es wohl erst später von der Felswand
abgestürzt ist. Während nun Schiefferdecker glaubt, daß die Frau in der
Geschlechtsgegend des Mannes auf seinem Körper hockt (also Hockerstellung
beim Koitus), möchte ich annehmen, das Weib liegt auf dem Rücken und der
Mann kniet vor ihm und zieht die Beine des Weibes an sich. Diese Art des
Koitus ist die in Australien übliche. (Vgl. Näheres darüber mit Illustrationen
in: v. Reitzenstein, „Die ältesten sexuellen Darstellungen der Menschheit" in
„Geschlecht und Gesellschaft", X. Jahrg., Heft 10, S. 364 ff.)
Die *Anteilnahme des Weibes am Werdegang des neuen Organismus* ist zweifelsohne die weitaus größere. Der Mann ist eigentlich daran nur durch die kurze
Zeit des Beischlafes beteiligt; das Weib entwickelt im Leibe das Ei und bildet
es nach der Befruchtung in monatelangem Werden zur vollen Frucht aus und
ernährt diese nach ihrer Geburt noch mit seiner Milch. Über die *Empfängnis*
selbst sind sich die Naturvölker sehr im unklaren. Oben haben wir bereits ausgeführt, daß ihnen ursprünglich der Kausalzusammenhang von Kohabitation

und Konzeption unbekannt war. Wir haben dort Beispiele dafür angeführt. Hier möchten wir lediglich noch eines interessanten Falles gedenken, den Seligmann beibringt. Nach ihm glauben die Sinaugolo in Britisch-Neu-Guinea, daß die Empfängnis *mit den Brüsten* stattfindet, an denen sie auch die erfolgte Schwängerung erkennen. *Erst später falle dann das Kind in den Unterleib herab.* Ähnlich sind die Fidschiinsulaner der Ansicht, daß ein *einzelner* Koitus zur Befruchtung nicht ausreiche. Eine ganze Reihe von Beobachtungen, wie man nun das *Wohlgefallen am Koitus erhöhen könne*, liegt vor. Man kann vier Gruppen unterscheiden:

1. Mittel zur Vergrößerung des Penis,
2. Mittel, die in den Penis eingeheilt werden,
3. Mittel, die am Penis befestigt sind,
4. Mittel, durch die die Vagina verkleinert wird.

Der Zweck all dieser Manipulationen ist also der, die *Reibung* zu vergrößern. Uns interessieren bei Naturvölkern hauptsächlich die unter 2. und 3. aufgeführten Gruppen. Es ist natürlich klar, daß die in den Penis eingeheilten Gegenstände ursprünglich *nicht* den Zweck einer Reizsteigerung hatten, so wenig wie die Narbentatauierung und die Tatauierung überhaupt den eines Schmuckes. Alle sind sie *Blutopfer*, also dasselbe wie die Ohr-, Nasen- und Lippendurchbohrung. Diese Blutopfer schließen sich stets an bestimmte Feste usw. an. (Vgl. meine Artikel: „Aberglauben“, „Feste und Riten“ und „Liebesleben“ in: M. Marcuse, Handwörterbuch der Sexualwissenschaft, Bonn 1923). Der Mensch will damit den Schutz der Ahnengeister oder eine Abwehr feindlicher Geister erreichen und sucht nun das vollzogene Blutopfer dauernd deutlich darzustellen, indem er an die Stelle etwas einheilt. Dies ist hauptsächlich beim Einheilen von Steinchen und ähnlichem der Fall, denn Naturvölker glauben dadurch auch sonst *besonderer Kräfte* teilhaftig zu werden und sind andererseits der Meinung, daß bei Erkrankungen der Medizinmann einen solchen Stein usw. aus dem Körper herausholen muß, mit dem auch der Krankheitsstoff weggeht. Es liegt nahe, speziell in den in den Penis eingeheilten Steinchen einen *Zauber zur Erhöhung der Potenz* zu sehen. Als man diesen Zweck vergessen hatte und die Weiber an die Sitte gewöhnt waren, die natürlich schließlich als sekundäre Folge einen sexuellen Reiz mit sich brachte, vollzog man sie speziell zu diesem Zweck auch weiterhin. Das *Einheilen von Gegenständen* erfolgt dadurch, daß, etwa wie bei den Battak von Sumatra, in den Penis Einschnitte gemacht und darein kleine Steinchen oder Goldplättchen eingeheilt werden. Staudinger schildert das wie folgt: „Nach Aussage glaubwürdiger Battaker werden bei der betreffenden Operation Einschnitte in die Oberhaut des Penis gemacht und die Steine unter die Haut geschoben. Einzelne Individuen haben eine Anzahl Steine in spiralförmiger Anordnung in ihrem Gliede. Die Operation wird der besseren Heilung wegen in fließendem Wasser vorgenommen. Das am meisten begehrte Material zu diesen Steinen soll eine Muschel in oder am Tobasee sein. Reiche Leute nehmen auch Gold- oder Silberklümpchen." Weit häufiger sind noch die Mittel, die *am Penis* befestigt und dort entweder *ständig* getragen werden oder beim *jedesmaligen Gebrauch eingesetzt* werden. Das Verbreitungsgebiet erstreckt sich auf Indonesien und Patagonien und strahlt allerdings bis nach China aus. Europa hat die Sitte erst in neuerer Zeit erhalten. Die Dajak z. B. durchbohren sich die Eichel des Gliedes und verhindern das Zuheilen der Öffnung dadurch, daß sie eine geölte Taubenfeder darin tragen. Vor der Beiwohnung wird dann aber ein Apparat in der Öffnung angebracht, der durch eine starke Reibung das Wollustgefühl des Weibes erhöht. Die einfachen Apparate bestehen aus Metall- oder Beinstäbchen, während die komplizierten Metallstäbchen darstellen, die an den beiden Enden kleine Bürstchen aus Borsten oder Perlenkettchen tragen. Solche Apparate heißen Ampallang (Abb. 99, Fig. 3), und die *Frauen erzwingen ihre Anwendung* dadurch, daß sie alle Männer, die den Apparat nicht führen, zurückweisen. Ähnliche Zwecke scheint die *Schelle* verfolgt zu haben, über die uns Lindschotten von Pegu erzählte, wenn sie nicht etwa an einem Infibulationsring angebracht war, um den Betreffenden überhaupt am Geschlechtsverkehr zu hindern, was allerdings auch sekundär wäre. Auf Celebes wird die Eichel mit dem durch starke Wimpern ausgestatteten Augenlidrand eines Ziegenbockes umwickelt oder in China durch die abgeschlissene Fieder einer Vogelfeder. Zu dieser Art von Reizmitteln gehört der *Guesquel* der Patagonier (Abb. 99, Fig. 2). Es ist ein Kamm aus den Mähnenhaaren eines Maultieres, die sehr sorgfältig an einer feinen Schnur befestigt sind. Dieses Gebilde wird um die Eichel gewickelt. Claraz berichtete Stoll, daß die patagonischen Indianerinnen anfänglich den Guesquel nicht leiden wollten, weil er ihnen viel

Schmerz verursacht. Später haben sie ihn aber gerne; also eine Bestätigung für die oben ausgesprochene Ansicht. Die Wirkung ist so stark, daß die Frauen knirschen und schäumen und in einen so hochgradigen Orgasmus geraten, daß sie ganz betäubt und erschöpft liegenbleiben. Es scheint, daß der Guesquel sich aber prinzipiell von den indonesischen Instrumenten unterscheidet, da er den Intentionen des Mannes dient. Die Patagonier ziehen nämlich die Beiwohnung bei europäischen Frauen vor, weil diese sich mehr aktiv bewegen, weshalb sie sie corcoveadores (= Frauen, die sich krümmen) nennen. Der Guesquel soll nun bei den einheimischen Frauen eine ähnliche Wirkung hervorrufen. Gut gearbeitete derartige Apparate sind sehr teuer und werden mit 1 bis 2 Pferden bezahlt. Diese Bewegung der Frauen führt uns auf ein weiteres Reizmittel, das

Zeichn. IV. Szene aus der Höhle von Combarelles

dem Manne zulieb geschieht, nämlich auf die schon oben erwähnten *Rumpf-bewegungen*, wie sie bei den Afrikanerinnen der Sansibarküste üblich sind. Jedes Mädchen, das zur „Gesellschaft" zählen will, muß sie unbedingt können, wenn es Glück bei Männern haben will.

Über den *Wert der Fruchtbarkeit* sind die Anschauungen der Naturvölker sehr geteilt. Während der größere Teil sich gerne Nachkommenschaft wünscht —

wobei sehr häufig das Mädchen nicht begehrenswert erscheint —, verschmäht ein anderer Teil reicheren Kindersegen. Verschiedene Stämme sind auch von Natur aus wenig fruchtbar. Dies hat in verschiedenen Dingen seinen Grund. Eine besondere Rolle spielt dabei das Moment, daß es meist nicht üblich ist oder gar als schädlich betrachtet wird, während der Schwangerschaft oder der Säugezeit, die oft bis zu fünf Jahren und darüber währt, mit *einem* Weibe zu verkehren. In vielen Fällen macht auch der frühzeitige Geschlechtsverkehr das Weib für eine größere Konzeptionsmöglichkeit unfähig. Nicht ganz unrichtig ist daher

Zeichn. V. Pasah kangkamiak der Oloh Ngadju (Borneo)
Nach Grabowsky

das Urteil eines Suaheli, der Velten gegenüber die geringe Fruchtbarkeit seines Stammes erklärte: „Der Grund, weshalb die Suaheli keine große Nachkommenschaft haben, ist der, daß sie in ihrer Jugend *zu früh* beginnen, geschlechtlich zu verkehren. Wenn sie heiraten, ist der Same in ihrem Körper meist vertrocknet. Falls eine Frau noch geburtsfähig ist, bekommt sie ein, höchstens zwei Kinder, denn es ist kein Same mehr, den sie hat, sondern Schaum. Unsere Vorfahren hatten viele Kinder, denn sie verboten, früh zu heiraten oder so früh mit Mädchen zu verkehren." Aus der Anlage zu geringer Fruchtbarkeit und der Unmöglichkeit, eine größere Kinderzahl zu ernähren, entwickelt sich nicht selten eine direkte *Abneigung*. So bittet nach Roth der Ehegatte bei den Australiern von Queensland die Geister, die die Kinder formen, um Sendung eines Kindes als eine *Strafe für die Ehefrau*, wenn diese ihren Gatten geärgert hat. Zu dieser Abneigung tritt oft noch ein gewisser Aberglaube oder falsche physiologische Kenntnisse. Diese sind besonders Grund der Gegnerschaft vieler Naturvölker gegen *Zwillinge*. Sie werden entweder samt der Mutter getötet, wie bei den Eingeborenen Guineas, oder ohne sie, wie bei verschiedenen australischen und Negervölkern, oder aber endlich die Feindschaft trifft nur das letztgeborene Zwillingskind, wie das bei kalifornischen Indianern, bei Mexikanern und peruanischen Stämmen der Fall ist. Zu Schomburgk sagte einmal eine Indianerin von

Zeichn. VI
Schuli-Negerin, niederkommend

Zeichn. VII
Bongo-Negerin, niederkommend

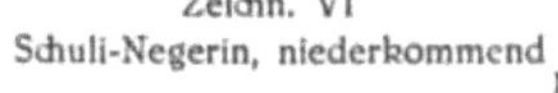

Nach Pelkin

Britisch-Guyana, als er ihr erzählte, daß die Europäerinnen häufig Zwillingen das Leben schenkten, mit geringschätziger Miene: „Wir sind keine Hündinnen, die einen ganzen Haufen Junge werfen." Allerdings bevorzugen andere Völker, besonders in Indonesien, Zwillingsgeburten, ebenso in Ostasien. So die *Golden*. Hier fertigt ein Schamane nach der Geburt ein besonderes Amulett mit Opferschale, um sie zu schützen (Tafel 2 u. 3). Von größtem Interesse ist aber die freiwillige Unfruchtbarkeit, die wir bei melanesischen Stämmen beobachten, die die *Absicht, aussterben zu wollen*, deutlich aussprechen. Dies ist in Neumecklenburg und Neuhannover der Fall. Als Mittel wird dabei der *Coitus interruptus* angewendet. Aber man sucht auch durch *innerliche Mittel* vorzubeugen. So berichtet Blyth von den Fidschi: „Wie die eingeborenen Hebammen es unternehmen, Unfruchtbarkeit zu heilen, so nehmen sie auch zu Präventivmitteln ihre Zuflucht, die manchmal Erfolg haben, manchmal nicht. Hierzu benutzen sie einen Aufguß der Blätter und der entrindeten, geschabten Wurzel des Rogaholzes und der Samalo. Hat abends der Beischlaf stattgefunden, so wird der Trank am anderen Tage genommen. Dieses Präventivmittel für eine Entschwängerung wird auch von Frauen genommen, welche keine Schwangerschaft mehr wünschen, nachdem sie ein oder mehrere Kinder geboren haben." Von den Australierinnen wird berichtet, daß sie durch eine *stoßende Körperbewegung* nach der Kohabitation das Sperma wieder aus der Vagina auswerfen,

Zeichn. VIII. Creek-Indianerin, niederkommend

Nach Witkowski

während die indischen Mundavölker durch eine absichtliche *Knickung der Gebärmutter* die Befruchtung erschweren; diese Sitte berichtet van der Burg auch aus Indonesien: „Der dort schon früh entwickelte Geschlechtstrieb der Mädchen wird anstandslos befriedigt, wobei man sich der Hilfe einer Dökön, einer der zahlreich vertretenen heilkundigen alten Frauen bedient, um nicht zu konzipieren. In der Tat scheinen diese Weiber zu verstehen, durch äußere Manipulationen, durch Drücken, Reiben, Kneten durch die Bauchdecken hindurch, nicht von der Scheide aus, eine Lageveränderung, Vor- oder Rückwärtsknickung der Gebärmutter zustande zu bringen, welche die Konzeption verhindern, und zwar ohne daß weitere Beschwerden davon die Folge sind als leichte Kreuz- und Leistenschmerzen und Urinbeschwerden in den ersten Tagen der Prozedur. Will ein derartiges Mädchen später heiraten und Mutter werden, so wird die Gebärmutter wieder auf dieselbe Weise in Ordnung gebracht."

Noch größer ist allerdings der Kreis der Mittel, die *gegen Unfruchtbarkeit* helfen sollen, und es liegt in der Natur der Sache, daß hier Aberglaube und Sympathie die meisten derartigen, oft völlig wertlosen Dinge entstehen ließ. Zweck haben natürlich in vielen Fällen die *Aphrodisiaka* aus den bereits oben gestreiften Gründen. Derartige Mittel bestehen meistens in einer regelrechten Kur, die die Reizung der Sexualorgane bezweckt und in eine Trink- und Badekur zerfällt. Es bedürfte einer speziellen Untersuchung, inwieweit die gegebenen

Zeichn. IX
Niederkommende Kaiowä-Indianerin
Die Hebamme bläst ihr ein Brechmittel in den Mund
Nach der Zeichnung eines Kaiowä-Indianers

Zeichn. X
Schwere Niederkunft einer Frau
in Kerrie am Weißen Nil

Mittel, unter denen die geschabte Wurzel der Mbokase (Art des Brotfruchtbaumes), die Nüsse der Rerega oder Kayo (Art Tumerik), Früchte der Iris Sibirica und ähnliches erscheint, wirklich anreizenden Wert haben oder nur mystische Bedeutung in sich schließen. Von Interesse ist jedenfalls, daß gleich nach Einnahme dieser Mittel der Koitus ausgeführt werden soll. Ganz in das Gebiet des Fruchtbarkeitszaubers ragen dagegen eine ganz unendliche Reihe von *mystischen und sympathischen Mitteln*, die sich aus dem Glauben des primitiven Menschen erklären, daß nicht der Koitus die Ursache der Schwängerung sei, sondern diese von außen her durch Dämonen oder eine Gottheit betätigt würde.

Wir haben oben näher darüber gesprochen. Man muß also entweder diese höhere
Macht versöhnen oder den Bann brechen, der sie verhindert, ihre Schuldigkeit

Zeichn. XI. Niederkunft bei den Kabylen

Nach Witkowski

Zeichn. XII. Niederkunft der Penimonee-Indianerinnen

Nach Engelmann

zu tun. Dieser Baum ist gewöhnlich ein böser Zauber, den Unbekannt ausgesprochen hat, denn es ist bekannt, daß Naturvölker in allen schlimmen Ereignissen die Wirkung eines Zaubers erblicken, wie wir oben sahen sogar im Todesfall. Hein erzählt uns beispielsweise, wie die Dayaks von Borneo sich zur Un-

fruchtbarkeit stellen. Dort glaubt man nämlich, daß die Wassergötter (Djata) hindernd eingreifen können: „Wollen unfruchtbare Frauen Kindersegen erlangen, so veranstalten sie einem Djata ein großes Fest, Bararamin genannt, bei welchem man in einem schön geschmückten Boote nach einem Wohnsitze der Djatas fährt und dort Hühner (und anderes Geflügel), deren Schnäbel mit Goldblech belegt sind, zum Opfer darbringt, indem man sie entweder lebendig in das Wasser wirft oder ihnen den Kopf abschneidet und bloß diesen opfert, den Rumpf des Tieres aber verzehrt. In manchen Fällen scheint man sich jedoch mit aus Holz geschnitzten Vogelfiguren zu begnügen." Hier wie bei allen Fruchtbarkeitsriten spielt häufig der Zauberpriester eine große Rolle. Wieder verdanken wir Büttikofer eine recht gute Beobachtung, die er bei den Veynegern in Liberia machte: „Der unter den Eingeborenen allgemein herrschende Aberglaube ermöglicht den zahlreichen Fetischdoktoren, in der Veysprache bulikai genannt, eine lohnende Existenz, da dieselben nicht allein durch das Anfertigen und Einsegnen von Grigris, sondern auch durch Beschwörungen von Zauber u. dgl. viel Geld verdienen. Ein richtiger buli-kai weiß überall Rat zu schaffen. Bekommt z. B. eine Frau keine Kinder — was als eine große Schande gilt —, so schreibt sie dies einem auf ihr lastenden Zauber zu und holt sich beim Fetischdoktor Rat, welcher sofort bereit ist, für eine geringe Entschädigung den Zauber zu lösen. Es müssen dann saras gelegt oder auf eine andere Weise die bösen Geister günstig gestimmt werden. Oft verlangt der Doktor eine ganze Reihe von Gegenständen. Einige derselben werden, nachdem die nötigen Zauberformeln darüber gesprochen sind, begraben oder in den Fluß geworfen, andere sind dazu bestimmt, um ‚verkauft‘ zu werden, worunter der Doktor versteht, daß dieselben ihm übergeben werden müssen. Unter den letzteren sind ein gewisses Quantum Reis oder ein weißes Huhn die gebräuchlichsten. Immer nennt der Zauberer genau die Farben dieser Opfer, und wenn z. B. kein weißes Huhn herbeigeschafft werden kann, so muß ein Stück weißes Baumwollenzeug an dessen Stelle treten. Weiß und rot scheinen die beiden Farben zu sein, welche bei solchen Gegenständen allen anderen vorgezogen werden. Dabei macht der Doktor seinen Klienten allerlei Vorschriften über das Vermeiden gewisser Speisen. So findet man z. B. Personen, die kein Huhn, andere, die kein Affenfleisch, und wieder andere, die kein Fleisch einer ihnen speziell genannten Antilopenart essen

dürfen. Diese Enthaltungsvorschriften gehen oft von Eltern auf Kinder und Enkel über. Als ich zufällig einmal einen meiner Diener fragte, warum er kein Affenfleisch essen wolle, antwortete er: ,Weil meine Mutter es nicht essen darf.' "
Nach dem bei Ploß-Bartels zusammengestellten Material ergibt sich nun etwa folgender Überblick über fruchtbare und unfruchtbare Völker, wobei solche, bei denen fünf und mehr Kinder durchschnittlich in der Familie geboren werden, als fruchtbar gelten:

a) fruchtbar:			*b) unfruchtbar:*		
Kirgisen	ca.	5,5	Ostjaken	ca.	4
Tschuktschen	„	6	Tungusen	„	4
Yakuten	„	7,5	Aleuten	„	3
Todas	„	5	Alaska	„	3
Eskimo	„	6	Indianer Nordamerikas	„	4,5
Feuerländer	„	7,5	Indianer Südamerikas	„	4
Masai	„	6,3	Wanjamwesi	„	4
Asa Wanderobbo	„	5,7	Loangoneger	„	2,5
Mandingo	„	5	Hottentotten	„	3
Salomonsinsulaner	„	5	Zentralaustralier	„	3
Savageinsulaner	„	6	Papua	„	2
			Neukaledonier	„	4
			Gilbertinsulaner	„	3

b) Das Weib als Mutter

Über die eigentliche *Dauer der Schwangerschaft* sind sonderbarerweise nicht einmal alle Kulturvölker richtig orientiert, geschweige denn, daß sich Naturvölker ein klares Bild machen würden. Man rechnet heute 270 bis 280 Tage (vom ersten Tag der letzten Periode ab gerechnet). Besonders interessant ist nun, daß verschiedene afrikanische Stämme glauben, daß die Knaben länger im Mutterleibe bleiben als die Mädchen. So geben die Wapogoro und die Suaheli den Knaben dementsprechend 9 bis 12 Monate, den Mädchen 8 bis 9 Monate.
Ganz ähnlich ist es mit dem Urteil über die *Kennzeichen* bestellt. Leider ist hier noch viel zu wenig beobachtet worden. Interessant ist der Glaube der Neger von Old-Calabar; sie nehmen als Kennzeichen das Ausbleiben der Menstruation,

Abb. 100.
Gesichtsbemalundg
einer Seri-Indianerin (Arizona).

Abb. 101. Eine Muli. Tochter eines
Häuptlings der Provinz Lampong.

Abb. 102.
Ausschlagen der Vorderzähne eines Mädchens des
Kaitischstammes (Australien).
Nach Spencer und Gillen.

Abb. 103. Rollstempel
für die Körperbemalung. Rio Tiquié.

Abb 104. Behälter für die Geräte
zur Körperbemalung (aus Birkenrinde). Tlinkit, Nordamerika.

Abb. 105.
Kadiuéo-Indianerin, bemalt.
Nach Boggiani.

Abb. 106.
Tschipeway-Indianerin mit Kind.
Nach M'Kenney.

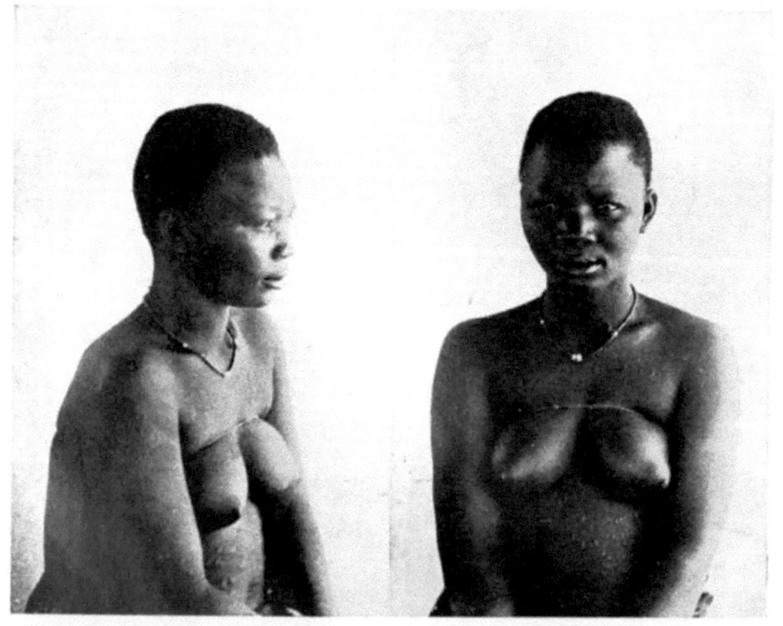

Nach Falkenstein.

Abb. 107. Weib mit Busenschnur, Loango.

Abb. 108. Schmuckstücke aus Luzon und Mindanao (Philippinen).

Links: Ohrpflock der Negritomädchen (Luzon). Mitte oben: Parfümpaketchen, Manobo (Mindanao). Mitte unten: Frauenarmband (Tabuhang) von Früchten und wohlriechenden Blättern Negrito Casiyuran (N. Luzon). Rechts: Halsschmuck (Manik) der Negritomädchen, Casiyuran (N. Luzon).
Museum f. Volkerkunde, Dresden.

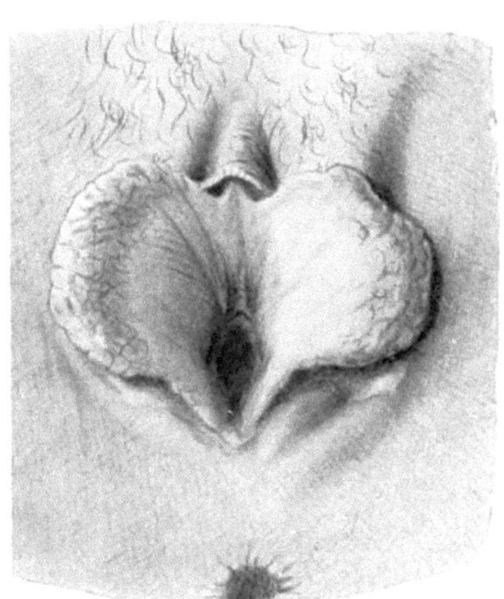

Abb. 109. Hottentottenschürze.

Abb. 110. Armplastik bei einem Taulipang-Mädchen.
Nach Koch-Grunberg.

Abb. 111. Wadenplastik der Karaibenfrauen.

Nach du Tertre, 1667.

Abb. 112. Steinfigur vom Bismarckarchipel (Klitoris-vergrößerung).

Museum f. Völkerkunde.

dann ein bleiches, aschfarbenes Aussehen des Gesichtes und des oberen Teiles der Brust, auf dem außerdem gelbliche Flecke auftreten, während der Warzenhof dunkler wird, an. Deshalb sträuben sich auch die Männer, eine Kleidung bestehen zu lassen, die dieses Zeichen verdeckt. Noch unklarer denken Naturvölker über die *Lage der Frucht*; was ihnen ja schließlich nicht zu verdenken ist, da sie wenig Einblick in das Innere des menschlichen Körpers besitzen. So glauben die Golden (an der Amurmündung in Sibirien), daß das Kind im Mutterleib aufrecht steht, während die Papua von Niederländisch-Neuguinea umgekehrt das Kind auf dem Kopf stehend denken (vgl. Abb. 99, Fig. 6), was wohl mit der Normalgeburt zusammenhängt. Jedenfalls unterscheiden viele Naturvölker zwei Hauptlagen der Geburt, die Schädellage und die Fußlage. Je geringer aber die wirklichen Kenntnisse sind, desto reicher sind die *Schwangerschaftsgebräuche*. Hauptsächlich sind sie eine Fortsetzung des *Abwehrzaubers der Befruchtungszeremonien*. Da ist uns zunächst eine Notiz von Hein (bei Ploß-Bartels) über die Dayak von Borneo schon deshalb von größter Wichtigkeit, weil sie bestätigt, was wir oben sagten, daß nämlich große Sorge besteht, *Dämonen möchten die richtige Befruchtung hindern*. Er sagt: „Schwangere Frauen opfern den Djata und den Panti kleine, balai panti genannte Häuschen, welche entweder in einen Fluß versenkt oder in der Nähe des Hauses in den Wipfel eines Baumes gehängt werden; denselben Zweck, böse Geister von dem Körper der Schwangeren abzuhalten, versieht die hüttenartige ‚pasah kangkamiak‘, in welcher den Hantus Hühner geopfert werden (vgl. Zeichn. V). Der Kamiak ist ein sehr böswilliger Geist, dem die Gabe zu fliegen eigen ist und der von schwangeren Frauen auf das äußerste gefürchtet wird, da er sich stets bestrebt, in den Körper derselben unsichtbar einzudringen und die Geburt des Kindes entweder zu erschweren oder ganz unmöglich zu machen. Ihm wird in kleinen Häuschen in ähnlicher Weise wie den Djata geopfert." Hein erklärt sodann die Hühneropfer für die Schwangeren. Sie haben ihren Grund in dem Glauben, daß die während des Gebärens sterbenden weiblichen Hantuen in böse Geister, Kangkamiak oder Kamiak, verwandelt werden, welche zumeist in Gestalt eines Huhnes *in schwangere Frauen zu fahren suchen*, um sie am Gebären zu hindern; sogar die Stimme eines solchen Kangkamiak ähnelt dem Geschrei einer Henne; Hühneropfer bringt man daher auch den Wassergöttern Djata, welche die Schwangeren vor den bösen Geistern beschützen und leicht gebären lassen. Ein sehr interessantes Gerät der Huta (Si Gaol Habinsaran) gibt uns Volz. Es ist der Pagar pandiam, ein Talisman, der zu Häupten der Schlafstelle hochschwangerer Frauen zum Schutz von Mutter und Kind aufgehängt wird und aus Rotangschnur und 5 Bambusfiguren besteht (Abb. 164). Von weiterem Interesse ist ein Gebrauch der Buginesen und Makassaren (südlich Celebes), weil hier der Zusammenhang eines mystischen Brauches mit primitiver Medizin zu erkennen ist. Matthes erzählt uns nämlich, daß sie vor der Niederkunft den Leib der Schwangeren massieren und ihr dann eine *Binde* unter das Gesäß schieben, deren Enden sie über ihr zusammenschlagen. So wird die Frau vorsichtig hin und her geschüttelt und dann die Binde an der Treppe ausgeschlagen. Danach wird die Schwangere nochmals an der Tür ausgeschüttelt, um alle bösen Geister zu vertreiben. Solche Binden werden nämlich bei vielen Naturvölkern, so bei den Gilbertinsulanern, um den Leib der Schwangeren gelegt. Man glaubt dadurch zugleich die Geburt zu erleichtern. Über ein ähnliches mystisches Heilmittel berichtet Grünwedel nach Beobachtungen von Vaughan Stevens. Der hochinteressante Bericht lautet: „Die Höhlung des Bambusstückes (Tahong) wird, nachdem jede Seite mit einem Stöpsel aus Holz oder Baumrinde verstopft ist, als Büchse für Stein und Stahl zum Feueranmachen usw. benutzt. Die Zeichnung besteht in der Hauptsache aus zwei Teilen; der obere, aus herumlaufenden Zickzacklinien bestehende Teil ist ein *Zaubermittel gegen Ekel und Erbrechen*, welches Schwangere auszustehen haben, der untere Teil enthält eine Anzahl von Kolonnen, von denen eine jede einen der Zustände darstellt, welche eine Schwangere vom Moment der Empfängnis bis zur Geburt durchmachen muß. Es ist schwer, diese Stadien genau zu fixieren, da die Semang-Leute oft den Sitz des Unwohlseins an eine andere Stelle versetzen, als es in Wirklichkeit der Fall ist. Sicher ist folgendes: Das kragenartige Zeichen an der Spitze der einen der Kolonnenlinien am Ende der schwarzen zahnartigen Striche ist das Kind in der Gebärmutter. Die schwarzen Zähne bilden den Zusammenhang zwischen Kind und Mutter und gehen von der Seite des Kindes zu der der Mutter hinunter, welcher Teil viel größer dargestellt ist. Zur Rechten dieser vertikalen Reihe von Zähnen ist die Kolonne von scheibenartigen Figuren, welche bloß auf der Seite der Mutter dargestellt sind, die Abbildung des Blutverlustes durch Zerreißen der Gefäße bei der Geburt ... Wie erwähnt, wird der Tahong von den Semang-Frauen unter dem Gürtel sorgfältig verborgen und darf keinem fremden Manne zu Gesicht kommen. Der Ehemann schneidet das Muster, und eine schwangere Frau, welche ohne Tahong sich treffen läßt, wird von den anderen Semang-Weibern etwa ebenso angesehen wie in Europa eine Mutter ohne Trauring. Die Muster der Tahong differieren unter sich nur unbedeutend, wie den Männern eben das Eingravieren des allgemein anerkannten Musters gelingt. Der Häuptling ist im Besitz des orthodoxen Musters und ist stets imstande, falls angefragt würde, die einzig echte Zeichnung zu geben."

Wir sahen oben, daß man ursprünglich glaubte, das Kind käme auf übernatürlichem Wege von außen in die Mutter, ohne Zutun des Vaters, und sahen ferner, daß dieser Glaube später dahin revidiert wurde, daß man *nur die Seele auf solchem Wege kommend dachte.* Diese Anschauung erklärt nun eine ganze Reihe von Schwangerschaftsgebräuchen. Am besten berichtet dazu wieder Stevens bei Grünwedel. Die Weiber der Orang Pangyang in Malakka legen nämlich während der Schwangerschaftszeit an einem *Baume,* der zur Gattung ihres Lebensbaumes — also ursprünglich der Baum, von dem das Kind kommt — gehört, *Blumen nieder. Auf diesem Baume sitzt die Seele ihres zukünftigen Kindes in der Gestalt eines Vogels und wartet darauf, daß sie von der Mutter gegessen wird.* „Der Vogel, welcher die Seele für das Kind der Schwangeren besitzt, bewohnt stets dieselbe Art von Bäumen, wie der Geburtsbaum (Lebensbaum), er fliegt von dem einen zum andern und folgt dem noch ungebornen Körper. Die Seelen der ersten Kinder sind stets junge, aus den Eiern entwickelte Vögel, die Brut eines Vogels, der die Seele der betreffenden Mutter besaß. *Die Vögel können die Plazenta eines Knaben von der eines Mädchens unterscheiden.* Die Seelen erhielten die Vögel von Kaii (dem höchsten Gott)." Wer den Seelenvogel nicht ißt, bringt entweder ein totes oder doch nicht lebensfähiges Kind zur Welt. Zu den wesentlichen Schwangerschaftsgebräuchen gehört aber auch die *Erforschung, welches Geschlecht das im Mutterleibe ruhende Kind haben werde,* eine Frage, die für Naturvölker besonders dort sehr brennend wird, wo Mädchen nicht gerne gesehen werden. So glauben die Suaheli, daß eine Frau, die während ihrer Schwangerschaftszeit tüchtig *arbeitet,* einen Knaben gebären wird, während, wenn sie lässig ist, ein Mädchen zur Welt kommt. Darin liegt zugleich ein Versuch, das Schicksal zu bestimmen, d. h. das *Geschlecht willkürlich zu beeinflussen*, ein Wille, den unsere heutige Menschheit mit den Naturvölkern gemein hat. Eine weitere Reihe von Gebräuchen sucht eine *glückliche Geburt* vorzubereiten oder auf das *künftige Leben des Kindes einzuwirken*. Dazu gehören zunächst Mittel, denen man einen direkten Einfluß im Sinne unserer Medizin zuschreibt. Man kann diese Mittel in drei Gruppen teilen, in wirkliche oder doch medikamentös verwendete Heilmittel, in sympathischmystische Mittel und in solche, die einen Analogiezauber darstellen. Zur ersten Gruppe gehören allerlei körperliche Übungen. So berichtet Man von den Mincopies (den Bewohnern der Andamanen), daß hier die Weiber während der Schwangerschaft *körperliche Übungen* vornehmen, um damit eine leichtere Entbindung zu erreichen. Ähnlich wird es in Zentralafrika, besonders in Uganda, gehandhabt. Hier setzt kurz vor der Entbindung eine regelrechte *Massage* ein. Dabei wird sehr oft ein besonderer *Speisezettel* vorgeschrieben, oder es werden Speiseverbote verordnet. Gerade hier, in Uganda, gibt ma den Schwangeren, nach Mitteilungen von Roscoe, ein leicht abführendes Salz und salbt ihren Körper mit Öl ein. Die Indianerinnen Brasiliens enthalten sich beispielsweise in dieser Zeit des Fleisches oder, wie Koch-Grünberg von den Kobéua berichtet, gewisser Arten: „Einen Monat vor der Geburt darf die Kobéuafrau alle Vögel und Fische essen, außer dem Pirarára (Silurus Pirarara Natl.), dessen Genuß überhaupt mancherlei üble Folgen haben soll. Alle Vierfüßler aber, besonders Tapir, Capivára und Hirsch, sind ihr verboten. Diese Vorschrift gipfelt also in einer geregelten Diät, wie sie der Indianer bei allen Krankheitsfällen anwendet (also Tabu-Vorschriften). Von den Kanakinnen erzählt Graf Pfeil, daß die Mutter gewisse Speisen genießen, andere vermeiden muß, wenn die Schwangerschaft ihrem Ende zugeht; diese seien der Mode unterworfen und bezweckten, daß das Kind schön und kräftig werde, dichten Haarwuchs und schöne Zähne bekomme usw.“ Die Frauen von den Karolinnen bekommen nur die Milch von Kokusnüssen. Fische sind fast überall verboten, nur die Weiber der indonesischen Inseln Romang, Nila, Dama usw. erhalten sie täglich in rohem Zustand mit dem Safte von Citrus hysterix betropft. Sehr vorsichtig sind die Masai; Merker in seinem klassischen Werke sagt davon: „Während der ersten fünf Schwangerschaftsmonate lebt die Frau in Speisen und Getränken wie gewöhnlich. Dann bekommt sie eine Brühe, von Lunge, Leber und Nieren mit einer ol mokotan genannten, bitter schmeckenden Baumrinde (von Albizzia anthelmintica) gekocht, und Milch, im letzten Monat nur diese. Die Frau soll dadurch möglichst stark abmagern, damit die Geburt leichter vonstatten geht." *Sympathisch-mystische Grundlage* haben dagegen eine Reihe anderer Gebräuche. So behängt sich die Schwangere in Westafrika nach Ploß-Bartels an Hals, Arm und Fuß mit *Zauberzeichen* und Zauberschnüren und bekommt von einer Priesterin Manschetten aus Bast um Hände und Knie gelegt, die ihr eine glückliche Entbindung garantieren sollen. Hierher gehört zweifelsohne auch die *Verwendung von Ton,* die sich so weit verbreitet findet. Wir finden das Essen von Ton oder ähnlicher Erde bei den Schwangeren in Ostafrika, bei den Mincopies auf den Andamanen (weißer Ton), auf Ambon, ja sogar noch in Kulturländern wie Indien, Persien und Vorderasien. Hier wurde ein wohlriechendes rotes Erdpulver gegessen. Der Zweck geht wohl am deutlichsten aus einer Mitteilung von Buchner hervor, der über das Pemba der Neger sagt: „*Pemba* ist ein feiner, weißer, kaolinhaltiger Ton, der nicht überall zu finden ist und deshalb oft weit hergeholt wird und einen Handelsartikel bildet. Seine Anwendung erinnert vielfach an das Weihwasser der Katholiken, und der Ausdruck Pemba wird auch oft im Sinne von Glück oder Segen gebraucht. Man sagt Pemba geben, indem man sich die angefeuchtete Substanz gegenseitig auf die Arme oder auf die Brust streicht. Schwangere Kranke beschmieren sich häufig damit das ganze Gesicht." Es sei hier daran erinnert, daß dieses Beschmieren mit weißer Erde auch bei den Reifezeremonien eine große Rolle spielt, wie wir oben zeigten. Mit dem Erdessen, wie es in Australien und anderen nahrungsarmen Ländern vorkommt, hat dieses Verzehren von Ton natürlich nichts zu tun. Der *Analogiezauber* bei Schwangeren findet sich ebenfalls über die ganze Erde verbreitet. Maaß erzählt z. B. von den Mentaweiinsulanerinnen: „Befindet sich eine Frau oder Mädchen in diesem Zustand und bedarf es eines neuen Hüftschurzes oder hat den Wunsch nach selbigem, so verfertigt sie in ihrem Garten einen solchen und legt den alten *ausgebreitet* dahin, doch kann dies auch an einem anderen Ort geschehen, während in anderen, nicht Schwangerschaftsfällen sie den Schurz einfach wegwirft. Der Grund, weshalb sie den Schurz ausbreitet, findet sich in dem Glauben, daß dadurch das Kind gerade und nicht krumm geboren wird. Alle Sachen, welche sie während dieser Periode benutzen, suchen sie gerade hinzulegen. ... Die Mentaweiinsulanerinnen dürfen sonst, nach Maaß, während der Schwangerschaft alles essen, außer dem Tintenfisch, weil dieser in Höhlen und zwischen Korallen lebt. Während der Ebbe hält er seinen Kopf heraus und ist *schwer* aus seinen Schlupfwinkeln *herauszubekommen*, weil er sich dann aufbläht. Die Frauen der Eingeborenen denken nun, wenn sie sich des Genusses dieses Fisches hingeben, daß es ihnen bei der Geburt mit ihren Kindern dann ähnlich gehen würde." Die Chacoindianerinnen Südamerikas essen nach der Verheiratung kein Schaffleisch mehr, weil sie glauben, sonst *stumpfnasige* Kinder zu bekommen. Diese Art Zauber erklärt sich ohne weiteres, wenn wir daran denken, daß Naturvölker auch sonst glauben, die Eigenschaften jener Tiere oder Menschen zu erlangen, die sie aufessen. Recht charakteristisch sind die Schwangerschaftsgebräuche, die uns Parkinson von den Gilbertinsulanerinnen berichtet, weil hier die verschiedensten Vorstellungen durcheinander gehen: „Bei der ersten Schwangerschaft wird schon am Ende des zweiten Monats eine alte Frau gerufen, die später Hebammendienste verrichten soll. Diese läßt von den Hülsen von ungefähr 50 Kokosnüssen eine Pyramide errichten, in deren Spitze das Herzblatt einer Kokospalme eingesteckt wird. Die junge Frau setzt sich auf eine Matte daneben. Die Alte nimmt von einem hierzu besonders bereiteten Brote aus geschabten Taroknollen und Kokosnußkernen ein ungefähr einen Fuß langes, 2 Zoll breites und 1 Zoll dickes Stück, rollt es zwischen den Händen und berührt damit die junge Frau an verschiedenen Stellen des Körpers. Damit murmelt sie ein Gebet an die Göttin der Schwangeren, Eibong, daß sie das Kind schön und wohlgestaltet mache, daß es, wenn es ein Knabe wird, später die Liebe und Zuneigung der jungen Mädchen gewinnen möge, und wenn es ein Mädchen wird, daß es eines reichen Mannes oder tapferen Kriegers Liebe erringe. Dann bricht sie ein Stück von dem Gebäck ab, reicht es der jungen Frau zum Essen, und den Rest verzehrt der Ehemann. Bis zum Morgen des vierten Tages schläft die Alte mit der Schwangeren jede Nacht neben der Kokoshülsenpyramide. Jetzt melden sich Adoptiveltern für das Kind, da es Sitte ist, dasselbe nach beendeter Säugezeit anderen Eltern zu übergeben. Am Ende des dritten Monats begibt sich das Paar mit der Alten und allen Verwandten an einen unbewohnten Ort. Speisen und Getränke werden unter einen Baum gestellt, welchen der Adoptivvater des Mannes der Schwangeren mit diesem dreimal umgeht; darauf nehmen beide unter demselben Platz und werden von der alten Frau mit den besten Speisen versorgt. Dann folgt ein allgemeines Gelage mit Tanz und Gesang. Am Schluß des vierten Monats geht die Alte mit der Schwangeren und dem Adoptivvater von deren Mann zu einem Kreuzweg. Hier wird der jungen Frau ihre Bekleidung abgenommen und verbrannt. Der Schwiegervater hat jedoch eine neue Bekleidung mitgebracht, die von der alten Frau um die Hüften der jungen befestigt wird. Dabei wird ihr gesagt, daß sie von nun an zu den alten Frauen gerechnet wird, daß sie mit dem alten Kleid auch ihre Kindheit abgelegt hat und von nun an nur daran zu denken hat, wie sie ihrem Mann sich angenehm zeigen kann, und daß sie vor allen Dingen demselben treubleiben muß. Dann gehen sie nach Hause, wo die Verwandtschaft sie schon zu einem Gelage erwartet."

Betrachten wir nun die *Stellung, die das schwangere Weib bei Naturvölkern einnimmt,* so können wir mit großer Freude konstatieren, daß ihm fast durchweg das größte Entgegenkommen gezeigt wird. Und selbst dort, wo gewisse Beschränkungen auftreten, wurzeln sie in dem Glauben, daß die Schwangere ebenso wie die Menstruierende *unrein sei.* Weit öfter aber wird ihr die sorgfältigste Schonung zuteil. So berichtet Merker, daß sich bei den Masai Mann und Weib trennen, bis die Säugezeit vorbei ist. Kein Mann darf die Frau während dieser Periode der Enthaltsamkeit berühren. Sie legt sogar ihren bisher getragenen Stämme, die sonst nichts weniger als feinfühlend gegen das weibliche Geschlecht damit erklären, daß die Frau alles wegzulassen habe, was Männer *anlocken* könne. In vielen Fällen ist freilich diese Enthaltsamkeit den Frauen nicht einmal angenehm, denn die Malaiinnen haben nicht Lust, solange sich des Verkehrs zu enthalten, und treiben deshalb die Frucht oft ab. Prinz Max von Wied, der Anfang des 19. Jahrhunderts Südamerika bereiste und uns bestätigt, daß die Weiber bei den Indianern wie Lasttiere gehalten wurden, berichtet aber, daß vom Momente an, wo die Schwangerschaft beobachtet wird, dem Weibe jegliche Arbeit erleichtert wird. Dies gilt auch sogar für verschiedene nordasiatische Stämme, die sonst nichts weniger als feinfühlend gegen das weibliche Geschlecht sind. Heckewelder schildert die aufopfernde Tätigkeit der Männer bei den Indianern, die ehedem in Pennsylvanien wohnten; er berichtet, daß der Mann oft 40 bis 50 Meilen lief, um jene Leckerbissen zu bekommen, die die Frau während der Zeit ihrer Gelüste wünschte, und nennt als solche Kranichbeeren, Welschkorn, Eichhörnchen, Enten usw.

Eine ganz eigenartige Auffassung der Naturvölker bringt den Mann in engste Verbindung mit dem Geschlechtsleben des Weibes und macht ihn so zum Mitträger von Vorgängen, die ihn in Wirklichkeit gar nicht tangieren. Dahin gehört z. B. die so bekannte *Couvade*, über die wir noch zu sprechen haben werden. Da ist zunächst wichtig, daß bei den transkaukasischen Pschawen nach Fürst Eristow der *Mann* während der Schwangerschaft ebenso *unrein* ist wie das Weib, daß er sich bei den Buginesen und Makassaren ebenso *launisch* benimmt wie die Frau und dieselben *Gelüste* zeigt, daß er bei den Papua der Dorah-Bai alle Speisengebote seiner Frau mithalten muß, ebenso bei den südamerikanischen Indianern. Bei den Mentaweiinsulanern hat er nach Maaß die häuslichen kleinen Funktionen zu verrichten wie das Weib, weil sich sonst das Kind im Leibe der Mutter herumdreht. Die Dajaken glauben, daß es besser sei, wenn der Ehemann sein schwangeres Weib möglichst *nie verlasse*, da seine Anwesenheit das Gedeihen des Kindes im Mutterleib fördere, und in Atjeh soll der Mann ebenfalls beim Weibe bleiben, besonders in der Zeit zwischen Sonnenaufgang und -untergang, damit es vor *Spuk und ähnlichem geschützt* sei, der die Schwangere bedroht. Gerade aus dieser Stelle geht hervor, daß der Mann seinem Weibe Schutz gegen die Dämonen gewähren soll. Man darf also in der Couvade — die sicherlich nicht nur *einen* Grund für ihr Entstehen und ihre Beibehaltung hat — wohl unter anderem den Zweck sehen, daß der Mann die Dämonen täuschen soll, wenn er sich anstatt des Weibes zu Bett legt, damit sie an seinem Körper, dem sie nichts anhaben können, ihr Zerstörungswerk beginnen sollen. (Vgl. v. Reitzenstein in: Marcuse, „Handwörterbuch der Sexualwissenschaft", Artikel „Couvade".)

Wir haben hier aber auch noch des *gewaltsamen Abbruchs der Schwangerschaft* zu gedenken: des *Abortus*. Bei uns ist er zur strafbaren Handlung geworden, wobei eigentlich nur wieder der Druck des Christentums maßgebend wurde. Das abgetriebene Kind ist nicht getauft worden und so nach der Lehre der Kirche in ihrem Jenseits benachteiligt. An sich liegt kein Grund für eine Strafbarkeit vor, und so sehen wir denn bei Naturvölkern den Abortus überall gestattet, für übervölkerte Gebiete ist er sogar ein Segen. In anderen Fällen wird er übertrieben und dann ist er zu einer Gefahr für die betreffenden sozialen Verbände geworden. (Vgl. v. Reitzenstein in: „Geschlecht und Gesellschaft", Jahrgang X, Heft 4 und 5, 1922: Sexualreform, „Zur gesetzlichen Freigabe der freiwilligen künstlichen Frühgeburt.") Die Gründe sind bei Naturvölkern sehr verschieden. Zunächst werden vielfach die *außerehelichen Kinder* abgetrieben. Dies hat aber andere Gründe als bei uns. Da die Mädchen der Naturvölker gewöhnlich gleich nach der Geschlechtsreife verheiratet werden, so sind die außerehelichen Kinder zugleich solche, die vor Vollzug der Reifezeremonien geboren worden sind und als solche entweder nicht als Vollmenschen oder nicht als Stammesangehörige betrachtet werden. Dieses Abteiben geschieht beispielsweise auf den Fidschiinseln, in Neu-Guinea, bei den Ovambo usw. In Fidschi ist es originellerweise überhaupt *eine Schande, viele Kinder zu haben. Nahrungsmangel* veranlaßt auch viele Völker dazu, so die Australier, Gilbertinsulaner, Mundavölker. Verschiedene südamerikanische Stämme und ostafrikanische Völkerschaften zwingt die Unmöglichkeit, zwei Kinder *stillen* zu können, dazu. Bei vielen indianischen Völkern Nordamerikas erfolgt die Abtreibung von Kindern aus Beziehungen zu Weißen, weil das *Becken* der Indianerin für das Durchlassen solcher Kinder *zu eng* gebaut ist. *Soziale Gründe* walten auf Borneo; dort bleiben adlige Mädchen gewöhnlich ledig und beseitigen Spuren eines nicht geeigneten Verkehrs. *Schönheitsverlust* besorgen beispielsweise die Samoanerinnen, Neukaledonierinnen, Paraguayindianerinnen, wenn sie öfters schwanger sind. *Bequemlichkeit* erscheint oft als Grund auf Neukaledonien, Samoa, Tahiti, Hawai, auf Malakka und an vielen anderen Orten. Die Bewohner von Babar geben direkt an, daß die Schwangerschaft sie zwingen würde, mit dem *Koitus aufzuhören.* Selten wird auch *Rache* des Weibes gegen ihren Mann als Grund genannt, so bei den Ovambo. Im allgemeinen aber ist der Abortus überaus häufig besonders bei den Maoriweibern, von denen berichtet wird, daß viele Frauen 10 bis 12 Kinder abgetrieben haben, obwohl außerdem noch *Kindesmord* stattfindet. Auf den Gesellschaftsinseln, auf Samoa usw. ist dagegen der Kindesmord verboten, während Abtreiben ohne weiteres gestattet ist. Verbote des Abortierens erfahren wir nur von sehr wenigen der Naturvölker, so den Orang-Laut auf Malakka, den Tschippewä-Indianern usw. Die *Zeit der Abtreibung* ist sehr verschieden; am besten haben die Masai den 3. Monat der Schwangerschaft dazu bestimmt; die Suaheli treiben vom 2. bis 4., die Salomonsinsulanerinnen vom 3. bis 7. Monat ab. Interessant ist übrigens, daß verschiedene Völker in der Ehe eine *bestimmte Kinderzahl* leben lassen und die folgenden sodann beseitigen. Dies gilt für die Watubela-Insulaner (2 Kinder), die Bewohner der Aaruinseln (3 Kinder), die südamerikanischen Lengua und Abiponen (1 bis 2 Kinder), die Winnebägo (1 Kind), die Oregonindianer (2 Kinder) usw. Häufig hat sich auch ein eigener *Stand von Weibern* ausgebildet, die die Abtreibung berufsmäßig besorgen, so bei den Krähen-Indianern, den Assiniboin, den Salomonsinsulanern, den Bewohnern von Fidschi. Die *angewendeten Mittel* sind sehr verschieden; charakteristisch ist aber, daß in diesem Falle die sympathischen Mittel stark im Hintergrund stehen. Dagegen können wir die angewendeten Kuren in *mechanische Eingriffe* und in *Medizinen* teilen. Das Wasser heißer Schwefelquellen trinken die Loyalitätsinsulanerinnen, die Bafiotonegerinnen essen roten Pfeffer, kochend heiße Bananen werden in Neukaledonien verschluckt usw. Hören wir dazu einige Reisende. Jacobs erzählt, daß ihm die Konkubinen der Fürsten auf Bali erzählten, „daß, sobald eine von ihnen schwanger wird, sie sich bei dem Fürsten melden muß, der ihr dann sofort ein chinesisches Obiat (pengeret) gibt. Dieses ,mixtum quid‘, von schwarzer Farbe und herbem Geschmack, verursacht nach dem Gebrauch ein Gefühl von Wärme und hat beinahe stets den gewünschten Erfolg.“ Von den Herero-, Hottentotten- und Buschweibern berichtet Lübbert: „Die Schwangere läßt sich vom dritten oder vierten Monat an von einem Freunde oder einer Freundin mit dem Fuß vor den Bauch treten. Hierzu schnürt man den Leib oberhalb der Gebärmutter mit einem Strick möglichst fest zusammen, um den Fötus am Wachstum zu verhindern. Innerlich nimmt man Salpeter oder übermäßig viel Kochsalz. Besonderen Schaden stiften diese Maßnahmen anscheinend nur in den seltensten Fällen.“ Furchtbar klingt die Schilderung, die Ploß-Bartels unter Anlehnung an Currier von den Assiniboinindianern geben: „In manchen Fällen wird ein *spitzer Stock* in die Gebärmutter eingeführt und das Ei angestochen. In anderen Fällen wird ein Pfahl in die Erde getrieben und die Patientin lehnt ihren Leib auf dessen oberes Ende, das ungefähr 2 Fuß über dem Erdboden sich befindet, und welgert ihren Bauch darauf hin und her, bis der Fötus abgeht. Eine andere Methode besteht darin, daß die Schwangere sich mit dem Rücken auf die Erde niederlegt, und dann wird ihr ein breites Brett quer über den Bauch gelegt. Auf dieses Brett stellen sich dann zwei oder drei ihrer Freundinnen der Reihe nach und hüpfen darauf, bis Blut aus der Vagina fließt; oder der Bauch wird geknetet und getreten, bis die Frucht ausgestoßen wird. So roh auch dieses Verfahren ist, so wird doch angegeben, daß selten danach der Tod eintritt." An gleicher Stelle erwähnt Pallas, daß bei den Kalmückinnen alte Weiber den Unterleib der Schwangeren reiben, dann glühende, in eine alte Schuhsohle gewickelte Kohlen auf die Gegend der Gebärmutter legen. Besonders charakteristisch sind aber die Angaben Bessels über die Eskimos: „Ähnlich wie sich im missionarisierten Grönland die Schwangeren des Kaminstockes (ein Stück Holz zum Ausweiten der nassen Fußbekleidung) zu diesem Zwecke bedienen, so benutzen die Itanerinnen des Smith-Sundes entweder den Peitschenstiel oder einen anderen Gegenstand und klopfen oder pressen sich damit gegen das Abdomen, welche Prozedur mehrmals des Tages wiederholt wird. Eine andere Art der Abtreibung der Leibesfrucht besteht in der *Perforation der Embryonalhüllen*, eine Operation, die uns in gelindes Staunen versetzt. Eine dünngeschnitzte Walroß- oder Seehundsrippe ist an ihrem einen Ende messerschneidenartig zugeschärft, während das entgegengesetzte Ende stumpf und abgerundet ist. Das erstere trägt einen aus gegerbtem Seehundsfell genähten zylindrischen Überzug, der an beiden Enden offen ist und dessen Länge derjenigen des schneidenden Teiles des Knochenstückes entspricht. Sowohl an das obere als an das untere Ende des Futterals ist ein etwa 15 bis 18 Zoll langer Faden aus Renntiersehne befestigt. Wird diese Sonde in die Vagina eingeführt, so ist der schneidende Teil durch den Lederüberzug gedeckt. Wenn die Operierende weit genug in die Geschlechtsöffnung eingedrungen zu sein glaubt, so übt sie einen sanften Zug auf den am unteren Ende des Futterals befestigten Faden aus. Hierdurch wird selbstverständlich die Messerschneide bloßgelegt, worauf eine halbe Umdrehung der Sonde vorgenommen wird, verbunden mit einem Stoße nach oben und innen. Nachdem die Ruptur der Embryonalhüllen erfolgt, zieht man das Instrument wieder zurück; zuvor aber wird ein Zug auf den oberen Faden des Messerfutterals ausgeführt, um den scharfen Teil der Sonde zu bedecken und hierdurch einer Verletzung des Geschlechtskanals vorzubeugen." Diese Operation führen die Schwangeren stets selbst aus.

Damit stehen wir vor der *Geburt* selbst. Sowohl der eigentliche Vorgang als die Unzahl von Gebräuchen macht das Gebiet beinahe unendlich. Wir können hier also nur eine kleine Skizze der wichtigsten Vorgänge geben. Über die Zeit des Säugens wollen wir sodann noch kürzer berichten, da wir damit schon mehr in das Leben des Kindes denn in das des Weibes eingreifen. Die Unmenge abergläubischer Ideen ist in ihrer Grundidee doch wieder auf dem gleichen Gedankengang aufgebaut, der schon für die Menstruationsgebräuche gültig war, nämlich auf die *Unreinheit des Weibes* während aller jener Zeiten, die in irgendwelchen Beziehungen zu seinem Sexualapparat stehen; dies ist aber nicht etwa aus moralistischen Prinzipien der Fall, sondern hängt mit dem *Dämonenglauben* zusammen, wie wir bereits gesehen haben. Zunächst ist es ein zwar selbstverständliches, aber trotzdem interessantes Resultat, daß die Einzelbeobachtung der Naturvölker es bestätigt hat, daß die *Entbindung* bei ihnen glatt und ohne große Unannehmlichkeiten vor sich geht, weil eben ihr Körper noch nicht unter den „Segnungen der Kultur" gelitten hat. Nur wenige Berichte weichen ab, darunter der von Dobrizhoffer, der von den Frauen der Abiponen behauptet, daß sie schwer entbinden. Dies steht aber ziemlich vereinzelt da, und es mag vielleicht auch mitgewirkt haben, daß Dobrizhoffer mehrmals von Schwergeburten hörte, die natürlich bei Naturvölkern auch vorkommen und dann durch die derbe Behandlungsweise doppelt schmerzhaft sein müssen. Steller erzählt z. B., daß eine Kamtschadalin aus ihrer Hütte hervorkam, gleich als ob sie ein alltägliches Geschäft verrichten wollte, und nach einer Viertelstunde mit einem Kinde zurück kam, ohne daß man auch nur ein Verändern der Farbe an ihrem Gesicht bemerkt hätte. Theophilus Hahn schrieb einmal an Ploß folgende interessante Notiz über die Hottentottenweiber: „Die Hottentottinnen gebären außerordenlich leicht; es kommt oft vor, daß eine Frau sich selbst entbindet und kurz nach der Entbindung ihre Arbeit wieder verrichtet, als wenn nichts vorgefallen wäre. ... Unter den Nama-Hottentotten zeigt das weibliche Geschlecht bei Entbindungen eine bewundernswürdige Zähigkeit. Eine Frau kam einst in Kindesnöte und war ohne jeglichen Beistand allein zu Hause. Sie jagte einfach eine zurückgebliebene Kuh von der Lagerstätte auf, legte sich in die warme Vertiefung und entband sich dort selbst. Am Abend saß sie, als ob nichts vorgefallen wäre, rauchend und schwatzend am Feuer. Eine andere, noch sehr junge, schwangere Frau zieht morgens mit dem Vieh zu dem einige Stunden entfernten Weidefelde hinaus; des Abends kommt die Schäferin und trägt einen jungen Schäfer, von dem sie des Tags über genesen war, auf dem Rücken." Dementsprechend ist auch die Dauer der Niederkunft gewöhnlich eine sehr kurze. Von den Maori und Aino werden uns beispielsweise 15 Minuten berichtet; auch die *Sterblichkeit* erscheint im allgemeinen nicht groß. Man hält die Gebärende, wie gesagt, für unrein, wegen der Gefahr, in Gestalt von allerlei Spuk Schaden beiziehen zu können. Parkinson erzählt beispielsweise folgenden Vorgang von den Sulka in Neu-Pommern: „Gebiert eine Frau, so hat das in den Augen der Eingeborenen zur Folge, daß die Männer feige werden, daß die Waffen ihre Kraft verlieren und daß den zum Pflanzen bestimmten Taroablegern ihre Keimfähigkeit genommen wird. Um nun dies zu verhüten, wird folgende Zeremonie vorgenommen. Sobald bekannt wird, daß eine Frau geboren hat, versammeln sich die männlichen Bewohner des Gehöftes im Männerhause, bringen Äste von einer starkriechenden Baumart, brechen die Zweige ab und legen die abgestreiften Blätter ins Feuer. Alle Anwesenden nehmen Zweige mit jungen Blattkeimen in die Hände. Einer spricht gewisse Worte über Ingwer, den er in seiner Hand hält, und teilt ihn darauf an die Anwesenden aus. Diese kauen ihn und speien ihn auf die Zweige, welche dann in den Rauch gehalten und nachher auf die Schilde und Waffen am Hause, auf die Taroableger, auf die Dächer und über die Haustüren gesteckt werden." So darf es uns nicht wundern, wenn, wie wir sehen werden, die Gebärenden abgesondert werden. Daß aber nicht etwa moralische Ideen dafür maßgebend sind, geht daraus hervor, daß bei vielen Völkern die *Geburt öffentlich* vollzogen wird, sogar noch häufiger als der Koitus, und daß man dabei zumeist *auch Kinder* zusehen läßt, was auf diese übrigens gar keine nachteiligen Einflüsse hat. Wir begegnen solcher öffentlichen Geburt, um nur einige Beispiele anzuführen, bei den Kamtschadalinnen, die vor allen Weibern kniend niederkommen, bei den Weibern der Maori, wo die Mutter selbst in aller Öffentlichkeit die Abnabelung besorgt, bei den Minkopi der Andamanen, in Hawai, bei den Mundavölkern usw. Von den Guineanegern berichtet uns diese öffentliche Geburt schon Purchas vom Jahre 1625.

Gar häufig *kommen* die Weiber der Naturvölker *ohne jede Hilfe nieder*. Mallat sagt uns, daß die Negritosfrauen der Philippinen dabei den Unterleib auf ein Bambusrohr stützen und stark drücken. Das Kind wird dann in heiße Asche gelegt, die Mutter legt sich daneben und schneidet die Nabelschnur durch. Von den Schulinegerinnen erzählt Felkin in ähnlicher Weise: „Ein Holzklotz wird unmittelbar vor einen Baumstamm gestellt; auf diesen mit Gras belegten und Fell überdeckten, $3^1/_2$ Fuß hohen Klotz setzt sich die Frau. Etwa 2 Fuß von dem Klotz und ebensoweit voneinander entfernt sind zwei Stangen in die Erde getrieben, von welchen jede in der Höhe von $1^1/_2$ Fuß von der Erde entfernt eine Sprosse hat, auf welche beiderseits die Frau ihre Füße stemmt, während sie sich mit den Händen an den Stangen festhält. Nachdem sie einmal Platz genommen hat, gibt sie ihn fast nie auf, bis das Kind ans Licht gekommen ist" (Zeichn. VI). Doch ist natürlich die Beihilfe auch sehr verbreitet. Felkin erzählt z. B. von den Bongonegern, „daß hier eine Stange zwischen zwei Bäumen auf deren Äste horizontal gelegt wird, so daß die stehende Frau sie oben mit ihren Händen wie ein Reck erfassen kann. In den Wehenpausen geht sie in langsamer Bewegung auf und nieder, sobald aber die Wehe auftritt, ergreift sie jedesmal die Stange, setzt die Füße auseinander und drängt nach unten. Die helfende Person kauert vor ihr, um zu verhüten, daß das Kind zur Erde fällt. Jene zwischen die Bäume gelegte Stange ist permanent und für jeden vorkommenden Geburtsfall bereit. Sobald die Geburt beendet ist, baden Mutter und Kind; ein Freundestrupp begleitet sie singend und schreiend in das Wasser; die Plazenta wird dabei von einer an der Spitze des Zuges tanzenden Frau getragen und so weit als möglich in den Fluß geworfen" (Zeichn. VII).

Diese *Geburtshelfer* sind von verschiedener Art. Zunächst ist es der *Ehemann selbst*. Dies berichtet beispielsweise Ehrenreich von den Karayà-Indianern Südamerikas: „Das Weib kniet dabei auf den Hacken, mit den Händen einen Pfosten umfassend, während der Mann sie von seiten mit starkem Druck auf den Leib packt." Bei den westafrikanischen Evhe-Stämmen ist es die *Mutter*, an der Malabarküste die *Schwiegermutter*, die helfend beispringen. Bei den Dajak erfahren wir aber bereits, daß es „*erfahrene Frauen*" sind, und bei Masai und Suaheli wird uns schon von *gewerbsmäßigen Frauen* berichtet, die entlohnt werden. So erhalten diese „*Hebammen*" — denn so dürfen wir sie anstandslos bereits heißen — bei den Suaheli 1 bis 1 ¹/₂ Taler und die Kleidung der Gebärenden. In Atjeh und Fidschi ist man noch weiter fortgeschritten, denn hier findet bereits regelmäßiger *Unterricht* statt. *Männliche Geburtshelfer* treten dann endlich in Hawai, in Bali usw. auf.

Der *Platz der Niederkunft* ist entsprechend der Anschauung, die jeder Stamm vom Grade der Unreinheit der Gebärenden hat, auch recht verschieden. Bei verschiedenen Völkern eilen die schwangeren Weiber in den *Wald* hinaus oder mit besonderer Vorliebe *an* ein *Gewässer*, um sich hier ihrer Bürde zu entledigen. Die Samoanerin aber geht im 8. oder 9. Monat ihrer Schwangerschaft *ins Haus ihrer Eltern* zurück und kommt hier nieder. Sehr oft bleibt das Weib aber auch in ihrer *bisherigen Wohnung*, erhält dann aber gewöhnlich einen *abgesonderten Teil* angewiesen, den meist weder der Ehemann noch sonst Männer betreten dürfen. In manchen Fällen, so auf den Tanembar- und Timorlao-Inseln, wird sogar ein warnendes Zeichen in Gestalt eines Zweiges darüber befestigt. Eine weitere Entwicklungsstufe zeigt uns eigene Häuser, sogenannte *Geburtshütten*. Engelmann schildert uns eine solche bei den Comanche-Indianern. Dieser Raum ist in der Nähe des Zeltes, das das Weib sonst bewohnt, aufgestellt. „Derselbe ist aus Reisholz oder Busch hergestellt, sechs oder sieben Fuß hoch, mit Stecken im festen Boden versehen; er hat die Form eines etwa 8 Fuß im Durchmesser haltenden, nicht geschlossenen Kreises, wobei der Eingang so gestaltet ist, daß eines der beiden Enden der Wand etwas über das andere übergreift. In einiger Entfernung vom Eingange hat man drei Pfähle aus dünnen Bäumchen aufgerichtet, zehn Schritt voneinander entfernt und vier Fuß hoch. Innerhalb des Gebärraumes sind zwei rechtwinklige Aushöhlungen im Boden ausgegraben, zehn bis achtzehn Zoll in der Weite, und ein Pfahl steht am Ende einer jeden dieser Vertiefungen. In die eine derselben hat man einen heißen Stein gelegt, in die andere ein wenig lose Erde zur Aufnahme des Stuhls und Urins. Der übrige Fußboden ist mit Kräutern bestreut. Dies ist ihre Methode, einen Gebärraum anzufertigen, wenn sie in ihrem Lager sind; in einer Jahreszeit, wo Reisig und Laub ihnen fehlen, füllen sie die Lücken mit Kleidungsstücken aus oder bedecken dieselben mit Häuten." Was nun die *Geburtsstellung* anbelangt, so ist dieselbe überaus verschieden. Es ist heute noch nicht möglich, festzustellen, inwieweit etwa die eine oder andere Stellung mit sonstigen Charakteristika oder gar physischen Merkmalen der einzelnen Rassen zusammenhängt. Deshalb sei von einer besonderen Beschreibung abgesehen.

Eine Zusammenstellung ergibt das gewiß interessante Resultat, daß die Indianer Mexikos und der Vereinigten Staaten fast in allen Stellungen, die denkbar sind, niederkommen, und daß die sitzende und hockende Stellung bei Naturvölkern besonders beliebt ist. Hier sei auch noch die Bauchlage der Creek-Indianer (Zeichn. VIII) erwähnt.

Die *eigentliche Geburt* wird nun durch eine Reihe sowohl medikamentöser als physikalischer Eingriffe vorbereitet. Inwieweit diese Mittel — ähnlich denen, die wir oben anführten — wirklich von Wert sind, verdiente genauere Untersuchung durch berufene Gynäkologen. Unter den *Arzneien* sind pflanzliche Dekokte am häufigsten; diese begegnen uns auf Hawai, Samoa, bei den Papua, auf Malakka, bei Indianern usw. Daneben kommt aber auch vor, z. B. bei einzelnen Indianerstämmen Nordamerikas, daß lediglich heißes Wasser gegeben wird. In Indonesien weiß man *ekelerregende Mittel* zu schätzen, die Erbrechen herbeiführen, wodurch ein Druck auf den Unterleib ausgeführt wird. Ebenso bei den Kaiowä-Indianern (Zeichn. IX). Dazu dient auch Urin als Getränk. *Salbungen* oder *Aufgüsse* mit kaltem Wasser auf den Unterleib, wie dies die Australier zu tun pflegen, bilden den Übergang zu den physischen Mitteln, unter denen uns eine Art von *Dampfbad*, bei dem die Gebärende über einem Topf mit rauchendem Kräuterabsud sitzt (Kerrie), zunächst begegnet. Rein physikalisch ist dagegen das Anwenden von *Pressungen*, die zunächst darin bestehen, daß die Kreißende nicht schreien darf und so den Atem anhalten muß, wodurch die Bauchpresse unterstützt wird. Dies wird oft, wie bei den Kalmücken, dadurch gefördert, daß ihr Nase und Mund verbunden werden. *Druck von außen her* wird durch die assistierenden Personen ausgeübt. Auf Bali besorgt dies der Mann, bei den Papuas kneten Frauen mit den Händen die Brüste, bei den Orang Belendas auf Malakka wird der Schwangeren ein Tuch fest um den Leib gebunden und eine helfende Frau streicht darauf den Körper vom Nabel ab nach abwärts. In Kerrie (weißer Nil) übt ein am Boden liegender Mann einen Druck mit einem Tuch aus (Zeichn. X). Bei den Penimonee-In-

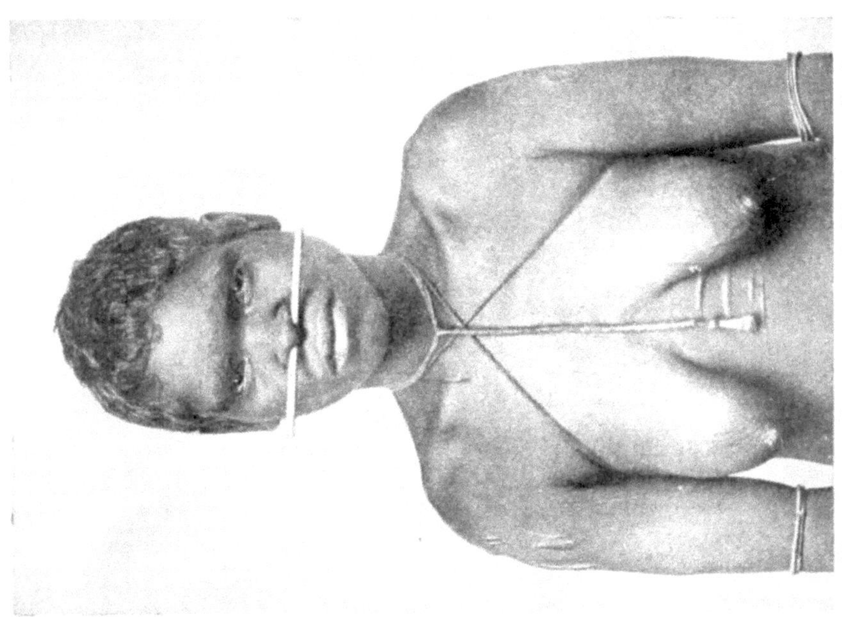

Abb. 114. Weib mit Nasenstab (Nordaustralien).
Nach Friedenthal.

Abb. 113. Formosanerin mit Ohrpflock.

223

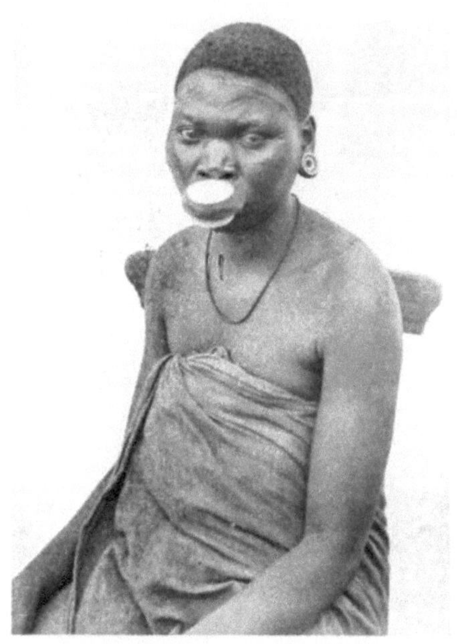

Abb. 115. Weib mit Lippenflock
(Deutsch-Ostafrika).
Originalaufnahme von A. Monteiro, Dar-es-Salam.

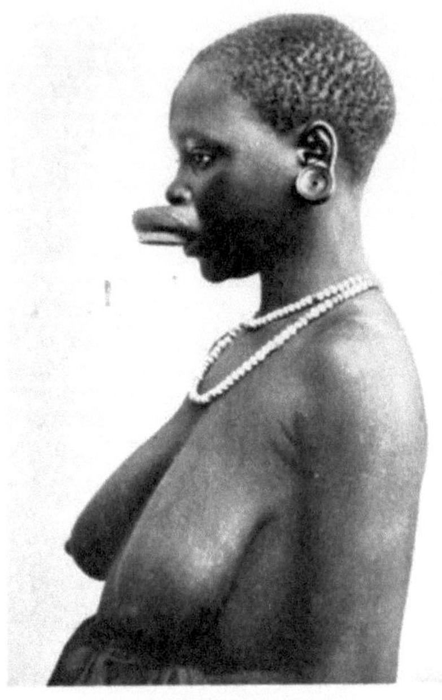

Abb . 116. Weib mit Oberlippenpflock
(Deutsch-Ostafrika).

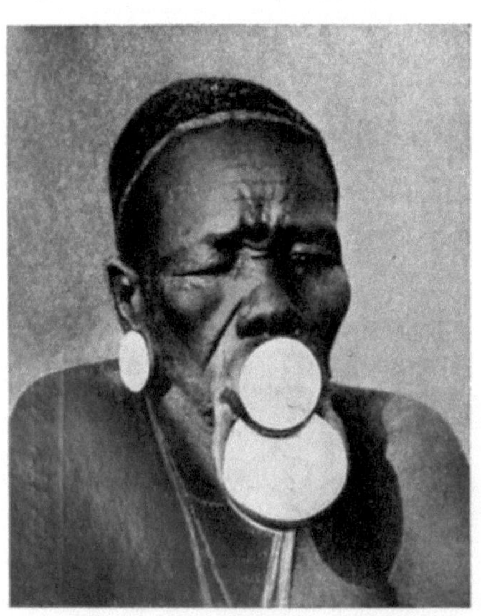

Abb. 117. Musguweib mit Ober- und Unterlippenpflock und Ohrpflöcken.
Nach Mohn.

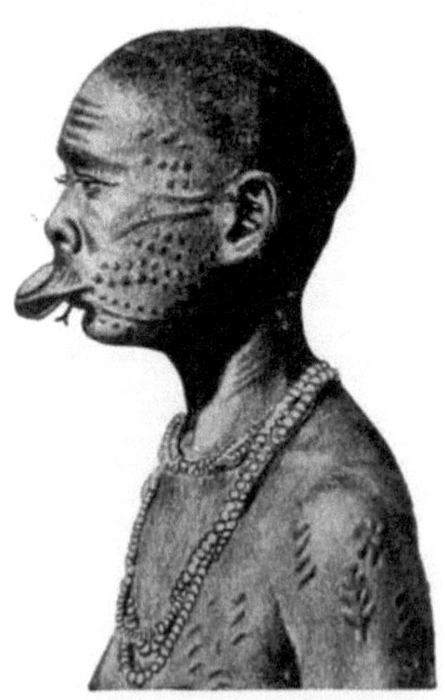

Abb. 118.
Ober- und Unterlippenpflock.
Nach Weule.

Abb. 119. Mädchen vom Sangofluß (Kongogebiet)
Ethnograph. Museum. Leiden.

Abb. 120. Haartracht eines Karanaweibes (Gestell aus Pflanzenfasern).

Abb. 121. Samoanerin mit Blütenschmuck.

dianern wird die Bauchmassage in Rückenlage durchgeführt (Zeichn. XII). Die
Kabylen unterstützen sie mit den Händen (Zeichn. XI). Besonders eigenartig ist
das Verhalten der Kanakinnen nach Graf Pfeil. Sobald der Tag der Geburt
naht, geht die Mutter zum Meeresstrand und wirft sich, mit einem schweren
Stein in beiden Händen, in die Brandungswelle. Diese ist oft so stark, daß
ein Stehen unmöglich ist und das Weib oftmals niedergeworfen wird. Es steht
aber immer wieder auf und wirft sich von neuem der Brandung entgegen. Erst
dann zieht es sich zur Geburt selbst in die Hütte zurück. Noch weiter geht
man aber bei den Indianern Nordamerikas, wo ein helfendes Weib die Hand
in die Vagina einführt und so eine *Erweiterung der Geschlechtsteile* herbeiführt,
ja bei den Suaheli wird sogar die Genialspalte durch einen *Einschnitt* mit dem
Rasiermesser vergrößert.

Der *Geburtsakt* selbst wird durch die verschiedensten mehr oder weniger gün-
stigen Manipulationen unterstützt. Dahin gehört das *Hervorziehen des Kindes*,
sobald Teile von ihm erreichbar werden. Die Ainos benutzen dazu sogar Stricke,
mit denen sie so lange ziehen, bis das Kind ganz oder zerstückt zum Vorschein
kommt. Besonders Interesse für Naturvölker hat aber die *Abnabelung*. Oben
haben wir bereits gesehen, daß das die Mutter manchmal selbst besorgt. Die
Geräte dazu sind, entsprechend den Schneideinstrumenten selbst, recht primitiv;
im nördlichen Australien dient dazu beispielsweise eine geschärfte Muschelschale, in Queensland ein Känguruhzahn. Die Zentralaustralier nehmen dabei
Unterbindungen vor und trennen aber oft nur mit dem Fingernagel. Wo die
Unterbindung unterlassen wird, findet manchmal *Styptikation* des Nabelstrangs
durch Bestreuen mit Holzkohlenpulver oder Asche statt. Bei den Papua und in
Niederländisch-Indien ist entsprechend der Bambus-Kultur ein als Bambus geschnittenes Messer in Gebrauch, während Karl v. d. Steinen von den Marquesas-
insulanern berichtet, daß sie das Steinmesser vorziehen, weil Bambusinstrumente
zuviel Schmerz bereiten. Die genaue Durchführung sehen wir an einem Beispiele,
das Max **Bartels** nach Stevens Aufzeichnungen über die Abnabelung bei den
wilden Stämmen von Malakka gibt: „Die Nabelschnur wird so weit entfernt
vom Körper des Kindes unterbunden, daß das stehenbleibende Stück bis zu
dem Knie herabreicht. Die Durchschneidung kann irgendeine Frau vornehmen;
es wird zu diesem Zwecke aber eine Unterlage von weichem Juletongholze

verwendet, welche Potong Pusat genannt wird. Man darf zum Durchschneiden kein eisernes Werkzeug benutzen. Früher nahm man eine weiße Schnecke, jetzt werden Bambusmesser, Semilow genannt, oder Messer aus dem Blattstiele der Bertampalme, Tappar genannt, von den Orang Semang verwendet. Auch die Orang Benua benutzen Bambusmesser, welche die Form eines großen Tranchiermessers haben. Aber auch große hölzerne Messer werden von den Orang Hutan verwendet. Am eigentümlichsten sind die Instrumente, mit welchem die Orang Sennoi die Nabelschnur durchtrennen. Sie sind aus Holz geschnitzt und haben eine große Ähnlichkeit mit einer schmalen Fuchsschwanzsäge. Das hölzerne Sägeblatt ist durch einen schmalen Talon mit dem zierlichen Griff verbunden und trägt auf der Unterseite eine doppelte Reihe von Sägezähnen. Diese Geräte heißen Smee Karr, und sie werden von der Hebamme auch benutzt, um die Zaubermuster auf die Bambusgefäße (Chitnort) aufzutragen, aus welchen die Menstruierenden gewaschen werden. Bei den Orang Laut mißt die Hebamme drei Breiten des Bambusmessers von der Nabelschnur von dem Kinde aus ab und unterbindet hier; das entspringt dreimal der Breite ihres Mittelfingers." Bei den Kobéua findet nach Koch-Grünberg die Geburt oft in einer abseits gelegenen Hütte oder im Walde statt im Beisein aller verheirateter Weiber, die im Gesicht rot bemalt sind. Die Nabelschnur wird von der Mutter des Mannes mit Titirica-Schneidegras abgeschnitten und sofort mit der Nachgeburt vergraben. Die *Nabelschnur* ist den Naturvölkern eine sehr wichtige Sache; es kann mit ihr und der *Nachgeburt*, wie mit jedem Körperteil, nämlich *Zauber getrieben* werden. Deshalb wird der Nabelschnurrest häufig begraben oder ins Wasser geworfen. Ganz eigenartige Dinge knüpft man aber in Uganda an ihn. Dort wird er nämlich bis zur feierlichen Namengebung aufbewahrt und dient dann auch zu einer sonderbaren Prüfung. Man wirft ihn dazu in ein Gefäß, das Milch, Bier und Wasser gemischt enthält; schwimmt er, so ist das Kind legitim; geht er hingegen unter, so glaubt man, es sei im Ehebruch erzeugt worden, und die Mutter läuft Gefahr, eine tüchtige Tracht Prügel zu bekommen. Andere Völker bewahren ihn sorgfältig auf, weil sie glauben, daß es sonst dem Kinde Unglück bringen würde. Bei den Ainos trägt ihn übrigens die Mutter ihr Leben lang mit sich und nimmt ihn auch mit ins Grab. Ganz ähnlich ist die *Behandlung der Nach-*

geburt. Man sucht ihr Ausstoßen durch allerlei Mittel zu befördern. Die Somali trinken dazu warmen Schaftalg, der abführende Wirkung hat. Eigentlich vernünftig gestalten es sich die Australierinnen. Dieselben graben ein kleines Loch in den Boden und setzen sich darüber, wie bei der Defäkation. Der dadurch auf den Bauch ausgeübte Druck ist sehr wirksam. Besonders originell verfährt man in Deutsch-Südwestafrika. Lübbert sagt: „Auch bindet man einen Stein an die Nabelschnur und läßt die Frau herumgehen." Äußerst wichtig ist dagegen für Erklärung mancher Vorgänge die Anschauungsweise der Bewohner von Atjeh. Jacobs erzählt von ihnen bei Ploß-Bartels, „daß sie die Anschauung haben, daß die Nachgeburt eines Mädchens *dessen Schwester*, diejenige eines Knaben *dessen Bruder* sei. Sie wird getrocknet und begraben, und wenn das Kind einen aufgetriebenen Leib oder andere körperliche Unbequemlichkeiten bekommt, dann ist man fest davon überzeugt, daß die Plazenta in ihrem Grabe krank geworden sei. Man legt dann Heilmittel auf die Stelle, wo man die Plazenta begraben hat. Ändert das aber an dem Befinden des Kindes nichts, dann glauben die Atjeher, daß die Plazenta in ihrem Grabe kein angenehmes Lager gefunden habe, daß sie entweder zu feucht oder zu trocken liege; dann gräbt man die Nachgeburt wieder aus und beerdigt sie an einer anderen Stelle. Außerdem herrscht aber noch die Meinung, daß die *Seele des Mutterkuchens* das Grab verlasse, um mit ihrem Zwillinge zu spielen; namentlich glaubt man, daß das dann geschehe, wenn man das Kind im Schlafe lachen sieht." Von Interesse ist auch, daß bei vereinzelten Stämmen (so bei brasilianischen Indianerinnen) die Nachgeburt *aufgegessen* wird.

Sehr reich sind Vorkehrungen und Gebräuche bei *Schwergeburten*. Man denkt hier stets an eine Verhexung, an böse Geister und ähnliches und wendet dementsprechend Maßregeln an. Entweder sucht man den Dämon durch *Schmeichelworte* zum Weggehen zu bewegen, oder man schlägt einen *Höllenlärm*, um ihn zu verscheuchen. Es werden aber auch wirkliche Mittel dagegen angewendet. So bläst bei den Kaiowä-Indianern die Hebamme der Kreißenden ein *Brechmittel* in den Mund (Zeichn. IX). Wo nichts anderes mehr hilft, greift man zu derben Mitteln. Die Warangi in Ostafrika schneiden in schwierigen Fällen mit einem gewöhnlichen *Pfeil* dem Kinde im Mutterleibe die Arme an der Schulter ab und ziehen es dann heraus. Höchstes Interesse verdient aber, daß man in

Uganda mit Erfolg den *Kaiserschnitt* ausgeführt hat. Felkin war selbst Zeuge. Es diente 1878 in Kahura dazu ein rückwärts gekrümmtes Messer. Die zu Operierende war durch Bananenwein in einen Zustand von Halbbetäubung versetzt worden. Der Schnitt wurde in der Mittellinie des Körpers bis kurz unter den Nabel geführt. Die Wand sowohl des Bauches als auch der Gebärmutter war getrennt, das Fruchtwasser stürzte hervor; die blutenden Stellen der Bauchwand wurden durch einen Assistenten mittels eines rotglühenden Eisens tuschiert. Dann wurde sehr rasch der Schnitt in die Uteruswand vollzogen, das Kind herausgenommen und der Nabelstrang durchschnitten. Nach Reinigung der Wunde wurden ihre Ränder mit dünnen eisernen Nägeln zusammengeheftet und mit Rindenstoff umwunden. Darüber kam ein Pflaster und schließlich eine Bandage. Leichte Eiterung wurde entfernt, und am 11. Tag war die Wunde geheilt.

Was für die Geburt gilt, gilt auch für das *Wochenbett*. Wieder *die große Furcht vor Geistern und Dämonen*, die sich bei der Nachblutung festsetzen könnten. Man sucht die *Blutungen* zumeist durch kalte *Bäder* zu stillen oder durch eine kräftige *Räucherung*. Dazu dient Wasserdampf oder der Rauch bestimmter Hölzer, auch von Tabak. Sehr interessante Schilderungen gibt wieder Koch-Grünberg. Zunächst schreibt er von den Kobéua: „Wenige Stunden nach einer Geburt in Namocoliba begab sich der Zauberarzt mit seinem ganzen Zauberapparat, Rassel, Bergkristallen u. a., den er in einem flachen Korb trug, in die ‚Wochenstube‘, die mit Paxiubalatten und Bananenblättern dicht abgeschlossen wurde. Dort nahm er eine lange Beschwörung in eintönigem Gemurmel vor, wobei außer der Wöchnerin und ihrem Manne nur seine Eltern anwesend waren. Der Abschluß der fünftägigen Wochenzeit, die stets in der Wohnungsabteilung des jungen Paares abgehalten wird, war von denselben Gebräuchen begleitet wie am Tiquié. Bevor man das Neugeborene zum ersten Bade trug, wurde das ganze Haus *ausgeräumt*. Auch wir mußten unser ganzes Gepäck ins Freie bringen. Erst am folgenden Tage brachte ein naher Anverwandter — in der Regel ist es der Bruder des Mannes — gekochte Fischchen zur Speise, womit die *Fastenzeit* vorüber war. Acht Tage nach der Geburt veranstalteten die Eltern zu Ehren ihres Sprößlings ein Trinkfest, zu dem die ganze Verwandtschaft zusammenkommt. Bei dieser Gelegenheit gibt der Großvater (Vater des Vaters) dem Kinde den Namen." Noch interessanter ist eine Beschreibung von den Tuyuka am Rio Tiquié: „Eine der hintersten Abteilungen des Hauses war durch Gitter aus Paxiubalatten und Matten von dem übrigen Raum streng abgeschlossen. Dort hielt ein junges Ehepaar gemeinsam die Wochenstube ab. Von Zeit zu Zeit quäkte das Neugeborene. Am nächsten Morgen fand die fünftägige Wochenstube ihren feierlichen Abschluß. Kurz vor Tagesanbruch *trugen* die Indianer *alles Gerät*, das den jungen Eheleuten gehörte, Kaschiritöpfe, Schemel, einen Kasten mit Federschmuck u. a., und besonders die Waffen *ins Freie*. Dann verließen die Unbeteiligten das Haus durch die Hintertür. Bald bewegte sich durch den Eingang ein eigenartiger Zug zum Fluß. Voran schritt die Mutter des jungen Mannes und trug auf einer großen Topfscherbe glühende und stark qualmende Kohlen, deren *Rauch* sie mit einem Feuerfänger auf dem ganzen Wege um sich verbreitete. Dahinter kam die junge Mutter mit dem Neugeborenen auf den Armen und hinter ihr der glückliche Vater. Am Flusse angelangt, beräucherte die Alte, auf und ab schreitend, den ganzen Platz, stieg dann in ein kleines Kanu und beräucherte auch das Wasser hin und her. Darauf nahmen beide Eheleute mit dem Kleinen ein *Bad* und kehrten in das Haus zurück, wo ihnen die Großmutter einen großen Topf voll gekochter Fische überbrachte, die erste festere Speise seit fünf Tagen. Aus diesen Gebräuchen scheint hervorzugehen, daß Eltern und Kind kurz nach der Geburt als unrein gelten. Deshalb wird gebadet. Die strenge Enthaltsamkeit der Eltern — sie dürfen während der ersten fünf Tage nur Beiju und Farinha essen und nichts arbeiten —, die Beräucherung des Weges und des Wassers, sowie die Entfernung der Gerätschaften, besonders der Waffen, aus dem Hause sollen offenbar alle schädlichen Einflüsse von dem kleinen Weltbürger abwenden[1]). Ob die heutigen Indianer freilich noch die tiefere Bedeutung aller dieser Gebräuche kennen, ist zweifelhaft. Nach dem gemeinsamen Bade gibt der Vater nicht der Großvater, dem Kind einen Namen, der sich auch hier häufig auf ein Tier bezieht." Die *Zurechtlegung der Genitalien* wird durch zusammenziehende Mittel, so durch Einreibung mit Zitronensaft und ähnlichem, vollzogen. Gewöhnlich wird Diät

---

[1]) Dies betrifft nicht allein das Kind, wie Koch-Grünberg hier angibt, sondern auch seine Umgebung sowie Waffen und Geräte, die unrein geworden sind.

damit verbunden. So darf bei den Orang Belendas auf Malakka die Wöchnerin
zehn Tage lang kein kaltes Wasser trinken, und ein Aufguß von Mirian Sejok,
den sie statt dessen erhält, soll zusammenziehend auf die Genitalien wirken.
Zu essen bekommt sie fünf Tage lang nur eine Knollenart sowie Reis und
Pisang. Es dienen dazu die verschiedensten Bambusgefäße mit charakteristischen Zeichnungen. Die *Dauer des Wochenbettes* hängt von dem Fortbestehen des blutigen Ausflusses und der Abschrumpfung des Nabelstranges ab.
So ist die Dauer sehr verschieden; während von den Karolineninsulanerinnen
nur 2 Tage, von den Samoanerinnen, Tatarinnen, Cayenneindianerinnen 3 Tage,
von Fidschiweibern, Tlinkitindianerinnen, Masai 10 Tage berichtet wird, dauert
es bei Koloschen 20, bei den Weibern von Malakka und Atjeh gar 40 Tage.
Weit länger bleibt das Weib aber *unrein* und muß während dieser Zeit bei
vielen Völkern in eigener Hütte zubringen. So 4 Tage: Orotschonen; 8 Tage:
Munda, Dayak; 10 Tage: Korjäken, Masai, Hawaierinnen; 14 Tage: Frauen
von Malabar; 15 Tage: Frauen von Nauru; 21 Tage: Kalmückinnen; 22 Tage:
Negerinnen der Sklavenküste; 30 Tage: zentralindische Stämme, Kaffern;
35 Tage: Ostjakinnen; 40 Tage: Suaheli; 42 Tage: Wogulinnen; 43 Tage:
Weiber von Atjeh; 60 Tage: Samojedinnen, Gilbertinsulanerinnen, Eskimoweiber; 90 Tage: Tahitierinnen usw. Bei anderen Völkern, so den Ovaherero,
den Loangoweibern, vielen Polynesiern, hängt die Zeit der Reinheit davon ab,
daß die Nabelschnur gänzlich verschwunden ist. Die Reinigung selbst wird durch
verschiedenerlei Gebräuche vollzogen, so durch Waschungen, Räucherungen usw.
Bei den Huichol (Mexiko) klettern die Mütter fünf Tage nach ihrer Entbindung
zur Hütte der Geburtsgöttin Tsakuruma hinab und legen Opfergaben nieder,
um das Gedeihen des Kindes zu sichern.

Von Interesse ist, daß auch hier wieder sehr häufig der *Mann mit als unrein*
gilt, so bei den indischen Gotra und den Santal. Dies führt uns wieder auf das
so viel umstrittene *Männerkindbett (Couvade)*. Die Wöchnerin steht dabei
nämlich gleich nach der Geburt auf, während sich an ihrer Stelle der Mann
niederzulegen hat und alle Zeremonien durchmachen muß, die eigentlich der Frau
zuständen. (Näheres siehe v. Reitzenstein, Art. Couvade, in: Marcuse, „Handwörterbuch der Sexualwissenschaft", Bonn 1923.) Ganz kurz sei noch der *Säugezeit* gedacht. Bei Naturvölkern besorgt das Stillen die Mutter selbst, aber es

ist interessant, daß hier das Kind schon ganz früh auch *andere Nahrung* bekommt, so in Old-Calabar sehr viel Wasser, bei verschiedenen Indianerstämmen gekaute Früchte, bei den ostafrikanischen Maskakira sogar das berauschende Pombé, bei den Wotjäken nach drei Monaten Fleisch und Brot. Die Säugezeit ist sehr verschieden, und Ploß-Bartels haben hier wieder eine Zusammenstellung gemacht, der wir folgendes entnehmen:

Bis 1 Jahr: Samoaner, Neu-Mecklenburg, Koloschen, Tlinkit-Indianer, Hottentotten;

    1   „   Makassaren;

bis 1½ Jahre: Dakotah, Sioux, Loangoneger;

  „ 2   „   Waswaheli;

    2   „   Ruck-Insulaner, Salomon-Insulaner, Masai, Waganda;

bis 3   „   Australier, Tataren, Kirgisen, Kameruner, Mandingoneger, Old Calabar, Basuto, Tlinkit, Apachen, Abiponen;

    3   „   Todas, Fidschi, Goldküste;

bis 4   „   Lappen, Grönländer, Irokesen, Kamtschatka;

  „ 5   „   Nauru, viele Indianer Brasiliens, Ostjaken, Samoa, Oregonstämme, Kalifornier, Australier, Hawai, Guineaküste;

  „ 6   „   Samojeden, Todas;

    6   „   Australier, Neu-Seeland;

bis 7   „   Indianer Nordamerikas;

    7   „   Eskimo vom Smith-Sound;

  10   „   Karolinen;

  12   „   nordamerikanische Indianer;

bis 15   „   Eskimo von King Williams Land.

Mit wenigen Worten muß hier noch des *unfreiwilligen Abortus'* gedacht werden. Bekanntlich unterscheidet man hier *Frühgeburt* und *Fehlgeburt*, den eigentlichen Abortus. Diese ist bei Naturvölkern oft recht häufig, so bei den Australiern, weil diese ihre Weiber schlecht behandeln. Ebenso bei den Weibern der Hottentotten im zweiten und dritten Monat, während er wieder bei den Fidschiinsulanern sehr selten ist. Auch hier sucht man öfters die Erklärung im *Einfluß böser Geister*. Vom Kapitel *Kindermord*, das bei den Naturvölkern ebenfalls ein sehr ausgedehntes ist, interessiert uns besonders der *Mädchenmord*. Wenn die Orinokoindianerin zum Gebären in den Busch geht und es kommt ein Mädchen hervor, dann bricht sie ihm den Hals oder begräbt es lebendig. Durch Aussetzen wurde es bei den Athapasken weggeräumt. Die Eskimos der Beringstraße bringen es zu einem Begräbnisplatz, stopfen ihm Mund und Nase voll Schnee und lassen es so liegen; die Papuaweiber biegen ihm gleich nach der Geburt den Kopf vornüber, so daß ihm das Genick gebrochen wird. Manchmal allerdings wird auch das Mädchen begrüßt, oft sogar mit besonderer Freude, weil es ein wertvoller Handelsartikel ist, da die Ehen durch Kauf abgeschlossen werden.

c) Das Weib im anormalen Verkehr.

Zunächst ist es erforderlich, sich über das Wort „anormal" klarzuwerden. Am besten wird man damit alle jene geschlechtlichen Handlungen bezeichnen, die nicht zu einer Befruchtung führen *können*, also Vereinigung von Organen und Geräten, die das ausschließen, oder eine Veranlagung, bei der die Entspannung eintritt, ohne daß eine zur Befruchtung nötige Vereinigung erwünscht erscheint (Fetischismus, Exhibitionismus, Autoerotismus usw.), oder schließlich eine Veranlagung, die Handlungen lustbetont erscheinen läßt, die normal veranlagten Menschen unlustbetont sind (Sadismus, Masochismus, Koprophilie usw.). Wir haben danach bei Naturvölkern (genau wie bei Kulturvölkern) drei Gruppen scharf zu unterscheiden:

1. Sexuelle Handlungen anormaler Art, die dem *polymorph-perversen Kreis der kindlichen Sexualsphäre* angehören und durch Verdrängungen noch nicht beseitigt sind (koprophile Triebe, sexueller Zeigetrieb, sexueller Spieltrieb und ähnliches). Bei dem meist absoluten Mangel an sexualwissenschaftlicher Schulung unserer Beobachter sind Angaben über dieses Gebiet unendlich selten. Einzelne Mitteilungen zeigen aber doch, daß wir die gleichen Erscheinungen voraussetzen können wie bei Kulturvölkern, wenn auch, was bei der freien Erziehung ebenfalls selbstverständlich ist, in geringem Grade.

2. *Ersatzhandlungen*, die in Ermangelung der Möglichkeit normalen Verkehrs vorgenommen werden (sog. sexuelle Äquivalente), wozu Jugendmasturbation,

Pseudohomosexualität usw. zu zählen sind. Es können dabei Geräte oder sonstige Dinge, wie Früchte verwendet werden. So berichtet van der Borgt, daß die Masturbation bei den Mädchen der Warandi (Ostafrika) sehr häufig ist; das gleiche erzählen Torday und Joyce von den Ba-Huana des Kongogebietes. Genauer geht Fritsch bei den Hottentotten auf die Frage ein: „Die Masturbation ist unter dem jungen weiblichen Geschlecht, wie ich auf gute Autorität hin versichern kann, eine so häufige, daß man sie als Landessitte hinstellen könnte. Es wird daher auch kein besonderes Geheimnis daraus gemacht, sondern in den Erzählungen und Sagen sprechen die Leute davon wie von der gewöhnlichsten Sache. So heißt es, einem Mädchen sei dabei das Herz abgestoßen worden, in einem anderen Falle wurde eine von den auf ihr kauernden Gespielinnen erdrückt, und diese Ereignisse werden nicht der Wunderbarkeit wegen berichtet, sondern dienen nur als Ausgangspunkte für die alsdann folgende Gespenstergeschichte." Schon das „Abstoßen des Herzens" zeigt auf die Verwendung eines Instrumentes. Derartige Geräte finden wir besonders in Afrika und Indonesien häufig. Von den balinesischen Mädchen wird die Verwendung von Ketimoen- und Pisangfrüchten erwähnt, und zugleich ein *Apparat* aus Holz und mit Wachs überzogen geschildert, der das männliche Glied nachahmt und Ganèm oder Tjelak-tjelakan malém (Tjelak = Penis, malèm = Wachs) genannt wird. Dieses selbe Instrument wird von den Mädchen in Atjeh benutzt (Medilin-dilin von Dilin = Penis), dann von den Dajakinnen (Balak), bei denen *Tribadie* als häufig angegeben wird (von τριβάς τριβειν = reiben). Solche Instrumente sind besonders in Afrika häufig; ihre Verwendung wird natürlich durch das Haremssystem auch bei verheirateten Frauen gefördert. Bei den Haussa wird das Gerät „Madigo" genannt und besteht aus Holz, das mit Leder überzogen ist. In Ostafrika ist es nach Baumann ein Stab aus Ebenholz in der Form eines männlichen Gliedes von ansehnlicher Größe, der von schwarzen und indischen Handwerkern zu diesem Zweck hergestellt und insgeheim verkauft wird. Manchmal soll er auch aus Elfenbein gefertigt werden. Es kommen zwei verschiedene Formen vor. Die eine hat an dem unteren Ende eine Kerbe, wo eine Schnur befestigt wird, die das eine der Weiber sich um den Leib bindet, um an der andern den männlichen Akt nachzuahmen. Der Stab ist meist durchbohrt und mit einer Blase versehen, in die dann zur Nachahmung der Ejakulation warmes

Wasser oder der klebrige Saft des Dálakubaumes (Haussa) eingegossen wird. Bei der anderen Form ist der Stab an beiden Enden eichelförmig zugeschnitzt, so daß er von beiden Weibern in die Vagina eingeführt werden kann, wozu diese eine sitzende Stellung einnehmen. Auch hier ist der Stab durchbohrt. Beim Gebrauche werden die Stäbe eingeölt. Die Weiber der Tschuktschen benutzen dagegen den zweiköpfigen Wadenmuskel von Tieren, der eingetrocknet wird und offenbar trotzdem seine Geschmeidigkeit behält (Gastroknemius).

3. Sexuelle Handlungen, die nicht zur Befruchtung führen können und vorgenommen werden, obwohl Alter und Verhältnisse einen normalen Verkehr *gestatten* würden, weil sie für die betreffenden Personen die eigentliche Möglichkeit der Entspannung darstellen. Sie können entweder auf *innersekretorischen Störungen* oder auf *Verdrängungserscheinungen beruhen* (Neurosen), oder schließlich das Endresultat einer *degenerativen Entwicklung* sein (Entartung). Viele Beobachter halten diese degenerativen Erscheinungen für allein genügend, um das anormale Geschlechtsleben zu erklären; das ist natürlich ein völlig laienhaftes Urteil und ist, da es auf der momentan in Europa geltenden Moral basiert, die Ursache, weshalb die Reisenden so wenig Material für die Beobachtung dieser Gebiete beibringen, die für die Erklärung mancher Gepflogenheiten (religiöse Momente, Sagen usw.) so wichtig wären. Man kann im Gegenteil feststellen, daß gerade die auf degenerativen Momenten aufbauenden Erklärungen des anormalen Geschlechtslebens die am allerwenigsten wichtigen und am seltensten zutreffenden sein dürften. Sind wir nun schon für das anormale männliche Sexualleben der Naturvölker wenig unterrichtet, so gilt es um so mehr für das weibliche. Für das gleichgeschlechtliche Leben besitzen wir allerdings ein sehr gutes Sammelwerk in dem umfangreichen Buche von Karsch-Haack. Jedenfalls dürften anormale Erscheinungen bei Naturvölkern gar nicht selten sein, homosexuelle, deren weibliche Formen man mit lesbischer Liebe und Tribadie bezeichnet, sicherlich verhältnismäßig nicht seltener als bei Kulturvölkern sein. So wird uns von typischen Mannweibern bei den Bulaa (Brit. Neu-Guinea) berichtet, von den Buginesen erzählt, daß es dort Frauen gibt, die sich als Männer kleiden (Transvestitismus) usw. General Melville fand auf der Insel Dominica (Westindien) eine Mandingonegerin, die eine 2 Zoll lange und daumendicke Klitoris hatte, ein Fall, der bei Negerinnen nicht selten ist.

Baumann berichtet über die Frauen Sansibars: „Konträrsexual angelegte Weiber sind ebenfalls nicht selten. Die orientalische Sitte macht es ihnen zwar unmöglich, öffentlich Männerkleider zu tragen, doch tun sie das in häuslicher Zurückgezogenheit. Andere Weiber erkennen sie an ihrer männlichen Haltung, sowie daran, das ihnen die weibliche Kleidung ‚nicht steht‘. Sie zeigen Vorliebe für männliche Verrichtungen. Geschlechtliche Befriedigung suchen sie bei anderen Weibern, teils konträr angelegten ihresgleichen, teils normalen, die sich aus Zwang oder Gewinnsucht dazu hergeben. Die ausgeführten Akte sind: kulambana = einander lecken (Sapphismus, lesbische Liebe), kusayana = die Geschlechtsteile einander reiben (Tribadie) und kujitia mbo ya mpingo = sich den Ebenholzpenis beibringen.“ Von den Tami-Insulanerinnen (Insel Tamiongedu bei Neupommern) wird Onanie und lesbische Liebe (Tamalape genannt) bezeugt, für die Eskimos Tribadie festgestellt. Im alten Mexiko findet sich für tribadenhaften Verkehr der Name patlachuia und für Tribadie nepatlachuiliztli (= das Übereinandergebreitetsein); bei den Aymara (Peru) der Name ccacchatha. Übrigens stand bei der aztekischen Bevölkerung Mexikos auf Tribadie und ausgeübten Transvestitismus die Todesstrafe. Obwohl wir es hier mit Kulturvölkern zu tun haben, dürfen wir doch daraus Schlüsse auf andere Indianerstämme Amerikas ziehen.

Von besonderem Interesse sind aber andere Angaben, die in diesem Gebiete wurzeln und zeigen, daß auch sexualpathologische Momente bei der Bildung der *Amazonensagen* mitgespielt haben. So sagt de Magahanes de Gandava (1576), daß es unter den Tupistämmen (Südamerika) Indianerinnen gab, die Männer nachahmten und mit Bogen und Pfeilen in den Krieg oder auf die Jagd zogen. *Sie lebten wie verheiratet mit einer Dienerin zusammen.* Solche Verbindungen gleichgeschlechtlich Empfindender sind auch aus Afrika bekannt, so nach Fritsch von den Ovaherero (Damara), wo man eine solche Verbindung als Omapanga oder Oupanga (urspr. = Freundschaft) bezeichnet. Von Interesse ist, daß übrigens schon ältere Autoren den Namen „Amazonen“ aus solchen Motiven zu erklären suchen, so Servius: ἅμα ζωσας = untereinander zusammenhaltend (außer der Gesellschaft der Männer zusammen lebend). Ihm schloß sich später auch Burton an.

Ein besonderes Kapitel dieser Erscheinungen bilden aber auch die *Schamaninnen,* wie die Zauberpriesterinnen überhaupt. Auch bei männlichen Schamanen treffen wir öfters auf Persönlichkeiten, die ins Gebiet der sexuellen Zwischenstufen gehören, d. h. neben androgynen Schamaninnen erscheinen gänzlich effiminierte Schamanen, und nicht selten findet sich gerade hier die Sage von einer *Verwandlung des Geschlechtes*, ja die Tschuktschen haben für diese Verwandlung sogar ein eigenes Wort: Qatschikitschhetscha (= mannähnliches Weib). Diese „Verwandlungen" kommen hier aber auch unter gewöhnlichen Sterblichen vor. So berichtet Bogoras (nach Karsch-Haack) über einen derartigen sehr interessanten Fall. Es handelte sich um eine Witwe in mittleren Jahren, welche drei halberwachsene leibliche Kinder besaß. Zuerst empfing sie nur eine „Eingebung" der gewöhnlichen Art, aber später verlangten die „Geister" ihre „Verwandlung" in einen Mann. *Nun beschnitt sie ihr Haar, kleidete sich männlich, gewöhnte sich an männliche Sprechweise und lernte sogar in sehr kurzer Zeit den Speer handhaben und mit einer Büchse schießen.* Schließlich wollte sie heiraten und fand auch leicht ein ganz junges Mädchen, das seine Zustimmung gab, ihr Weib zu werden. Die „verwandelte" Frau versah sich mit einem Gastroknemius von Renntierbein, befestigte ihn an einem breiten Ledergürtel und gebrauchte ihn wie ein männliches Geschlechtsorgan. Nach einiger Zeit wünschte sich der verwandelte Ehe„mann" von seinem jungen Weibe Kinder und ging zu diesem Zweck eine Ehe zu dreien mit einem jungen Nachbar ein. Wirklich waren nach drei Jahren zwei Söhne in ihrer Familie geboren. Nach der Auffassung der Tschuktschen von einer Ehe zu dreien wurden diese als seine eigenen rechtmäßigen Kinder angesehen. So konnte diese Frau in ihrer Jugend Kinder aus ihrem eigenen Schoße und im späteren Leben Kinder von einem Weibe besitzen, das sie geheiratet hatte. Jochelson berichtet weiterhin, daß bei den Korjäken weibliche Schamanen ebenso wie in Weiber „verwandelte" für besonders mächtig gehalten werden. Nur die Geburt eines Kindes kann vollständigen oder wenigstens zeitweiligen Verlust der schamanistischen Machteinflüsse zur Folge haben. Während seiner Menstruationsperiode sei es dem weiblichen Schamanen verboten, eine Trommel zu berühren (vgl. Abb. 154). Übrigens ist es nicht uninteressant, gerade bei sibirischen Völkerschaften sehr häufig eine besondere Neigung zu virilen Typen bei den Frauen beobachten zu können, ein Eindruck, der durch die Gleichheit der Kleidung verstärkt wird (vgl. Abb. 155).

Unter den übrigen Perversitäten treffen wir bei den Naturvölkern ebenfalls nahezu alle Arten. Freilich sind die Aufzeichnungen sehr dürftig. Der *Cunnilingus* ist von Finsch in der Südsee beobachtet und ist auch aus Südafrika und Ostafrika bekannt. Ferner haben wir die *paedicatio mulierum* mit der *immissio penis in anum*. Ganz wenig wissen wir vorläufig über *Sadismus, Fetischismus* und *Masochismus*. Recht verbreitet aber ist wieder die *Bestialität* oder der Verkehr mit Tieren. Das erzählt uns beispielsweise Steller von den Kamtschadalinnen, die vielfach Verkehr mit Hunden hatten.

d)   Die Ehe.

Wir haben bereits erwähnt, daß die Ehe nicht etwa von Urbeginn an besteht, daß sie ferner *nicht* den Zweck hat, das Geschlechtsverhältnis zu regeln und ähnliches, sondern daß sie ein *rein wirtschaftliches Institut ist*. Wir haben deshalb die Betrachtung weiblichen Geschlechtslebens auch vollständig von der Ehe getrennt und vorher behandelt. Hier obliegt es uns nun, zu zeigen, was die Ehe ist und wie sie sich entwickelt hat. Wir können uns dabei absolut der gegenwärtig durch die kirchlich beeinflußten Arbeiten Westermarks und des Pater W. Schmidt wieder stärker in den Vordergrund geschobenen Ansicht, die Monogamie sei die ursprüngliche Form der Ehe, ja des menschlichen Geschlechtsverkehrs, nicht anschließen, da wir kein Interesse daran haben, die Völkerkunde in den Dienst einer Religion oder Weltauffassung zu stellen. Sondern wir wollen, wie J. Bloch sich einmal so schön ausdrückte, *die Wahrheit suchen, niemandem zuliebe und niemandem zuleide*. Freilich verkennen wir nicht, daß gerade die Frage nach dem Ursprung und den ersten Formen der Ehe eine sehr schwierige ist, da uns die Zeit der Morgenröte menschlichen Daseins gerade hier *keine absoluten Zeugnisse* hinterlassen hat. Wir können also nur durch Rückschlüsse versuchen, ein Bild zu zeichnen, und wollen dies auf Grund *der größten Wahrscheinlichkeit tun*, ohne uns durch irgendwelche Tendenz beeinflussen zu lassen. Wir setzen lediglich voraus, daß der Werdegang der Menschheit sich dem Naturganzen einordnet, betrachten ihn also nicht als „*Schöpfung*", sondern als eine *Evolution,* freilich als eine Evolution, die einer Wellenlinie gleicht und ab und zu auch absteigende Linien kennt.

Solche Momente kennzeichnen sich aber stets deutlich. Eine zeitweilige Degeneration äußert sich niemals lediglich auf *einem* Gebiete, sondern greift stets in das Gesamterscheinungsgebiet ein. Man ist nicht berechtigt, sich überall dort, wo man es zur Begründung einer modernen Weltauffassung oder einer heutigen politischen Parteimeinung braucht, entsprechend die Vorzeit zu gestalten und überall dort, wo die Erscheinungsformen modern-politischen oder kirchlich-politisch gefärbten Anschauungen widersprechen, eine „Degeneration" anzunehmen. Wer dies tut, muß in der Lage sein, die Degeneration auch sonst aus der kulturellen Erscheinungswelt nachzuweisen. Niemand wird bezweifeln können, daß die Ehe, und insbesondere die Einehe, eine sehr hohe kulturelle Entwicklungsstufe voraussetzt, also für primitive Zeiten an sich höchst unwahrscheinlich ist und, falls man mit ihr rechnen will, eines ganz besonders exakten Beweises bedarf. Weshalb auf *allen anderen* Gebieten menschliche Entwicklung vom Primitiven zum Höheren fortschreitet, aber gerade auf dem sonst von der modernen Moral so tief eingeschätzten Sexualleben mit dem Vollkommenen begonnen haben soll, ist nicht einzusehen, ausgenommen man nimmt das Paradiesmärchen und den *naturgesetzlichen* Wert der christlichen Moral, die doch überall mit physiologischen Momenten im Widerspruch steht, als gegeben an. Das ist es aber gerade, was Wissenschaft und Glauben scheidet, und wir haben nicht die Absicht, ein *dogmatisches*, sondern ein *wissenschaftliches* Werk zu schreiben, und glauben, wenn wir versuchen, eine Erkenntnis der Wahrheit zu suchen, nicht „unsittlicher" zu sein als die Kirche, deren Vertreter wir wenigstens zum großen Teil dieselbe redliche Absicht nicht absprechen wollen. Wenn es sich aber herausstellt, daß diese Erkenntnis sich mit der heutigen Moral nicht deckt, dann steht uns höchstens frei, zu urteilen, daß sich die Menschheit aufwärts entwickelt hätte, es ist uns aber nicht erlaubt, zur Rettung der Höherbewertung der „heutigen Moral" die Urzeit in einem anderen Lichte erscheinen zu lassen, als sie war. Schließlich ist der Begriff des Sittlichen doch nicht verknüpft mit jenen Interessen, die dem Wohlergehen *einer* bestimmten religiösen Partei entsprechen, sondern mit dem Wohlergehen der Menschheit überhaupt, ohne Parteimeinung. Wo hygienische und „sittliche" Momente sich widersprechen, ist vom Standpunkt einer wahren Ethik aus immer das sittliche Moment im Unrecht; ganz falsch aber wäre es, vom Standpunkt dieser einer modernen Weltauffassung bestimmter

Kreise dienenden Moral den Werdegang der Geschichte und der Natur nachträglich anders darstellen zu wollen, als er wirklich war. Dies geschieht leider allerdings sehr häufig. Moderne Moralisten haben auch heute stets die alte Klage auf den Lippen: „Ach, die Welt wird immer schlechter, in der guten alten Zeit war das besser." Betrachtet man nun die gute alte Zeit, dann sieht man, daß damals die Moralprediger dasselbe sagten. Will nun aber jemand streng objektiv das kulturelle Leben irgendeines Abschnittes der „guten alten Zeit" darstellen, dann hält die moderne Moral solche Arbeiten zum mindesten für „unnötig". Jedenfalls hängt der Wert der *wahren* Einehe nicht von dieser eigenartigen „Forschungsmethode" ab, wie überhaupt nicht von der christlichen oder einer anderen Moral, sondern von ihrem tatsächlichen inneren Werte. Es ist auch für den Maßstab, mit dem man sie messen soll, ganz gleichgültig, ob sie in der Urzeit vorhanden war oder erst erworben wurde. *Was wir also darstellen wollen, ist und kann auch nur Theorie sein, aber wir bauen sie auf der größten Wahrscheinlichkeit auf und nicht zum Zweck, ein Dogma zu retten.* Wir haben bereits gezeigt, daß von einem Binden des Weibes — und das ist ja die Ehe ihrem innersten Wesen nach — erst die Rede sein kann, wenn der *Begriff des Besitzes* entwickelt ist, weil sonst sein „Besitz" nicht garantiert wäre, das Verlangen nach Erben ein müßiges wäre; wenn weiterhin der *Ahnenkult* ausgebildet gewesen war, weil sonst keine Opfer für ihn nötig waren, und daß schließlich zu ihrer vollen Durchbildung der Zusammenhang von Kohabitation und Konzeption bekannt gewesen sein muß. Wenn man nun einwendete, daß ja schon im „Tierreich" die Einehe bekannt sei, so ist das wenig wertvoll. Zunächst befremdet es, daß es von jenen Kreisen geschieht, die sonst der „entwicklungsgeschichtlichen Auffassung" feindlich gegenüberstehen — sie hier zu ihren Spezialzwecken aber anscheinend einmal gebrauchen können; dann halten wir es für sehr gefährlich, „kulturelle" Momente zu Brücken zwischen Mensch und den nächsten tierischen Formen zu benutzen. Dann aber zeigt sich, daß beim „Tiere" alle überhaupt denkbaren Formen des geschlechtlichen Zusammenlebens vorkommen. Aber doch gewinnen wir aus diesem Vergleich ein wertvolles Moment. Wir sehen im Tierreich, daß das geschlechtliche Zusammenleben der Tiere einzig und allein geregelt wird durch die Brutpflege. Der domestizierte Hund z. B. lebt völlig agamisch; er hat die Sorge um den Nachwuchs verlernt, über den seine verschiedenen Vorfahren sich auch im Wildzustand wohl keine allzu große Sorge machten, denn wir dürfen sie wohl zumeist als Herdentiere betrachten. Das Hühnervolk lebt polygyn im Gegensatz etwa zu den Singvögeln, die wenigstens auf die Brutdauer monogyn leben. Bei den Sittichen etwa könnte man — wenn man so will — vielleicht sogar von Monogamie sprechen. Alles wird durch die Brutpflege bestimmt. Wir dürfen also mit größter Wahrscheinlichkeit annehmen, daß auch für den Menschen ursprünglich die gleichen Grundlagen gelten. Die Polygamie als Allgemeinerscheinung scheidet ebenso wie die Polyandrie von Anfang an aus, da ja die Zahl von Männchen und Weibchen nahezu gleich ist; in Betracht kommt also für die Urzeit der Hauptsache nach die Agamie oder die Monogynie, wobei aber einzelne Männer auch Polygynie durchsetzen konnten. Nun ist der Mensch ohne jeden Zweifel zu den „Herdentieren" zu rechnen; seine ursprüngliche Brutpflege wird also der dieser Tiere entsprochen haben, also sicherlich agam gewesen sein, um so mehr, als die geschlechtliche Paarung doch die Folge eines physiologischen Vorgangs, der *chemischen Erotisierung,*

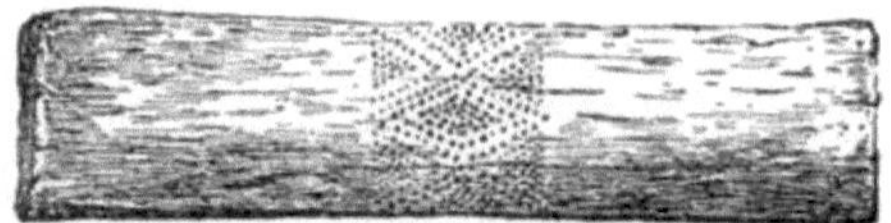

Zeichn. XIII. Mandioka-Reibholz

Nach K. v. d. Steinen

ist. Diese tritt aber stets dort auf, wo das andere Geschlecht einen entsprechend starken Reiz, der in der Lage ist, diese innersekretorischen Vorgänge auszulösen, ausübt. Warum in der Urzeit, die selbstverständlich noch keine höheren sozialen Ziele ausgebildet hatte, diese Erotisierung ausgerechnet nur von *einem* Weibe ausgegangen sein soll und sich dauernd erhalten hätte, ist nicht einzusehen und ist eine derartig ungeheuerliche Behauptung, daß sie sehr exakt bewiesen werden müßte, um auch nur den leisesten Anspruch erheben zu können, für den Aufbau eines wirtschaftlichen Systems verwendet zu werden. Wer darauf verweist, daß monogame Formen bei den hochstehenden Affen vorhanden seien, vergißt die Hauptsache, daß diese eben nicht Herdentiere sind und ein Einzelleben führen — also eines persönlichen Schutzes ihrer Nachkommen bedürfen —, eine Eigen-

Abb. 122. Samoa-Mädchen mit Fidji-Einschlag.

Museum f. Volkerkunde, Dresden.

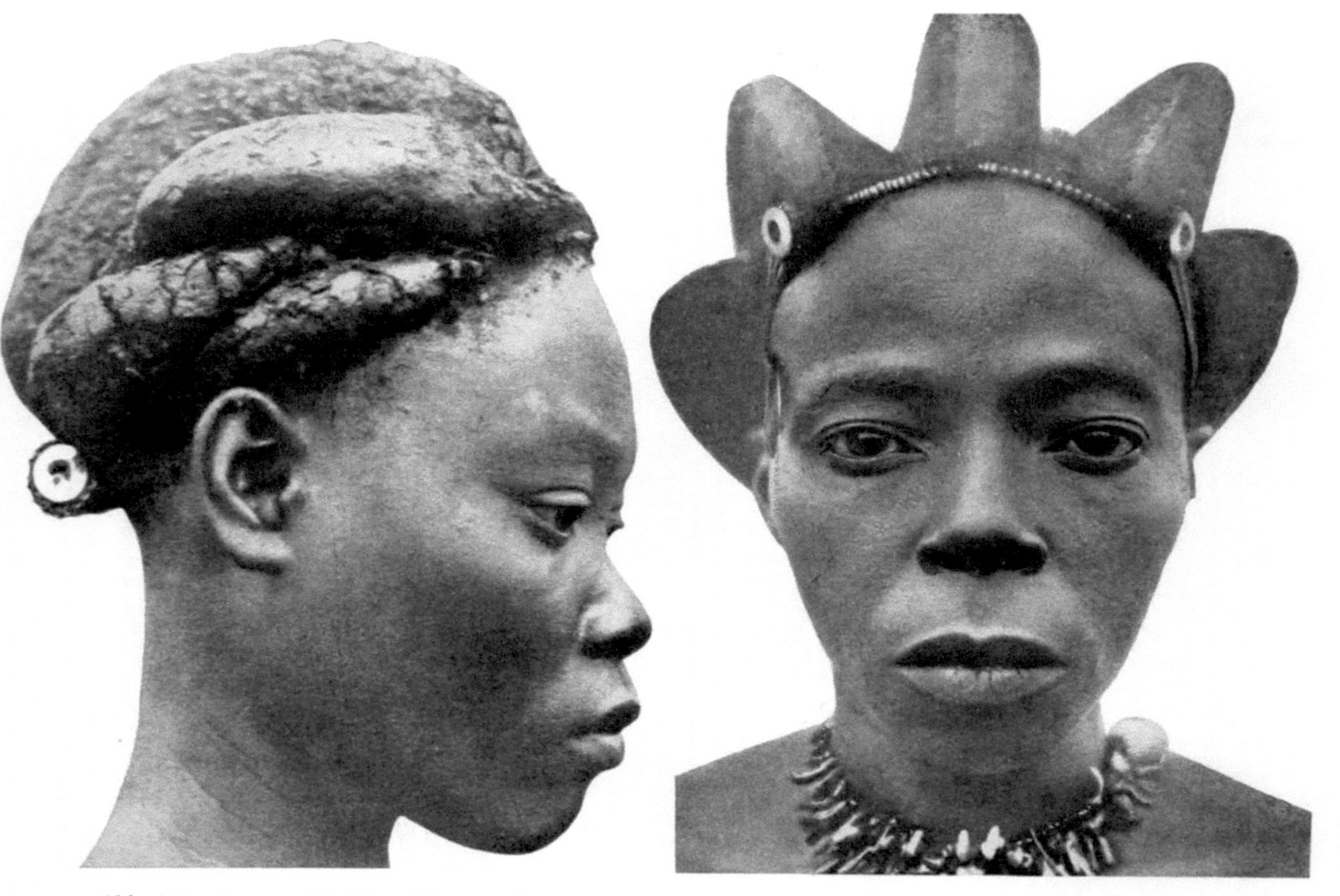

Abb. 123. Jengone-Mädchen (Kamerun). Haare mit Lehm und Palmöl geklebt.
Nach „Kolonie und Heimat"

Abb. 124. Jambassaweib (Süd-Kamerun). Haare mit Palmöl zusammengeklebt.
Nach „Kolonie und Heimat"

Abb. 125. Botokuden-Familie.

Nach Rugendas.

Abb. 126. Verheiratete Weiber von Prinz-Heinrich-Hafen (Neu-Guinea).

Nach Parkinson.

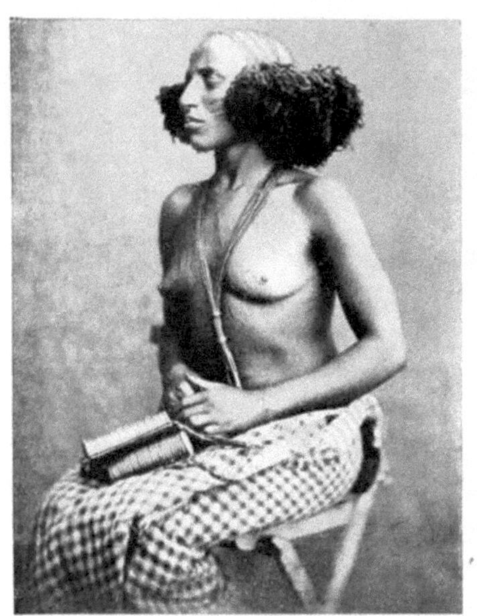

Abb. 127. Nubische Tänzerin.

Anthropol. Ges., Berlin.

Abb. 128. Wandorobo-Weiber mit Eisenschmuck.

Phot. von C. Vincenti, Dar-es-Salam.

Abb. 129.
Masaiweib von unterhalb Kibongoto.

Nach Merker.

Abb. 130.
Dayak-Weiber mit Ringschmuck.

schaft, die sicherlich einer der Gründe ihrer tieferstehenden Entwicklung war, denn eine der wichtigsten Grundlagen für die menschliche Höherentwicklung war ja eben seine Veranlagung als Herdentier. Die Herde übernimmt gleichsam die Brutpflege. Die jungen Tiere folgen ihr und schließen sich ihr an. Die Weibchen sind den Männchen gemeinsam. Tut man also den Dingen keine Gewalt an, dann wird die Agamie als ursprüngliche Form des geschlechtlichen Lebens wahrscheinlicher. Man hat sich daran gewöhnt, diese „Herden" beim Menschen als „Horden" zu bezeichnen und weist ihnen bestimmte Gebiete zu, die die Horde für ihren Nahrungserwerb beansprucht und gegen andere Horden abgrenzt. Nahrungserwerb und Weib zeigt ja schon die primitivste Kunst als die beiden Pole, um die sich das Leben der Menschen der Frühzeit drehte. Entsprechend aber unserer Erfahrung und vor allem auch den ältesten Gerätefunden kann dieser Mensch der Urzeit nur „Sammler" gewesen sein, d. h. er sammelte innerhalb seines Erwerbsgebietes alles, was er zu seiner Ernährung bedurfte. Die Jagd kam noch nicht ernstlich in Betracht, da ihm ihre Hauptvoraussetzung, die Existenz von Feuerwaffen, fehlte. Mann und Weib konnten also in gleicher Weise zum Erwerb beitragen, und es bestand keine Ursache, das Zusammenleben der Horden zu ändern. Im Bedürfnis der gegenseitigen Unterstützung dürfen wir ja auch die Wurzeln der ältesten sozialen Verbände, der *Horden*, suchen. Sie mögen klein gewesen sein und in ihrer Größe von der Ergiebigkeit des Sammelgebietes abgehangen haben. Männer und Weiber der Horde hatten *freien Verkehr untereinander*, und wie sie ihre Sammelgebiete gegen Angehörige anderer Horden verteidigten, so verteidigten die Männer der Horde auch die zu ihr gehörigen Weiber. Es war ein Zustand der *Endogynie*. Die Kinder wurden nicht dem oder jenem Manne der Horde geboren, sie gehörten vielmehr zu dieser überhaupt, da ja der Vater als solcher nicht bekannt war, selbst wenn schon in jenen Zeiten der Zusammenhang von Konzeption und Kohabitation bekannt gewesen wäre, was billig zu bezweifeln ist. Gebräuche fanden beim Eingehen dieser Beziehungen ebensowenig statt wie sie bei Tieren stattfinden. Die Paarung vollzog sich unter der Wirkung des Detumeszenztriebes, und es war natürlich nicht notwendig, daß ihr Zweck als solcher bekannt war. Zweifelsohne gerieten in der ältesten Zeit bereits verschiedene Horden wegen ihrer Sammelgebiete feindlich aneinander, und gar manchmal mögen dabei *Weiber* der anderen Horde *erbeutet* worden sein, zumal wenn diese ausgerottet wurde. Wurden sie dann nicht aufgefressen, was wohl sehr häufig war, dann mag es

Zeichn. XIV. Maisstampfende Apiaka-Frauen
Nach v. d. Steinen

gekommen sein, daß sie in eine untergeordnete Stellung zur siegreichen Horde traten. Aber auch ihre Kinder gehörten unter der gleichen Bedingung zu dieser und wuchsen in ihr auf. Am wertvollsten waren natürlich jene Weiber, von

denen die Horde die *meisten Kinder* erhielt. Darin lag aber zugleich die Wurzel
für eine Art der Weiterbildung. Denn gerade beim Menschen mag die anato-
mische und physiologische Verschiedenheit beider Geschlechter in frühester Zeit
den Unterschied in der Möglichkeit zu Arbeiten bedingt haben, und darin lag
die Wurzel zur *Arbeitsteilung.* Das Ende der Schwangerschaft, die Geburt und
die beim Menschen besonders lange Säugezeit veranlaßten ohne weiteres, daß
das Weib eine getrennte Entwicklung vom Manne nehmen mußte und auf seine
Unterstützung angewiesen war. So blieb es seinem speziellen Wirkungskreis,
der ihm auch bei den heutigen primitivsten Naturvölkern geblieben ist, treu:
der *Sammlertätigkeit.* Die Gewinnung der Nahrungsmittel war aber keine leichte,
es setzte schwere Kämpfe mit den gewaltigen Tieren und anderen Menschen ab,
was den Mann zur Ausgestaltung seiner Waffen führte: er kam zu *Fernwaffen:*
Wurfkeule, Speer und Pfeil, und wurde so zum *Jäger.* Ganz abgesehen davon,
daß die Sammelgebiete an sich weniger ergiebig wurden, je länger in ihnen eine
Horde sich aufhielt, wurde der Zustand dort um so schlimmer, wo die Fruchtbarkeit der Bewohner eine größere war, und nur die Jagd konnte das Gebiet
besser ausnutzen. Dies führte aber auch dazu, daß die Horde aufbrach und neue
Gebiete suchte, wobei dann zumeist die *kleinen Mädchen* und die *alten Weiber
getötet* wurden, oder aber sie blieb seßhaft, und die Weiber entfalteten ihrerseits eine Tätigkeit, die in weit höherem Grade zur Unterstützung des Lebens
beitrug als das reine Sammeln: das Weib wurde die *Erfinderin des Ackerbaues.*
Näher darauf einzugehen ist hier nicht der Ort, wir kommen aber später darauf
zurück. In dieser fundamentalen Arbeitsteilung liegt aber auch die Entwicklung
der Beziehungen von Mann und Weib begründet. Dort, wo nämlich das Weib
diesen Fortschritt nicht machte oder der Boden ungeeignet wird, entwickeln sich
die Beziehungen mehr und mehr *patriarchal,* während bei jenen Stämmen, in
denen das Weib Trägerin einer besonderen, neben der männlichen herlaufenden
Kultur wird, oft eine mehr *matriarchale* Entwicklung auftritt. In der ersten
Gruppe gehören die Kinder der Horde als solcher, in der zweiten bleiben sie bei
der Mutter, bis sie sich den übrigen Männern der Gruppe anschließen, wozu
besondere Zeremonien (Reifezeremonien) nötig sind. Folgen wir zunächst dem
Entwicklungsgang jener. Das ausgeplünderte Sammelgebiet und der dadurch
bedingte Nahrungsmangel zwingt die Horde zur Weiterwanderung, nachdem

die kleinen Mädchen und die alten Weiber, die beide nur essen, ohne etwas leisten zu können, manchmal getötet und oft genug aufgefressen sind. Die anderen Weiber ziehen mit. Haben wir für den Weibermord bei den Feuerländern oben ein Beispiel angeführt, so für die traurige Lage der Arbeitsweiber eines bei den Samojeden ebenfalls. So kommt man in neue Gebiete, die wieder erträglich genug sind, um eine kräftige Horde zu ernähren. Da wächst einerseits die Lust nach Weibern wieder, andererseits das Bedürfnis nach Kindern. Im eigenen Kreise ist nur ein schwacher Nachwuchs zu erwarten, und da bleibt dann nichts anderes übrig, als *Weiber zu rauben*, wo man sie bekommt. Cook fand z. B. auf Tahiti bei seiner Landung nur ein Zehntel der Bevölkerung als Frauen vor, und auf der Osterinsel standen 700 Männern gar nur 30 Weiber gegenüber. Das kann keine Zukunft begründen, um so mehr, als die älteren Männer dann auf Grund ihres Ansehens die Weiber mehr oder minder für sich beanspruchen. Da liegt es für tüchtige und waghalsige junge Männer denn nahe, ins Gebiet einer benachbarten Horde einzubrechen und dort sich eines Weibes zu bemächtigen. So gelangen diese in den persönlichen Besitz eines Weibes und damit ihrer Kinder, die Horde hat keinen Anteil daran, *das Eigenweib tritt neben das allen Hordengenossen gemeinsame Hordenweib*, und die Grundlagen für zwei hochwichtige kulturelle Entwicklungsreihen wären gegeben: für die Ehe und die Familie. *Damit wäre der Ursprung dieser Reihen exogam.* Diese Erklärung hat den Vorzug, daß sie in gleicher Weise den Ursprung der Monogamie wie der Polygamie erklärt, und die erstere lediglich als einen Spezialfall der letzteren erscheinen läßt, der von der Tüchtigkeit des Mannes abhängt. Ebenso erscheint darin der freie Verkehr nicht als eine Dekadenzerscheinung, sondern lediglich — wie das an sich klar ist — als Rest urzeitlicher Verhältnisse, die eben auf der innersekretorischen Grundlage aufbauen. Aber auch die beiden Formen der Familie erklären sich zwanglos: die *Großfamilie* und die *Sonderfamilie*, einschließlich der Entstehung des Begriffes der *Unfreien, der Dienerschaft*. Erfolgt der Raub durch einen einzelnen Mann, so haben wir die Grundlage für die *Sonderfamilie*, bei der Mann und Weib (oder Weiber) mit den erzeugten Kindern bis zu deren Selbständigkeit zusammenbleiben. Schreitet aber der Mann noch zur *Viehzucht* fort — denn diese ist seine Erfindung —, dann gibt die mehr lokale Beschäftigung Veranlassung zur Gliederung der Horde, weil mit der Viehzucht die Objekte des *persönlichen* Besitzes sich vermehren; die Horde zerfällt in eine Reihe von *Hausgenossenschaften*, die wir als „*männliche oder patriarchalische Hausgenossenschaften*" bezeichnen wollen. Eine Hausgenossenschaft umfaßt alle Leute, die zu ihrer engen Gruppe gehören, also Weiber, Kinder und Unfreie, sie ist also die wesentliche Grundlage der Großfamilie. Was ehedem die Horde tat, nämlich für die bei ihr befindlichen Weiber eine *Monopolisierung* durchzudrücken, das tut jetzt die Hausgenossenschaft. Dieser Zustand war bei uns nicht anders. Unser Wort *Familie*, das jetzt deszendentischen Charakter hat, ist noch nicht lange eingeführt. Es hat um 1700 seinen Eingang in die deutsche Sprache gefunden und ersetzte das alte Wort *hîwische*. Beide Worte bezeichnen ursprünglich die Hausgenossenschaft. Familie ist vom gleichen Stamme wie famulus, Diener, Sklave, und hîwische ist in seinem ersten Teil aus einer Wurzel gebildet, der gotisch heiwa entspricht, und die auch sonst in germanischen Worten weit verbreitet ist, dabei aber stets die Bedeutung „Mann, Frau, Kinder *und Dienerschaft*" hat. Man sieht also, in der patriarchalen Hausgenossenschaft stehen Frauen und Dienerschaft in engstem Zusammenhang, ohne daß aber damit auf einen besonderen Tiefstand der Frau geschlossen werden dürfte; die gleiche Benennung bezieht sich lediglich auf die gleiche Art des Erwerbes, da beide von außen her hereingenommen wurden. *Innerhalb dieser Hausgenossenschaft waren nun die Frauen gemeinsam* (Frauenkommunismus, der sich auch auf Gäste erstrecken kann, ein Verhältnis, dem man den gänzlich unsachlichen Namen „*gastliche Prostitution*" gab. Gewöhnlich geschah der Erwerb der Frauen von außen her dadurch, daß ein jüngeres Mitglied *mit* den Genossen der Hausgenossenschaft sich ein Weib verschaffte, dies aber nicht für sich allein hatte, sondern mit ihnen und besonders mit dem Oberhaupt der Hausgenossenschaft teilte, eventuell sogar an dieses abgab. Inwieweit innerhalb der Hausgenossenschaft auch der Verkehr mit den *in ihr geborenen Mädchen* aufrechterhalten wurde, bedarf noch sehr der Untersuchung. Zweifellos galt diese Art von Endogynie aber für die Urzeit. Wo dagegen an Weibern Mangel herrschte, war dieser Mangel nur durch *Raub* zu beseitigen. Die Hausgenossen zogen dazu *gemeinsam* aus. Wir werden später sehen, für wie schwierig man diesen Eintritt des Weibes betrachtete, das erst eine ganze Reihe von Zeremonien durchmachen mußte, bis es als Mitglied des neuen Verbandes gelten konnte.

Denn es war damit seinem Ahnenkreis entzogen und die Ahnen um die von ihm geborenen Kinder betrogen. Aber auch der Rechtsbegriff der Horde war verletzt, genau so, wie wenn ein Nichtdazugehöriger in ihr gejagt hätte. Wir dürfen annehmen, daß dieser Weiberraub schon in der Urzeit zur Pflicht der *Blutrache* führen konnte. Blutrache erscheint aber zumeist ablösbar, dies mußte für den Weiberraub besonders wünschenswert sein, da er ja in jeder Horde vorkommen konnte oder sogar mußte. Der Raub der Weiber konnte also selbstverständlich in keiner andern Weise Dauerzustand sein, als es heute etwa der Sklavenraub ist, d. h. er kann nur gelegentlich, wenn auch der Zahl nach häufig, vorkommen. So ist der Frauenraub wohl nirgends und zu keiner Zeit die einzige Form des Weibererwerbs gewesen, wiewohl er zweifelsohne überall dort vorgekommen ist, wo heute exogyne oder exogame Verhältnisse bestehen. Eine Kulturstufe, die der „*Raubehe*" gehuldigt hätte, hat es nie gegeben, wohl aber muß die Notwendigkeit, einer anderen Horde Weiber zu entnehmen, schon frühzeitig dazu geführt haben, dafür eine Form zu finden, die möglichst ohne Kämpfe die Herübernahme gestattet. Dazu gab es verschiedene Möglichkeiten. Das Weib bleibt in *ihrem* Stamm und der Mann besucht es zeitweise, die Kinder gehören zum Stamm des Weibes; eine Form geschlechtlicher Verbindung, die auch im vorderen Orient eine große Rolle spielte. Ein Spezialfall davon, nach der matriarchalen Seite abgebogen, ist der, daß der Mann ganz in den Stamm des Weibes übertritt, oder doch längere Zeit dort verweilt und für die Horde des Weibes arbeitet (sog. *Dienstehe*). Oder aber — und das ist der wichtigste Fall — der Mann zahlt gleichsam ein Wehrgeld, genau wie man auch bei einem Mord die Blutrache durch ein Wehrgeld ablösen kann. In der Urzeit war dieses Wehrgeld natürlich in Waren (Jagdbeute, Waffen usw.) zu entrichten, wofür er dann unter Erledigung verschiedener Zeremonien das Weib erhielt. Im Laufe der Zeit vergaß man den ursprünglichen Grund dieser Entschädigung und faßte sie mit dem Wachsen des patriarchalen Gedankens als eine *Kaufsumme für das Weib selbst* auf, d. h. man entrichtete mit der Zeit die Ablösungssumme *vor* dem Raub. Damit ist auch das Wesen der sogenannten „Kaufehe" zwanglos erklärt. In der Hausgenossenschaft wurzelt aber auch ein Teil der *polyandrischen Erscheinungen*, besonders jene, bei denen mehrere Brüder zugleich Gatten eines Weibes sind, oder dieses dem Vater und Sohn gemeinsam dient. Daß Polyandrie

aus Sparsamkeit entstanden wäre, wie manche behaupten, ist natürlich nicht der
Fall, wiewohl sie manchmal mitwirken mag, daß sie sich fernerhin erhält. Eine
weitere Lösung stellt die sogenannte *Gruppenehe* dar, derzufolge die eine Gruppe
mit den Weibern der anderen Gruppe geschlechtlichen Verkehr pflegt, oder die
Weiber gegenseitig entnommen werden. Häufig tritt sie in engsten Zusammenhang mit dem *Totemismus*, und es entwickelt sich schließlich die Gepflogenheit,
daß nur bestimmte Gruppen miteinander Verbindungen eingehen können, ja
daß Verbindungen innerhalb einer Gruppe überhaupt unzulässig sind, so etwa
wie bei uns Ehen zwischen den nächsten Verwandten nicht gestattet sind. Der
Grund ist das *Hereinragen der uterinen Verwandtschaft*, auf die wir nachher
kommen; in ihr hat sich ursprünglich auch der *totemistische Gedanke* vererbt.
Man verband nämlich ursprünglich die Abstammung mit einem Tiere oder einer
Pflanze und benannte sich danach, wie wir oben sahen. Dieses Totemwesen ist
aber auch Urheber jeder Fruchtbarkeit, es darf nicht gegessen werden, und Angehörige des gleichen Totems dürfen sich, wie gesagt, nicht heiraten. Der Grund
dieses Gebots ist noch ziemlich verschleiert. Wir kommen nach Erledigung der
matriarchalen Entwicklung darauf zurück. Hier diene zunächst ein Schema, das
die einfachste Form der Gruppenehe zeigt, bei der nur zwei Untergruppen gedacht sind:

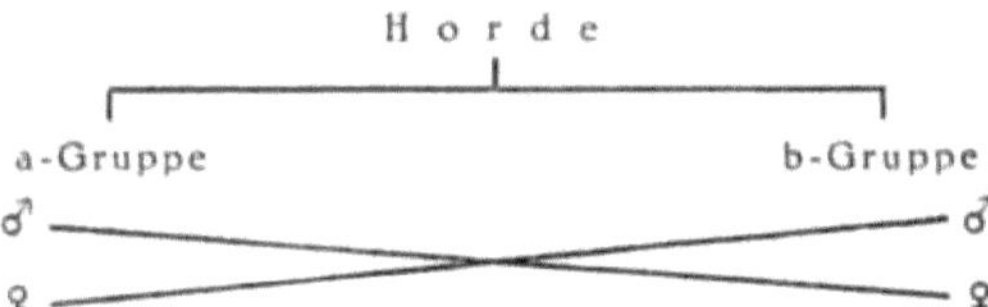

Es sind also Frauen der a-Gruppe in Verbindung mit den Männern der b-Gruppe
und umgekehrt (sie sind ihnen „erlaubt"). Ein anderer Weg, Verbindungsmög-
lichkeiten zu schaffen, war das *Konnubium*, eine Vertragsart, derzufolge Gruppen, die unter sich abgeschlossen hatten, sich gegenseitig Weiber entnahmen.
Auch darauf können wir erst später zurückkommen, da die Konnubien gewöhnlich erst nach Auflösung der alten Hordeneinteilung in Betracht kommen.
Einen ganz anderen Gang nimmt die *matriarchale Entwicklung*, da für sie eben
der Satz maßgebend war: *Mutterschaft ist Sache der Beobachtung, Vaterschaft
der Schlußfolgerung.* Wir haben gesehen, daß das patriarchale System sich dar-

auf gründet, daß der Mann sich in den Besitz des Weibes setzt und so Herr seiner Kinder wird, wobei innerhalb der patriarchalen Hausgenossenschaften von einem bestimmten Vaterschaftsverhältnis keine Rede ist. Das Kind sagt Vater zu allen Männern der Hausgenossenschaft oder, wie Große sie nannte, der Großfamilie. Im matriarchalen Entwicklungsgang ist die Blutsverwandtschaft klar und das Verhältnis ist ein uterines. Der Entwicklungsgang nimmt aber besonders dort eine scharf umgrenzte Erscheinungsform an, wo das Weib sich *frei* erhalten hat, aus der rein unterstützenden Tätigkeit innerhalb der Männergesellschaft herausgetreten und zum Ackerbau fortgeschritten ist, was wir oben kurz skizziert haben und unten genauer besprechen werden. In diesem Momente beginnt dann jener eigenartige Kampf, der einerseits zur Bildung von Männergesellschaften mit ihren Männerbünden, andererseits zur — allerdings selteneren — Bildung von *Weibergesellschaften* führt. Da das ackerbauende Weib selbständiger ist, so löst sich der Zustand der Horde ohne weiteres auf, und der Mann kommt zu ihm, wie wir bereits oben erwähnten und unten näher sehen werden. So wird die *Verbindung* beider Teile eine *besuchsweise*. Die Kinder verbleiben der Gruppe des Weibes und stehen untereinander im Verhältnis der Blutsverwandtschaft. Der Aufbau ist der der *uterinen Sippe*. Der Verkehr kann aber auch in der Weise stattfinden, daß die Männergesellschaft in ein permanentes Junggesellentum mit besonderem Klubhaus ausartet, in dem sie von den jungen Weibern besucht wird. Auch dann gehören die Kinder der Gruppe der Mutter. Die Knaben gehen, wenn sie groß geworden sind, in den Männerbund der *mütterlichen* Gruppe über. Wo sich die Männer- und Weiberbünde aufgelöst haben, kann aber trotzdem die matriarchale Entwicklung fortschreiten und nimmt dann zwei Formen an. Das Weib haust innerhalb ihres Stammes in ihrer eigenen Wohnung und wird da von den Männern besucht. Die zweite Form ist bereits eine bestimmte Art von Ehe, bei der eine Gruppe von Männern ganz in die Gruppe und die Behausung des Weibes übergeht, so daß eine *weibliche Hausgenossenschaft* von *polyandrischem Charakter* entsteht. Auch in diesen beiden Fällen gehören die Kinder der Deszendenz der Muttergruppe an.

Auf diesem Boden baut nun die *Ehe* auf; sie ist erst denkbar, wenn der Einzelpersönlichkeit der Besitz des Weibes (respektive Mannes) durch die Allgemeinheit garantiert wird. Das Durcheinandergreifen patriarchaler und matriarchaler

Entwicklungskreise einerseits und das Fortbestehen der Agamie neben der Ehe andererseits erschwert die Darstellung sehr. Von eigentlicher Ehe kann nur dort die Rede sein, wo wir es mit einer an sich *dauernden* (wenn auch leicht trennbaren) Verbindung zu tun haben, die durch *bestimmte Riten* abgeschlossen wird. Neben ihr bestehen dann Verhältnisse fort, die aus der matriarchalen Agamie herüberragen, oder auch die Jugend lebt unter sich agam, während das spätere Alter Ehebündnisse eingeht, oder die breitere Menge lebt in einem mehr agamen Verhältnis, und nur die Vornehmeren und Reichen schließen festere Bündnisse. Am deutlichsten sehen wir dieses Fortbestehen alter Formen bei Australiern und Indianern. Wir betreten damit ein sehr schwieriges Gebiet, denn man hat zweifelsohne diesen australischen und indianischen Sitten viel zu große Bedeutung beigemessen, ja es so hingestellt, als seien diese z. T. überaus komplizierten Formen einmal *Gemeingut der Menschheit gewesen.* Das ist sicherlich nicht der Fall. Gerade die australischen Gepflogenheiten im Sexualleben müssen unbedingt als eine *Spezialentwicklung* aufgefaßt werden, der sicherlich eine Allgemeinbedeutung nicht zukommt. Außerdem kann ich mich des Eindrucks nicht erwehren, daß sowohl bei Australiern wie Indianern viel *falsch beobachtet* oder doch *künstlich komplizierter gemacht wurde*, als es wirklich ist, so daß man vielleicht sogar sagen darf, es gab eine Zeit, in der geradezu Unfug mit diesen Geschlechtsbindungen in der Wissenschaft getrieben wurde. Im Nachfolgenden soll aber doch der Versuch gemacht werden, wenigstens die Hauptlinien dieser Verhältnisse darzustellen, weil sie für geschlechtliche Verbindungen an sich interessant sind. Da haben wir zunächst die australische Gruppenehe, die von der Jugend und bei festlichen Gelegenheiten von agamischen Zuständen durchbrochen wird. Jeder Stamm zerfällt dabei in mindestens zwei Gruppen, deren sich jede wieder in die Männer und die Weiber, die für sich getrennte Verbände darstellen, gliedert. Nun war es die erste Regelung dieses System, daß *die Männer der einen Gruppe mit den Weibern der anderen verkehrten und umgekehrt.* Dieser Verkehr stellt sich dann in einer Art Ehe in drei Entwicklungsstufen dar. Zunächst war er frei, alle Männer der einen Gruppe waren die Gatten der Frauen der andern, dann wurde der Verkehr nicht mehr durchgehend wirklich vollzogen, obwohl das *Anrecht* blieb, und selbst dieses schrumpfte schließlich dahin ein, daß der Mann seine Weiber immer nur aus der andern Gruppe holte.[1]) Wir haben also folgendes Schema, das noch dem oben gegebenen ähnlich ist:

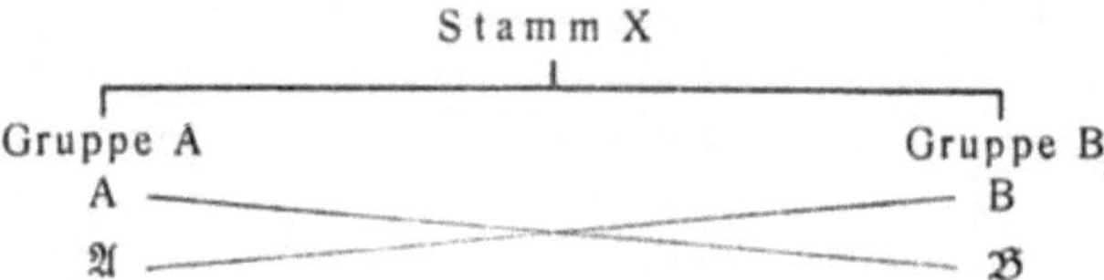

Diese Teilung erweitert sich jedoch sehr bald, und zwar aus verschiedenen Gründen. Einer der wichtigsten war die *Einführung von Generationen*. Durch Hereinragen der matriarchalen Entwicklung in diesen Hordenbegriff wurde die Tochter von A und 𝔅 der B-Gruppe zugewiesen und hätte so geschlechtlich mit ihrem Vater A verkehren können. Um dies zu vermeiden, schuf man ein neues System, die *Altersklassen*, bei dem die Kinder jeder Generation eine Gruppe für sich bildeten, die sich wohl unter sich geschlechtlich verbinden konnte, nicht aber mit der Generation ihrer Eltern. So erhalten wir folgendes Schema:

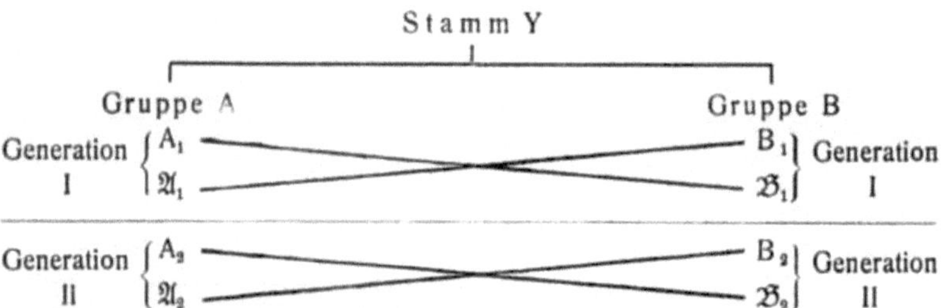

Es gehören also die Kinder von A_1 $\mathfrak{B}_1$ zur 2. Generation, ebenso die von B_1 und $\mathfrak{A}_1$. Es heiraten sich A_2 $\mathfrak{B}_2$ und B_2 $\mathfrak{A}_2$, und ihre Kinder werden nun wieder der 1. Generation zugewiesen.

Betrachten wir ein praktisches Beispiel, z. B. die Einteilung des Kamilaroistammes: Es bilden also die Männer jeder Gruppe wieder Untergruppen nach Generationen, die eigene Namen tragen; desgleichen ist das bei den Frauen der Fall.

---

[1]) Hier und in folgenden Schemen sind die Männer stets mit lateinischer (Antiqua), die Frauen mit deutscher (𝔉𝔯𝔞𝔨𝔱𝔲𝔯) Schrift bezeichnet.

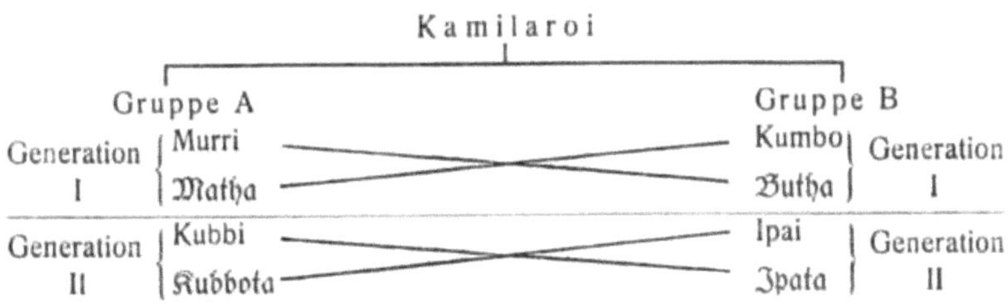

Damit ist aber die Entwicklung der Gruppenehe nicht abgeschlossen. In diese
Heiratsklassen schneidet nämlich fernerhin der *Totemismus* ein. So gibt es bei
den Kamilaroi sechs Totems. Wie oben erwähnt, darf aber innerhalb eines
Totemverbandes eine Ehe nicht geschlossen werden, und so bleibt nichts
anderes übrig, als das Schema auch totemistisch zu gliedern; da nun je drei
Totemgruppen sich zu einer Phratrie vereinen, die sich mit unsern Gruppen A
und B decken, so werden sowohl die Männergruppen jeder Generation wie die
der Weiber in Unterabteilungen getrennt. Diese Totems sind nun bei den
Kamilaroi:

I. Dilbi	II. Kupathim
1. Duli (Leguaneidechse)	1. Dinoun (Emu)
2. Murriira (Padymalon)	2. Bilba (Bandikot)
3. Mute (Opossum)	2. Nurai (Schwarzschlange)

Wir erhalten also folgendes Schema:

Kamilaroi

I. Phratrie: Dilbi — II. Phratrie: Kupathim

Generation I	Murri	Duli / Murriira / Mute	Dinoun / Bilba / Nurai	Kumbo	Generation I
	Matha	Duli / Murriira / Mute	Dinoun / Bilba / Nurai	Butha	
Generation II	Kuppi	Duli / Murriira / Mute	Dinoun / Bilba / Nurai	Ipai	Generation II
	Kubbota	Duli / Murriira / Mute	Dinoun / Bilba / Nurai	Ipata	

257

Heiratet nun ein Murri eine Butha aus dem Totem Dinoun, und etwa eine aus dem Totem Nurai, so werden die Knaben aus diesen Ehen wie oben Ipai, die Mädchen Ipata, aber das Kind der Butha Dinoun bleibt im Totem Dinoun, ebenso wie das des Totem Nurai in diesem. Diese Entwicklung wird natürlich noch komplizierter, wenn man es nicht mit Zweiteilung zu tun hat, sondern noch weiter verzweigte Einteilung statthat. Für unsere Zwecke mag aber das Angeführte genügen. In jener Zeit nun, in der die Männer der einen Gruppe mit den Frauen der anderen Gruppe verkehrten, entstanden z. T. die Namen für die nächsten Verwandtschaftsbeziehungen. Da es bestimmte Väter dementsprechend nicht gab, so bezeichneten die Kinder *alle* Männer der einen Gruppe mit „Vater", alle Frauen der andern Gruppe mit „Mutter", alle Brüder dieser Frauen mit „Onkel", sich selbst aber betrachteten sie als „Geschwister". Für die Männer der einen Gruppe waren dann die andern „Schwäger"; der Bruder der Mutter ist also immer zugleich Ehemann der Schwester des Vaters. Die Vorschriften gelten unter allen Umständen, und ihre Verletzung wird oft sogar mit dem Tode bestraft.

Eine tatsächliche Gruppenehe herrscht noch bei dem Urabunnastamm; hier hat in Wirklichkeit eine Gruppe von Männern eheliche Beziehungen zu einer Gruppe von Weibern. Weitaus bei den meisten Stämmen aber bestehen diese Beziehungen nicht mehr wirklich, sondern *de iure.* So haben bei den Port-Lincoln-Stämmen die Männer der einen Gruppe das Recht, mit den Frauen der andern zu verkehren; in Südaustralien bestehen die männlichen Klassen Kumite und Kroki neben den weiblichen Kumitegor und Krokegor. Jeder Kumite ist nun z. B. de iure Gatte von jeder Krokegor, doch nimmt er in der Praxis eben nur so viel Weiber, wie er erlangen und halten kann. In ihrer weiteren Ausdehnung führen diese Gebräuche zu einem Ehesystem, das wir besonders deutlich bei den Dieri beobachten können. Hier steht nämlich eine Gruppe von Männern zu einer Gruppe von Weibern in einem Verwandtschaftsverhältnis, das man als *„noa"* bezeichnet, d. h. die Angehörigen der einen Gruppe sind die *möglichen* Gatten der Angehörigen der anderen Gruppe. Diese Verwandtschaft wird äußerlich dadurch begründet, daß die reich bemalten Mütter zweier Kinder diese einander in die Ehe versprechen. Man nennt sie *Tippa-malku,* und als Zeichen, daß solche Versprechungen gemacht wurden, werden die Nabelschnüre der beiden Kinder

mit Emufedern und verschiedenen farbigen Schnüren zusammengeknüpft. In
dieses System greift nun ein zweites hinein, das die Dieri *Pirrauruverwandtschaft*
nennen. Jede Tippa-malku-Frau eines Mannes ist berechtigt, mit einem anderen
Manne in geschlechtlichen Verkehr zu treten. Dieser Mann kann nun stets seine
ehelichen Rechte auf seine Pirrauru ausüben, wo immer er sie trifft; d. h. wenn
ihr Tippa-malku-Gatte abwesend ist. Er vertritt dessen Stelle und nimmt sie
solange unter seinen Schutz. Hat nun ein Mann zufällig in seinem Lager eines
seiner Tippa-malku-Weiber und seine Pirrauru, so hat ersteres den Vortritt, was
sich besonders in der Lagerordnung ausdrückt. Er schläft dem Feuer zunächst,
dann folgt die Tippa-malku und dann die Pirrauru. Ein ähnliches Bild wurde
für die *Gruppenehe der Indianer* entworfen, von andern allerdings bestritten.
Es würde sich danach die Gruppierung, in die sich die nordamerikanischen Indianer auf Grund der Ehe teilen lassen, auch sonst mit den kulturellen Verhältnissen decken. Die erste Gruppe umfaßt jene Stämme, bei denen sich die Gruppenehe mehr oder weniger rein erhalten hat, es haben also verwandte Männer hier
Frauen und Kinder, verwandte Frauen Männer und Kinder gemeinsam, d. h. es
verheiraten sich alle Männer eines Eheverbandes mit allen Mädchen eines anderen,
ohne daß dabei ein Mann an ein *bestimmtes* Weib gebunden wäre. Meistens
herrscht hierbei Mutterrecht, so daß dann die Kinder zum Clan der Mutter gehören. Nehmen wir beispielsweise an, A_1 A_1 A_1 wären drei Söhne des Clanes A
und $\mathfrak{B}_1$ $\mathfrak{B}_1$ $\mathfrak{B}_1$ drei Töchter des Clanes B, dann würden die Kinder der von ihnen
geschlossenen Gruppenehe zu allen A_1 Vater, zu allen $\mathfrak{B}_1$ Mutter sagen, und alle A_1
würden diese Kinder als die ihrigen betrachten, da ein bestimmter Vater ja nicht
zu ermitteln ist. Wäre das System streng durchgeführt worden, dann hätten, wie
bei Australiern, sich unbedingt auch Eltern und Kinder begatten müssen, was
vielleicht ehedem auch vorkam. Es wurde aber Regel, daß niemand *in den Clan*
sich verheiraten kann, aus dem er stammt. Sind z. B. A_1 A_1 A_1 und $\mathfrak{A}_1$ $\mathfrak{A}_1$ $\mathfrak{A}_1$ Angehörige der Familie A, B_1 B_1 B_1 und $\mathfrak{B}_1$ $\mathfrak{B}_1$ $\mathfrak{B}_1$ Stammesangehörige der Familie B, und verbinden sie sich in Gruppenehe mit mutterrechtlichem Einschlag,
dann werden als Söhne A_2 A_2 A_2 und B_2 B_2 B_2 und als Töchter $\mathfrak{A}_2$ $\mathfrak{A}_2$ $\mathfrak{A}_2$
und $\mathfrak{B}_2$ $\mathfrak{B}_2$ $\mathfrak{B}_2$ aus diesen Geschlechtsverhältnissen entspringen. Jetzt können
dann die A_2 und $\mathfrak{A}_2$ weder in die Familie A noch in die Familie B heiraten; sie
müssen also von einer dritten Familie C aufgenommen werden. Es heiraten sich

dann A_2 A_2 A_2 und C_2 C_2 C_2, und diese gelten nun zugleich auch als Gattinnen von A_1 A_1 A_1 (den Vätern der A_2 A_2 A_2, so daß also geschlechtliche Verbindung mit den Schwiegertöchtern besteht, worauf wir schon oben hingewiesen haben). Ihre Kinder werden C_1 C_1 C_1 und C_2 C_2 C_2 sein, die sowohl zu einem A_1 wie allen A_2 Vater sagen. Auch auf diese Generation wirkt das Gesetz weiter, denn die C_1 und C_2 können weder in die Familie A und B noch C heiraten. Sie wählen deshalb ihre Ehegenossen aus einer Familie D, aus der sich die C_1 alle Mädchen D_2 holen, deren Kinder D_1 und D_2 sind. Auch jetzt gelten alle A_1, A_2, A_3 mit den Frauen B_1, C_2, D_3 verheiratet und die Kinder sind gemeinsam. Es herrscht also in einer solchen Hausgemeinschaft völlige Weiber- und Kindergemeinschaft. Wir erhalten also folgendes Schema eines Zweiges aus der mutterrechtlichen Gruppenehe mit 4 Generationsstufen:

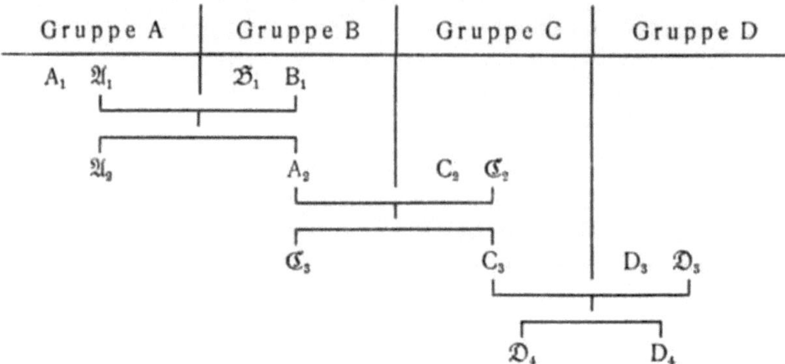

Erst mit der 4. Generation erlischt das Gesetz, so daß z. B. ein A_4 sich mit einer B_4 verheiraten kann, während die Kindergemeinschaft auch hier fortbesteht und alle A_1, A_2, A_3, A_4 z. B. als Väter von B_4 und alle B_4, D_4, C_2, A_1 als deren Mütter gelten. Auf diesem Standpunkt, d. h. der Einteilung nach Generationen, wären der große Stock der Dakota-Sioux und Assiniboin, die Obermissouriindianer (Mandan, Hidatsa [Minitari, Großventre], Apsarokas oder Crow) und die Biloxi und Arapaho gestanden. Bei vielen anderen Stämmen hingegen hielt sich das Mutterrecht nicht, und im Gefolge des Vaterrechts verschwand die Weibergemeinschaft im System, obwohl den stammverwandten Männern der

Gatten (eventuell auch Gästen) geschlechtlicher Verkehr mit der Frau gestattet
war, so daß nur die Gemeinschaft der Kinder blieb. Es sind das die Missouri-
stämme und Winnebägos.

Neben der Gruppenehe besteht oder bestand noch in historischer Zeit als alter
Rest vielfach noch die *matriarchale Eheform* weiter, deren schönstes Beispiel die

Zeichn. XV. Eskimos, eine Hütte bauend

Araber der Wüste lieferten. Der Mann kommt als Besucher zum Weib. Der
freie Verkehr, den dieses dadurch hat, heißt zinâ und ist eine Art von *Polyandrie*. In seiner Durchbildung zur eheartigen Verbindung nimmt er zwei Formen, die *sadiqa- und die mot'a-Ehe, an*. Diese der ältesten arabischen Zeit
angehörigen Formen ragen bis in die Kulturperiode des Altertums hinein, und
noch Mohammed mußte sich mit ihnen abfinden. An sich war die mot'a-Form
von unbegrenzter Dauer, konnte aber je nach Wunsch auch nur ganz kurze Zeit
währen. Das Weib bekommt für sein Entgegenkommen eine Gabe. Ebenso
wird die sadiqa-Form durch eine Gabe besiegelt; Weib und Kinder verbleiben

dem Stamme der Mutter; diese bleibt in ihrer Behausung wohnen und wechselt auf keinen Fall ihren Stamm. Von besonderem Interesse ist, daß sie in später Zeit noch die eigentliche Eheform der Araber, die patriarchale Ba'alsehe durchbricht, da die Frauen sie in Abwesenheit ihrer Männer mit anderen Männern abzuschließen pflegten. Der matriarchale Grundzug ist in der ganzen arabischen

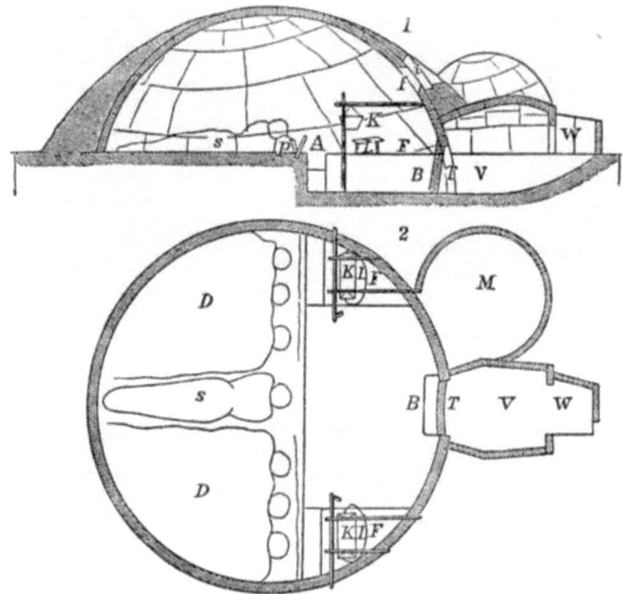

Zeichn. XVI. Querschnitt und Längenschnitt einer Eskimohütte

Welt überall zu bemerken. So bezeichnet das Wort für Mutter zugleich Volk und Stamm, das für Bauch und Unterleib Geschlecht und Stamm, das für Brust aber Verwandtschaft — da die Milchverwandschaft der uterinen gleichstand[1]). Ja, es hat sich sogar eine rein *matriarchale Vollehe* erhalten, die beena-Ehe, die der nebt-t-pa-Ehe der Altägypter usw. entspricht. Dabei behielt die Frau volles Verfügungsrecht über sich selbst und hatte damit auch das Recht der Scheidung.

---

[1]) Darüber mehr in: v. Reitzenstein, Liebe und Ehe im alten Orient. Stuttgart 1909, S. 44 ff.

Abb. 131. Metallschmuck.

Oben: Djempang, Makassar, zum Bedecken der Geschlechtsteile kleiner Mädchen Unten; Tjitjing Fuß-
ring aus Messing, von Kindern aus niederen Standen
getragen (Süd-Celebes).

Museum f. Völkerkunde, Dresden.

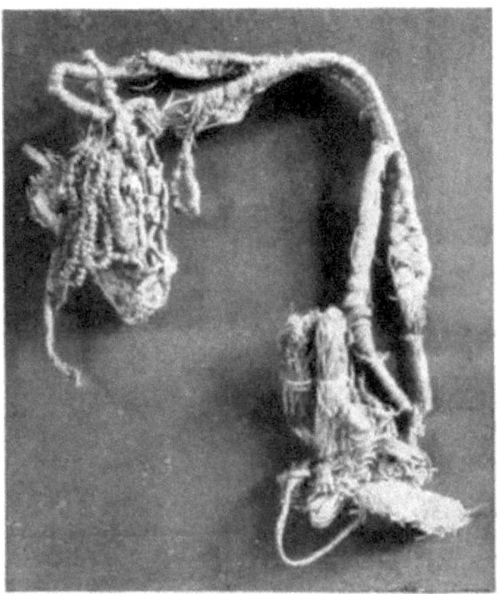

Abb. 132. Hüftgürtel einer Frau aus
Parfümpflanzen (Manoba-Mindanáo).

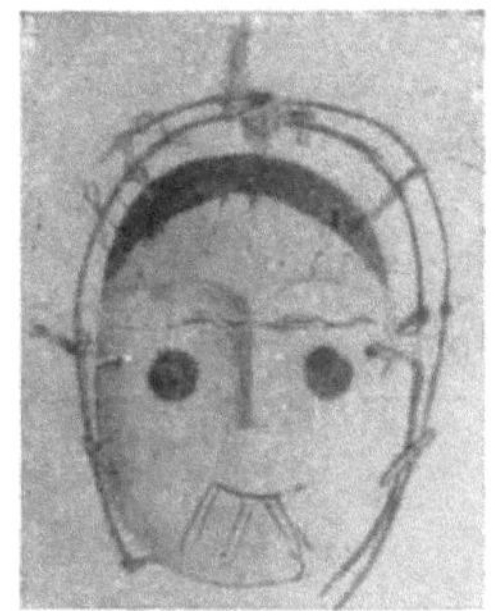

Abb. 133. Eskimo-Weibermaske
(Kwikpagmiut).

Abb. 134.
Eskimoweiber im Winterkostüm.

Bull. of the americ. Mus. of Nat. History.

Abb. 135. Weib mit Doppelschurz (vã hi),
Anachoreten.

Nach Godefroy-Album.

263

Abb. 136. Junge Hottentottenmädchen (Südafrika).
Originalaufnahme von Speer in Aus.

Abb. 137. Kastration und Penishalsbänder bei den Kaffern.
Nach Lindschotten.

Abb. 138. Dayakfrauen.

Abb. 139. Kaffern-Mischling.

Abb. 140. Kaffern-Mischling im europäisch-
moralisierenden Phantasie-Kostüm.

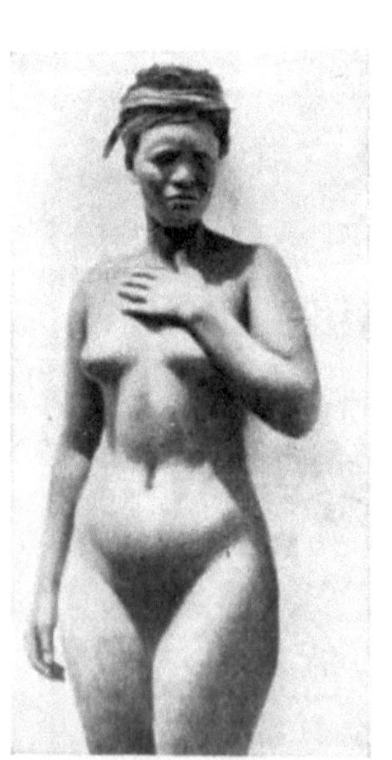

Abb. 141. Buschweib.
Phot. G. Fritsch.

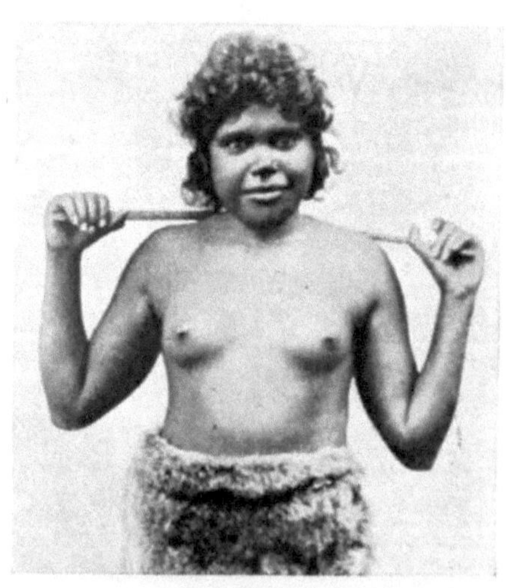

Abb. 142.
Queensländerin (Queensland Belle).

266

Der Abschluß dieser Ehe war wie bei allen matriarchalen Eheformen sehr einfach; der Mann stellte sich mit dem Worte Khitb = „Freier" vor, und das Weib antwortete, — wenn es darauf eingehen wollte: nikh = „ich heirate". Zweifelsohne wurden derartige Eheformen dort besonders deutlich erhalten, wo das Weib *Erbtochter* war. Aber dies mußte gar nicht erforderlich sein, bei vielen Stämmen war und ist es im Prinzip notwendig, daß eine Ehe gar nicht anders eingegangen werden kann, als daß der *Mann vollständig in den Stamm der Frau übergeht* und dort oft ein recht bescheidenes Dasein fristet. Folgerichtig ist dies zumeist bei ackerbautreibenden Völkern der Fall, so besonders bei den Malaien. Man nennt diese Art der Eheschließung auf Sumatra: ambil anak. Sie wird überall durch das patriarchale System zurückgedrängt, allein der uterine Sippenbegriff wurzelt zu tief, und so bedarf es meist nicht nur großer *Ablösungen,* wenn der Mann Weib und Kinder bekommen will, sondern vor allem auch sehr *umständlicher Gebräuche,* um das Weib in den Stamm des Mannes zu bringen. Auf diese kommen wir nachher. Die Ablösungen werden zumeist durch *Konnubien* geregelt. Da wir oben die Malaien zitierten, wollen wir zunächst deren Ablösungsmöglichkeiten betrachten, obwohl sie heute zu den Halbkulturvölkern zählen. Hier existieren zwei Eheformen, die diesem Bestreben dienen: die *djudjur-Form,* bei der der Mann das Weib kauft, und die *semando-Form,* bei der er durch Vergleich sich dahin einigt, daß beide Ehegatten gleiche Rechte besitzen, insbesondere die Kinder gemeinsam haben; auch hier hat der Mann ein Geschenk zu geben. Zweifelsohne haben wir auch in der *Couvade* oder dem *Männerkindbett,* dessen wir in diesem Buche mehrfach gedenken müssen, z. T. ein solches Bestreben vor uns. Das Weib, das in einen anderen Stamm übergeht, setzt sich, wie wir sehen werden, der Rache der Ahnen seines Stammes aus, da es diese um die Kinder betrügt. Deshalb vollzieht der Mann die Wochenbettzeremonien und gibt so nach außen zu erkennen, daß er die Kinder durch Rechtsakt übernimmt. Thurston schildert diesen eigenartigen Vorgang z. B. von den indischen Kukk in Gopala. Der Gatte läßt sich von seinem Weibe die ungefähre Zeit des Wochenbettes sagen und wartet dann die Niederkunft ab. Sobald diese vollzogen ist, geht er auf drei Tage zu Bett und nimmt Medizin, bestehend aus einer Brühe von Hühner und Hammelfleisch, gewürzt mit Ingwer, Pfeffer, Zwiebeln, Knoblauch usw. Er trinkt Arak und ißt so gut, wie er es nur ermöglichen kann, während sein Weib gekochten Reis mit sehr wenig Salz erhält, weil man fürchtet, daß durch mehr Salz Krankheit entstehe. Es ist besonders ein Mitweib, das ihm behilflich ist, während der Gatte nichts tut, außer essen, trinken und schlafen. Die Kleider des Gatten, des Weibes und des Mitweibes werden einem Wäscher gegeben, damit er sie am vierten Tage wäscht, und die Personen selbst unterziehen sich Reinigungszeremonien. Danach gibt die Familie dem Kastenvolk ein Essen, das das mit der Geburt des Kindes verknüpfte Zeremoniell beendet. Die weitaus wichtigste Form der Ablösung war aber der *Kauf*, sei es in Form von Diensten, die der Mann dem Vater oder der Familie des Mädchens leistet, sei es in einer an diese zu zahlenden Summe in barem Gelde oder in Wertobjekten. Der Frauenkauf ist in direkter oder abgeblaßter Form die verbreitetste Eheschließungsart und liegt, wenn auch fast unkenntlich, auch unserer Eheschließung zugrunde. Die *Dienstehe* haben wir sehr deutlich bei den überaus primitiven Seriindianern am kalifornischen Golf. Der Bursche geht, nachdem die Weiber es gestattet haben, in den Clan des Mädchens über und muß dessen ganze Familie samt etwaiger Krüppel und Invaliden ernähren, wobei er seine Geschicklichkeit im Jagen, Fischen usw. zu zeigen hat. Dabei muß er seinem Weibe gegenüber völlige Enthaltsamkeit üben, während dieses von den Clanburschen des Bräutigams die allerintimsten Aufmerksamkeiten empfangen darf. Diese Zeit dauert ein Jahr. Ein anderes Beispiel geben die Sulka von Neupommern (Melanesien). Hier herrscht Mädchenwahl. „T'el ka ngaung mang" =„Sie legt ihr Herz auf den Mann ihrer Wahl". Das Mädchen teilt dabei ihre Empfindungen ihrem Vater mit, der ihr antwortet: „Warte, wir werden ihn einladen, um für dich zu arbeiten." Nimmt der Jüngling die Werbung des Vaters an, so ist er verpflichtet, ihm bei der Arbeit zu helfen. Im allgemeinen kann der Mann so viele Frauen kaufen, als er zu bezahlen und zu erhalten vermag, denn wir dürfen sagen, daß vier Fünftel der Erde *polygam* leben dürfen und bei dem anderen Fünftel die Monogamie nur eine gesetzliche Forderung darstellt, die wohl die Polygamie, nicht aber die Polygynie ausschaltet. Bei der eigentlichen Polygamie stehen die verschiedenen Weiber in gleichem Rang, und zumeist muß der Mann jedem Weibe eine *eigene Hütte* oder ein eigenes Zelt bauen, das es für sich bewohnt und in dem es vom Manne besucht wird. Auch hier sehen wir wieder den Ursprung aus matriarchalen Verhältnissen. Schon darin liegt der Grund, daß Polygamie meist sehr teuer ist und deshalb in der Praxis zurücktritt, sobald die betreffenden Völker durch kulturelle Entwicklung eine kostspieligere Haushaltung und eine schwierigere Lebensunterhalts-Erwerbung durchführen müssen. An sich ist die Polygamie nicht zu verurteilen; daß man ihr bei uns feindlich gegenübersteht, liegt in der christlichen Ethik begründet; aber es werden nur sehr wenige Menschen zur wahren Monogamie kommen, und unter diesen wieder nur ein Bruchteil zur dauernden wahren Monogamie. Die *Zahl der Frauen* ist sehr verschieden und wird außerdem, wie das in der Natur der Sache liegt, von den verschiedenen Beobachtern recht verschieden angegeben. So nehmen die grönländischen Eskimos bis 4 (in Einzelfällen bis 11) Frauen, die Thompsonindianer 2 bis 4 (in Einzelfällen 7 bis 8), die Tlinkit bis 5, die kalifornischen Karok und Yurok leben meist monogam, die Omaha bis 3, die Mandan bis 4 (ihre Häuptlinge 8 bis 14), die Huronenhäuptlinge bis 14, die Australier von Queensland 2 (selten 3 bis 4, und Leute mit 6 Frauen sind bereits Gegenstand des Neides), die Zentralaustralier selten mehr als 2, usw. Der Preis, der für ein Weib entrichtet wird, ist sehr verschieden. Für ein Hupamädchen werden 30 bis 100 Dollar bezahlt, der Arapahoindianer gibt bis zu 10 Pferde, während uns von den Mandan erzählt wird, daß es üblich war, 2 Pferde, 1 Flinte mit Munition für ein Jahr, einige Quart Branntwein und eine Anzahl Pfriemen zu bieten. In Afrika bezahlen nach Müller-Lyer die Hottentotten 1 Ochsen und 1 Kuh, die Kruneger 3 Kühe und 1 Schaf, die Kaffern 6 bis 30 Stück Rindvieh, die Bongo 20 Pfund Eisen und 20 Lanzenspitzen, die Togoneger 16 Dollar und 6 Dollar in Waren, die Gallina 40 bis 60 Mark. Für eine Häuptlingstochter in Kamerun gibt man den Wert von 6000 Schilling, für eine einfache Freie 2000 Schilling, für eine Sklavin bis zu 800 Schilling. In Asien — also bei Nomaden — hingegen erscheinen die Preise sehr hoch: Kalmücken, Kirgisen und Tataren zahlen bis zu 90 vierjährige Pferde, 90 vierjährige Schafe und 90 vierjährige Kamele, die Tungusen bis zu 20 Renntiere, die Turkmenen für ein junges Mädchen 5 Kamele, für eine Witwe aber 50. In den meisten Frauen ist eine Frau *Hauptfrau,* oft die zuerst genommene, manchmal auch die, die das erste Kind, zumeist den ersten Sohn geboren hat, während die anderen Frauen *Nebenfrauen* sind. Besonders interessant ist eine Notiz Merkers über die Masai: „Der Verheiratete hat im ganzen

5 bis 6 Frauen, reiche Männer haben außerdem noch einige Nebenfrauen, mit denen sie rechtlich nicht verheiratet sind. Die Nebenfrauen ergänzen sich aus Witwen, die sich nicht wieder verheiraten dürfen oder sich noch nicht wieder verheiratet haben und in ihrer Stellung als Nebenfrau eine dauernde oder vorübergehende Versorgung sehen." Das *Alter* liegt bei Naturvölkern sehr früh, und das Weib verblüht dementsprechend sehr schnell; so erfahren wir von den Weibern auf Borneo, daß sie schon mit 20 Jahren aufhören, Kinder zu bekommen. Die Mädchen werden verheiratet bei den:

	Eskimos	im Alter von 8—10 Jahren,
Amerika	Thompsonindianern	,, ,, ,, 17—18 ,,
	Maidu (Kalifornien)	,, ,, ,, 10—15 ,,
	Omahaindianern	,, ,, ,, 20 ,,
	Mandanindianern	,, ,, ,, 11 ,,
	Foxindianern	,, ,, ,, 16 ,,
	Delawaren	,, ,, ,, 14 ,,
	Paraguayindianern	,, ,, ,, 19 ,,
	Abiponen	,, ,, ,, 19—20 ,,
	Indianern von Brit.-Guyana	,, ,, ,, 10 ,,
	Feuerländern	,, ,, ,, 12—13 ,,
Südsee	Australiern	,, ,, ,, 8—10 ,,
	Viktoriagebiet	,, ,, ,, 13 ,,
	Arunta (Australien)	,, ,, ,, 14—15 ,,
	Neukaledoniern	,, ,, ,, 13 ,,
	Maori	,, ,, ,, 12—13 ,,
	Gilbertinsulanern	,, ,, ,, 14 ,,
Afrika	Sudannegern	,, ,, ,, 12—14 ,,
	Nord-Guinea	,, ,, ,, 10—12 ,,
	Vey-Negern	,, ,, ,, 15 ,,
	Mandingo	,, ,, ,, 14 ,,
	Somali	,, ,, ,, 13 ,,
	Kaffern	,, ,, ,, 14 ,,
	Betschuanen	,, ,, ,, 12—13 ,,

Afrika	Herero	. . . .	im Alter von			12 Jahren,
	Hottentotten	. . . .	„ „	„	8— 9	„
	Buschleuten	. . . .	„ „	„	7	„
	Madagassen	. . . .	„ „	„	10	„
Asien	Mincopie (Andamanen)	. . . .	„ „	„	9	„
	Vedas (Südindien)	. . . . . .	„ „	„	7— 9	„
	Borneo	. . . .	„ „	„	8— 9	„
	Malaien	. . . .	„ „	„	14—15	„
	Samojeden	. . . .	„ „	„	10	„
	Tungusen	. . . .	„ „	„	12	„
	Ostjaken	. . . .	„ „	„	10	„
	Wotjäken	. . . .	„ „	„	22—23	„ usw.

Wir sehen also, was man logischerweise auch gar nicht anders erwarten kann:
die Ehe ist ein *soziales* Institut, das nicht etwa zur Regelung des Geschlechtsverkehrs auf einer ethischen Basis entstand. Der Geschlechtsverkehr ist in ihr lediglich
auch vorhanden, weil er im allgemeinen nirgends fehlt, wo Mann und Weib
länger zusammen leben. Dementsprechend paßt sich die Ehe als soziale Erscheinung stets den allgemeinen sozialen Verhältnissen an; sie kann also bei primitiven Wirtschafts- und Kulturverhältnissen nicht die höchste Stufe ihrer eigenen
Entwicklung gehabt haben. Daß sich diese „paradiese Idee" gerade hier so
vielfach zum Ausdruck bringen läßt, liegt viel an der Unklarheit des Begriffes
„Einehe". Die Vertreter ihrer ursprünglichen Gültigkeit lassen den Begriff sichtlich gerne im Dunkeln. Wenn ich bei einem Volke selbst fast alle Männer finde,
die mit einem Weibe die Ehe eingehen, so darf ich nicht sagen, daß das Volk
monogam lebt, denn dann wären auch die islamitischen Völker monogam; man
kann bekanntlich in der Türkei lange reisen, bis man einen Türken mit mehr
als einer Frau trifft. Es gehört dazu vielmehr, daß bei diesem Volke ein Gesetz
durchgeführt wird, daß jeder nur *ein* Weib haben *darf*. Aber auch damit wäre
die Ursprünglichkeit der Monogamie nicht bewiesen, man könnte dann höchstens
vom Abschluß einer kulturellen Reihe sprechen. Es müßte vielmehr zu dieser
Feststellung noch der Nachweis geführt werden, daß mindestens die weitaus
größte Zahl aller Männer auch *keinen Trieb* zum außerehelichen Verkehr

empfindet; erst dann hätte man das Recht, von einer Ursprünglichkeit des monogynen Wesens zu sprechen. Wer also von einer monogamen Veranlagung des Menschen sprechen will, muß es als vererbten Instinkt erweisen, daß der Mensch sich von Haus aus nur mit *einem Weibe paarte und mit diesem die Pflege des Nachwuchses (Brutpflege) durchführte und dabei seinen Geschlechtstrieb naturgemäß entspannte.* Wer aber die Monogamie als eine ganz frühzeitige Regelung des Geschlechtstriebes erweisen will, muß wenigstens den Versuch machen, die Motive zu diesem für eine Frühzeit als Anachronismus erscheinenden Momente zu erweisen, und die *Möglichkeit eines Verbotes* mehrfacher Paarung zu erhärten suchen. Beides ist nicht nur nicht zu erweisen, sondern gänzlich unwahrscheinlich. Von einer monogamen oder auch nur monogynen Veranlagung des Mannes zu sprechen ist geradezu widersinnig. Die Motive zu solchen Behauptungen liegen ja auch schließlich niemals in rein wissenschaftlichen Bestrebungen, sondern in politischen Momenten, wie sich in jedem Einzelfall zeigen läßt. Niemand wird aber bezweifeln wollen, daß der Mensch gerade in der Zeit seiner Abzweigung zu den *Herdentieren* zu zählen war, denn darin liegt eben die Wurzel seines Werdeganges. Steht er aber auf diesem Standpunkte, dann muß er auch gerade für sein Geschlechtsleben von dem der Herdentiere ausgehen und gelangt so am selbstverständlichsten zum agamischen Geschlechtsleben, bei dem die Brutpflege der Herde obliegt, womit eine der ersten Domestikationserscheinungen verbunden ist, die den Gang der kulturellen Entwicklung einleiten. Durch die Ehe wird das Weib *als Besitz* behandelt, denn es wird einem Manne vorbehalten; sie wird also am zwanglosesten durch die an sich widerrechtliche Wegnahme von Weibern aus anderen Horden erklärt, weil allein dadurch der Übergang des Weibes in persönlichen Besitz denkbar ist. Je nachdem nun die wirtschaftlichen Verhältnisse sich zum Ackerbau oder zum Nomadentum weiter entwickelten, wurde auch die Art des Weiberbesitzes getroffen. Bei Ackerbauvölkern ist das Weib ein viel stärkerer wirtschaftlicher Faktor, weil es daran in erster Linie beteiligt ist und einen großen Teil der wirtschaftlichen Verantwortung trägt; es wird sich also von selbst eine größere Freiheit behalten und größere Forderungen stellen können. Bei Nomaden ist das nicht der Fall, da sich kein wirtschaftliches Moment mit dem Leben des Weibes verknüpft; es ist bedeutungslos und wird mehr zum Spielzeug des Mannes. Das Leben der Ackerbauer entspricht auch der Physiologie des weiblichen Organismus, in dem der Kontrektionstrieb vorherrscht, viel mehr; die Seßhaftigkeit garantiert ihm in ganz anderer Weise die Entfaltung seiner weiblichen Tätigkeit und macht es vom Schutze des Mannes weniger abhängig. So war auch nur bei Ackerbauvölkern die Entwicklung zur *wahren, auf bestimmten Gesetzen beruhenden Monogamie* möglich, die aber auch hier stets nur einen Ausnahmezustand darstellt, auch bei Völkern, die sie *gesetzlich* durchgeführt haben. Sie fällt also ganz außerhalb der Betrachtung des Weibes bei den Naturvölkern. Gerade das Auftreten von Monogamie bei Naturvölkern — wenn überhaupt richtig beobachtet ist — bestätigt unsere Meinung, denn es handelt sich *hier* um eine *Degenerationserscheinung.* Wenn nämlich berichtet wird, daß einige Pygmäenvölker monogam leben, so fehlt einerseits die exakte *sexualwissenschaftliche* Durchforschung dieser Erscheinung (eine statistisch-ethnographische genügt hier nicht), und andererseits haben wir es gerade hier ausgesprochen deutlich mit einer kulturellen Degeneration dieser Völker zu tun. Alle Pygmäen sind degeneriert, wenn auch nicht somatisch — was sicherlich nicht der Fall ist — sondern kulturell, wie sie ja alle in ein kulturvernichtendes Milieu zurückgedrängt sind. Verarmungserscheinungen bringen aber von selbst stets gerade in bezug auf das Geschlechtsleben die größten Einschränkungen mit sich. Wer also in der sog. „Einehe" der Weddah die ursprüngliche Form des menschlichen Paarungslebens sehen will, müßte zeigen, daß sie tatsächlich *absolut* besteht, und vor allem, daß sie vor Urzeiten bestanden hat. Diesen Beweis hätte *er* zu erbringen, weil er zugeben muß, daß die Weddah in ihrem heutigen Zustand in einer Periode absoluter kultureller Degeneration leben, denn sie haben gar keine eigene Kulturwelt und stehen jedenfalls tiefer als der Mensch des Paläolithikums, selbst des früheren. Er müßte zeigen, wie sich physiologisch das ganze Triebleben mit seinen innersekretorischen Vorgängen zu dieser Erscheinung verhält. Auf Grund unseres heutigen Wissens kann man bestimmt sagen, daß der Mensch, hätte er von Anfang an nur in Einzelpaaren das Leben von Einsiedlergruppen geführt, nicht viel über die Stufe des Gorilla hinausgekommen wäre. Das Zusammenleben in Horden war es eben gerade, das ihn einen anderen Weg gehen ließ, der zu kulturellen Erscheinungen führte, und innerhalb solcher Verbände mußte der Detumeszenztrieb des Mannes von allen Weibern, die einen geschlechtlichen Reiz auf ihn ausübten, angeregt werden. Wo dann aber bei der

Möglichkeit, ihn zu befriedigen, die stetigen Hemmungen hergekommen wären,
ist gar nicht einzusehen. Diese Hemmungen sind eben auch *nur wirtschaftlich*
gerade durch die Degeneration zu erklären. Jedenfalls ist die Westermarcksche
Behauptung, die monogame Veranlagung sei *angeboren* und wurde *durch die*
Erziehung zerstört nicht nur das Unbewiesenste, was sich denken läßt, sondern
auch das *Unbegründetste*, wie er ja auch gar nicht versucht, dieses Schlagwort
irgendwie physiologisch zu begründen, was er tun müßte, da er damit aus dem
Gebiet der kulturellen Forschung in das der naturwissenschaftlichen übergreift.
Nicht unerwähnt wollen wir noch jene lockeren Verbindungen lassen, bei denen
der Mann die *Frau verleihen* und zeitweise *vertauschen* kann, weil sie so recht
charakteristisch für die Entwicklung des Treuebegriffes sind. So haben die
Tschuktschen eine sogenannte *Wechselehe*, bei der zwei oder mehr Männer be-
schließen, daß sie gleiches Anrecht auf ihre Frauen haben. Auch ein unver-
heirateter Mann kann sich an einer solchen Wechselehe beteiligen, so daß wir
eine weitere Entstehungsform der Polyandrie vor uns haben. Die Eskimos der
Repulsebai geben ihre Weiber von Mann zu Mann weiter, bis sie wieder beim
ersten Gatten ankommen. Andere Stämme tauschen ihre Frauen öfters auf ein
bis zwei Wochen aus.

Bei einzelnen Naturvölkern, so in Indonesien, bei Indianern Nordamerikas,
kommt auch das sogenannte *Levirat* vor, demzufolge der nächste Verwandte die
Witwe seines verstorbenen Verwandten zu heiraten hat; in deutlichen Fällen
gelten dann die Kinder, die er mit ihr zeugt, als Nachkommenschaft des Verstorbenen.

Der Begriff der *Blutsverwandtschaft* wird dagegen bei vielen Naturvölkern
nicht in unserem Sinne aufgefaßt. So ist es bei den Weddah auf Ceylon zwar
verboten, seine ältere Schwester zu heiraten, während der Ehe mit der jüngeren
nichts im Wege steht, ein Zeichen, daß die Vermutung, die Naturvölker hätten
sich von den übrigens nicht absolut nachgewiesenen schädlichen Einflüssen einer
geschlechtlichen Verbindung innerhalb der Blutsverwandtschaft überzeugt, nicht
stichhaltig ist. Zweifelsohne liegen dabei ganz andere Motive zugrunde, die für
uns heute noch nicht durchsichtig sind. (Vgl. hier die Darstellungen von Ehe-
paaren, Abb. 157, 160.)

Wir können also den Entwicklungsgang der Ehe etwa wie folgt darstellen. Für Naturvölker kommt davon nur die primitive, totemistische und durch Mohammedanismus und christliche Mission die rein religiöse Stufe in Betracht.

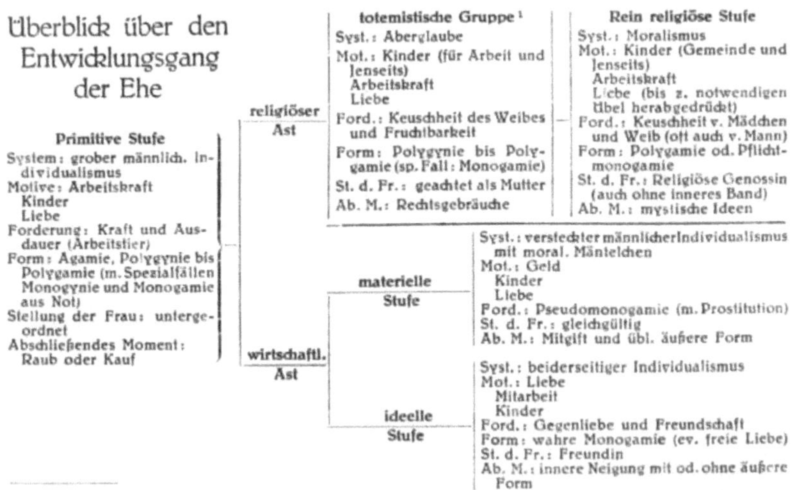

---

[1] Diese Bezeichnung ist an sich nicht gerade glücklich, sie trifft aber doch das Wesen der Sache besser als jede andere.

Wir haben noch der *Hochzeitsriten* zu gedenken. Im wesentlichen gruppieren sie sich bei allen Völkern um eine Reihe feststehender Punkte. Zunächst sind alle Handlungen, die sich auf den Genitalapparat beziehen, als gefährlich betrachtet worden, weil man glaubte, daß dabei dem Zauber und den Dämonen Tür und Tor geöffnet sei, wie wir schon mehrfach in diesem Buche zeigten. Wir werden also einer Reihe von *Sühne- und Reinigungszeremonien* begegnen, sowohl vorbereitenden als während und nach der Hochzeit vollzogenen. Bei der Eheschließung, bei der das Weib von seiner Familie in die des Mannes übertritt, sind es zunächst die Ahnen, die man fürchten muß; aber auch verschiedene andere Dämonen drohen Gefahr. Zu ihrer Beseitigung dient das *Bad, das Opfer der Kleidung*, des *Haares*, des *Gürtels*, des *Tuches* mit dem Blut der Brautnacht usw. Dann hat ferner die Braut eine Reihe *Austritts-* und *Versöhnungszeremonien* durchzumachen, und zwar sowohl gegen die bisherigen Familienmitglieder als gegen ihre bisherigen Ahnen. Dazu gehört die *Verhüllung*, die *Anlegung von Trauerkleidung* (das weiße Brautkleid in Verbindung mit Weinen usw. ist Zeichen der Trauer), die *Polterabendfeiern* usw. In vielen Fällen reihen sich hier die *Ablösungsriten* ein. Wir haben gesehen, daß häufig — besonders in jenen Fällen, in denen Hausgenossenschaften (Großfamilien) bestehen — das Weib einer ganzen Gruppe von Männern angehört. Später werden sie abgelöst dadurch, daß sie zunächst dem Weibe der Reihe nach beiwohnen dürfen usw. Die wichtigsten Riten sind aber die *Aufnahmeriten in Stamm und Ahnenkreis des Mannes*, denn er erwartet von dem Weibe, daß es ihm Kinder *seines* Kreises gebiert, die ihm Totenopfer usw. bringen können, und dazu ist es nötig, daß es sich die neuen Ahnen gnädig stimmen muß. Hierher gehören ungemein viele Gebräuche, die sich größtenteils auch sonst mit den Adoptionszeremonien decken. Dazu tritt eine große *Feier*, in der diese neuen Ahnen seitens des Weibes verehrt werden. Die letzte große Gruppe der Hochzeitsgebräuche schließt sich an den Ehevollzug an; dazu gehören alle *Abwehrriten gegen verderbenbringende Dämonen der Brautnacht*, und die *Befruchtungsriten*, insbesondere die *Keuschheitsnächte, Baumverehrung, Wasserkult* und ähnliches. Wir können hier nur einige wenige Beispiele anführen, wie sich bei Naturvölkern Hochzeiten abspielen. Wie auch bei anderen Zeremonien ist überall eine besondere Kleidung oder ein besonderer Schmuck üblich (vgl. Abb. 156, 158, 159, 161). Der eigentlichen Eheschließung geht so ziemlich überall die *Werbung* voraus. Dabei wirbt entweder der Jüngling selbst oder seine Eltern oder Vertrauensleute, sei es aus Gefälligkeit, sei es berufsmäßig; in vielen Fällen hat das Mädchen nichts dazu zu sagen und einfach zu folgen. So erzählt Israel bei Ploß-Bartels von den Hottentotten: „Der Liebhaber geht zu den Eltern seiner Auserwählten, setzt sich stillschweigend nieder und kocht ebenso wortlos Kaffee. Ist derselbe zubereitet, so gießt er einen Becher voll, um ihn der Braut hinzureichen; trinkt diese ihn zur Hälfte aus und gibt dem Bräutigam den Becher zurück, damit dieser die andere Hälfte trinke, so ist er angenommen. Ohne ein Wort zu sagen, wird ihn das Mädchen leeren, wenn der Brautwerber ein bemittelter Mann ist und die Eltern ihr Töchterchen hoch genug bezahlt bekommen. Dann bedeutet das Leeren des Bechers: ja, ich will deine Frau werden. Läßt sie das Getränk stehen, so grämt sich der Liebhaber nicht sehr, vielmehr wandert er in eine andere Hütte, um dort nochmals sein Glück zu versuchen." Das *Kleider-opfer* haben wir in einem sehr deutlichen Beispiel bei den Lillooetindianern in Nordwestamerika. Die Braut behält beim Ehevollzug ihr bockledernes Schürzentuch, das zwischen den Beinen durchgezogen getragen wird, an, wie sie es als Mädchen trug. Der Gatte schneidet es dann mit einem kleinen Messer oder einer Pfeilspitze auf und wirft es nach der Feuerung, während es bei den Thompson-indianern das Mädchen selbst an einer sichtbaren Stelle aufhängt; in beiden Fällen verläßt das junge Paar dann am frühen Morgen das Lager, die Frau um zu baden, der Mann um zu jagen. Die Eltern finden das Schürzentuch und laden die Nachbarschaft zu einem kleinen Feste. Bei den Lillooet wird es dann in Streifen geschnitten, die an die Gäste verteilt werden, bei den Thompson-indianern einer alten Frau geschenkt. Oben haben wir bereits gesehen, welche Bewandtnis es mit diesen Tüchern, die auf die Genitalien Bezug nehmen, hat; man glaubt die bösen Dämonen darin und will ihre Wirkung durch Zerschneiden oder Schenken an ein altes Weib, dem wenig mehr passieren kann, unschädlich machen. Die *Aufnahme in den Kreis des Mannes* wird oft recht handgreiflich vor Augen geführt. So geht in Ostgrönland der Mann einfach in das Haus des gewünschten Mädchens, faßt es beim Schopf und schleppt es ohne weitere Umstände in sein Haus, wo er es auf eine Pritsche setzt. Der „gute Ton" fordert es, daß es sich dabei nach Kräften sträubt und jammert; oft geht es auch ernst-haft gefährlich zu, aber die Verwandten des Mädchens sitzen ruhig dabei und sehen zu, ohne zu helfen. Das Zurwehrsetzen ist Formalität geworden und hängt ebenso wie das Weinen nicht zu einer verblaßten Raubehe, sondern mit dem Stammesaustritt zusammen. Ganz der Charakter der Adoption ist es da-gegen, wenn bei den Todas der Mann in das Dorf des Mädchens kommt, sich neben dieses niederlegt und seinen Mantel ausbreitet, so daß sie beide davon bedeckt sind. Am schönsten wird diese Auffassung wiedergegeben durch das Treten des Paares in den Kreis der Verwandten (Abb. 162). Auch das gemein-same Essen gehört hierher (Abb. 165), das gemeinsame Sitzen auf einer Matte (Abb. 163) usw. Recht deutlich hat uns Südindien auch die Verpflichtung erhalten, daß das Mädchen nicht dem Bräutigam allein, sondern *auch seinen Genossen gehört*. Thurston erzählt von den Kambalattars: „Nach der Hochzeit ist es Gebrauch für das Weib, mit den Brüdern seines Gatten und seinen nahen Verwandten sowie mit seinen Onkeln zu verkehren." Ganz deutlich berichtet über die Ablösung Merker von den Masai: „Er (der Bräutigam) verweigert andern, was ihnen zusteht, und muß gewärtig sein, daß diese ihm in den nächsten Tagen einige Rinder stehlen, ohne daß er berechtigt ist, darüber Klage zu erheben. Wer diesen alten Brauch nicht mitmachen will, was vorkommen soll, läßt, um ihm zu entgehen, die Hochzeit ohne jede Festlichkeit stattfinden. Der Bräutigam übergibt nur den Brautpreis, worauf ihm die Braut ohne irgendwelche Zeremonien in seine bereits fertiggestellte Hütte folgt." Über die *Befruchtungszeremonien* haben wir oben schon des weiteren gesprochen; es sei hier daher lediglich der *Keuschheitsnächte* gedacht. Bekanntlich ist beim Fasten aller Völker geschlechtliche Enthaltsamkeit Hauptsache; wir sahen bereits, daß man so die Gottheit oder den Dämon herbeizieht. Es sind dies also eigentlich keine Keuschheitsnächte, sondern Befruchtungsnächte. Man unterscheidet zwei Arten, solche, bei denen sich das Brautpaar zu *seiner* Schlafstelle begibt und ein befruchtendes Gerät aufstellt, und solche, bei denen es seine Lagerstätte *nicht* besteigen darf, sondern an Plätzen schlafen muß, an denen man auch sonst die Hausdämonen oder Felddämonen anwesend glaubt; so beim Feuerherd, im Stall, in Wald und Feld. So schläft bei dem australischen Euahlagistamm der Bräutigam auf der einen, die Braut auf der andern Seite des Feuers einen ganzen Monat lang getrennt, bis dann ein altes Weib die Braut auffordert, auf derselben Seite wie der Mann zu schlafen. Bei manchen Völkern dauert sehr bezeichnenderweise das Schlafen im Stall usw. so lange, bis die Frau das erste Kind geboren hat. Aus unserer Darstellung ging schon mehrfach hervor, daß Naturvölker den *Ehebruch* zumeist nicht streng nehmen, obwohl nicht vergessen werden darf, daß bei vielen Stämmen zwar in der Jugend freier Verkehr herrscht, die Ehen aber, besonders seitens des Weibes, absolut ohne außerehelichen Verkehr gehalten werden. Sehr weit verbreitet ist dagegen die Sitte, das Weib einem *Gaste zu leihen* oder die *Weiber zu tauschen*, wovon wir oben sprachen. Wie auch bei unseren Vorfahren gilt eben der außereheliche Verkehr des Weibes, wenn er *mit Wissen* des Mannes geschieht, nicht als Ehebruch.

Wo er aber bestraft wird, da sind die Strafen oft außerordentlich hoch, denn der Grund ist immer der, daß sich der Mann um echte Nachkommenschaft betrogen sieht, denn die Opfer der Kinder gelten stets dem *leiblichen* Vater.

Die *Ehescheidung* ist zumeist sehr leicht, wo sie überhaupt möglich ist; auf verschiedenen indonesischen Inseln gibt es nämlich beispielsweise keine Scheidung; läuft die Frau ihrem Manne davon, so sind ihre Eltern gehalten, sie wieder zurückzubringen. Dagegen währt die Ehe auf den Marianen nicht länger, als es beide Gatten wünschen; dabei riskiert der Mann sogar, daß die Sippe der Frau ihm sein Eigentum zerstört. Bei den Kaffern findet die Scheidung ohne jede Schwierigkeit statt, und man macht davon auch reichlich Gebrauch. Bei den Eskimos findet keine Scheidung mehr statt, wenn ein Kind, besonders ein Knabe geboren worden ist. Recht originell ist, daß nach Vortisch die geschiedenen Frauen der Goldküste sich Kopf oder Arm mit weißer Erde bestreichen müssen. Interessant ist eine Ehescheidung *wegen Krankheit,* über die uns Koch-Grünberg in seinem an guten Beobachtungen so reichem Werke schreibt. Als er zu den Bará im nordwestlichen Südamerika kam, gab es da einen Kranken, einen noch jungen Mann, der an Malaria litt: „Eines Abends erschienen zwei fremde Indianer, Tuyuka vom oberen Papury, Schwäger des Kranken, der eine Schwester von ihnen zur Frau hatte. Wilde Begrüßungsszenen fanden statt, zunächst mit der Schwester, dann mit dem Kranken selbst, der mit jämmerlicher Stimme über seine Leiden berichtete. Die beiden Fremdlinge stießen drohende Worte aus, deuteten mit leidenschaftlichen Gebärden in die Ferne und schüttelten ein langes Messer und einen Stock, den sie in der Rechten trugen, als wollten sie den unbekannten Gegner bedrohen, der ihrem Verwandten die Krankheit geschickt hatte. Es war ganz so wie bei dem Sterbefall in Cururu-cuara am Aiary; nur das Trauergeheul zum Schlusse fehlte. Nachdem sie alle Bewohner der Maloka in ähnlicher Weise begrüßt hatten, setzten sich die Fremden nieder, und die Unterhaltung lenkte in ruhigere Bahnen ein. Sie blieben bis zum übernächsten Tag und beteiligten sich auch an einer kleinen Kneiperei. Nichts deutete weiter auf etwas Außergewöhnliches hin. Erst als sie Abschied nahmen, wurde es uns klar, daß sie nur gekommen waren, *um ihre Schwester von dem kranken Gatten weg in die Heimat zurückzuholen.* Offenbar hatte man ihn aufgegeben. Die Frau belud sich mit ihrem gesunden Knaben und ihrem ganzen Hausrat; ihr krankes Mädchen ließ sie zurück. Mit weinerlichen Worten sagte sie jedem einzelnen Lebewohl. Die beiden Tuyuka schrien vom Eingang her wild in das Haus hinein; die Bará antworteten ebenso. Dann gingen jene weg. Der Vater des Kranken lief ihnen nach. Am Waldesrande kam es abermals zu einer aufregenden Szene. Der Bará schimpfte heftig hinter den Scheidenden her. Die Brüder wendeten sich um. Leidenschaftliche Gebärden auf beiden Seiten. Wir dachten schon, es käme zu Schlägen. Doch jene verschwanden im Wald, und der Bará kam gleichgültig zurück. Trotz des Lärms hatte ich den Eindruck, daß es sich nur um eine leere Zeremonie handelte, was auch aus der Teilnahmslosigkeit der Zuschauer hervorzugehen schien."

Viel des Interessanten bietet auch die *Witwe*. Zweifelsohne war ihr in der Frühzeit besonders aller patriarchalischen Völker ein trauriges Los zugefallen: sie mußte mit der Dienerschaft sterben. Bis in die indische Hochkultur hinein zieht sich dieser schreckliche Zustand; nur mit schweren Mitteln wurden die Engländer dieser Unsitte Herr. Bei Naturvölkern greift nun allerdings die mutterrechtliche Grundlage oft zu stark durch, so daß die Frau am Leben bleibt, sehr oft wieder heiratet oder doch als Beischläferin in das Haus eines anderen Mannes eingehen kann, wenn nicht das Levirat ihr überhaupt eine gesicherte Zukunft bietet. Aber auch dort, wo das Töten der Witwe nicht üblich ist, hat sie oft sehr unangenehme Gebräuche mitzumachen. Bei nordamerikanischen Indianern mußte sie sich mit Messern *zerfleischen* und die Haare abschneiden, bei den Mincopie auf den Andamanen trägt sie längere Zeit den präparierten *Schädel* ihres Mannes ständig mit sich herum, im allgemeinen so lange, bis es ihr gelingt, sich neuerdings zu verheiraten. Er wird mit Bändern an der Schulter befestigt. Die Tschipeway-Indianerinnen tragen einen Teil der männlichen Kleidung in Bündelform mit sich (Abb. 174). In Neu-Südwales gibt es eine *Witwenkappe* (Pota oder Kopi genannt). Sie wird während der Trauerzeit von der Witwe oder der nächsten weiblichen Verwandten des Verstorbenen, in Einzelfällen auch von alten Männern oder vom ganzen Stamm getragen. Ihre Herstellung ist sehr eigenartig. Bei manchen Stämmen wird als erste Handlung das Haar abgesengt, bei anderen dagegen ein Netz über das Haar gebreitet und dann die Kappe mittels eines „Mörtels" aus gebranntem Gips oder Gips mit Ton und Asche vermischt in einer etwa 2 Zoll dicken Schicht „aufgemauert". Sie hat ein zwischen 8 und 14 Pfund schwankendes Gewicht und wird 1—12 Monate getragen. Ist die Zeit des Tragens vorüber, dann wird die Kappe manchmal kalziniert und auf das Grab des Verstorbenen gelegt. Ebenso ist die *Trauerkleidung* sehr weit verbreitet.

Maaß beschreibt sie von den Mentawei-Insulanerinnen: Die Bananenstreifen des Schurzes und der Oberkörperbedeckung werden breit geschnitten, Perlen, Armbänder sowie sonstiger Schmuck abgelegt, auch die so reizend wirkenden Blumen. Die Hüte werden glatt, ohne Bananenstreifen getragen. Der Schmuck wird nicht eher wieder angelegt, bis sie sich verheiratet. Ähnlich wie die Braut macht sich auch die Witwe möglichst unkenntlich oder trägt entsprechende Kleidung (Abb. 173).

Interessant ist noch, daß sich bei verschiedenen Naturvölkern richtige *Trauergesänge* ausgebildet haben, deren einer aus Deutsch-Neuguinea (Bogadjim), der andere von den Baronganegerinnen stammt:

> Oh, der gute Mann. Der gute Mann ist gestorben,
> Der Mann, stark und schön wie ein Nußbaum.
> Er war so gut:
> Wenn er aß, gab er mir stets ein großes Stück Speise.
>
> Verlassen hast du mich, mein Gatte,
> Was soll ich nun beginnen?
> Du hast mich ernährt!
> Jetzt werde ich verachtet und verlassen!
>
> (Nach Andree.)

Neben der Ehe läuft, wie oben erwähnt, überall der *freie Verkehr* weiter. Besonders die Jugend übt ihn ohne Bedenken in mehr oder minder geregelter Weise, wie wir oben bereits erwähnten. Es gibt sogar Fälle, wo ganze Völker wieder dazu zurückgekehrt sind; wie z. B. die Kaffern. Als sie durch ihre Kampfesorganisation Ehe und Familie auflösten und ihre ganze Lebensweise einem ständigen Kriegslager anpaßten, um immer und überall schlagfertig zu sein, da wurden die Frauen in eine Art von Konkubinen verwandelt, mit denen die Krieger frei verkehrten. Die *Unterbindung des freien Verkehrs* der jungen Leute bei Naturvölkern durch die Tätigkeit unserer Missionen ist also der gesunden Entwicklung dieser Völker ebenso schädlich wie die plötzliche Einführung der Monogamie als *Zwangsinstitut*. Wie diese ein Naturvolk unmöglich befriedigen kann, weil es nicht plötzlich auf die Stufe jenes Grades von Frauenachtung gehoben werden kann, der für Monogamie nötig ist, so wird sich die Jugend der Naturvölker auch nicht zur naturwidrigen Askese bekehren lassen, und an Stelle eines geregelten freien Verkehrs, dem weder sachlich noch in betreff der beteiligten Personen Verachtung anhaftet, tritt die *Prostitution* mit ihrem Verbrecher- und Raubsystem, mit ihren Krankheiten und manchmal auch Perversitäten, die die an sich normale Betätigung des Geschlechtsverkehrs an die Spuren des Verbrechens heftet und so diesem den Weg zeigt in gesellschaftliche Kreise, die sonst von ihm freigeblieben wären. *Krankt nicht Europa bis ins Mark an dieser heuchlerischen Moral?* Und wenn es nicht daran zugrunde gegangen ist, so liegt das daran, daß jeder langsam fortschreitende Krankheitsprozeß neben den Toxinen zugleich die Antitoxine entwickelt; die Naturvölker erhalten diese Krankheit plötzlich, und so werden sie an den Toxinen zugrunde gehen, bevor sie Antitoxine gebildet haben.

Nur gestreift sei hier, daß die Geschlechtsunterschiede auch im Grabe sehr häufig deutlich ausgedrückt werden (Abb. 172).

Abb. 143. Tinguinanen von Ilocos (Philippinen).

Anthropol. Ges., Berlin.

Abb. 144. Karaibenfrauen mit Uluris.

Nach Ehrenreich.

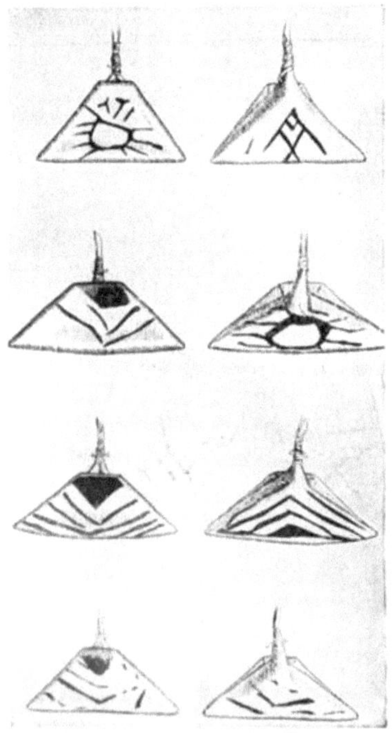

Abb. 145. Uluris der Bakairi.

Abb. 146. Chingpaw-Frau.

284

Abb. 147. Samoanerin mit Kopfschmuck.
Museum f. Völkerkunde, Dresden.

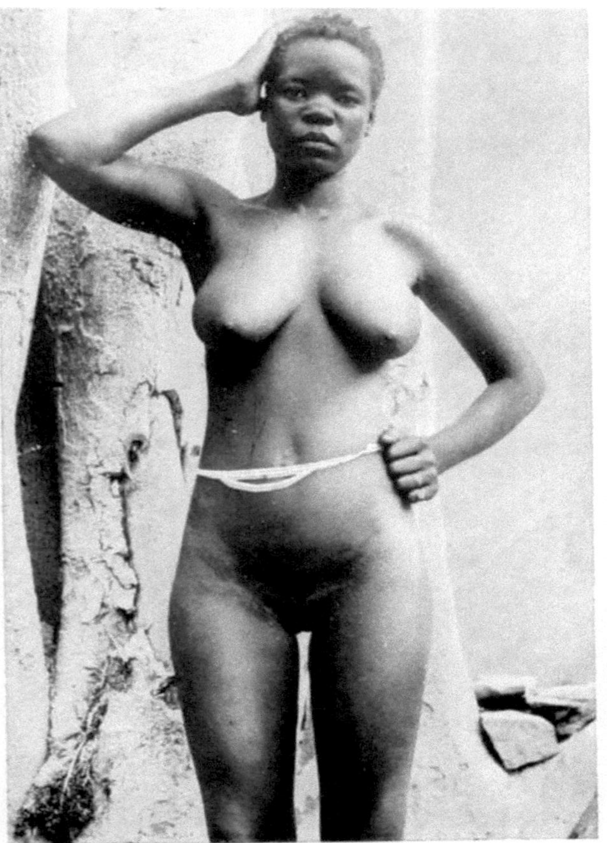

Abb. 148. Klippkaffernweib.

Abb. 149. Altes Weib (Sibirien).

Abb. 150. Karagassen, Mutter und Tochter.

K A P I T E L   I I I

Das häusliche Leben des Weibes

Mann und Weib

Die Natur hat Mann und Weib *verschieden* geschaffen, und in dieser Verschiedenheit liegt auch der verschiedene Wirkungskreis begründet. Es ist — auch unter uns — eine Dekadenzeichnung, wenn der Mann sich darin gefällt, weibisch zu erscheinen; eine ebenso große Dekadenz ist es aber, wenn ein Weib männlich erscheinen will. Nur die Ausbildung der natürlichen Eigenschaften und ihre Steigerung zum höchsten erreichbaren Grad liegt im Wollen der Natur, nur sie kann einer wahren Weiterentwicklung der Menschheit dienen. Wenn das Weib nicht mehr in der Lage ist, *seine* Kulturwelt auszubauen, und zur verarmten Nachahmung schreiten muß, dann wird es zur Karikatur. Jede Karikatur ist aber in sich wertlos und dient nur zur Erheiterung des lachenden Dritten. Ein Zweig unserer Frauenbewegung, der in vermännlichter Kleidung männliche Berufe ausführen will oder um extreme politische Ideen sich abstreitet, ist sexualpathologisch zu bewerten. Nicht die Hülle schafft reale Werte, sondern der Kern; der männliche Kern bleibt dem Weibe aber ebenso unerreichbar, wie dem Manne das Kindergebären. Und *in diesem Worte liegt die ewige unvergängliche chinesische Mauer für die Arbeitsteilung beider Geschlechter.* Zwei große Fragen hat Europa zu lösen, die *soziale* und die *sexuelle;* die soziale wird nur der Mann lösen, und die sexuelle muß das Weib lösen, ja, ich stehe nicht an zu behaupten, daß die soziale gar nicht gelöst werden kann, bevor nicht die sexuelle wenigstens gefördert ist. Jene doktrinären Frauengestalten in Männerkleidern mit tribadenhaftem Anstrich und jene politischen Clowns, wie sie besonders England gezeitigt hat, können das allerdings nicht; sie sind eine Degenerationserscheinung, sie sind verwelkte Knospen, die keine Frucht bringen können, weil sie aus irgendeinem Grunde nicht blühen konnten. Arbeitsteilung muß also auch hier wie überall auf der Welt sein und kann nur auf dem Boden der Natur gedeihen. Wir brauchen eine *gesunde Frauenbewegung,* die sich ein *originales weibliches Ideal der Freiheit* zum Ziel gesteckt hat, das zunächst darin besteht, in dem Riesenbau des sexuellen Lebens Tür und Fenster zu öffnen, damit ein frischer Zug die Stickluft daraus vertreibt. Ein freies Weib neben einem freien Mann, und beide in ihrer Eigenart entwickelt, das allein kann wahre Arbeitsteilung bringen, und nur auf aufrichtiger Arbeitsteilung kann eine gesunde Entwicklung basieren. Das mag deshalb gesagt worden sein, damit wir sehen, wie unrichtig es ist, wenn wir Naturvölker verspotten, weil wir bei ihnen das andere Extrem gar oft finden. Wir haben kein Recht, sie um dessentwillen

Zeichn. XVII. Eskimofrau am Herd

Nach Klutschak

zu tadeln, denn wir sitzen im Glashaus, und wenn wir tadeln, werfen wir mit Steinen. Was wir aber tun könnten, wäre, ihnen sowohl wie uns selbst zu helfen. An sich ist die Arbeitsteilung bei Naturvölkern oft gar nicht schlecht, schon um dessentwillen nicht, weil, wie wir gleich sehen werden, *sowohl der Mann wie das Weib jene Berufe verrichten, die sie sozusagen geschaffen, erfunden haben.* Das Weib hat die Kinder zu gebären; und alles, was damit zusammenhängt, ist ein großes Stück Arbeit, eine Arbeit, die ihm nicht abgenommen werden kann. Richtig aufgefaßt füllt dieses Gebiet, da an ihm die häusliche

Tätigkeit haftet, das Leben des Weibes; allmonatlich erinnert es die Natur daran; keine Emanzipation wird diesen ihr unbequemen Fingerzeig verwischen können. Will das Weib andere Berufe übernehmen, so wird die Leistungsfähigkeit auf dem bisherigen eingeschränkt, die jedoch umgekehrt der Mann nicht übernehmen kann. Das Weib ist aber dabei *schwächer als der Mann* und zu vielen Zeiten gar nicht in der Lage, sich zu verteidigen. Deshalb hat bei den Naturvölkern der Mann das Waffenhandwerk übernommen und damit auch den *Kampf* im öffentlichen Leben. Mit dem Kampf ging die *Jagd* Hand in Hand, die in anderen Weltteilen nicht jenen gemütlichen Anstrich hat wie bei uns; auch sie fiel dem Manne zu. Wir finden bei Naturvölkern das Weib nicht daran beteiligt; während aber der Mann im Kampf mit Tier und Feinden stand, waren die Weiber des Stammes mehr seßhaft, sie walteten in Höhle oder Hütte, denn ihre Natur band sie mehr und mehr an den festen Platz. So wird Grundsatz der ältesten Arbeitsteilung, daß *der Mann in erster Linie die animalische, die Frau die vegetabilische Nahrung beischafft* (Abb. 175), wenn auch die Sammeltätigkeit es der Frau gestattet, da und dort tierische Nahrungsstoffe heimzubringen. Damit ist nicht gesagt, daß jeder Berufskreis ganz einseitig wäre; Parkinson erzählt uns beispielsweise von den Gilbertinsulanern: „Die Frau ist von der Eheschließung an von ihrem Ehemann *unzertrennlich,* sie folgt ihm überall; wenn er in den Krieg geht, ist sie ihm zur Seite und trägt seine Waffen (ähnlich in Australien, vgl. Abb. 166), geht er auf den Fischfang, begleitet sie ihn, kurz, wo einer der jungen Leute ist, da findet man auch den andern. Nur bei einer Gelegenheit darf die junge Frau nicht ihren Mann begleiten, dies ist, wenn er zum allgemeinen Spiel und Tanz in das große Haus ‚Te Maneape' der Dorfschaft geht. Für sie ist nach der Ehe Spiel und Tanz im großen Haus vorbei; sie muß, solange der Mann fort ist, in der Hütte verweilen, und findet er sie dort nicht, wenn er zurückkehrt, so kann sie sicher sein, eine tüchtige Tracht Schläge davonzutragen und darf sich darüber nicht beklagen." Diese Kameradschaft schlägt allerdings auch ins Gegenteil um. Oft bekommt sie dann *die ganze Arbeit* aufgebürdet, der Mann geht nur in öffentliche Versammlungen, zieht in den Krieg, jagt und fischt und liegt sonst auf der faulen Haut. So berichtet auch Prinz von Wied von den Botokuden (1817), daß die Gesellschaft, wenn sie aufbrechen will, den Weibern ihre wenigen Habseligkeiten in die aus Bindfaden geknüpften Reisesäcke gibt, die größtenteils auf dem Rücken durch einen über die Stirn laufenden Strick getragen werden, und zu allem Überfluß wird darauf oft noch ein Kind gesetzt, während die Männer daneben leer hergehen, nur mit Pfeil und Bogen in der Hand; was freilich zum Teil auch seinen Grund in der stetig nötigen Kampfbereitschaft hat (Abb. 168, 169, 171). Manche Völker haben dazu eigene Tragvorrichtungen ausgebildet. So haben die Masaifrauen eigene Gepäckhalter (Abb. 176). Auch für die Ainu läßt sich diese Art der Wanderung belegen (Abb. 167). Ähnlich erzählt Weddell (1824) von den Feuerländern. Er stellt ihnen zwar das Zeugnis aus, daß die Männer viel Zärtlichkeit für die Frauen zeigten, daß sie ihnen aber trotzdem alle Arbeit aufbürden. Die Frauen müssen rudern, während der Mann gemütlich im Kanu sitzt, sie sammeln Muscheln, erziehen die Kinder, bauen die Hütten, kurz, jede mühevolle Arbeit fällt ihnen zu. Da kommt es denn häufig vor — wie bei den Zulus —, daß die Frau selbst den Mann bittet, *weitere Frauen* zu nehmen, die ihr die Arbeit abnehmen, denn sie selbst ist dann Hauptfrau. So ähnlich ist es auch bei den Indianern. Eastmann erzählt uns: „Die Leiden des Sioux-Weibes beginnen mit ihrer Geburt. Schon als Kind ist sie ein Gegenstand der Verachtung im Vergleich mit ihrem Bruder neben ihr, der einst ein großer Krieger werden wird. Als Mädchen wird sie geachtet, solange der junge Mann, der sie zum Weibe begehrt, an dem Erfolge seiner Bewerbung zweifelt. Ist sie erst sein Weib, so hört die Teilnahme für ihr Los auf. Wie bald reißen die Stürme und Kämpfe des Lebens alle warmen und zarten Gefühle mit der Wurzel aus ihrem Herzen. Sie muß die Last der Familie tragen. Will es der Mann, so muß sie den ganzen Tag mit einer schweren Last auf dem Rücken fortziehen, und nachts, wenn haltgemacht wird, muß sie die Speisen bereiten für die Familie, bevor sie sich zur Ruhe begeben darf." Noch schlimmer ist es wohl bei den Orang Laut auf Malakka. Da kommt der Mann von der Jagd und öffentlichem Leben heim, verzehrt den ganzen Vorrat an den mit saurem Schweiße von der Frau gesammelten Wurzeln und Fischen und wirft Frau und Kindern ein paar übrige Brocken hin. Umgekehrt leben beispielsweise die Samoanerinnen ein reines Dolcefarniente. Nur die leichtesten Arbeiten in der Küche haben sie zu verrichten, das Empfangs- und Wohnhaus zu ordnen, sich zu schmücken und mit anderen Frauen über die vorbeigehenden jungen Männer zu sprechen, während sie höchstens kleine Handarbeiten, wie Mattenflechten, verrichten. Es ist nicht zu verkennen, daß die Mehrzahl der Beobachter hier ziemlich falsch berichtet haben und zu sehr mit der europäisch-ethischen oder europäisch-sozialpolitischen oder gar mit der Frauenrechtlerbrille sah. Gute Beobachter sehen auch tatsächlich in dieser Arbeitsteilungsfrage anders. So gibt Pechuel-Lösche in seiner vorzüglichen Volkskunde von Loango (Westafrika) ein entsprechend berichtigtes Bild. Er sagt: „Die Arbeitsteilung zwischen den Geschlechtern ist befriedigend geordnet. Der freie Mann oder der selbständig schaffende Mann — nämlich der Hörige, der sich mit seinem Herrn auf Entgelt geeinigt hat — jagt, fischt, treibt Zwischenhandel im Küstenstrich, leitet Handelszüge nach dem Innern, wirkt als Heilkünstler und Zaubermeister, dient Europäern als Leibjunge, Hofmeister, Handwerker, Wäscher, Bootsführer. Das ist würdige Beschäftigung für den Herrn und selbständigen Mann. Mancher töpfert, schmiedet, gießt und treibt Metall, schnitzt, siedet Salz, webt, flechtet, knotet, doch ist das mehr Liebhaberei als geziemende Tätigkeit, da diese den Hörigen zukommt. Nur Schnitzerei und Metallformen stehen in Ehren, sofern sie als Kunst getrieben werden.

Die Herrin waltet an ihrem Herde, dessen Feuer, obgleich fast stets im Freien, *ausschließlich für sie brennt.* Das Gesinde muß anderswo hantieren, der Herr ebenfalls, so ihn nach einem Braten gelüstet. Er röstet sich Frucht und Fleisch am Feuer und in Asche wie in der Wildnis, oder läßt es sich von seinen Dienern rösten, *wenn seine Frau es ihm nicht zuliebe tun will.* Ihre Pflicht und ihr Recht ist es, für ihn an ihrem Feuer Speisen in Geschirren zu bereiten, mithin für ihn zu kochen, zu dämpfen. Er hat Wild, Fisch, Gewürz, Baumfrüchte, Palmsaft und Handelszutaten zu liefern. Sie beschafft Gemüse und andere Zukost aus ihrer Pflanzung oder im Tauschwege und sammelt manchmal Muscheln. Was sie von ihrem Felde über den Verpflegungsbedarf für ihren Ehemann erntet, was sie aus ihrer Tierzucht gewinnt, ist ihr Eigen. Der Gatte darf nicht eine Knolle aus ihrem Korbe, nicht ein Ei aus ihrem Hühnerstall nehmen, sie hätten denn eine Art der Ehe geschlossen, die neben anderm auch Gütergemeinschaft bedingt.

Ganz verkehrt wäre es, die Frau, wie das so gang und gäbe ist, als Lasttier des Mannes zu betrachten. Sie arbeitet gewiß nicht mehr, oft viel weniger als er.

Wer oder was sollte sie zum Lasttier machen? Das Essen ist des Eheherrn schwache Seite, auch in Afrika. Mit dem Kochen hat sie den Gemahl am Schnürchen, und mancher, der seine Frau geärgert hat, klagt mit gutem Grunde, daß sie ihn schlecht versorge.

Eine gut gestellte Frau beschäftigt sich nach ihrer Neigung ganz wie bei uns daheim. Zum Arbeiten hat sie ihr Gesinde, und auch das hat viel weniger als bei uns zu tun. Sie kocht zwar selbst für ihren Mann, aber, wo mehrere Ehefrauen sind, Reihe um mit den andern. Selbst in der Einehe und unter den Kleinleuten, wo die Frauen über keine Hilfe verfügen, haben sie herzlich wenig zu tun, *viel weniger als unsere Bauernweiber.* Herrin wie Dienende, sogar die Leibeigenen eingeschlossen, sind keinesfalls überbürdet. Alle Weiber mit ihren wechselnden, wenig anstrengenden und gesunden Beschäftigungen *stehen sich jedenfalls viel besser als zahlreiche Mädchen, Frauen, Mütter unter Zivilisierten,* die mit restloser quälender Tätigkeit ihr Leben in Dürftigkeit fristen, *unter denen man bei den Kleinleuten die wahren Lasttiere findet, wie nirgendwo unter Wilden.*"

Hier haben wir die richtige Auffassung. Wied und die meisten anderen derartigen Beobachter greifen stets Ausnahmezustände (Wanderungen usw.) heraus, beobachten aber nicht das normale Leben. Man muß eben auch bei Beurteilung solcher Fragen frei sein von jeglicher Beeinflussung.

Weibliche Tätigkeiten

Aus dem Wirkungskreis der Frau und dem des Mannes grenzen sich mehr und mehr bestimmte Gebiete ab; der Mann behält die *Jagd* ganz in der Hand, während die Frau eine *Reihe von Erfindungen* an ihren Wirkungskreis knüpft, die der Erschließung neuer Nahrungsquellen und der Zubereitung der Nahrung sowie der Kleidung dienen. Steht dem Manne auf der Jagd nur das Braten des Wildes am Feuer zu Gebote, so entwickelt das Weib zu Hause eine Art von *Kochkunst.* Sie vergräbt das Fleisch mit heißen Steinen in die Erde und erhält so einen besseren Braten, oder sie wirft heiße Steine in eine große Fruchtschale, die Wasser enthält, und bringt dies zum Kochen, da ihr ein anderes Gefäß noch nicht zur Seite steht. So sagt K. v. d. Steinen in seinem grundlegenden Werke „Unter den Naturvölkern Zentralbrasiliens":

„Am Schingu flochten die Männer den Bratrost, brieten Fisch und Fleisch, die Frauen buken die Beijus, kochten die Getränke, die Früchte und rösteten Palmnüsse — welch andern Sinn konnte diese Teilung in animalische Männer- und vegetabilische Frauenküche haben, als daß ein jedes der beiden Geschlechter noch in seinem uralten Ressort geblieben war?" — Das hat uns bereits auf die älteste erwerbende Tätigkeit des Weibes, die *Sammeltätigkeit*, aufmerksam gemacht. „Bei den Australnegern", sagt Lumholtz, „sind es die Frauen, die wesentlich für den täglichen Bedarf an Nahrungsmitteln zu sorgen haben, und sie unternehmen oft lange Ausflüge zu diesem Zweck. Im ganzen ist die Stellung der Frau, wie bei allen wilden Völkern, eine sehr untergeordnete. Sie muß alle grobe Arbeit verrichten, mit ihrem *Korb* und *Stock* ausgehen, um Früchte zu sammeln, Wurzeln auszugraben und Larven aus den Bäumen zu hauen. Früchte findet sie teils auf dem Felde, teils in den Bäumen, welche sie erklettert, wenn auch mit weniger Fertigkeit als die Männer. Der erwähnte Stock *(Grabstock)*, das einzige Gerät des Weibes, ist ihr auf ihren Expeditionen unentbehrlich; er ist von hartem, festem Holze, $1^1/_2$ bis 2 m lang und am Ende zugespitzt. Sogar zu den Festen und zum Tanze nimmt die verheiratete Frau ihren Stock mit sich als Zeichen ihrer Würde als Familienversorgerin. Oft muß sie auch tagelang ihr kleines Kind auf den Schultern umhertragen und legt es nur weg, wenn sie graben oder klettern muß. Kommt sie dann nach Hause, so hat sie meistens viel mit der Zubereitung der gesammelten Schätze und dem Auswässern der giftigen Früchte zu tun." Weiterhin erstreckt sich die Sammlertätigkeit des Weibes auf Fische und Beeren, wo solche zu bekommen sind. Bei den Aleuten sammeln nach v. Langsdorf die Weiber und Mädchen zur Zeit der Reife den Wintervorrat an Beeren (Himbeeren, Kneschenika, Morastbeeren, Preiselbeeren, Blaubeeren usw.) und Wurzeln; von den Káua (Rio Aiary) sagt Koch-Grünberg: „Steigt die Sonne höher und wird die Hitze für die Arbeit im Freien unerträglich, so kehren die Frauen allmählich vom Felde zurück, gebückt, daher keuchend unter der schweren Last der mit Mandiokawurzeln wohlgefüllten großen Tragkörbe, die ihnen an einem über die Stirn gelegten Bastband auf dem Rücken hängen." Eine höhere Stufe der Sammlertätigkeit stellen darin bereits die Indianer dar, weil sie einen Teil dieser gesammelten Nahrung *trocknen*. Dies führt uns zum *Fischfang*. Auch er ist dem Weibe neben dem Mann zugänglich, allein die Weiber unterscheiden sich auch in dieser Tätigkeit von der männlichen. Während nämlich der Mann mit Reusen und Angelgerät auszieht, fischen die Weiber vorzüglich mit *Handnetzen*, so besonders in der Südsee. Alle diese Arten von Nahrungserwerb hat man sich gewöhnt mit *„aneignender Wirtschaft"* zu bezeichnen, der die *„erzeugende"* gegenübertritt. Auch hier greift die Arbeitsteilung wieder scharf durch. Wir beobachten nämlich, daß der *Ackerbau die Domäne des Weibes* ist und die *Viehzucht die des Mannes*, wenn es auch bei verschiedenen Völkern vorkommt, daß die Weiber das Vieh melken, was schon Kolb (um 1700) von den Hottentotten bestätigt; ja noch mehr, wir können sogar dem Weibe den Ruf sichern, die Erfinderin des Ackerbaues gewesen zu sein und damit dem Kulturgang eine der wichtigsten Stufen errungen zu haben. Wie schwer mag es ihm gefallen sein, einen Teil der gesammelten Samen, die es aus weiter Ferne holte, vor Mann und Kindern zu bewahren und, anstatt sie direkt zu verwerten, in der Nähe ihrer Behausung auszusäen. Vielleicht hat es schon selbst den Boden dadurch gedüngt, daß es andere dort wachsende Pflanzen abbrannte, ohne diesen Zusammenhang zu ahnen. So war es zunächst ein *Raubbau*, aus dem der eigentliche Ackerbau entwuchs. Schön berichtet dazu K. v. d. Steinen, der ähnliche Vorgänge im Quellgebiet des Schingu in Brasilien beobachtete: „Mann und Frau repräsentieren *beide einen Stand* oder eine bestimmte Summe von Fachkenntnissen. ... Die relative Seßhaftigkeit, die mit dem Fischerleben verbunden war, hatte sich erst zur dauernden befestigen können, als die Frauen gelernt hatten, zu pflanzen, Töpfe zu machen und Mehl zu bereiten. Obwohl der Feldbau am Schingu bereits zu achtungswerter Vervollkommnung gediehen war, ließ sich doch an kleinen Zügen erkennen, welchen Ursprung er wenigstens hier genommen hatte. Man pflanzte die in der Nachbarschaft vorkommenden nützlichen Gewächse an, jeder Stamm machte auf seinem eigenen Boden seine eigenen Erfahrungen, und *durch die Frauen*, die im Frieden und im Kriege zu anderen Stämmen kamen, wurden sie *verbreitet.*" Eine weitere Stufe der Vervollkommnung war es dann, als der Grabstock der Frau für das Einsetzen der Samen durch die *Hacke* ersetzt wurde, eine Stufe, die sich noch bei vielen Völkern findet und die man sich gewöhnt hat als *Hackbau* zu bezeichnen. Neben ihm, der ursprünglich weibliche Erfindung und weibliche Tätigkeit war, entwickelte der Mann aus der

Jagd die Viehzucht. Das Zusammenwirken beider Interessenkreise schuf dann die richtige *Landwirtschaft*, da durch die Viehzucht der *Dung* zum Hackbau kam, die einzige Möglichkeit, um mit dem Raubbau zu brechen, da man dann die Ackerstelle nach Ausnutzung des Bodens nicht mehr zu wechseln brauchte. Und wer schuf wieder die Grundlage zu dieser äußerst segensvollen Vereinigung, in der zugleich das *wichtigste der familienbildenden Elemente* liegt? Das Weib, ist auch hier wieder die Antwort. Es zog, wie wir oben gesehen haben, den Mann mit seiner Jagdbeute nach Hause, weil es eben die Kochkunst entdeckt hatte. Der Mann lieferte sie gerne ab, um von der Frau dafür die zubereitete gemischte Kost zu empfangen, und er wurde so zugleich ein ständiger Besucher ihrer Hütte, während er bisher im Männerhause wohnte. Mit Recht betont aber Schurtz, daß die erste gemeinsame Wirtschaft auch an vielen Stellen Nachteile haben konnte: „Der Anbau von Nutzpflanzen vermehrt die Nahrungsquellen, aber er wirkt *zerstörend auf die aneignende Wirtschaft, indem er die Wildnis lichtet, die Jagdbeute mindert und gleichzeitig eine Volksvermehrung begünstigt,* die die Menge des vorhandenen Wildes zur Zahl der Jäger in ein immer größeres Mißverhältnis setzt. Vielfach wird das Wild bis auf ärmliche Reste ausgerottet und die *Wirtschaft der Männer dadurch vernichtet.* Wären die Männer die Schwächeren, so würde das verhängnisvolle Folgen für sie selbst haben, in Wahrheit aber ergibt sich das *Gegenteil.* Die ganze Last der Wirtschaft fällt nunmehr auf die Frauen, und während die Männer sich vergnügen oder höchstens leichte gewerbliche Arbeiten treiben und überflüssige Kriege führen, sinken die Weiber auf die Stufe von Arbeitstieren und Sklaven herab." Der Mann sucht den Schaden durch eine neue Raubwirtschaft auszugleichen, wie wir oben schon ausgeführt haben, indem er durch seine Kriege Sklaven schafft, die die Frau unterstützen. Der Fortschritt der *Kochkunst,* der darin bestand, eine Möglichkeit zu schaffen, das Feuer direkt in ihren Dienst stellen zu können und die Benutzung der heißen Steine auszuschalten, war ebenfalls vom Weibe gemacht worden, denn es erfand die *Töpferei.* Es ahmte Fruchtschalen, in denen es bisher das Wasser aufbewahrte, in Ton nach und hatte so die Möglichkeit, das Gefäß selbst über das Feuer setzen zu können. Mit der Töpferei hatte das Weib eine zweite Stufe der Kultur erstiegen. Daß diese Lehmgefäße härter wurden, wenn man sie brannte, das zu erkennen war ebenfalls eine Folge des

Kochens. So ist es denn kein Zufall, wenn wir heute bei den meisten Naturvölkern die *Ausübung der Töpferei in den Händen des Weibes sehen* (Abb. 179).
Das gilt für Afrika, für Melanesien, für Amerika usw. Sehr interessant ist es
aber, daß sowohl in Afrika als in Amerika der Mann, wenn er sich mit Töpferei
zu befassen beginnt, vor allem Tabakspfeifen fertigt. Und noch eine Erfindung
machte das Weib; die Idee dazu mochte seiner Sammeltätigkeit entsprungen sein,
genau wie unsere Kinder Binsen zusammenflechten und ein Körbchen herstellen,
wenn sie etwas zu tragen haben, so auch das Weib. Es mögen auch Binsen oder
biegsame Äste gewesen sein, die zusammengeflochten wurden, um einen wenn
auch primitiven *Tragkorb* herzustellen. Die damit gewonnene Technik aber gab
Fingerzeige für die *Herstellung von Matten* und ähnlichen Dingen, besonders
von Fischnetzen, die dem Weibe die Beteiligung an der Fischerei ermöglichten.
Im Thurn beschreibt uns die Töpferei bei den Indianerinnen von Guyana: „Eine
flache, kreisrunde Tonmasse, die Grundlage des beabsichtigten Topfes, wird zunächst auf ein schmales Stück Brett gelegt. Der Rest des Tones wird zwischen
den Händen zu langen zylindrischen Stücken von der Dicke eines Mannes-
daumens ausgerollt. Eine dieser Rollen wird nun rund um den Rand der Basis
gelegt, so daß sie diese wie der Rand eines Troges umgibt. Dieser Rand wird
nun zwischen Zeigefinger und Daumen bearbeitet, wird mit dem Ton der Basis
eng verbunden, wird geknetet und geglättet, und mit großer Nettigkeit wird
ihm genau die Krümmung gegeben, die er als Teil des Gefäßkörpers haben
muß. Auf die erste Rolle wird dann eine zweite gelegt und in derselben
Weise behandelt. Auf diese Art wird das Gefäß allmählich stückweise aufgebaut, und seine Wände, obwohl nur mit den Fingern bearbeitet, bekommen
genau die richtige Krümmung." Eine andere Art primitiver Töpferei bestand
zweifelsohne in der *Verbindung des Korbflechtens mit der Lehmarbeit*. Ein
Korb wurde innerlich und äußerlich mit Lehm umkleidet und gab so einen für
verschiedene Fälle geeigneten Topf ab. Beide Arten erfordern sodann das Glatt-
streichen, was mit Muschelschalen — in denen wir ja schon mehrfach primitive
Messer erkannt haben — und ähnlichem geschieht. Die Veranlassung zur *Verzierung* lag frühzeitig vor. Während der Mann seine Waffen mit Kerben
und ähnlichem schmückte und so die *Schnitzerei* förderte, die auch zumeist in
den Händen des Mannes verblieb, wurde das Weib durch die Flechterei auf

allerlei *ornamentale Motive* gelenkt, die dann auch oft auf Töpfe übertragen wurden. Die *Nachbildung des Totemtieres oder der Totempflanze, die symbolische Darstellung von allerlei Erscheinungsformen, die dem Zauber dienten,* gaben weitere Motive ab, an denen Mann und Weib in gleicher Weise beteiligt sind. Damit war der *Weg zur Kunst* geebnet, worauf wir im nächsten Kapitel kurz kommen werden. Also auch darin wirkt die ursprüngliche Arbeitsteilung nach. War der Mann derjenige, der durch seine technischen Arbeiten die künstliche Feuergewinnung entdeckte, so oblag es dem Weibe, das *Feuer zu bewahren,* und veranlaßte es zum *Aufbau des Herdes* oder doch der *Feuergrube,* die ein wichtiger Mittelpunkt für die Zentralisierung der Hausgenossenschaft und der Familie wurde. Weiterhin oblag es dem Weibe und obliegt ihm bei Naturvölkern noch, *Wasser und Holz zu holen.* Das Schöpfen des Wassers ist eine monotone Beschäftigung ebenso wie das *Reiben des Getreides* und ähnlicher Früchte und Wurzeln auf Mahlsteinen (Abb. 178, 185), was auch zu den weiblichen Erfindungen gehört; man vertrieb sich dabei die Zeit durch ein rhythmisches Singen, und allüberall begegnen uns Lieder, die man als Schöpf- und Mahllieder bezeichnet. Manche Gewächse, wie Mais usw., lassen sich weniger gut mahlen. Teils müssen sie geschabt werden, so die Mandioca in Südamerika, wozu ein eigenes Instrument dient (Abb. 177, Zeichn. XIII), oder sie werden *gestampft* (Abb. 181, Zeichn. XIV), und dazu hatte das Weib den *Mörser* erfunden. Dabei trat dann eine weitere Arbeitsteilung ein, dahingehend, daß *diese langwierigen Beschäftigungen allmählich den jungen Mädchen zufielen.* Die älteste Art, Getreide zu mahlen, war sehr mühsam, trotzdem hat sie sich noch heute bei den meisten Naturvölkern, die überhaupt dazu fortgeschritten sind, erhalten. Es waren zwei Steine, ein flacher, der im Laufe der Zeit von selbst schalenförmig wurde, und ein rundlicher, der sich auf ihm bewegte. Einen Fortschritt machte diese primitive Art des Mahlens nur selten; man durchbohrte beide Steine, steckte einen Pflock durch die Löcher und drehte den oberen um diesen Pflock als Achse. In ganz ähnlicher Weise, vielleicht parallel dazu, machte die *Töpferei* einen Fortschritt, nämlich den zur *Drehscheibe,* die ganz ähnlich konstruiert wurde. Nicht überall wurde aber das Getreide gemahlen; der Mörser erschien praktischer dazu. Und dabei machte das Weib eine neue Entdeckung. Wie der Mann den Tabak auffand, so war das Weib die Entdeckerin der *berauschenden Getränke.* Zurückgebliebene Mais- oder Mehlreste im Mörser, die mit Wasser in Berührung kamen und in Gärung übergingen, waren der Anfang. Das eigenartigste ist daran, daß fast überall die Weiber die Verfertiger dieser Getränke sind, an ihrem Konsum aber nur seltener teilnehmen, wohl deshalb, weil das Weib mehr durch kleine laufende Geschäfte davon abgehalten wurde. So bereiten die Indianerinnen Nord-, Mittel- und Südamerikas *Cassine* (Abb. 183), *Tschitscha* und *Kaschiri*, die Polynesierinnen den *Kawa* (Abb. 191), der allerdings eine ganz eigenartige Zubereitung erfährt. Die jungen Mädchen sitzen um ein Gefäß, kauen die Wurzeln von Piper methysticum, spucken das Gekaute in das Gefäß und lassen den Aufguß davon gären. In Afrika brauen die Weiber *Bier*, in den nördlichen Gegenden der Erde machen sie ein *Dekokt aus Fliegenschwämmen*, das allerdings eine sehr schädliche Wirkung ausübt. Hier mag nur eine Schilderung der Kaschiribereitung folgen, wie sie uns Koch-Grünberg von den Siusi in Cururucuara gibt. Er beschreibt die Herstellung dieses braunen, säuerlich-prickelnd schmeckenden Getränkes: „Höchst unappetitlich wie sein Aussehen ist auch die Zubereitung dieses am ganzen oberen Rio Negro und seinen Nebenflüssen und in vielen anderen Gegenden des tropischen Südüamerika so beliebten Getränkes. Stark angebrannte Mandiocafladen werden zerkleinert in einen Holztrog geworfen und mit frischem Wasser angesetzt. Um die Gärung zu beschleunigen, werden von den Weibern oder bei manchen Stämmen auch von den Männern Mandiocafladen gekaut und hinzugetan. Blätter eines gewissen Baumes, bisweilen auch Zuckerrohrsaft, liefern berauschende Ingredienzien. Das Ganze wird von den Weibern sorgfältig durchgeknetet. Der Trog wird darauf mit frischen Bananenblättern oder mit Matten dicht verdeckt und steht in der warmen Maloka neben dem Herdfeuer, das die ganze Nacht hindurch unterhalten wird. Am nächsten Tage kann das Gebräu als süßliches, harmloses Payauru getrunken werden. Eigentliches Kaschiri wird es erst nach zweitägiger Gärung und enthält dann genug Alkohol, um sich davon einen tüchtigen Rausch zu holen. Die braune, breiartige Masse wird zu dem Zweck von der Frau, die abgesehen von dem Kauen, das Monopol der Kaschiribereitung hat, durch ein großes Korbsieb gepreßt, das auf einem dreieckigen Holzgestell ruht. Die immer noch dicke Brühe läuft in den darunterstehenden Topf, aus dem sie die Gastgeberin oder ihr Gatte mit der Kalabasse kredenzt. Bisweilen wird die frisch angesetzte Masse in dem Holztroge oder einem größeren Topfe, oder auch nur in Bananenblätter gewickelt, wochenlang aufbewahrt, um bei Gelegenheit, mit Wasser durchgesiebt, ihre Verwendung zu finden. Die festverschlossenen Töpfe sind häufig mit einem Netz von Schlingpflanzen umflochten, damit sie durch die Gärung nicht zersprengt werden. Außer der Mandioca werden auch Cará (Dioscorea), süße Bataten (Batatas edulis), Mais und verschiedene Palmfrüchte zur Kaschiribereitung verwendet. Besonders die goldgelben Früchte der Pupunha-Palme liefern ein sehr schmackhaftes Getränk. Auch andere Fabrikate werden vielfach von Weibern hergestellt, so z. B. bei den alten Indianern der Ahornzucker (Abb. 184).

Der *Handel* ist im wesentlichen männlicher Beruf; aber die Weiber stehen ihm doch nicht ganz ferne; freilich auch hier sind sie kraft ihrer Natur mehr an die Scholle gebunden, und so wird der *Markthandel* ihr eigentlicher Wirkungskreis. In Afrika bringen sie besonders gekochte Speisen und Töpferwaren zum Verkauf (Abb. 182). Wo die Weiber Bierbrauerei treiben, dort richten sie auch kleine *Schankbetriebe* ein und werden so die Begründerinnen der Wirtschaften (Abb. 186). Es gibt sogar Gegenden, wo der Markthandel weibliches Monopol ist oder war, so im alten Nicaragua. Hier war den Männern das Betreten des Marktplatzes bei Prügelstrafe verboten. Auch am *stummen Handel* nehmen die Weiber Anteil. Er vollzieht sich in der Weise, daß die eine Partei ihre Waren an einem bestimmten Platz niederlegt und sich zurückzieht. Unterdessen erscheint die andere Partei, nimmt die Gegenstände und legt ihre Tauschgaben dafür nieder. Ist nun die erste Partei nicht zufrieden, so berührt sie die Sachen nicht, zieht sich abermals zurück und erwartet Zugaben. Der Markthandel blüht besonders in Afrika. Entsprechend der Art dieses Handels liegen aber die *Marktplätze* nicht wie bei uns mitten im Orte, sondern an den Grenzgebieten, gewöhnlich auf Hügeln oder unter merkwürdigen Bäumen. Die Ordnung wird peinlich aufrechterhalten durch den Häuptling oder einen Zauberer; der zu Bestrafende wird bis zum Kopf in der Mitte des Platzes vergraben und ihm der Schädel zertrümmert.

Entsprechend dieser häuslichen Tätigkeit gibt es auch allerlei Geräte, die man als spezifisch weibliche bezeichnen muß. Dazu gehört in erster Linie das *Weibermesser* der Eskimos, ein schaberartiges Instrument, das in einem Holz- oder Beingriff eingelassen ist und dem Weibe als Universalwerkzeug für alle seine

Verrichtungen dient. Wir haben oben bereits erwähnt, daß den Weibern bei Naturvölkern heute zumeist die *Errichtung der Wohnung* obliegt. Bei den Australiern wird die dürftige Hütte fast ganz von Frauen errichtet, bei den Eskimos bauen sie das Stein- oder Schneehaus (Zeichn. XV). Eine schöne Beschreibung dazu gibt David Cranz (1762). Er berichtet, daß die Weibsleute bei den Grönländern im September die Häuser bauen oder ausbessern müssen, weil meist in der sommerlichen Regenzeit das Dach einfällt. Diese Wohnung wird nach Michaelis bezogen und im Frühjahr nach Schneeschmelze mit Freude wieder verlassen, weil dabei die Dächer zerweichen. Sie bewohnen dann Zelte. Dazu legen sie den Grund in Gestalt eines Vierecks durch kleine platte Steine, zwischen denen 10 bis 40 Stangen aufgestellt sind, die oben auf einem mannshohen Gestelle oder Türpfosten aufliegen und in einer Spitze zusammenlaufen. Sie werden mit einer doppelten Decke von Seehundsfellen behängt, und wer reich ist, legt darunter Renntierfelle, das Rauhe nach auswärts. Der untere Rand der Decke wird am Boden mit Moos verstopft und mit Steinen beschwert, damit der Wind das Zelt nicht aufhebt. Vor dem Eingang ist ein aus ganz zarten Seehunddärmen zusammengenähter Vorhang, der am Rande mit rotem oder blauem Tuch oder einem weißen Bande verziert ist. Er hält die kalte Luft ab und läßt doch genug Licht durch. Die Felle hängen oben und seitlich noch ein Stück vor, und dieser Raum dient als Vorratshaus, in dem sie auch die übelriechenden Gefäße aufbewahren, während sie in messingnen Kesseln unter freiem Himmel kochen. In den Winkeln der Zelte aber hebt die Hausfrau ihren Hausrat auf und hängt eine aus weißem Leder bestehende, mit allerlei Figuren benähte Decke vor, an die sie zugleich ihre Spiegel, Bänder und Nadelkissen hängt. Ein Schneehaus stellt Zeichn. XVI dar. Bei sibirischen Völkern ist es ein ähnliches Zelt, das die Frauen errichten müssen, in Afrika aber Hütten, die aus Flechtwerk und Lehm bestehen. v. Höhnel gibt eine Beschreibung der Krale der Masai, die aus $1^{1}/_{2}$ bis 2 m hohen Hütten mit etwa 3 bis $3^{1}/_{2}$ m Durchmesser bestehen. Die Krale werden von vielen (bis 1000) Menschen bewohnt. Macht der Weidewechsel eine Wanderung und so ein Verlassen nötig, dann wird das Gestäbe der Hütten oft mitgenommen, und damit werden die Weiber beladen, die außerdem noch die übrigen Besitztümer, die sich allerdings meist auf Milchgefäße, Strohmatten, Töpfe und rauchgare Ochsenhäute beschränken, tragen müssen. Ist ein neuer

Weideplatz gefunden, dann haben die Weiber die Behausung wieder aufzubauen. Die älteste Zeit beschränkte sich im wesentlichen auf zwei Grundtypen künstlicher Wohnungen (abgesehen von den Höhlen als natürliche), auf die *Wohngrube* und den *Windschirm*. Welches System von beiden das ältere ist, mag dahingestellt bleiben; vielleicht sind sie beide gleich alte Produkte verschiedener Gegenden. Die Wohngruben deuten zumeist auf kältere Gegenden und sind ganz spezielle Frauenwohnungen, da sie am besten Wärme halten. Noch in historischer Zeit waren sie es in Deutschland unter dem Namen Dung. Es sind unterirdische Gemächer gewesen, die oben abgedeckt und mit Dung bedeckt waren. Aber auch die Windschirme (Abb. 189) werden fast stets von den Weibern aufgebaut. Schadenberg beschreibt uns ihre Aufstellung bei den Negritos der Philippinen: „Die Verfertigung der Windschirme ist ihre nächste Sorge, wenn sie einen passenden Platz für ihre Niederlassung gefunden haben. Die Arbeit wird gewöhnlich durch die Weiber und die Kinder ausgeführt. Die Herstellung der Windschirme geschieht folgendermaßen: Aus gespaltenem Bambus wird ein Rahmen verfertigt, ca. 2 m hoch und 1¹/₂ m breit; in diesen werden Längs- und Querstöcke eingezogen und fest miteinander verflochten und verschlungen. Das Intervall eines Bambusspanes vom andern beträgt ungefähr 1¹/₂ dm; diese Zwischenräume werden mit Blättern dachziegelartig gedeckt. In der Mitte des oberen Teiles wird eine gleichfalls 2 m lange Stütze angebracht und vermittels dieser der Windschirm in einem Winkel von 45 Grad aufgestellt; zur größeren Bequemlichkeit wird der Boden unter dem Schirm mit Laub belegt." Bei anderen Völkern wurde aber stets die *Lehmarbeit* der Frau für den Hausbau wertvoll; geflochtene Häuserteile wurden mit Lehm überzogen und so in festeren Zustand gebracht. Hier mag auch darauf hingewiesen werden, daß bei verschiedenen polygam lebenden Völkern die Frauen oft eigene Häuser bewohnen (Abb. 170). Neben der Töpferei haben wir aber noch einer Hausindustrie zu gedenken, die sich bei manchen Völkern verbreitet hat und ganz in den Händen der Weiber sich befindet. Tritt der Töpferei der Frauen die Schnitzerei des Mannes gegenüber, so dem Gerben des Mannes die Herstellung von *Baumrindenstoff* — allerdings ist das Gerben nicht ausschließlich in Händen des Mannes. Wohl hat die Frau diesen Stoff auch erfunden; in Polynesien, wo er Tapa heißt, geschieht die Herstellung einzig und allein durch Frauen in eigens dazu bestimmten Hütten;

sehr häufig liefert aber der Mann den Rohstoff dazu. Je geringer die Erträgnisse der Jagd sind und wurden, desto mehr nahm natürlich diese Industrie überhand und wurde auch von Männern mehr und mehr übernommen. Am beliebtesten sind die Rinden der Ficus-Arten, die man in Afrika, Ozeanien usw. verwendet. Whitehead berichtet uns über die Herstellung: „Die Muruts ziehen die Rinde, die sehr zusammenhängend und biegsam ist, in breiten Streifen von einem Baume ab. Sie wird dann auf ihrer ganzen Fläche mit einem schweren hölzernen Instrument gehämmert (Abb. 180), dessen eine flache Seite von tiefen Kreuzlinien wie eine Feile durchzogen ist; auf diese Weise zerstört man die härteren Fasern der Rinde und wandelt sie in einen sehr geschmeidigen, aber keineswegs festen Stoff um. Da die Rinde voll von Rissen und Löchern ist, wird dieser Fehler durch querübergenähte Rindenstreifen beseitigt." Die Polynesierinnen wässern dabei sehr stark und firnissen den Stoff schließlich mit einer aus der Rinde von Aleurites triloba hergestellten Gummilösung, so daß er wasserdicht wird. Allerlei *Färberei und Bemalung* dient ihm als Schmuck. Aber auch die *Gerbindustrie* erfüllt den Arbeitskreis des Weibes, und zwar häufig in einer uns recht schrecklich dünkenden Weise. Bei den Eskimos beispielsweise müssen die Weiber die Tierfelle, die vorher in Urin geweicht wurden, vollständig durchkauen, eine Beschäftigung, durch die sie ihre Zähne im Laufe der Jahre völlig abnützen.

An die Stoffherstellung aus Rohprodukten reiht sich die aus Mitteln der *Weberei und der Flechtkunst* (Abb. 188). Daß diese hauptsächlich in den Wirkungskreis des Weibes fällt, haben wir bereits mehrfach erwähnt. In geradezu überraschender Weise hat sich hier aber die Arbeitsteilung vollzogen, so daß es heute völlig unmöglich erscheint, jedem der beiden Geschlechter seinen Erfinderanteil zuzuweisen. So fertigen die Salomoinsulanerinnen die Fischkörbe, ihre Männer aber die Stricke und Netze, während in Australien die Männer die Körbe flechten und in Samoa wieder die Weiber die Matten herstellen und es darin zu einer fabelhaften Technik bringen, während die Männer nur die Stricke drehen. Oft beruht der Unterschied auch darin, daß die Männer die feineren kunstvollen Flechtereien machen und die Weiber die gröberen, so bei den Kaffern. Die Wirkungskreise sind überhaupt oft recht eigenartig. So schildert Prinz M. v. Wied (1817) die Zustände bei den Botokuden. Die Frau muß dem Manne unbedingt gehorchen, und die Narben an ihrem Körper zeigen den Weg, wie dieser Ge-

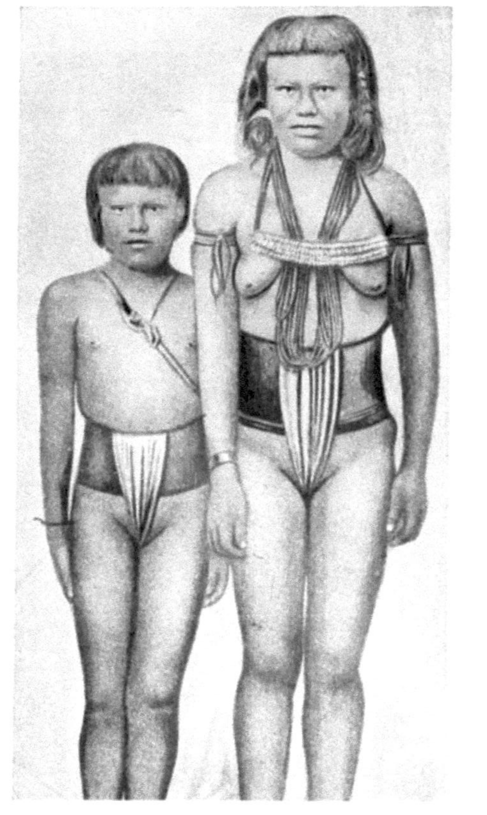

Abb. 151. Mutter und Tochter der Bororo.
Nach K. v. d. Steinen.

Abb. 152. „Amazonen" aus Monomotapa.
Nach Lopez.

Abb. 153. Sageawin (Liebesgesang) der Odschibwä-Indianer.

Abb. 154. Schamanka aus Krasnojarsk.

Abb. 155. Wogulenehepaar.

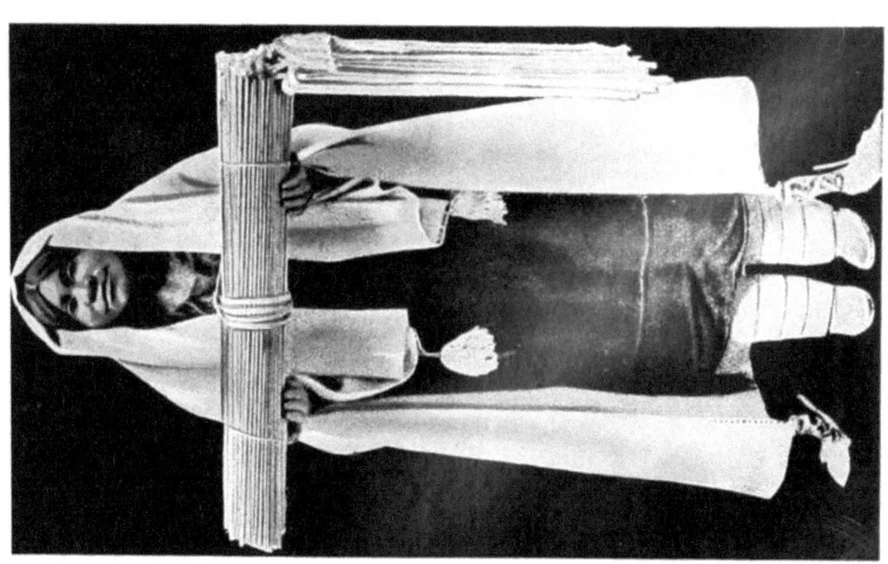

Abb. 157. Ehepaar von den Andamanen.

Abb. 156. Hopibraut.

Nach Deniker.

Abb. 158. Ifugaopaar mit Hochzeitsschmuck.

Nach Buschan.

horsam erzwungen wurde. Ihr Geschäft ist alles, was sich nicht auf die Jagd bezieht. Sie baut die Hütte, sucht Früchte, die sie zumeist mit dem Kopf trägt (ähnlich auch bei anderen Völkern, so Abb. 190, 200), und ist das Lasttier für die Reisen. Zu alledem hat sie ihre kleinen Kinder ständig auf dem Rücken zu tragen (Abb. 168). Besonders reich ist die Tätigkeit der Weiber der Aleuten der des Mannes gegenüber nach dem Berichte von v. Langsdorf von 1807. Weiber und Mädchen müssen im Sommer Fische aufschneiden, reinigen und trocknen, Beeren und Wurzeln für den Winter sammeln, Felle für Boote zusammennähen, was insofern originell ist, als das hölzerne Gerippe dieser Baidarken von den Männern gefertigt wird, die dann auch die Seehundsfelle zubereiten und zuschneiden, während die Weiber den Faden zum Nähen aus Walfisch- und Renntiersehnen drehen. Dann steht es den Weibern zu, die Kleider, Stiefel und Schuhe zu fertigen, die Schlingen für die Wurfspieße und die Angelschnüre zu drehen. Im Nähen entwickeln sie besonderes Geschick, und sie verwenden besondere Arten von Nähten für die Regenkleider aus Seehunddärmen, die aus Vogelhäuten, die Seehundkleider, die Boote oder die Stiefel. In den Winternächten flechten sie feine Matten und kleine Körbchen aus Stroh, die sie bunt färben, oft mit Urin, den sie durch verschiedenartige Mischung auf eine sehr vorteilhafte Weise auch zu vielen anderen Zwecken, so als Surrogat der Seife, benutzen. Über die Mongolen erzählt Prschewalski (1873), daß den Weibern das Melken der Herde, Sammeln der Sahne, Buttern, Kochen und alle übrigen Hausarbeiten zufallen, während die Männer gewöhnlich nichts tun, als den ganzen Tag von einer Jurte zur andern reiten, dabei Tee oder Kumys trinken und mit den Nachbarn plaudern. Originell ist die Verwendung der Weiber für die Boote der Feuerländer, was uns Weddell beschreibt, der 1824 zur Robbenjagd sich dort aufhielt. In der ersten Abteilung eines solchen Fahrzeuges liegen die Fischgeräte, in der zweiten sitzen die Weiber, die das erste Ruder führen, in der vierten sammelt sich das eingelaufene Wasser, das wieder ausgeschöpft wird, in der fünften sitzen die Männer, in der sechsten die Weiber, die das hintere Ruder führen, und schließlich folgt noch der Raum für die übrigen Gerätschaften. Dies wird um so interessanter, als vielfach auch die besitzrechtlichen Verhältnisse verschiedene sind. So sagt Thurnwald von den Admiralitätsinseln: „Die erste und natürlichste soziale Differenzierung ist offenbar die der Geschlechter gewesen.

Die Männer leben für sich und die Frauen; bei Tänzen, Festen, bei Verbrennung von Toten — nie findet wie bei uns eine Mischung, stets eine Sonderung der Geschlechter in je eine Gruppe statt. Bestimmte Tätigkeiten fallen den Männern zu, andere den Frauen; bestimmter Werkzeuge und Geräte bedienen sich die Männer, anderer die Frauen. So *teilt sich auch der Besitz* an materiellen Gütern zwischen den Geschlechtern. Es ist daher selbstverständlich, daß die Güter des Mannes nur ein Mann, die einer Frau auch nur eine Frau zu eigen haben und erben kann. Tatsächlich besitzt der Mann: Haus, Schweine, Kokospalmen, Betelpalmen, Waffen, Netze, Körbe, Tragtaschen u. dgl. Die Frauen gewöhnlich: Töpfe, Tragbänder, andere Tragtaschen, kleine Netze, gewisse Körbe, Platten oder Gestelle zum Aufbewahren von Speisen, Nadeln aus Fledermausknochen u. dgl., ja auf den Admiralitätsinseln hat man besonderes *Frauengeld* aus perlenartigen bleigrauen Früchten („lacrima coix‘). Aber der Mann verfügt *nicht* über das Eigentum der Frau. Er beansprucht wohl ihre Arbeitskraft für die Taropflanzung, dafür gewährt er ihr Schutz ... Die Wichtigkeit der Person des Erben, wie auch die Norm, daß *Ehegatten* einander *nicht beerben* können, wie das besonders in gewissen alten Rechten der Fall ist, wird uns aus dem Gesagten verständlich, wenn wir diese Sonderung in Geschlechtseigentum als eine möglicherweise einstens verbreitete Einrichtung betrachten. Erst die größere Verbreitung des Geldes und geldgleicher allgemeiner Wertträger verwischte den Unterschied von Geschlechtseigentum."

Doch kehren wir zu der Weberei zurück. Zu den eigentlichen *Geweben* bedarf es erst der Herstellung des Materials, das Fadens. Dies geschieht bekanntlich durch *Spinnen*, was wieder hauptsächlich Weiberarbeit ist. Bei Naturvölkern bedient man sich ausschließlich der Spinnwirtel, kleiner Scheibchen aus Ton, Stein, Knochen usw., durch die die Spindel gesteckt wird. Die Vorbereitung der Pflanzen- und Tierfaser zu diesem Betriebe ist teilweise recht umständlich, wird aber auch zumeist von Weibern besorgt. Dies führt uns von selbst zur *Weberei* (Abb. 196). Wahrscheinlich ist ihre Erfinderin das Weib, aber die Verbesserung des Gewerbes lag in den Händen des Mannes, der den eigentlichen Webestuhl erfand und sich im großen diesem Gewerbe widmete, ähnlich wie er mehr oder minder zum Schneider wurde. Dies gilt besonders für Afrika. Hier spinnen die Frauen, aber die Gewebe werden hauptsächlich von Männern gefertigt.

Noch müssen wir kurz der verschiedenen anderen Zweige der Technik gedenken, unter denen uns in Afrika besonders die *Eisenindustrie* auffällt; sie ist natürlich ganz in Händen des Mannes, nur bei Herstellung des Rohmaterials, beim Schlämmen des eisenhaltigen Sandes wird das Weib verwendet. Recht wichtig erscheint auch die *Salzgewinnung*. Bekanntlich ist Salz besonders für Völker, die von vegetabilischer Kost leben, eine Naturnotwendigkeit, und die größten Kämpfe und Kriege werden um salzhaltige Gewässer oder um die Möglichkeit des Salzhandels geführt. Dies ist natürlich nicht überall möglich und ist, weil mit Kämpfen verbunden, im Wirkungskreis des Mannes liegend. Da war es denn für viele Stämme ein wahrer Segen, daß das Weib entdeckte, daß sich aus der Asche verschiedener Pflanzen durch Auslaugen salzartige Stoffe gewinnen ließen. Auch andere technische Arbeiten fallen z. T. dem Weibe zu, so das sehr langwierige Bohren von Löchern in Steine durch ein Bambusrohr mit feinem Sand.

Verhältnis zum Mann

Trotz dieses reichen Wirkungskreises nimmt man aber vielfach auf das *Ruhebedürfnis des Weibes keine Rücksicht;* dies geht aus einer interessanten Schilderung indianischer Verhältnisse von Im Thurn hervor. Er erzählt von den Indianern Guyanas: „Wenn der Tag endlich zu Ende ist und die Weiber genug Feuerholz für die Nacht zusammengelesen haben, werfen sie sich in ihre Hängematten, und ein allgemeines Gespräch beginnt. Bis tief in die Nacht hinein erzählen die Männer endlose Geschichten, die sie manchmal wie einen einförmigen Gesang summen, manchmal auch mit einem erstaunlichen Aufwand von Pathos und Gebärdenspiel zu Gehör bringen. Die Knaben und jungen Männer tragen ihr Teil zum Lärme bei, indem sie um die Häuser wandeln und Hörner oder Flöten blasen. Es ist nur wenig Nachtruhe in einer Indianersiedlung zu finden. Diese Leute schlafen nach Art der Hunde ohne Schwierigkeit nur für kurze Zeit, dafür aber um so öfter, gleichgültig ob bei Tag oder Nacht, und ganz nach Laune. Die Männer, die tagsüber von Zeit zu Zeit geschlafen haben, brauchen keine Nachtruhe, und auf die Weiber nimmt man keine Rücksicht." Und doch obliegt dem Weibe oft noch außerdem die *Körperpflege ihres Gatten,* die bei dem Ungezieferreichtum der warmen Länder wahrlich keine Kleinigkeit ist. Wie oft sehen wir Aufnahmen, bei denen der Mann auf der Erde sitzt, sich gegen die

Knie des Weibes stemmt, während dieses mit einem riesigen Kamm seinen Kopf bearbeitet. *Unter sich* sind die Frauen oft ebenfalls nicht gerade zart und lernen dabei so viel, daß sie auch bei Naturvölkern ihre Männer zu Rittern des Pantoffels machen. So schreibt Merensky von den Basuto: „Die Weiber des Mannes vertragen sich, weil jede von ihnen getrennte Wirtschaft führt. Jede hat einen eigenen Hof, ein eigenes Haus (s. Abb. 170), auch eigenen Garten und infolgedessen eigene Kornvorräte. Der Mann haust zeitweilig in der einen Wirtschaft, dann wieder in einer anderen. Jede Frau aber ist verpflichtet, ihm täglich Speise (vgl. Abb. 189 u. Zeichn. XVII) zu bereiten und dorthin zu bringen, wo er residiert. Die Stellung der Frau ist keine sklavenartige, ihre Pflichten sind durch die Volkssitte festgesetzt, diese muß sie erfüllen, genießt aber sonst viele Freiheit, und selbst ihr Kornvorrat darf vom Manne nicht ohne ihren Willen angetastet werden. Zänkische und herrschsüchtige Frauen gibt es überall, und auch unter den Basuto gerät mancher Mann schneller oder allmählicher unter den Pantoffel seiner Frau oder Frauen. Im allgemeinen nehmen die Frauen keine verachtete Stellung ein, man kann sogar sagen, daß ihre Stellung die der Gleichberechtigung mit den Männern ist, denn Vergehen an Weibern werden ebenso bestraft wie solche, die an Männern begangen sind." Auch das Füttern der Tiere obliegt oft den Weibern (Abb. 194). Ja, was besonders interessant ist, sie stillen mit der eigenen Milch. So sollen nach Schellong die Papuafrauen auch ihre jungen Haustiere, Hunde und Schweine, an die Brust nehmen; es war ihm folgende Geschichte passiert: „Meine Windhündin warf 11 Junge, und da ich nicht wußte, was ich mit diesem Segen anfangen sollte, überbrachte ich 6 davon den Eingeborenen eines benachbarten Dorfes, mit der Aufforderung, sie sollten die Kleinen verzehren; das wiesen sie jedoch sehr entrüstet als ‚Stoffverschwendung' zurück und meinten, sie würden klüger handeln, wenn sie die junge Brut ihren Frauen an die Brüste legten und sie so aufzubringen versuchten." (Vgl. Abb. 193, 195).

Oft kommen aber die Weiber auch unter sich in *Streit.* Eine recht interessante Schilderung gibt davon der Missionar Beste über die Kaffernfrauen: „Weiberduelle sind unter den Kaffern nichts Seltenes, wenn es auch dabei nicht gerade darauf abgesehen ist, das Leben zu nehmen, sondern die Beleidigung schon durch eine tüchtige Schlägerei gesühnt erscheint. Bei diesen Duellen geht es auch in aller Form zu. Die Beleidigte erscheint mit einer Genossin als Zeugin vor der

Hütte der Gegnerin und fordert sie auf, an einem bestimmten Ort, meist am Flußufer oder sonst entlegenen Stellen, zu einer bestimmten Zeit zu erscheinen. Meist wird diese Forderung, um dem Stigma der Feigheit zu entgehen, auch angenommen, und die Kombattantinnen erscheinen zur festgesetzten Zeit mit (oder seltener ohne) Zeugen auf dem Kampfplatze. Nachdem sich die Duellanten bis an die Hüften all und jeder Kleidung entledigt, beginnt der Kampf, jedoch mit keinen anderen Waffen als die, die jeder von der Natur mitbekommen hat, d. h. die Hände, Füße, Nägel und Zähne. Wie Furien fahren sie aufeinander los, und die eine sucht die andere im Schlagen und Stoßen und Kratzen und Beißen zu überbieten. Besondere Bravour beweisen sie gewöhnlich im Letztgenannten und schnappen nach allem, was ihnen irgend in den Weg kommt, und wehe der armen Nase, Ohr, Finger oder was ihnen sonst zwischen die weißen, scharfen Zähne gerät; da ist kein Entrinnen, und manche Duellantin trägt für zeitlebens ein Mal und Denkzeichen davon. Soweit der Atem irgend reicht, wird dabei natürlich auch geschimpft und geflucht, bis endlich der eine Kämpfer nicht mehr kann und sich für überwunden erklärt. Niemand wird es einfallen, etwa zu versuchen, die Kämpfenden zu trennen." Ein australisches Weiberduell stellt Abb. 198 dar.

Da verdient es denn unser besonderes Interesse, zu erwähnen, daß sich bei vielen Naturvölkern spezielle *Frauenwaffen* ausgebildet haben, die den Weibern allein zukommen. Äußerlich fallen sie fast stets durch ihre Kleinheit auf, und man sieht ihnen an, daß ihr Zweck hauptsächlich der momentanen Notwehr oder ähnlichem wie dem eben geschilderten Duelle dient. So führen die Australierinnen Schlagstöcke, die Fidschiinsulanerinnen eine Abart von Bogen, der offenbar nichts anderes ist als eine alte, bei Männern längst außer Gebrauch gekommene Form; die Weiber auf Neuguinea haben kleine, flache Keulen. Daneben kommen Schlagsteine und spezielle kleine Weiberwaffen im zentralen Afrika vor, die die Weiber unter dem Schurz verborgen tragen. Besonders charakteristisch sind aber die Kratzwaffen, die ihre höchste Ausbildung auf den Gilbertinseln gefunden haben und ebenfalls unter dem Schurz verborgen getragen werden.

KAPITEL IV

Das geistige Kulturleben des Weibes

Weib und Aberglaube

War in betreff der materiellen Kultur für das Weib ein wesentlicher ausschlaggebender Anteil an der kulturellen Entwicklung zu konstatieren, so gilt das in gar keiner Weise für das *geistige Leben,* was innersekretorisch nicht anders zu erwarten ist. Das meiste, was hier zu sagen war, begegnete uns bereits im Laufe unserer Darstellung, und weitaus die größte Hälfte des übrigbleibenden Teiles erstreckt sich auf rein *abergläubische Vorstellungen,* die sich wieder mehr oder minder auf die Sexualsphäre ausdehnen. Was uns also bleibt, gruppiert sich in vier Abschnitte: das Weib und die Feste, das Weib und die Religion, das Weib und die Kunsttätigkeit und das Weib und die Sitte. Durchgehend machte sich bei Naturvölkern das Bestreben bemerkbar, den Weibern viele Vorgänge mit dem *Schleier des Geheimnisse* zu umhüllen und allerlei *Schreckmittel* auszusinnen, deren wahre Bedeutung die Männer unter sich geheimhalten. Freilich antworten, wie wir bei Gelegenheit der Reifezeremonien bereits gesehen haben, die Weiber oftmals mit gleichen Mitteln, ohne aber ernstlich durchzudringen. Der Kern dieser eigenartigen Tatsache liegt im wirtschaftlichen Leben begründet, von dem wir eben gesehen haben, daß es bei den Naturvölkern eine *Art von Konkurrenzkampf zwischen der Männer und der Frauengruppe* darstellt, und daß dabei die beiden Teile versuchen, ihre Position auf Grund abergläubischer Vorstellungen des andern Teiles zu stärken. Da wir ja sozusagen das Leben des Weibes vollständig mit durchlebt haben, so sind wir den meisten derartigen Erscheinungen bereits begegnet. Es mag daher hier lediglich auf einiges hingewiesen werden. Die Australier besitzen Instrumente, mit denen sie die Weiber zu schrecken verstehen, das *Schwirrholz* und die *Churinga.* Das Schwirrholz ist ein längliches, flaches Holzstückchen, an einem Ende durchbohrt, so daß es hier einen Faden aufnehmen kann. Bringt man es daran in rasch rotierende Bewegung, so wird ein eigenartiger Ton erzeugt, von dem man den Weibern — die nicht zusehen dürfen — sagt, es sei die Stimme eines Geistes. Bei den Jünglingsweihen wird die männliche Jugend in dies „Geheimnis" eingeweiht, und sie muß den Weibern und Kindern gegenüber absolut reinen Mund halten bei schwerer Strafe. Die Churinga oder der Seelenstein hat kein Loch, sondern gilt als Sitz einer Seele. Jeder Australier besitzt solch einen Stein, aber Weiber und Kinder dürfen den ihrigen nicht sehen. Auch politische Vorgänge werden den Weibern gerne vollständig verheimlicht. Wir haben oben eine sehr bezeichnete Schilderung Koch-Grünbergs wiedergegeben.

Was nun die *Feste* anlangt, so sind die Weiber in erster Linie an denen interessiert, die sie direkt betreffen, also an solchen, die mit der Geschlechtsreife oder der Hochzeit zusammenhängen; auch die Totenfeste gehören hierher. Sie alle haben wir bereits besprochen. Es erübrigt uns also, vor allem hier des *Tanzes* zu gedenken. Da ist es nun auffällig, daß auch hier das Weib eine nach unseren Begriffen untergeordnete Rolle spielt, ja, daß es bei weitaus den meisten Tänzen gar nicht eigentlich mitwirkt, sondern lediglich Musik machen und den Takt schlagen darf, während die Männer im vollen Schmuck den Tanz ausführen. Tänze der Weiber allein oder in Gruppen mit rein ästhetischer oder wenn man will erotischer Wirkung sind den Naturvölkern großenteils fremd und treten erst bei Kulturvölkern in ihrer vollen Bedeutung hervor. Bei Naturvölkern liegt im Körper an sich infolge ihrer freien Auffassung und Lebensweise wenig Anreizendes. *Unsere* Moral hingegen hat mit ihrer Verhüllung und ihren Verboten unsere krankhafte Reizbarkeit und damit *die sexuelle Frage erst geschaffen.* Je mehr von *dieser* Moral, desto mehr Reizbarkeit, desto mehr Erotik. Trotzdem haben aber auch die Frauen bei Naturvölkern einige Tänze entwickelt, die sich häufig an bestimmte Gelegenheiten, so religiöse oder soziale Festlichkeiten, anschließen; ab und zu hat sich auch eine Art von Tänzerinnen ausgebildet.

Das klassische Land der Tänze ist Indien. Allerdings sind sie hier bereits sehr in den Dienst der indischen Hochkultur getreten. Dennoch geben sie ein gutes Beispiel auch für unsere Zwecke. Kämpfer beschreibt uns beispielsweise einen südindischen Frauentanz: „Im südlichen Malabar wird ein Fest gefeiert, bei welchem dem Gott des Wetters und des Erntesegens vestalische Jungfrauen dargeboten werden, damit sie von seinen Geistern besessen werden sollen. Durch diese Wollust befriedigt, soll der Gott die Herden und Feldfrüchte verschonen. Dies geschieht auf öffentlichem Platze alljährlich in folgender Weise: Die Jungfrauen werden unter Begleitung des Brahmanen aus dem Tempel geführt und zur öffentlichen Besichtigung aufgestellt. Sie sind schön, wohlgeschmückt, ihr Antlitz ist bescheiden und trägt nichts von Besessenheit an sich. Unverweilt aber, während ein Priester aus den Veden die Sprüche vorliest, beginnen die Mädchen sich leicht zu bewegen, dann bald zu tanzen und endlich ihren Leib durch Sprünge und schnelle, ungeordnete Bewegungen zu ermüden, die Glieder und Augen zu verdrehen, zu schäumen und abscheuliche Handlungen darzustellen: *das Volk glaubt nun, daß sie von den in sie gefahrenen Dämonen so bewegt werden.* Während dies geschieht, erschallt fröhliche Musik von Zymbeln und Pauken, und auch das Volk beteiligt sich mit Rufen und Seufzen. Wenn die Mädchen erschöpft sind, führen die Brahmanen sie in den Tempel zurück und lassen sie ausruhen. Nach Verlauf einer kurzen Stunde sind sie wieder bei Sinnen und werden aufs neue dem Volke vorgeführt, damit die heidnische Schar sie wieder *frei von den Geistern* erblicke und das Götzenbild für versöhnt halte." Diese Tänze sind also auf schamanistischer Grundlage aufgebaut. Auch in Zentral- und Nordasien, wo sie hauptsächlich zu Hause sind und auch weibliche Schamanen vorkommen, wird der Tanz bis zur Ekstase fortgeführt. Die Schamanka weilt dann im Geisterreich. (Vgl. Abb. 154 und 201).

Weltbekannt sind die polynesischen Tänze geworden. Es mag daher noch die älteste Schilderung, die wir davon haben, die von Cook, Platz finden; sie bezieht sich auf die Einwohner von Ulietea (Tahiti): „Im Verlauf unseres Marsches begegneten wir einer Truppe von Tänzern, die uns zwei Stunden lang aufhielt und uns während dieser ganzen Zeit viel Unterhaltung gewährte. Die Truppe bestand aus zwei Tänzerinnen und sechs Männern mit drei Trommeln, und Tupia sagte uns, daß sie zu den angesehensten Leuten der Insel gehörten, und daß sie, obschon sie beständig von einem Ort zum andern zogen, doch kein Honorar von den Zuschauern annehmen, wie die kleinen Wandertruppen von Otaheite. Die Frauen hatten eine beträchtliche Menge von Tamou oder geflochtenen Haaren mehrmals um den Kopf gewunden. Diese Haare waren reichlich mit Blumen von Kap-Jasmin geschmückt, die mit viel Geschmack eingesteckt waren und einen wahrhaft eleganten Kopfschmuck bildeten. Ihr Hals, Schultern und Arme waren nackt, ebenso die Brüste bis zum Ansatz des Armes. Weiter unten waren sie mit schwarzem Zeug bedeckt, das dem Körper eng anlag. Auf der Seite jeder Brust, zunächst dem Arm, war ein kleines Büschel von schwarzen Federn angebracht, ziemlich in derselben Art, wie unsere Damen jetzt ihre Blumensträuße oder Buketts tragen. Auf ihren Hüften lag ein Stück Zeug auf, das sehr stark gefältelt war und bis zur Brust heraufreichte und nach unten in einen langen Frauenrock überging, der ihre Füße vollständig verbarg, und den sie mit ebenso großer Gewandtheit handhabten, wie dies unsere Ballettänzerinnen zu tun verstehen. Die Falten über dem Gürtel waren abwechselnd braun und weiß gefärbt, der Rock unterhalb des Gürtels war ganz weiß. In diesem Aufzug bewegten sie sich in abgemessenem Schritte seitwärts, indem sie den Takt der Trommeln, die laut und lebhaft geschlagen wurden, ausgezeichnet einhielten. Bald nachher begannen sie ihre Hüften zu schütteln, indem sie die darauf liegenden Zeugfalten in eine sehr rasche Bewegung versetzten, die sie in gewissem Maße während des ganzen Tanzes fortsetzten, obgleich der Körper in verschiedene Stellungen gebracht wurde, zuweilen stehend, bald sitzend und bald auf Knien und Ellbogen ruhend, und dabei wurden die Finger mit einer kaum glaublichen Raschheit bewegt. Die Gewandtheit der Tänzerinnen und die Unterhaltung der Zuschauer bestand indessen großenteils in der Üppigkeit ihrer Stellungen und Gebärden, die in der Tat alle Beschreibung überstieg. Zwischen den Tänzen der Mädchen führten die Männer eine Art dramatischen Zwischenspieles auf, mit dem sowohl Dialog als Tanz verbunden war, aber wir waren nicht hinlänglich mit ihrer Sprache vertraut, um sein Sujet zu verstehen." Eine besondere Rolle als Tänzerinnen spielen die Samoanerinnen (Abb. 187 und 202). Auch in Mikronesien ist der Tanz sehr beliebt (Abb. 192). Überall macht sich ein besonderer Schmuck geltend, der oft sehr eigenartig ist und mit religiösen Ideen und Zaubergebräuchen zusammenhängt. So besitzt das Museum zu Dresden einen derartig eigentümlichen Tanzkopfschmuck aus Celebes (Abb. 210). Auch die beim Tanz benutzten Stöcke zeigen Formen, die für Weiber charakteristisch sind (Abb. 216). Ungemein reichhaltig sind die Tänze der Indianer; aber auch sie enthalten meist nur Männergruppen. Owen Dorsey gibt einen sehr schönen Überblick über die der Omaha; wir sehen daraus, daß am Büffeltanz erst in neuer Zeit Frauen teilnehmen konnten, d. h. nur an den damit verbundenen Festen; ähnlich war es beim Grizzly-Bären-Tanz. Ein reiner Frauentanz war dagegen der Tanz „derer, welche die rote Farbe haben". Hier machten umgekehrt die Männer die Musik. Die Bemalung war vollständig rot und die „Medizin" waren Büschel von Wurzelhalmen bestimmter Gräser. Beim Tanz derer, die auf den Tod gefaßt sind, war eine Frau als Sängerin beteiligt. Originell war dagegen wieder der Nachttanz. Hier tanzten während des Tages nur die Frauen und die Männer sangen dazu, während es bei Nacht umgekehrt war. Unserer Auffassung am nächsten kam der Hekanatanz. Hier konnten nämlich junge Leute beider Geschlechter zusammenkommen, weil die Tanzenden paarweise geordnet waren. Einen südamerikanischen Tanz der Puris geben uns Spix und Martius im Bilde (Abb. 197). Meist schließen sich die weiblichen Tänze denen der Männer an. So schildert L. Wolf (1885) einen Tanz

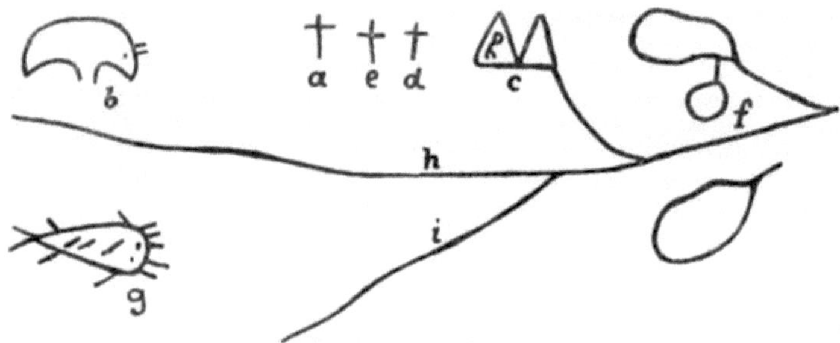

Zeichn. XVIII. Liebesbrief eines indianischen Mädchens

der Lukengo bei den Bakuba (Zentralafrika). Ihn lösten die Frauen und Mädchen ab, deren Tanzbewegungen verschieden von denen der Männer waren und darin bestanden, daß sie sich abwechselnd bald auf dem einen, bald auf dem andern Fuße wiegten und eine erstaunliche Hüftgelenkigkeit nach allen möglichen Richtungen entwickelten, wobei die linke Hand mit gespreizten Fingern hoch über dem Kopf und die rechte dagegen gerade hinunter gehalten wurde. Finger und Handgelenke waren stets in korrespondierender Bewegung mit den Hüften. Sehr interessant ist auch eine Schilderung, die Steller (1744) von den Kamtschadalen gibt. Hier treten 10 Männer und Weiber, ledig und verheiratet, gut gekleidet, in einen Kreis, heben nach dem Takt einen Fuß nach dem andern. Jeder muß einige Worte als Losung sprechen, und die eine Hälfte der übrigen hat unterdessen das letzte, die andere das erste Wort zu wiederholen. So tanzen sie über einer Losung eine Stunde, wobei sich der Kreis immer mehr vergrößert, weil sich dem Tanz niemand entziehen kann; sogar die ältesten Greise nehmen Anteil. Dieses Vergnügen dauert vom Abend bis zum Morgen. Außerdem haben die Weiber einen besonderen Tanz. Sie stellen sich in zwei Linien gegenüber, sprechen ihre Losung und bleiben beständig auf einer Stellung stehen, legen beide Hände auf den Magen, heben nur die Fersen und Arme, ohne dabei vom Platze zu kommen. Bei den eigentlichen Itälmenen ist denn doch etwas mehr Bewegung vorhanden. Weiber und Mädchen sitzen im Kreise, plötzlich springt eine auf, mit langen Flechten des weichen „Grases Eheu" an den Mittelfingern,

Zeichn. XIX. Weibliche Geschlechtsteile (Felsenzeichnung von Abri Blanchard)
Älteste künstlerische Darstellung der Menschheit

und singt ein Lied; sie dreht sich und wendet sich, daß der ganze Leib wie vom Fieber zittert, dazu bewegt sie die Glieder mit höchst wunderbarer Geschicklichkeit. Im Singen imitieren sie allerlei Tierstimmen und geben besondere Kehllaute von sich. Sehr bezeichnend ist eine Schilderung die Koch-Grünberg von den Siusi im nordwestlichen Südamerika gibt und die besonders gut die Beteiligung der Weiber zeigt. Er schreibt: „Bei Sonnenuntergang gegen 6 Uhr begannen die Tänze. Zwei Männer, bunte Federkronen auf dem Kopfe und Klappern aus Fruchtschalen um den rechten Fußknöchel gebunden, tanzten im raschen Marschschritt vor dem Festhause hin und her. Die eine Hand hatten sie auf der Schulter des Nebenmannes liegen, mit der anderen Hand hielten sie die großen Yapurutu, 1 bis 1¹/₂ m lange Flöten aus dem Holz der Paxiubapalme, denen sie eine einförmige, aber melodische Weise entlockten. ... Währenddessen saßen zwei andere Yapurutubläser, ebenso geschmückt wie die beiden Tänzer, aber ohne Klappern, auf einem Baumstamm links vom Eingang des Hauses und begleiteten den Tanz mit ihren Instrumenten. So ging es etwa ein dutzendmal hin und her, dann traten die beiden Tänzer in das Haus ein und schritten auch hier noch einigemal im mittleren Längsraum auf und ab, jeden zweiten Schritt mit den Klappern akzentuierend. Zwei Weiber hatten sie in ihre Mitte genommen, indem sie mit dem freien Arm ihren Hals umschlangen. Eifrig trippelnd suchten die bemalten Schönen sich den weit ausgreifenden Schritten ihrer Tänzer anzupassen, deren Hüften sie umfaßt hielten. Mit einem anhaltenden Fortissimo der großen Flöten schloß diese Nummer. Die darauf folgende Pause wurde mit Musik ausgefüllt. Auf einer langen Bank im Haus saßen einige Jünglinge und bliesen kurze Akkorde in raschem Tempo auf Panflöten, die genau die Form der altgriechischen hatten." Nachdem Koch dann einige anschließende Männertänze beschreibt, fährt er fort: „Die Tänzer, die Weiber und Mädchen zwischen sich genommen hatten, tanzten nun aus dem Hause heraus und einigemale um den Ingahaufen herum. In endloser Wiederholung erscholl der rhythmische Gesang der Männer. Dann kehrten sie wieder in das Haus zurück und tanzten noch einige Runden ohne Weiber." Unterdessen tragen Weiber einen Teil der Früchte in großen Tragkörben in das Haus, wo sie mit lautem Jubel empfangen werden. „Sie überbrachten die Gastgeschenke. Um den Rest des Inga wurden wieder verschiedene Tänze aufgeführt, zunächst von zwei Yapurutubläsern mit zwei Mädchen in der Mitte wie am Anfang des Festes." Danach schildert Koch wieder männliche Tänze, an denen der Häuptling teilnimmt, und fährt fort: „Auch an diesem Tanz nahmen nach einiger Zeit Weiber teil. Sie schritten etwas außerhalb des Kreises, da sie die rechte Hand auf die linke Schulter ihres Partners legten. Einige führten Kinder an der freien Hand oder ließen die Kleinen auf der linken Hüfte reiten, andere trugen Säuglinge in der Bastbinde. Die Kinder schliefen z. T. während des Tanzes, trotz des Lärmes. Ein Weib schrie lange anhaltend in gellendem Tone als Begleitung zu dem feierlichen getragenen Gesange der Männer:

> ,maliehe-mali-e-maliehe
> maliehe mali-e maliehe
> nunuyaha malie-he
> nunuyaha malie-he.' . . ."

Aber auch das Komische fehlt den Weibertänzen nicht. So erzählt Kühn von den Alfuren, daß hier bei Tänzen viele Weiber und Männer im Kreise sitzen. Bald steht das eine, bald das andere auf und schleudert die Arme zwischen zwei von Knaben aufrechtgehaltenen Hölzern. Wurde dabei das Tanzende, das nicht Takt hielt, getroffen, so mußte es aufhören und war dem Gelächter preisgegeben. Besonders hübsch nahmen sich, wie Kühn schreibt, zwei junge Mädchen aus, die zugleich tanzten, und zwar so, daß das eine hinübertrat, während das andere herüberschritt, wobei sie sich um sich selbst drehten. Das komische Moment aber liegt darin, daß die alten, fast nackten Weiber dem Tanze besonders leidenschaftlich ergeben waren. Überall, wo Naturvölker enge mit Europäern und ihrer Moral zusammenkommen, artet der Tanz aus. Das gilt schon für Nordafrika, und aus der ganzen Art der nubischen Tänzerin (Abb. 203) spricht schon der Typus der Prostituierten. Noch stärker gilt dies natürlich für die Neger Amerikas, wo auch der Alkohol noch das Seine tut (Abb. 199).

Weib und Religion

Noch weniger ist über die Beziehung des Weibes zur *Religion* zu sagen, d. h. insoweit, als speziell weibliche Kulte erscheinen. Eine speziell weibliche Götterfigur ist der schon oben erwähnte *Koma* im nördlichen Transvaal. Die Weiber halten alles darauf bezügliche als strenges Geheimnis, ganz ähnlich wie es die Männer zu tun pflegen. Ploß-Bartels erzählen dazu einen interessanten Fall: „Missionar Schlömann kam bei einer Fahrt einem Busche nahe, in welchem die Weiber ihre Koma-Gebräuche vollzogen. Von den aufgestellten Figürchen hatte der eingeborene, aber bereits getaufte Kutscher einige am Rande des Busches stehend erblickt. Dieses hatten die Weiber bemerkt, und es entstand ein ungeheurer Tumult. Sie stürmten auf den Wagen ein und verfolgten ihn mit Schreien und Schimpfen bis auf die Missionsstation. Hunderte von Weibern sammelten sich an und machten ernstlich Miene, alles zu demolieren und die Stationsgebäude in Brand zu stecken. Dabei schrien sie unaufhörlich: *,Er hat sie gesehen, er hat sie gesehen, die Koma des Korbes!'* Das soll soviel heißen, wie die Koma, welche sonst unter dem Korbe, d. h. unsichtbar ist. Endlich schaffte der Häuptling Hilfe und die Weiber wurden auseinandergejagt." Noch öfter leidet aber das Weib unter den abergläubischen Vorstellungen. Bekanntlich glauben Naturvölker, daß jeder Todesfall durch einen Zauber verursacht ist, und suchen den Urheber zu ermitteln. Wie diesen Anschuldigungen innerhalb des religiösen Denkens mit besonderer Vorliebe das Weib unterworfen ist, zeigen unsere Hexenprozesse. Etwas weniger gefährlich, aber immerhin in dies Gebiet gehörig ist eine Notiz Koch-Grünbergs. Ein Siusi war einer Lungenentzündung erlegen: „Plötzlich noch lauteres, heftigeres Geschrei bei dem Totenlager, klatschende Schläge: die Stammesalte stürzte hervor mit wirr um das Gesicht fliegenden Haaren, verfolgt von Mandus Vater, dem alten Zauberarzt, der wild auf sie einschlug. Er ergriff einen Stock und tat, als wollte er sie totschlagen. Unter lautem Gezeter zerrten sie sich hin und her. Wütend schrie der Alte: ‚Deine Verwandten haben ihn getötet, haben ihn vergiftet! Du bist schlecht! Warum ist er gestorben, der doch viel jünger war als du, der noch so viel arbeiten konnte und für uns sorgte? Warum bist du nicht gestorben, die du doch schon so alt und zu nichts mehr nutz bist? Nun ist er gestorben, nun sollst du auch sterben!‘ Die andern machten ängstliche Gesichter, blieben aber teilnahmslos. Da stürzte Mandus Neffe, der Sohn der Alten, mit einem noch größeren Knüppel auf seinen Großvater los, drohte ihn niederzuschlagen und schrie: ‚Laß die Alte, sie ist nicht schuld daran! Sie arbeitet noch so viel für uns. Wenn du sie tötest, haben wir nichts mehr zu essen!‘ usw. Erbittert rangen sie. Mit Mühe hielt Mandu, der gerade in das Haus trat, die Wütenden auseinander. Ich glaubte schon, es sei etwas nicht in Ordnung. Doch es war leere Zeremonie. Sie ließen voneinander ab. Die Alte zog sich in eine Ecke in die Hängematte zurück, klagte und schimpfte noch eine Zeitlang vor sich hin und beruhigte sich dann. Der Zauberarzt setzte sich zu mir, nahm mir die Zigarette aus dem Munde und rauchte sie weiter. Sein Enkel trat wieder zu der Leiche, schrie, hockte nieder und weinte wie vorher.“ — Umgekehrt spielt aber ab und zu das *Weib als Geschlechtswesen*, d. h. der weibliche Geschlechtsteil, eine kultische Rolle, allerdings nicht entfernt in dem Grade wie der männliche. Es mag dazu beitragen, daß er nicht so leicht nachzubilden ist als der Phallus. Im wesentlichen beschränkt sich dieser Kult hauptsächlich auf Indien. Wichtiger ist dagegen der *geschlechtliche Verkehr mit dem Weibe als Kulthandlung*. In Java gehen Mann und Weib nachts auf die Reisfelder, wo sie den Koitus verrichten und davon besondere Fruchtbarkeit für das betreffende Feld erwarten. Ganz dasselbe erfahren wir von den Bewohnern der Molukken zum Besten ihrer Baumpflanzungen. Vorgänge, die wir im alten Europa auch beobachten können.

Weib und Kunst

Bereits im vorigen Kapitel haben wir gesehen, welche Beziehungen das Weib zur *Kunst* hat. Wir dürfen sagen, daß es eigentlich mehr zum Kunstgewerbe in Beziehungen steht als zu jenen Anfängen wirklicher Kunst, die wir immerhin bei Naturvölkern zu beobachten vermögen. Seine Tätigkeit erstreckt sich mehr auf das Gebiet des Ornaments denn auf Naturnachbildungen, wenn auch ab und zu unter den bemalten Gefäßen oder unter den geflochtenen Matten schwache Versuche gemacht werden, auch diesem Gebiete einiges abzuringen. Die beste Übung im Ornament haben die Weiber dort, wo sie die Tatauierung vornehmen, so bei südamerikanischen Indianerstämmen, wie wir es oben bereits geschildert haben. Die Grundformen dazu scheinen aber immerhin vielfach der männlichen Schnitzkunst entlehnt zu sein.

Anders wird es mit der Frage der *Musik*. Da haben wir ja bei Besprechung des Tanzes bereits gesehen, daß sie in erster Linie bei dieser Gelegenheit dem Weibe zufällt. Die primitivste Art ist wohl das *Klatschen in die Hände*, an das sich Trommeln anschließt. Aber auch auf andern Instrumenten finden wir das Weib zu Hause, soweit sie für Naturvölker in Betracht kommen. Trotzdem haben wir keine Veranlassung, hier näher darauf einzugehen, weil eben nichts daran spezifisch weiblich ist. Um aber ein Beispiel zu geben, bringen wir das „Mädchenlied" aus Rehse, Kiziba:

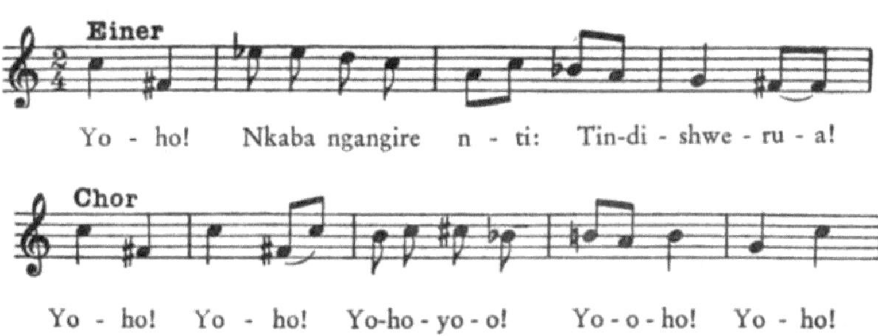

Yo-ho = Jodler (nach Hermann Ausruf der Trauer)

1. Nkaba   ngangire   nti: Tindishwerua!
   Ich war ich weigerte mich ich also: Ich will nicht geheiratet werden!

2. Tata na   mawe   bant uruunya!
   Vater und Mutter sie mich zwingen!

3. Nainye   kangie   kurenga!
   Und ich so will ich gehen zu probieren!

An der *Dichtkunst* nimmt die Frau insofern Anteil, als sie *Liebesliedchen* singt. Naturvölker sind keineswegs arm daran. Inwieweit sie allerdings die Dichterin solcher Liedchen ist, bedürfte einer genaueren Untersuchung. Thurnwald, der gerade auf dem Gebiete der geistigen Kultur ganz vorzügliche Forschungen angestellt hat, bejaht dies. Wir wollen einige Proben geben:

Locklied eines Mädchens vom Bismarckarchipel

„Von der Bananentraube die Früchte schmecken mir!
Ich war gekommen,
Du hattest Sehnsucht in mir erweckt.
Du solltest mich kaufen für eine Truhe!
Ihr habt ja Truhen
Unten an der Mündung des Moiro-Bachs.
Nach den Früchten von der Bananentraube verlange ich!
An den Häuptlingszaun auf eurem Platz war ich gekommen.
Du hattest Sehnsucht in mir erweckt.
Für Armringe kaufe mich,
Ihr habt ja Armringe
Unten an der Mündung des Bachs,
Wo die Leute ans Land gehen."   (Thurnwald.)

Ein Hausamädchen drückt seine Gefühle noch sonderbarer aus:

„Falpela vom Fellanistamm
Mag nicht den Geier der Fleischerzunft,
Mag nicht den Adler der Jägerzunft;

Abb. 159. Jungvermähltes Paar aus Siar.

Abb. 160. Wohlhabende Zakutenfamilie.

Photo B. W. Caney, Durban.

Abb. 161. Zulubraut.

Abb. 162. Kaffernhochzeit.

Abb. 163. Eheschließung der Andamanesen.

Nach Buschan.

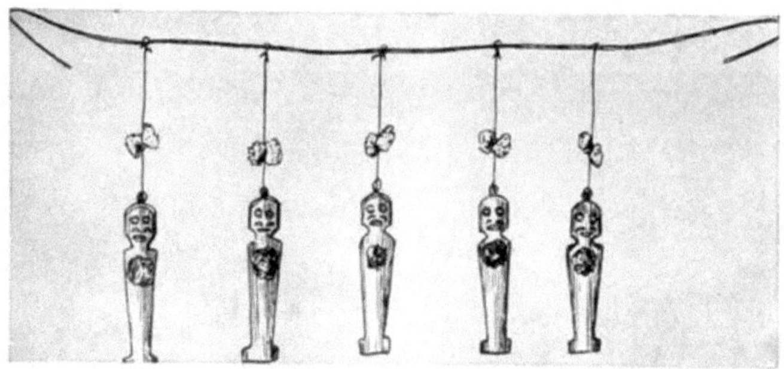

Abb. 164. Pagar pandiam Talisman, welcher zu Häupten der
Schlafstelle hochschwangerer Frauen zum Schutze von Mutter
und Kind aufgehängt wird. Huta Si Gaol Habinsaran.

Abb. 165. Heiratszeremonie der Irokesen. Weiber tragen das
Heiratsholz in die Hütte des Gatten; dahinter eine Frau mit
Kind und Kindertrage auf dem Rücken.

Nach Lafitau.

> Doch der Soldat vom Kriegerstamm
> Ist ihr Kamel, ihr Bräutigam.
> Sei mir gut, ich bin dir gut.
> Wir wollen leben in guter Hut.
> Haßt dich einer, so hasse auch ihn,
> Streck' eine Viper vor ihm hin.
> Gib mir, Allah, der Kamelstute Schrei,
> Daß der Liebste vorne, nicht hinten sei."
>
> (Rudolf Prietze.)

Besonders zart ruft eine Samoanerin ihrem Geliebten, einem deutschen Matrosen, nach, als er sie verlassen muß:

> ,Du gehst nun,
> Aber vergiß nicht, an mich zu denken.
> Leb wohl, mein Lieber, da du nun gehst!
> Mein Sinn ist betrübt und mein Herz bricht in Stücke;
> Ich bleibe hier und bin traurig,
> Du sagst, du gehst, ach, nach Deutschland.
> Mein Sinn ist über alle Maßen betrübt:
> Vergiß nicht die, die dir zugetan ist!"   (R. Andree.)

Ein anderes Liebeslied von der Osterinsel gibt Walter Knoche. Er sagt: Liebeslieder nehmen wie allenthalben unter den Naturvölkern auch auf der Osterinsel eine bevorzugte Stellung ein. Das von Thompson niedergeschriebene entbehrt nicht eines lyrischen Empfindens.

> Wer trauert? Renga-a-manu Hakopa!
> Ein roter Zweig vom Stamme ihres Vaters.
> Öffne deine Augenlider, mein Liebling!
> Wo ist dein Bruder, mein Lieb?
> Beim Fest in der Begrüßungsbai
> Wollen wir uns unter den Federn deiner Sippe treffen.
> Sie hat lange nach dir geschmachtet.
> Sende deinen Bruder als einen Mittler unserer Liebe,

Deinen Bruder, der jetzt im Hause meines Vaters weilt.
Oh, wo ist der Bote unserer Liebe!
Wenn das Fest des Treibholzes gefeiert wird,
Dann wollen wir uns zu liebender Umarmung begegnen.

Knoche bemerkt dazu:

Ethnographisch interessant ist hier die Angabe über das „Treffen unter den Federn deiner Sippe"; die Federn dienten also als unterscheidendes Zeichen der Stämme, die sich nach den alten Berichten oft befehdeten. Derartige Feindschaften mögen dann gelegentlich dem Verkehr der Geschlechter Schranken gesetzt und zu Szenen à la Romeo und Julia Anlaß gegeben haben. Andererseits wurden die Töchter von ihren Vätern, um sie vom Zusammensein mit dem anderen Geschlecht abzuhalten, gelegentlich in die Höhlen oder Häuser eingeschlossen, so daß die Liebe, obwohl im großen und ganzen der geschlechtliche Verkehr ein sehr freier war, doch auf Schwierigkeiten stieß und so zur Entstehung sehnsüchtiger Lieder Anlaß geben konnte. Bemerkenswert ist das „Treibholzfest"; wenn auch auf der Insel Holz nicht völlig fehlte, wie der Mahute (Morus papyrifera) und der zum Schnitzen von Figuren verwandte Toromiro (Sophora tetraptera), beides kleine Bäume, so war das Treibholz vor allem zum Bau der wichtigen Kanus[1]) von größter Bedeutung für die Insulaner. Es stammte wohl zumeist, verfrachtet durch Humboldtstrom und Passatdrift, aus dem südlichen Chile, wenn auch gelegentliche Herkunft vom Westen nicht ausgeschlossen war.

Das mag uns zu einigen Bemerkungen über das *Liebesleben* der Naturvölker überhaupt veranlassen. Es soll natürlich nicht bezweifelt werden, daß sie tiefere Regungen, die über den rein momentanen sexuellen Genuß hinausgehen, kennen, das geht ja bereits aus den obigen Liedchen hervor. Zweifelsohne ist aber ihr ganzes Liebesleben — vielleicht nicht ganz zu ihrem Nachteil — ein physisches. Selbst dort, wo scheinbar tiefere Zuneigung besteht, haben wir als Ursache doch das rein sexuelle Moment zu erkennen, das dem Verhältnisse keine lange Dauer

---

[1]) Heute werden Boote auf der Insel nicht mehr hergestellt; die drei oder vier vorhandenen, aus Rinde gearbeiteten kleinen Auslegerkähne stammen aus Tahiti.

bietet. So erzählt Koch-Grünberg von den Kobéua: „Ein junges Pärchen in Namocoliba war unzertrennlich. Fuhr der Mann zum Fischfang, so saß die Frau am Steuer; ging die Frau zur Arbeit in die Pflanzung, so begleitete sie der Mann mit Bogen und Pfeilen, um in ihrer Nähe zu jagen. Nach des Tages Last und Hitze saßen die beiden gewöhnlich auf dem Dorfplatz, kämmten sich gegenseitig die Haare und lasen sich die Läuschen aus dem dichten Haupthaar oder die Stechmücken vom Rücken ab." Oder er berichtet an anderer Stelle von dem

Zeichn. XX. Felsenmalerei von Cogul (Spanien)

Nach Comte Bégouen

Liebesverhältnis der Tochter Mandus zum Häuptlingssohn der Kaua-tapuyo namens Nerienene, dem sie aber weinend und klagend durch den Machtspruch ihres Vaters, der sie einem anderen Freier gab, entrissen wurde. Koch schildert den sehr schweren Abschied, muß dann aber doch berichten, wie rasch die Beziehungen ein Ende hatten. Sie dauerten eben nicht länger, als das physische Moment Bestand hatte. Der Abschied war am 21. Dezember, und bereits am 24. Dezember hatte Koch Gelegenheit, das neue junge Pärchen zu besuchen, das eben seine Flitterwochen begonnen hatte, und muß selbst die Worte niederschreiben: „Die junge Frau hatte sich schon ganz mit ihrem Schicksal abgefunden und schien mit ihrem stattlichen Mann ein Herz und eine Seele zu sein. Armer

Nerienene, so rasch hatte sie dich vergessen!" Auch *Eifersucht* ist noch kein Zeichen von Liebe, sondern, wie bei uns auch, von Egoismus, der bei Naturvölkern meist noch im Aberglauben wurzelt. So darf nach Wallace eine verheiratete Frau auf Lombok unter Todesstrafe nicht einmal eine Zigarre oder ähnliches von einem Fremden annehmen. Ein Engländer lebte dort beispielsweise mit einem balinesischen Mädchen, das mit den Frauen des Rajah verwandt war und bei einem Fest eine Blume von einem anderen Manne angenommen hatte. Der Rajah, der dies erfuhr, forderte den Engländer auf, es herauszugeben,

Zeichn. XXI. Buschmannfrauen mit Hängebrüsten und Steatopygie
Felsmalerei vom Buschmannsklipp
Nach v. Luschan

da es getötet werden müsse. Dieser weigerte sich und erklärte, er würde sich nur durch Gewalt zwingen lassen. Dies wagte der Rajah nicht, sandte aber später einen Mann nach dem Hause des Engländers, der das Mädchen herausrief und ihm mit den Worten: „Der Rajah sendet dir dies" einen Dolch ins Herz stieß. Wo solche Frauenbehandlung Platz greifen kann, dort kann von wirklicher Liebe keine Rede sein.

Auch der *Liebesbrief* eines indianischen Mädchens, den wir hier abbilden (Zeichn. XVIII), zeigt nur das physische Moment. Von drei durch das Kreuz als christlich gekennzeichneten Mädchen a, e, d, die in einem Zeltlager c bei den Seen f wohnen, sendet a, die zur Bärenfamilie (b) gehört, den Brief an einen Mann, der einer anderen Familie (g) angehört, und teilt ihm mit, er möge auf dem Wege i—h zur ihr kommen.

Wichtiger wird das Kapitel „*Das Weib und die Sitte*". Schamempfinden, Treue und Keuschheit sind Begriffe, mit denen wir umherwerfen, als ob sie selbstverständlich dem Menschen angeboren wären. Dies ist, wie wir im Verlaufe dieser Darstellung schon mehrmals Gelegenheit hatten zu erwähnen, nicht der Fall. Man könnte ihr Wesen wohl nicht besser charakterisieren, als es Stoll tut, dessen Worte, obwohl im einzelnen etwas veraltet, da die Resultate der innersekretorischen Forschung von heute damals noch nicht bekannt waren, wir hier wiedergeben wollen:

1. Unser *Körper* reagiert auf alle die genannten Ursachen in gleicher Weise durch Änderungen im Tonus der Blutgefäße gewisser Körperbezirke. Diese werden durch „Erröten" infolge von Erweiterung der Gefäße oder durch „Erblassen" infolge von Gefäßverengerung, sowie auch durch Änderung in der sekretorischen Tätigkeit gewisser Schleimhautdrüsen — es wird z. B. die Augenbindehaut (conjunctiva) durch gesteigerte Absonderung von Feuchtigkeit glänzender und feuchter — äußerlich und objektiv wahrnehmbar und subjektiv durch Hitze- oder Kältegefühl — kalten Schweiß — durch Trockenheit der Mundschleimhaut usw. fühlbar.

2. Unsere *Psyche* reagiert auf alle diese Ursachen in gleicher Weise durch gewisse Hemmungen, die sich individuell verschieden aussprechen können, und deren Gesamtheit wir als „Befangenheit", „Verlegenheit", „Verwirrung" usw. bezeichnen.

3. Das Schamgefühl, das Wort im weitesten Sinne gefaßt, ist eine Reaktion des *einzelnen* Menschen auf die Einflüsse, denen er seitens der sozialen *Gesamtheit* untersteht. Das in völliger Einsamkeit befindliche Individuum schämt sich nicht; weder seine Nacktheit noch seine Körperfunktionen, noch irgendwelche Handlungen, die es begeht, werden ihm eine Quelle der Unlustgefühle, die wir als „Schamgefühl" bezeichnen. Damit dieses ins Spiel komme, braucht der Mensch ein Publikum oder wenigstens die von früheren Erfahrungen herrührende Erinnerung an ein solches.

4. Das Schamgefühl beruht nicht auf *angebornen* Gefühlen sui generis, sondern entwickelt sich erst im Laufe des Lebens, und zwar muß der Mensch zum Schamgefühl erzogen werden. Kinder kennen kein Schamgefühl, sie fühlen sich nicht im mindesten geniert, nackt zu sein; sie verrichten auch ihre körperlichen Be-

dürfnisse wann und wo es sei, als etwas völlig Selbstverständliches, unbekümmert um die Anwesenheit anderer, und erst die Erziehung und die Belehrung über das, was sich schickt und nicht schickt, weckt in ihnen das Anstands- und Schamgefühl, das je nach der Art der Erziehung wieder recht verschiedene Abstufungen zeigt. (Dies haben unterdessen die Forschungen von Freud und Steckel völlig bestätigt.)

5. Da also das Schamgefühl ein Produkt der Erziehung ist, so ist es beinahe selbstverständlich, daß die Umstände, die es ins Spiel bringen, von einem ethnischen Kreis zum andern wechseln, und daß Dinge, die an einem Orte als selbstverständlich gelten, an einem andern den Gegenstand intensiven Schamgefühls bilden und daher sorgfältig vermieden werden.

Charakteristisch für die durch die Christianisierung bis auf die ferne Osterinsel getragene Heuchelmoral ist eine Notiz Knoches: „Leider ist heute das gesunde sinnliche Empfinden der Eingeborenen, das aus den Liedern spricht, völlig geschwunden. Es war z. B. unmöglich, trotz aller Mühen, Nacktphotographien der Frauen aufzunehmen. Dies wurde abgelehnt mit den Worten: ‚Somos christianos‘ (Wir sind Christen). Nur daß die sittlich entrüsteten Damen zum größten Teile, sobald die Nacht hereingebrochen war, einem Verkauf ihrer Reize gegen Garderobenstücke durchaus nicht abgeneigt waren. So haben die relativ geringen Kontakte mit der europäischen Kultur genügt, um europäische Heuchelei, zusammen mit anderen ‚Errungenschaften‘ der Zivilisation, auf jene weltferne Insel zu verpflanzen.“ Wäre es da nicht besser, wir unterließen die „Bekehrung“ jener „Wilden“, denn schließlich sind sie tatsächlich bessere Menschen! Nun, die Moral ist gerettet und das Volk ist — verdorben.

Von den Zoque-Indianern von Chiapas erzählt Remesal aus der Zeit der ersten Bekehrungsversuche durch spanische Mönche (1545): „Für ihre *körperlichen Bedürfnisse* hatten sie weniger Anstandsgefühl als Hunde oder Katzen; denn sie urinierten voreinander sitzend und mitten in der Unterhaltung, wie sie gerade waren, und die ersten Male, wenn sie zur Predigt kamen, hinterließen sie den Boden ganz durchnäßt und mit Exkrementen beschmutzt, nicht besser als eine Schafhürde.“ Auch der *geschlechtliche Verkehr* wurde bei vielen Völkern der Öffentlichkeit nicht vorenthalten, wie wir schon oben erwähnten. Als Cook auf Tahiti kam (Mai 1769), beobachtete er einen ähnlichen Vorgang; er schreibt:

„So war unser Frühgottesdienst, unsere Eingeborenen aber hielten es für angebracht, eine Vesper von ganz anderer Art abzuhalten. Ein junger Mann, fast 6 Fuß hoch, vollzog den Akt der Venus mit einem kleinen Mädchen von etwa 11 oder 12 Jahren vor mehreren unserer Leute und einer großen Anzahl Eingeborener, ohne die geringste Empfindung dafür, daß dies unanständig oder unschicklich wäre, sondern, wie es schien, in völliger Übereinstimmung mit der Landessitte. Unter den Zuschauern waren mehrere Frauen vornehmen Standes, vor allem die Königin Oberea, von denen richtigerweise gesagt werden kann, daß sie bei der Zeremonie assistierten, denn sie gaben dem jungen Mädchen Anweisung, wie sie ihre Rolle durchzuführen hätte, was sie übrigens, so jung sie auch war, nicht nötig zu haben schien." Wie wenig man in ganz Polynesien den Geschlechtsakt oder andere Handlungen an den Geschlechtsteilen für beschämend hielt, das zeigt die *öffentliche Defloration* auf Samoa, die uns Krämer wie folgt beschreibt: „Die öffentliche Defloration wurde 1897 noch bei Apia vollzogen; heute wird sie erloschen sein. ... Steht die Verbindung der Dame (taupou) mit dem Freier (manaia) fest, so begeben sich beide in das Dorf des manaia. Die Dame wird etwa von 5 oder 6 Frauen, ihren aualuma, begleitet, welche die soafafine der Dame heißen. Die Dame ist mit einer feinen Matte bekleidet, darüber mit einer anderen feinen Matte, die mit vielen siapo zusammenarrangiert ist. Man nennt diese Bekleidung das laufau. Auf dem Wege wird gesungen. Die Gesänge heißen tini der Dame und des manaia, da ihre Namen darin genannt werden. Man singt, bis man in das Dorf des manaia kommt. Dort angekommen, werden viele Speisen zubereitet. Trotzdem schlafen die Dame und der manaia noch nicht zusammen. Es vergeht eine Nacht und ein Tag. Darauf folgt der Tag, der für die öffentliche Entjungferung (fa'amaseiau) der Dame bestimmt ist. Das ganze Dorf versammelt sich nun auf dem Dorfplatze und setzt sich auf die eine Seite desselben. Die soafafine und die Dame sitzen auf der anderen Seite. Der mania und zwei tulafale oder Häuptlinge sitzen vor dem ganzen Dorf (d. h. in der Front vor ihren Dorfgenossen). Der eine sitzt auf der einen, der andere auf der anderen Seite des manaia. Der manaia sitzt in der Mitte. Vor ihnen ist eine weiße Matte ('iesina) ausgebreitet. Sie sitzen mit untergeschlagenen Beinen. Hierauf kommt die Dame (auf sie zu), die feine Matte, mit der sie bekleidet ist, ist dicht unter den Achselhöhlen festgehalten. Ist sie nahe herangekommen, so befiehlt der eine der beiden, welche zu den Seiten des manaia sitzen, der Dame zurückzugehen. Sie kehrt nach dem Ort zurück, wo ihre soafafine sind. Diese sprechen ihr Mut zu, sie solle mutig wieder vorgehen. Hierauf begibt sich die Dame wieder auf den Platz, wo der manaia ist. Es ist in dem Belieben der tulafele, welche bei dem manaia sind, wie oft die Dame hin und her zu gehen hat. Halten sie es für an der Zeit, daß die Dame entjungfert wird, so rufen sie ihr zu, sie solle herankommen. Die Dame kommt, legt die Hände auf die Schultern des manaia und tut so, als ob sie niederknien wollte. Hierauf sticht dieser mit dem Zeigefinger nach oben in den Geschlechtsteil der Dame. Das Blut fließt hierauf auf die vor dem manaia ausgebreitete Matte. Fühlt die Dame, daß ihr Geschlechtsteil von dem Zeigefinger des manaia durchstoßen ist, so wirft sie die feine Matte, welche unter ihren Achselhöhlen befestigt war, von sich und begibt sich nackt nach der Seite des Dorfplatzes, wo ihre soafafine sind. Alle Menschen auf dem Opferplatze sehen, wie das Blut an ihren Beinen herabläuft. Der manaia hebt seine Hand in die Höhe und zeigt das Blut, welches an seinem Zeigefinger ist, und ruft aus: ‚Die Dame ist unversehrt befunden.‘ Der Lärm im Dorf ist groß, ebenso die Freude der soafafine der Dame.“ Daß man sogar umgekehrt dem Sexualapparat eine gewisse Würde beilegt, das zeigen die *Genitalbinden der Ostjaken-Frauen* Sibiriens, auf die mit Perlen die Umrisse der weiblichen Geschlechtsteile gestickt sind (vgl. Abb. 99, Fig. 8). Wie verschieden die Ansichten über das, dessen man sich schämen muß, sind, bezeugt Koch-Grünberg, der von den Desana berichtet: „Als ich Marco nach den Verben ‚gebären‘ und geboren werden‘ (in ihrer Sprache) fragte, antwortete er mir zu meinem Erstaunen ganz leise und mit einem verlegenen Seitenblick auf die Weiber. Es ist gewiß ein feiner Anstandsbegriff, daß der Mann sich scheut, über eine Handlung zu sprechen, die nur die Frau angeht, und bei der die Anwesenheit der Männer ausgeschlossen ist. Gar nicht prüde waren sie dagegen bei Wörtern, die wir allenfalls nur verblümt auszusprechen wagen. Ja, es bereitete ihnen offenbar einen naiven Genuß, mich wiederholt nach dergleichen in meiner Sprache zu fragen, so daß meine gute Erziehung sich manchmal unwillkürlich dagegen sträubte, ihre neugierigen Fragen zu beantworten, zumal in der Anwesenheit von Damen, die jedoch ‚gar nichts dabei fanden‘. Nie hatte ich den Eindruck, daß es sich um bewußte Zoten

Abb. 166. Australierpaar auf der Jagd im Urwald.
Nach Klaatsch.

Abb. 167. Wandernde Ainufamilie.
Kopie nach einem Kakemono.

Abb. 168. Eine Familie der Botocudos auf der Reise.
Nach Prinz v. Wied.

Nach Wied. Abb. 169. Reisen der Pani-Indianer.

Nach Ankermann. Abb. 170. Weiberhäuser von Bamum.

Nach Schoolcraft. Abb. 171. Wandernde Indianerfamilie.

Abb. 172. Weibergrab der Sakai (auf Terak), dabei Kämme, Ohrrollen und andere Gegenstände, dann Früchte und musikalische Instrumente für den Gebrauch der Seele der Verstorbenen.
Nach Skeat-Blagden.

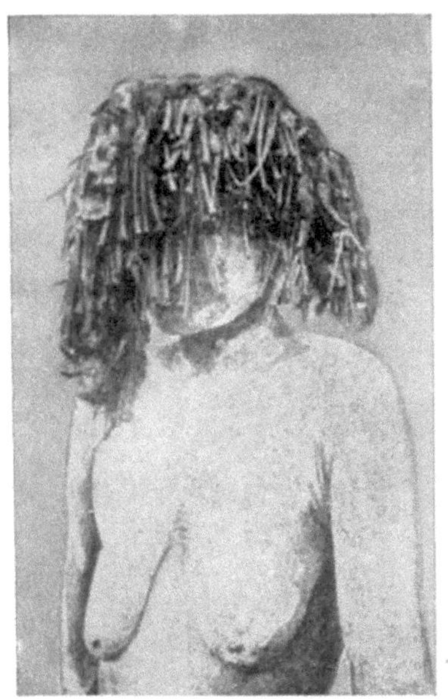

Abb. 173.
Witwe der Aranda (Zentralaustralien). Mit Kaolin beschmiert, trägt die Chimurilia als Kopfputz.
Nach Spencer und Gillen.

Abb. 174. Witwe der Tschipewayan-Indianer. Hält in den Armen die Puppe des verstorbenen Mannes.

Nr. 175. Das Weib als Sammlerin.
Odschibwä-Indianerinnen, Wasserreis erntend.

Abb. 176. Masaiweiber mit Gepäckhalter.
Nach Merker.

Abb. 177.
Kaua-Mädchen, Mandioka reibend.

Abb. 178. Mehlbereitung in Ostafrika.

Abb. 179. Basoko-Frauen (Kongostaat) bei der Töpferarbeit.

Nach Hoernes Abb. 180. Frauen Tapa klopfend (Brit. Neu-Guinea).

Abb. 181. Weiber (Tabora Ostafrika), Mais stampfend.

Originalaufnahme.

Abb. 182. Markt in Assahun in Südtogo (Westafrika).

Nach Weule.

Abb. 183. Indianerinnen bereiten Cassine
in irdenen Gefäßen.
Nach Lafitau.

Abb. 184. Zubereitung des Ahornzuckers.
Einige Weiber sammeln den Saft in die Gefäße, andere kochen
ihn, weitere kneten den dicken Saft mit den Händen. Oben sieht
man Frauen, wie sie bei Ausgang des Winters die Felder bebauen
und Getreide säen (Virginien).

Abb. 185. Bhilfrauen, Bajri mahlend.

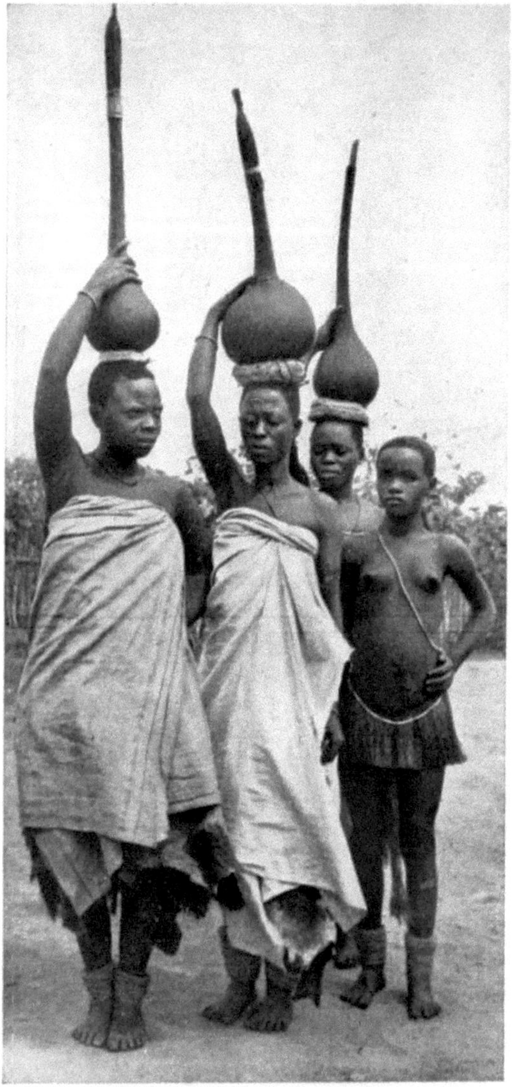

Abb. 186. Ostafrikanische Negerfrauen, Bier in Flaschenkürbissen tragend.

Nach Buschan.

Abb. 187. Dorftänzerinnen (Taupo) Samoa.

Nach Krämer.

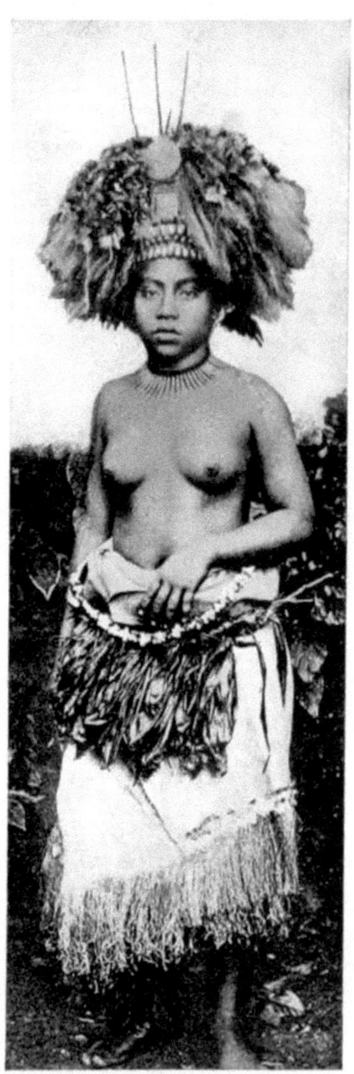

handelte." Umgekehrt erregte K. v. d. Steinen großes Aufsehen, als er in Gegenwart südamerikanischer Indianer zu *essen* anfing. Sie schämten sich seiner. *Die Schamempfindung wird also dort erweckt, wo man mit den üblichen Vorschriften oder Anschauungen in Widerspruch gerät.* Ganz richtig bemerkt Vailland von den Kaffern: „Da zu solcher Zeit (Menstruation) die Kleidung dieser wilden Frau diesen Zustand nur sehr unvollkommen verbergen kann, so würde ein solches Weib dem Spotte der übrigen ausgesetzt sein, wenn man äußerlich die geringste Spur ihrer Krankheit entdeckte; ein dergleichen verspottetes Weib würde alsdann die Zuneigung ihres Mannes oder Liebhabers sogleich verlieren. Man sieht also, daß diese natürliche Schamhaftigkeit lediglich in dem Bewußtsein ihrer Unvollkommenheit und der Furcht zu mißfallen begründet ist." Schon bei der Entwicklung der Kleidung haben wir flüchtig den Grund angegeben, wie es kam, daß sexuelle Vorgänge und das öffentliche Zeigen des Sexualapparates unschicklich wurden. Die Unschicklichkeit entspringt einem Verbote, und dieses Verbot wurzelt nicht in der Moral, sondern in *abergläubischer Furcht.* Ganz ähnlich schämt man sich bei uns etwa zu sagen, daß man von Pferdefleisch lebt. Die Geschlechtsteile werden verschlossen, weil man z. B. *Angriffe von Tieren oder Dämonen* auf diese Gegenden befürchtet. Alle Naturvölker sind bei ihren Wanderungen durch die Wälder deshalb sehr vorsichtig. Auf Ambon zwingt der Dämon im Walde die Menschen zum Verkehr, und diese sterben dann, weil er sich *dabei ihrer Seele bemächtigt* — ein Nachklang davon hat sich in unseren Elfen- und Nixenmärchen erhalten. Auf den Aaru-Inseln hat der Dämon nur über die menstruierenden Weiber Macht, weshalb diese den Wald während dieser Zeit nicht betreten dürfen. Wenn sie trotzdem hingehen, beschläft sie der Dämon, und sie bekommen einen Stein in den Uterus. Auch das menstruierende Weib *erzeugt selbst eventuell Dämonen,* wenn es sein Blut nicht durch eine Binde auffängt (ebenso gilt das für das Deflorationsblut). Von den Zigeunern berichtet v. Wlislocki: „Aber wehe dem Weib, das sein Menstruationsblut in eine solche Quelle oder gar auf den Gipfel des glücklichen Berges fließen läßt! Es wird unbewußt ein Wesen, halb Mensch, halb Tier, zur Welt bringen, das allnächtlich seine Gebärerin im Traume erschreckt und quält. Gewöhnlich hat ein solches Wesen den Kopf und Unterleib von demjenigen Tiere, nach welchem der betreffende glückliche Berg benannt worden ist." Wir sehen daraus also deutlich den Ursprung der Schamempfindung; von Angeborensein ist gar keine Rede. Ganz ähnlich verhält es sich mit dem *Wertschätzen der Jungfrau-schaft*. Die weitaus meisten Naturvölker kennen diesen Begriff gar nicht, da die jungen Mädchen mit den jungen Männern freien Verkehr üben bis zur Ehe. Wo Wertschätzung der Jungfrauschaft auftritt, hängt sie entweder mit dem *Ahnenkult* zusammen oder sie ist der Ausfluß anderer abergläubischer Vor-stellungen, unter anderen jener, daß das Mädchen erst Verkehr üben darf, wenn es die künstliche Defloration oder die Reiferiten durchgemacht hat, *damit das Deflorationsblut nicht Schaden anrichtet*. Wir haben oben ein Beispiel an der Samoanerin gesehen. Später wurde dann die Wirkung mit der Ursache ver-tauscht, als man den wahren Zweck vergessen hatte. Es wurde für ein Gebot der Moral gehalten, Jungfrau zu sein — an sich ein unnatürlicher und wertloser Begriff —, und das Christentum machte sich diese Idee in erster Linie in seinem Kampfe gegen die antike Welt dienstbar, weil es mit den Wirkungen der Askese am meisten Aufsehen erregte und alle jene Menschen, die am Aufsehen Gefallen fanden, damit für seine Sache hatte, neben all denjenigen, die am Sexualleben Überdruß bekommen hatten. Die Jungfrau hat also keinen Vorzug in sich, sie entstammt abergläubischen Vorstellungen und kann infolgedessen manches Be-denkliche gegen sich haben. So gibt es denn eine Menge von Völkern, die das Bestehen der Jungfrauschaft sogar *als Schande* auffassen, so die Wotjäken, die Tschibtscha in Südamerika (diese müssen wir allerdings bereits zu den Halb-kulturvölkern rechnen). An der Forderung der Jungfrauschaft aber lernte der Mensch *eifersüchtig* zu werden, da sich auch hier allmählich Wirkung und Ur-sache verschoben. Dort, wo die Jungfrauschaft geschätzt wird, ist damit noch lange nicht gesagt, daß sie gehalten wird; ja man darf sagen, daß sie bei keinem Volke prinzipiell gehalten wird. Das beweist die Unzahl von Mitteln, die man anwendet, um die *Blutung der Brautnacht* vorzutäuschen. Es liegt darin übrigens wieder ein Fingerzeig, weshalb bei manchen Völkern die Forderung der Jung-frauschaft bestehen soll. Die meisten Beobachter geben lediglich an, daß man die *Blutspuren erwünscht* findet. Das ist ganz natürlich überall dort der Fall, wo man das Blut fürchtet. Tritt es nicht zutage, so ist es *im Körper geblieben und kann Unheil stiften;* tritt es zutage, so muß das *Tuch mit den Spuren ver-nichtet werden*. Deshalb erstrebt man bei den meisten jener Manipulationen, die die *Jungfrauschaft vortäuschen* sollen, die Blutung herbeizuführen; so durch mit Blut getränkten Schwämmchen, durch kleine Vernähungen, die reißen müssen und so Blut fließen lassen, und ähnliches. Auf den gleichen Motiven beruht teilweise die Forderung der *Keuschheit* und jener daraus entspringende *Treuebegriff*, soweit er die Enthaltsamkeit der Ehefrau von der Beiwohnung mit anderen Männern als dem Gatten in sich schließt. Daß es auch hier nicht moralische Momente, sondern abergläubische Vorstellungen sind, denen diese Auffassung entspringt, geht daraus hervor, daß jeder geschlechtliche Verkehr, dessen sich das Weib mit Wissen ihres Mannes erfreut, gestattet ist. Wie Naturvölker sich den Treuebegriff denken, geht aus folgendem Beispiele hervor, das uns von den Masai berichtet wird: „Jeder Krieger hat sein Lieblingsmädchen. Solange er zu Hause ist, wohnt sie bei ihm, besorgt sein Vieh und fertigt einen Teil seines Schmuckes. Das Mädchen nennt ihren Liebhaber os sandja und zeigt den andern das Zustandekommen dieses Verhältnisses dadurch an, daß sie den zusammenhockenden Kriegern eine Kürbisflache voll Milch bringt und sie neben das linke Bein ihres Auserwählten stellt. Solange dieser im Kral weilt, ist ihm sein Mädchen Treue schuldig; verläßt er ihn aber auch nur für einen Tag, so ist es berechtigt, sich mit einem andern Kralgenossen zu trösten." Durch *religiöse Forderungen* und durch das *Eifersuchtsgefühl*, das sich bei der gewaltsamen Monopolisierung der Weiber verstärkte, wurde aber sowohl der Treuebegriff als die voreheliche Keuschheitsforderung ins Extrem gesteigert. Da derartige Ansprüche aber doch nicht durchführbar waren oder dem eifersüchtigen Ehegatten nicht durchführbar schienen, verfiel man auf eine Reihe recht schändlicher Manipulationen. Wir können sagen, daß die Naturvölker frei davon sind; wo bei ihnen Dinge wie *Infibulation, Verschlußringe* und ähnliches auftreten, kommen sie im Gefolge des Mohammedanismus oder des Christentums. Trotzdem wollen wir der Infibulation des Weibes hier gedenken; sie wird an Abscheulichkeit eigentlich nur noch vom christlichen Keuschheitsgürtel des Mittelalters übertroffen. Bei Naturvölkern tritt die Infibulation nur im nordöstlichen Afrika, also im östlichen Sudan und in der Gegend von Abessinien, also bei den Galla und Somali auf, mit anderen Worten in derjenigen Region Afrikas, die unter mohammedanischen und abessinisch-christlichen Einflüssen stand. Die Infibulation hat den Zweck, den Scheideneingang des Mädchens durch Zunähen oder

Durchziehen eines Ringes zu verschließen, daß es nicht eher, als es der männliche Wille gestattet, Verkehr üben kann. Es werden zu diesem Zwecke die Geschlechtslippen angeschnitten und mit den frischen Wundflächen aneinandergenäht oder durch Binden zusammengedrückt, so daß sie aneinanderwachsen. Wir wissen diesen Vorgang bereits aus dem Mittelalter von den Bedscha, wie Magrizi erzählt. Dann berichtet darüber Lindschotten: „Man findet etliche bey jhnen, welche jhren Töchtern, wenn sie geboren werden, jhre Scham zunehen, lassen jnen nur ein klein Löchlein, dardurch sie nur ihr jungfrüwlich Wasser abschlagen mögen; wenn sie dann erwachsen und verheyrat werden, so mag sie der Breutgam wiederumb auffschneiden, so groß vnd so klein, als er vermeinet, daß sie jhm eben recht sey. Die selbige wunden wissen sie mit einer besonderen Salben widerumb zuzuheilen, wie ich dieser Weiber denn eine in Goa (Indien) gesehen hab, welche der Chirurgus oder Medicus an des Ertzbischoffs hoff bey vns hat auffgeschnitten." Panceri beschreibt eine zwanzigjährige Sudanesin nach dieser Hinsicht mit folgenden Worten: „Man sah an Stelle der Schamspalte eine lineare Narbe, unter welcher der untersuchende Finger die Klitoris an ihrem Platze, aber völlig beweglich und unter dem genannten Narbengewebe versteckt nachweisen konnte. Nur wenn man die Schenkel auseinanderspreizte, sah man bei dem Perinäum die Scheidenöffnung in Form eines Spaltes, dessen Ränder durch den Kamm der kleinen Labien gebildet wurden, die gewissermaßen mit den großen verschmolzen waren. Die obere Kommissur, die Klitoris, die Harnröhrenmündung und die vordere Hälfte der kleinen Schamlippen waren verborgen, weil die großen Schamlippen miteinander verschmolzen waren." Es ist klar, daß diese Mädchen dann beim Abschluß der Ehe *wieder aufgeschnitten* werden müssen. Es kommt sogar vor, daß diese Aufschneidung nur zum Teil erfolgt. So berichtet Warne von den Stämmen am ersten Nilkatarakt, daß ein Weib zum Bräutigam kommt, nach dessen Penis ein Modell fertigt und danach die Art der Aufschneidung des Mädchens vollzieht. Das Sonderbare ist nun, daß auch oft die Frauen nach der Entbindung *wieder auf eine Zeitlang vernäht werden.* Für den Koitus macht die Vernähung oft Schwierigkeiten, und so ist es in Abessinien Sitte geworden, daß zwei Männer die Beine der Braut in die Höhe halten müssen, während dieser ihr beiwohnt. Diese Zeugen treten dann zu dem jungen Paare in ein Dauerverhältnis, das etwa unserer Patenschaft entspricht.

KAPITEL V

Stellung des Weibes in Kunst und Dichtung

Die älteste menschliche Kunst der heutigen Naturvölker

Auch bei Naturvölkern können wir von bildender Kunst reden, und sie ist gar oft nicht unbedeutend. Das Weib ist in vielen Fällen Sujet geworden und es ist interessant, daß die primitiven Völker, die Europa vor etwa 30000 bis 50 000 Jahren bewohnten, im Weibe das hauptsächlichste Objekt für die künstlerische Darstellung sahen. Selbstverständlich ist die *Darstellung des Weibes* meist für *unsere Auffassung* erotisch, weil sie fast stets die Geschlechtsteile wiedergibt. Man darf dieses Moment aber den Naturvölkern nicht in gleicher Weise unterschieben. Sie haben nicht die Absicht, eine *erotische* Wirkung zu schaffen, sondern gehen von einem rein natürlichen Standpunkt aus. Da sie unsere Karikaturmoral nicht kennen, sagen sie sich mit Recht, das Wichtigste am Weibe, das es vom Manne in der Hauptsache unterscheidet, sind die Geschlechtsteile, folglich müssen sie auch wiedergegeben werden, denn aller primitiven Kunst ist gemeinsam, daß sie unterscheidende Merkmale betont, auch wo sie nicht sichtbar sind. So pflegen Naturvölker gerne, selbst wenn sie bekleidete Europäer wiedergeben, die Geschlechtsteile zu zeichnen, obwohl sie sie gar nicht sehen. Jedenfalls ist aber von größtem Interesse, daß künstlerische Darstellungen des Menschen sehr frühzeitig auftreten, und daß es gerade das Weib ist, das am häufigsten dargestellt wird; man darf also wohl daraus schließen, daß der Mann der Hersteller war. Weib und Jagd beherrscht jene Kunst der Hauptsache nach, und am Weibe ist es ausgesprochen die *sexuelle Seite*, die dargestellt wird. Sie steht — wörtlich genommen — an der Spitze aller menschlichen Kunsttätigkeit. Anscheinend sind nämlich die *ältesten menschlichen Kunsterzeugnisse* drei Steinplatten, die im Musée du Périgord in Perigueux aufbewahrt werden. Sie fanden sich im Abri Blanchard (Commune Sergeac) in einer Schicht, die nach Wiegers dem mittleren Aurignacien angehört. Dargestellt ist auf *jedem* Relief ein weiblicher Geschlechtsteil (vulva) in stilisierter Form (Zeichn. XIX). In der gleichen Schicht fanden sich übrigens auch Nachbildungen des männlichen

Geschlechtsteiles aus Renntierhorn. In der nun folgenden Periode entwickelt sich mit der plastischen Kunst überhaupt auch die Darstellung des „Weiblichen" sehr bestimmend weiter. Noch der gleichen Periode (mittl. Aurignacien) gehört eine ganze *Reihe von Rundfigürchen* an, die, aus Elfenbein, Kalkstein usw. geschnitzt, das Weib darstellen und eine geradezu überraschende Beobachtungsgabe und Technik verraten. Es fällt auf, daß deutlich *zwei Rassen* zu unterscheiden sind. Die eine ist kurzbeinig und neigt zur Körperfülle. Sie zeigt deutlich Steatopygie; die andere ist langbeinig und ohne derartige Fettanhäufungen. Am besten repräsentiert den ersten Typus die sogenannte „Venus von Willendorf", wohl etwas später als die anderen. Willendorf liegt in Niederösterreich an der Donau, gegenüber der Ruine Aggstein. Die ausgegrabenen Schichten zeigten alle Stufen des Aurignacien; unter anderen Funden kam 1908 auch das prächtige, unendlich wertvolle Figürchen zutage, das der Arbeiter Joh. Veran fand (Abb. 19). Szombathy, der die Ausgrabungen leitete, sagt darüber: „Es ist ein 11 cm hohes Figürchen aus oolithischem, feinporösem Kalkstein, vollkommen erhalten, mit unregelmäßig verteilten Resten einer roten Bemalung. Es stellt eine überreife, dicke Frau dar, mit großen Brüsten, ansehnlichem Spitzbauch, vollen Hüften und Oberschenkeln, aber ohne eigentliche Steatopygie (Fettsteißbildung)[1]; die Genitalien sind stark ausgeformt, die Rückenseite ist anatomisch richtig, mit mehreren naturwahren Details ausgestaltet. Das Kopfhaar ist durch eine Anzahl in konzentrischen Kreisen um den größten Teil des Kopfes gelegte Wulste ausgedrückt[2], das Gesicht absolut vernachlässigt. Von keinem Teile desselben (Auge, Nase, Mund, Ohren, Kinn) findet sich auch nur eine Andeutung. Die Arme sind reduziert, die Unterarme und die Hände nur in flachen, über die Brust gelegten Reliefstreifen ausgedrückt. Die Knie sind sehr wohl ausgebildet, die Unterschenkel zwar mit Waden versehen, aber stark verkürzt, die Vorderfüße ganz weggelassen. Von Bekleidung oder Schmuck ist an der Figur nichts angedeutet, als an jedem Unterarme ein grobzackiger Handgelenkring." Man sieht also deutlich, worauf es dem Künstler ankam,

---

[1] Wir haben darüber schon oben gesprochen; sie ist sicher gemeint, wenn es auch dem Künstler nicht gelang, sie deutlicher herauszuarbeiten.

[2] Dies dürfte wohl eine Haube aus kleinen Muscheln sein, wie sich deren Reste in den Höhlen finden.

und Obermaier sagt mit vollem Recht: „Das ganze Figürchen zeigt, daß sein Verfertiger die Gestalt des menschlichen Körpers künstlerisch vorzüglich beherrschte, daß es ihm aber nur darauf ankam, die primären und sekundären weiblichen Geschlechtscharaktere in die Erscheinung zu rücken. Der Rest ist genial auf das nötigste Minimum der Darstellung reduziert." Dem oberen Aurignacien dürfte dagegen ein Relief angehören, auf dem ein Weib ähnlicher Art mit einem Horn dargestellt ist. Näheres darüber siehe: v. Reitzenstein, „Die ältesten sexuellen Darstellungen der Menschheit" in „Geschlecht und Gesellschaft", herausgegeben von F. Frhr. v. Reitzenstein, Jahrg. X, Heft 10, Dresden 1921.) Dieser Bevölkerungsschicht scheint auch die älteste Darstellung eines *schwangeren Weibes unter einem Renntier* (Abb. 209) anzugehören. Es ist eine Ritzzeichnung aus Laugerie Basse und gehört dem alten Magdalenien an. Wir sehen ein nacktes Weib, dem der Kopf fehlt, in hochschwangerem Zustande auf dem Rücken liegen. Die Brüste sind nicht dargestellt, dagegen die Geschlechtsteile deutlich hervorgehoben, obwohl sie eigentlich in dieser Lage gar nicht sichtbar wären. Die Behaarung ist deutlich angegeben. Weiterhin sehen wir die Beine eines Renntieres und im Hintergrunde verschiedene bogenförmige Linien. Leider ist die Darstellung nur ein Fragment. Wie alle menschlichen Darstellungen des Magdalenien ist sie im Gegensatze zu den Tierdarstellungen nicht gerade gut wiedergegeben. Nun liegt natürlich zunächst die Frage nahe: Sind die drei Darstellungen Teile eines Bildes? Wenn nicht nachweisbar ist, daß die Figuren zeitlich getrennt eingeritzt wurden, so müßte es doch höchst sonderbar zugehen, wenn auf solch einem räumlich beschränkten Stücke ein Künstler gleichzeitig mehrere Figuren in derartig spezialisierten Stellungen zwecklos nebeneinander einritzen würde, die bei ungezwungener Betrachtung auf den ersten Blick einen Zusammenhang vermuten lassen. Die Frau liegt sicherlich unter dem Renntiere, ja Ranke deutet sogar an, daß unsere Zeichnung Renntier und Weib in einer Hürde dargestellt (er glaubt also in den Bogenlinien eine Hürde zu sehen). Freilich ist das Weib verhältnismäßig etwas klein geraten und ihre Beine sollten streng genommen den linken Hinterfuß des Renntieres überschneiden. Aber gerade diese Fehler kehren stets wieder. Ohne Zweifel ist also der Zusammenhang näherliegend als das Gegenteil, und es besteht kein Grund, das Näherliegende zugunsten des Fernliegenden abzulehnen, da bis jetzt noch niemand auf die Idee kam, die Gleichzeitigkeit der einzelnen Teile der Darstellung zu bestreiten. Wir sind also berechtigt, die als Einheit gedachte Darstellung zu deuten zu versuchen. Es dürfte ein Zauber dargestellt sein. Das hochschwangere Weib steht vor der Niederkunft, und alle Naturvölker, ja selbst die Mehrzahl der Angehörigen der Kulturvölker, versuchen durch Zauber oder Sympathiemittel den Geburtsvorgang zu erleichtern. Diesem Zwecke dient eine abergläubische Handlung, die über die ganze Welt verbreitet ist. Besonders charakteristisch berichtet sie uns Baker von den arabischen Weibern. Frauen, die der Niederkunft entgegensehen, kriechen einem recht starken Kamel zwischen Vorder- und Hinterbeinen hindurch, in dem Glauben, daß diese Handlung die Stärke des Tieres auf das Kind übertragen würde. Nimmt man an, daß unser Knochenstück einem derartigen Zauber diente, dann wäre schon dadurch die mächtige Darstellung des Renntiers — es soll ein recht starkes sein — erklärt. Die Sitte des Durchkriechens und Durchziehens zwischen Tieren oder durch Höhlungen in Steinen und Pflanzen ist, wie gesagt, ebenso alt als verbreitet. Im wesentlichen liegt der Sitte die Idee zugrunde, daß das Leben der Menschen innig verknüpft ist mit einem Baume, einem Steine usw.

Den zweiten weiblichen Typus führt uns Abb. 205 vor. Ein kleines weibliches Köpfchen ist uns erhalten, bei dem wir annehmen dürfen, daß bereits ein Schmuckmotiv, nämlich ein Häubchen aus Muscheln oder Schnecken, dargestellt sein soll. Von besonderem Interesse ist nun, daß man schon in jener Frühzeit dazu gelangte, die naturalistische Wiedergabe des menschlichen Körpers in eine ornamentale aufzulösen.

Weiterhin ist nun für uns die eigenartige *Felsenmalerei von Cogul* (Spanien) besonders wertvoll (vgl. Zeichn. XX). Der Mangel an völkerkundlichen Kenntnissen einerseits und die daraus entspringende Unmöglichkeit, das geistige Leben bestimmter Kulturgruppen zu beurteilen, ließ wieder die sonderbarsten Deutungen hervorgehen. Vor allem muß man auf das fortwährende Suchen nach „Göttergestalten" dort verzichten, wo keine oder nahezu keine vorhanden waren. Man kann vielleicht mit Recht sagen, daß dort, wo ein Pantheon in der Literatur vorliegt, der Zersetzungsprozeß der Volksreligion schon begonnen hat, und man kann andrerseits behaupten, daß unsere ganze Sagenwelt auf irgendwelche tatsächlichen Vorgänge der Vorzeit zurückgeht. Es geht nicht an, daß man die

Abb 188. Betsimisarakamädchen beim Mattenflechten.

Nach Weule.

Abb. 189. Windschirm als Wohnung der Panis (Südamerika).

Nach Prinz v. Wied.

Abb. 191. Mädchen bei der Kawabereitung (Samoa).
Nach Kramer.

Abb. 192. Karolinenweiber im Tanzschmuck.

Abb. 190. Frau der Waankole mit Tochter, Bananen tragend.

Abb. 193. Siamesin säugt jungen Elefanten.

Nach Sokolowski.

Abb. 194. Taulipang-Indianerin mit zahmem Reh (Roroima).

Abb. 195. Ainuweib säugt jungen Bären.

Abb. 196. Lepanto-Igorotenweiber, webend.

Abb. 197. Tanz der Puris.

kleine männliche Figur zu einem Idol macht, um das Frauen einen Tanz ausführen, d. h. es sozusagen göttlich verehren; es geht auch nicht an, weil an
diesem Figürchen ein männlicher Geschlechtsteil sichtbar ist, sofort von Phallus-
dienst zu sprechen; besonders originell ist aber, wenn der Archäologe Lange die
Hypothese aufstellt, daß diese Gestalt nicht sowohl einen lebenden Mann als
einen phallischen Götzen (!!) darstellen soll, und H. Schoen diese Erklärung als
die bis jetzt befriedigendste bezeichnet und dann weiterfährt, „das Bild wäre
also wohl das älteste heute bekannte Zeugnis" des Phallusdienstes. Zunächst
fällt auf, daß einige Teile des Bildes (bei uns nicht ausgefüllt) mit roter Farbe
gemalt sind; da nun über dem Bilde (in unserer Darstellung nicht wiedergegeben)
eine rotgemalte Herde und darüber ebenfalls in Rot eine Figur dargestellt ist,
könnte man sagen, die roten Figuren und die schwarzen sind nicht gleichzeitig,
mit anderen Worten, die Gruppe, die in unserem Bilde dargestellt ist, gehört
nicht zusammen. Aber gerade in diesem Bilde ist dieser Schluß äußerst unwahrscheinlich. Betrachten wir von links die dritte Figur, so sehen wir, daß der
Künstler gleichzeitig über rote und schwarze Farbe verfügte, ebenso bei der
dritten Figur von rechts, bei der nur die Beine rot sind. Es mag sein, wie
Breuil und Obermaier vermuten, daß die Tiergruppen selbst einer älteren
Zeit angehören, die stilisierten Figuren aber scheinen zusammenzugehören,
eine Meinung, die auch Obermaier zu vertreten scheint, wenn er sagt:
„Die dortigen Hirsche, Capriden und Rinder reihen sich nach Stil und Ausführung entschieden an das nordspanische Quartär an", dazwischen befinden
sich aber stilisierte Figuren, die einen jüngeren Eindruck machen, einige direkte
Jagdgruppen und eine Art Tanzszene, und dann sagt: „Die diluviale Felsmalerei von Cogul (Spanien) gibt einen Reigen wieder, den neun Frauen mit
bloßem Oberkörper und langen Röcken um einen unbekleideten Mann auf-
führen." Sind aber die Figuren des von uns dargestellten Ausschnittes gleichzeitig, dann haben wir ohne jeden Zweifel eine Szene vor uns, die einen bestimmten Vorgang, eine Zeremonie darstellt. Nun erkennen wir zunächst weiter,
daß von den neun „weiblichen" Figuren eine kleiner dargestellt ist als die
anderen, ohne daß äußere Gründe dazu zwingen; ebenso ist die männliche Figur
kleiner dargestellt; es handelt sich also anscheinend auch nicht um einen „erotischen" Tanz, der um einen nackten Mann aufgeführt wird, sondern die beiden

kleinen Figuren dürften Kinder sein. Bei der männlichen Figur erkennen wir, daß sie um die Beine einen Schmuck trägt. Weiter fällt aber die vierte (von links) auf, die ganz rot gemalt ist. Sie ist deutlich und scharf verschieden gezeichnet von den anderen Frauenfiguren, sie erweckt überhaupt nicht den Eindruck einer menschlichen Figur, sondern einer Puppe, ja es sieht sogar so aus, als ob diese „Puppe" von der anderen Figur getragen wird. Damit würden wir auf die Darstellung einer jener oft übermenschengroßen Masken kommen, wie sie bei vielen Naturvölkern vorkommen und sich in ihren Ausläufern (z. B. in den Perchtentänzen) bis in die moderne Zeit erhalten haben. Bei den Australiern spielen sie eine größere Rolle. Ebenso werden derartige hohe, einem Aufsatz ähnliche Puppen bei den verschiedenartigsten anderen Zeremonien noch heute verwendet (Stabausfeste am Mittelrhein). Wir können also annehmen, daß irgendeine Zauberzeremonie vorliegt. Betrachten wir nun Zauberzeremonien bei Naturvölkern, bei denen ein junger Mann und Frauen im Vordergrund stehen, dann kommen wir zur *Geschlechtsreifezeremonie.* Wie wir schon schilderten, befinden sich die Knaben vielfach bis zur Geschlechtsreife in der Erziehung der Weiber. Mit der Geschlechtsreife scheiden sie aus diesem Kreise und treten in die Männergesellschaften. Solche Übertritte von einem Kreis in den andern pflegen Naturvölker durch bestimmte Zeremonien zu betätigen, und so setzen sich auch die Reifezeremonien teilweise zusammen aus Austritts- und Eintrittszeremonien. Es liegt nahe, daß wir hier die Austrittszeremonien aus dem Kreise der Frauen vor uns haben. Es interessiert uns aber an diesem Frauenbild auch die Tracht, die man zunächst für jene ferne Zeit nicht erwarten würde, und die Gesamtdarstellung überhaupt, d. h. die eigentümlichen Hängebrüste. Wir finden diese nämlich in der Kunst der heutigen Buschleute wieder.

Darstellung des Weibes in der Kunst der heutigen Naturvölker

Wenn wir die vorgeschichtliche Zeit so ausführlich behandelt haben, geschah es, weil wir eine von Kulturvölkern gänzlich unbeeinflußte künstlerische Darstellung vor uns hatten und dabei zugleich eine Reihe von Erkenntnismaterial für unsere vorausgehende Schilderung bekommen haben. Ganz in ähnlicher Weise behandelt die Plastik der heutigen Naturvölker das Weib. Die Darstellung beginnt im

Kunstgewerbe, wo man *Gefäßen* Formen gibt, die auf weibliche Teile anspielen, oder Gebrauchsgegenstände, auch *Architekturteile,* mit weiblichen Formen und Gestalten versieht. Selbständige *Plastik* ist ja nicht überall gleichmäßig verbreitet, zum Teil finden wir bei Naturvölkern sehr merkwürdige Dinge künstlerischer Darstellung. Die künstlerische Darstellung in *Afrika* zeigt das Bild 219 (bei der besonders die Verlängerung der kleinen Geschlechtslippen und die Narbentatauierung gut wiedergegeben ist), 206 eine stillende Mutter von allerdings sehr moderner Arbeit mit Fußringen, 208 Mutter und Kind (Yoruba), dann die originelle Doppelgruppe von Mann und Weib, Abb. 204. Die afrikanische Kunst erhob sich aber auch zu ganz auffälligen Leistungen, so gehört dazu die schöne Steatitfigur des Brit. Museums aus Mendiland (Sierra Leone) (Abb. 215). Dann vor allem die *Beninkunst,* von der wir in Abb. 93 ein prächtiges Beispiel geben. Freilich kann man hier und noch mehr bei den prachtvollen Funden von Leo Frobenius aus dem Nigergebiet nicht mehr von einer Kunst der Naturvölker sprechen. Es müssen hier fremde Einflüsse irgendeiner Art gewirkt haben, wenn sie auch heute noch nicht restlos geklärt sind. Aus dem südlichen *Asien* seien die beiden kleinen Figürchen der Insel Letti (Abb. 218) gegeben, deren eines weiblich ist. Im allgemeinen ist Asien für eine Betrachtung der Kunst der Naturvölker kaum zu benutzen, da hier alles durch die großen Kulturzentren beeinflußt ist. Dagegen bietet die *Südsee* reichliches Material, bei dem freilich ein Einfluß von Asien her stellenweise sicherlich auch anzunehmen ist. So zeigt Abb. 207 eine Frau mit Kind vom Jünglingsschlafhaus von Kordo (jetzt im Dresdener Museum). Abb. 212 bietet einen weiblichen Hausgott der Frauen, der bei religiösen Zeremonien auf dem Arm getragen wird, und rechts eine in der Südsee häufige Erscheinung, auf die wir hier aber, als aus unserm speziellen Rahmen fallend, nicht näher eingehen können; es ist ein zweigeschlechtlicher Hausgott; beide von der Osterinsel. Es sind ebenso schon Arbeiten, die der späteren Besiedlungsschicht der Osterinsel angehören. Zu einer ganz prächtigen und eigenartigen Entwicklung gelangte aber die Kunst der Maori (der Bewohner von Neu-Seeland). Besonders jene Figuren, die zum Schmucke der Männerhäuser dienten, zeigen eine hohe Kunstentwicklung, die man wohl der Hauptsache nach als bodenständig ansprechen muß. So zeigt Abb. 214 zwei Pfeiler und Abb. 213 einen Pfeiler von der Veranda einer Pataka, der in charakteristischer Weise eine Beiwohnungsszene darstellt. Diese drei prächtigen Stücke befinden sich im Museum zu Auckland. Bei den amerikanischen Naturvölkern ist die plastische Kunst nicht zu dieser Höhe gelangt, allerdings bringt Nordamerika, besonders der Nordwesten, sehr schöne Ansätze (vgl. Abb. 217, die die verschiedenste Form zeigt). Abb. 211 zeigt eine hübsche weibliche Katschinafigur der Tusayanindianer; sie stellt das Schálakomana oder Kornmädchen dar und wird beim Palükükontifest verwendet. Recht auffällig sind auch die Tonfigürchen aus Südamerika, die Ehrenreich und andere mitbrachten; sie stehen ganz vereinzelt und zeigen verhältnismäßig recht gute Darstellungen vom Weibe. (Vgl. Abb. 217, Fig. 5 und 6.)

Die *Malerei* tritt hinter die Plastik zurück, und es ist sehr auffällig, daß sie gerade dort vorkommt, wo die Plastik fehlt. So bemalen die nordwestamerikanischen Indianer ihre Zelte mit allerlei Darstellungen, unter denen auch das Weib vertreten ist; freilich streifen alle diese Bilder stark an die Bilderschrift. Einzelne Handzeichnungen haben europäische Reisende durch eingeborene Indianerstämme sich fertigen lassen, unter denen die von Koch-Grünberg besonders wertvoll sind. Die charakteristischsten Maler unter den Naturvölkern sind aber die Australier und die Buschmänner.

Darstellung des Weibes in der Literatur der heutigen Naturvölker

Die *Literatur* der Naturvölker beschäftigt sich aber dafür um so lieber mit ihm. Besser als Worte mögen das einige Proben zeigen. So besingt der Altaische Jüngling nach Radloff sein Mädchen:

„Was ist Wertvolles im Walde?	Der da rupft das weiße Kraut,
Wertvoll ist der schöne Zobel.	Weißer Schimmel, sag', wo bist du?
Was ist Wertvolles beim Volke?	Deren Haar im Nacken gelb ist,
's ist das Mädchen mit sechs Zöpfen.	Bräutchen, sage mir, wo bist du?
Was ist Wertvolles im Walde?	Der da rupft das blaue Kraut,
's ist der Zobel, der vierfüß'ge.	Blauer Schimmel, sag', wo bist du?
Was ist Wertvolles im Volke?	Deren Haar im Nacken schwarz ist,
's ist das Mädchen mit vier Zöpfen.	Bräutchen, sage mir, wo bist du?"

Der Hottentottenjüngling ist etwas derber:

„Meine Löwin,
Bist du ängstlich, daß ich dich behexen
    will?
Du melkest die Kuh mit fleischiger
    Hand,
Beiße mich!
Gieße für mich (d. h. Milch ein).
Meine Löwin,
Du Tochter eines großen Mannes!“

Vielsagender dichten wieder die Hausaneger:

„Mabruka, Tochter unseres Lands,
Mit Augen voller Sternenglanz!
Ich ging bis nach Ghadámes,
Ich wanderte nach Algier,
Ich wanderte nach Bona
Und werbe um Mabruka,
Ich wanderte nach Trables
Und werbe um Mabruka,
Ich ging bis nach Ägypten,
Und werbe um Mabruka,
Mabruka, mein Fleisch und Blut,
Mein Herz, ich bin dir gut!
Mein Herz ist krank geworden
Um der Mabruka willen.
Verkauf’ deine Kamele,
Verkaufe deine Schafe,
Verkaufe deine Knaben
Zum Kaufpreis für Mabruka.
Du Herr von Land und Herden,
Soll ich dein eigen werden,
Schaff’ ich dir viele Mühe.
Du mußt mir tausend bringen,
Für hundert gibt’s keine Mabruka.
Mabruka ist ein Kamelweib
Mit ihrem schlanken Halse.
Ihre Zähne gleichen dem Golde,
Ihre Hände sind von Golde,
Ihr Fingerring von Golde,
Ihr Arm ist schlank wie ein Stab.
Ihre Nase gleicht der Rose,
Ihr Angesicht dem Spiegel,
Ihre Füße sind hennarot.
Ihre Schuhe sind von Golde,
Ihr Kopftuch ist von Golde,
Dem Golde gleicht ihr Haar,
Ihr Hüfttuch ist mit Silber gestickt,
Ihr Hemde ganz mit Silber gestickt,
Ihre Hosen sind aus Seide.
Ihr Haar macht einen Sessel,
Ihre Brüste sind wie ein silbern Ge-
    fäß —
Betrachte ihren Busen,
Er blendet dir die Augen!
Schau nur ihre Gestalt,
Sie wiegt sich gleich dem Rohrhalm!
O falle nicht! Du gibst nicht acht
Und läßt mich einsam weinen.“

(Rudolf Prietze.)

Ein anderes Liedchen, indem ein betrogener Liebhaber spottet und schimpft,
führt Thurnwald an:

Du ungewaschene Schnauze!

Wenn du mich nicht wolltest,

Warum sagtest du denn,

Ich sollte dir eine Schnur roten Muschelscheibchen-Geldes geben?

Du warst stumm geblieben,

Als ich dir die Schnur roten Muschelscheibchen-Geldes gab.

Du hattest sie genommen.

Nach deinem Dorf hast du gebracht, was mir gehörte.

Ich, der junge Papagei[1]),

Ich habe mich erzürnt und gesagt:

Ich wäre es schon so zufrieden gewesen!

(Wenn du einen anderen genommen hättest.)

Wie, dein Vater

Er fordert für dich zweihundert Faden[2]) abuta-Muschelgeld!

Das nennt er den Kaufpreis für dich!

Du bist ja schon alt

Wie ein Opossum!

Kommt, hört doch!

Meine Gesippen!

Ihr, die ihr alle zu den Häuptlingen gehört!

Sagt es denen drüben:

Nach Kagabauku zu gehen (nach des Mädchens Dorf)

Fällt mir nicht ein!

Es ist ja unverkennlich, daß dieses Gedicht starke *arabische Einschläge* zeigt, aber immerhin bringt es noch recht viel, was aus dem ursprünglichen Ideenkreis der Neger selbst stammt.

Wie im Liede, so erscheint das Weib auch im *Märchen und Sage*. Auch hier mögen ein paar Beispiele genügen. Vor allem ein *zentralaustralisches Märchen:*

---

[1]) So nennt sich der Dichter selbst.

[2]) Man bezahlt 100—200 Faden abuta-Muschelgeld für ein Mädchen. Ein mittelgroßes Schwein kostet 20—30 Faden.

Kareba und Lulyunja

Zwei Schwestern gingen miteinander nach Jalka (Zwiebeln). Die jüngere Schwester fragte die ältere: „Schwester, Schwester, wo ist Wasser?" — „Nach Wasser gehe jenseits zum geschlängelten Bach." Da ging die jüngere Schwester hin. Sie legte sich auf die Erde, trank Wasser und schöpfte die Mulde voll, um sie ihrer Schwester zurückzubringen. Während sie Wasser trank, kam der Teufel, um mit ihr zu huren. Sie warf die Mulde weg und entfloh dem Teufel. „O Schwester, komm! Der Teufel ist zu mir gekommen. Nachdem er mich geschlagen hat, wird er mich essen wollen." Der Teufel mit der haarigen Nase verfolgte sie. Sie rief ihrer Schwester laut zu: „Schwester, Schwester, komm schnell! Der Teufel könnte mich hauen." Die ältere Schwester antwortete: „Mädchen, komm schnell! Der Teufel möchte dich sehr schlagen." Der Leib des Mädchens war rot, der ihrer Schwester auch. Als der Teufel das Mädchen am Arm faßte, fürchtete es sich, wurde zornig, lief aus Furcht, stieß ihn mit den Ellbogen und rannte aus Furcht zur älteren Schwester hin. Ihre Schwester nahm den langen Frauenstock, schlenkerte fortwährend die Beine und riß ihre jüngere Schwester weg. Da floh der Teufel. Die Frau verfolgte ihn, verfolgte ihn sehr. Der Teufel lief sehr aus Furcht. Sie verfolgte ihn immerdar. Da machte sie den Teufel matt. Er wurde müde. Die Frau kam nahe, sie machte den Teufel schwach. Da sagte die Frau: „Du versöhne mich!" Der Teufel warf sie mit dem Speer. Die Frau bückte sich, so daß der Speer weithin flog. Da nahm die Frau ihren Stock, schlug ihn und vernichtete ihn. Die Frau schlug ihn sehr schnell. Der Teufel schlug die Frau mit dem Wurfbrett wieder. Sie schlugen beide immerfort. Da ging das Wurfbrett in Stücke, während der Stock der Frau ganz blieb. Die Frau schlug ihn ins Genick. Die jüngere Schwester stand immer entfernt davon. Obschon er im Genick sehr stark war, fiel er tot nieder. Da kehrte die Frau mit ihrer älteren Schwester heim.

(W. Planert.)

Diese Märchen sind, abgesehen von ihrem literarischen Wert, oft auch sehr bedeutungsvoll wegen der darin enthaltenen kulturellen und völkerpsychologischen Momente.

So streift das nachfolgende, von Parkinson in seinem wertvollen Werke „Dreißig Jahre in der *Südsee*" mitgeteilte, das Amazonenmotiv:

Eines Tages gewahrte Tolangabuturu eine Taube. Er folgte derselben von Baum zu Baum und versuchte, sie zu ergreifen, aber stets entwich sie seinen Griffen. Schließlich flog sie über See, und Tolangabuturu setzte sich in seinen Kahn und verfolgte sie. Nach langer Fahrt gelangte er nach einer Insel und fand, daß dieselbe ausschließlich von Weibern bewohnt war. Dies kam ihm nicht geheuer vor, und er stieg auf einen Baum, um sich zu verstecken. Doch der Schatten des Baumes fiel auf eine Quelle, und als eine der Frauen an dieselbe Stelle kam, gewahrte sie das Schattenbild des Tolangabuturu und entdeckte seinen Aufenthalt. Er gefiel ihr auf den ersten Blick, und um ihn für sich allein zu behalten, holte sie aus freien Stücken Wasser für die übrigen Weiber, damit diese keine Gelegenheit fänden, den Schatz zu entdecken. Als nun alle Weiber fortgingen, um sich am Strande mit den Schildkröten zu verlustieren, schlich sich das Weib an den Baum und hieß den Tolangabuturu herabkommen. Sie nahm ihn nach ihrer Hütte und versteckte ihn dort, aber endlich entdeckten die übrigen seine Anwesenheit, und nun wollte eine jede den neuen Ankömmling haben. Dies war die Veranlassung zu großem Streit und Hader, denn die erste Finderin betrachtete den Tolangabuturu als ihr ausschließliches Eigentum; aber schließlich einigte man sich, und er wurde das Allgemeingut der Weiber, die ihn nun bis zu seinem Ende aufs sorgfältigste pflegten.

Aber auch die Überlieferungen der Eingeborenen haben für uns oft sehr großen Wert, besonders im *polynesischen Gebiet,* da alle Polynesier in hohem Grade die Eigenschaft haben, alte Traditionen zu bewahren. So wurde Parkinson in Liueniua von der der Insel Nukumanu benachbarten Insel Ongtong Java erzählt: „Lolo wohnte auf dem Meeresgrund und baute von dort aus die Korallenriffe empor. Während dieses Stadiums kam abermals ein Kanoe daher, welches vier Insassen enthielt, drei Männer und eine Frau. Lolo, dem sich vorher zwei Genossen zugesellt hatten, Keui und Puapua, wollte die Fremdlinge nicht landen lassen und befahl ihnen, mit ihrem Kanoe am Strande zu bleiben. Aber die Angekommenen baten und flehten und versprachen dem Lolo, sie würden ihn viele neue Sachen lehren, welche ihm und seiner Insel zu großem Vorteil gereichen würden, so daß Lolo sich schließlich erweichen ließ und ihnen Erlaubnis gab, seine Insel zu betreten. Die im Kanoe angekommenen Männer hießen Ame le

Abb. 198. Duell zwischen australischen Frauen (mit Grabstock).
Nach Buschan.

Abb. 199. Die Baducca in S. Paulo.
Nach Spix und Martius.

Abb. 200. Talamanca-Indianerweiber (Mittelamerika)
Feldfrüchte tragend.

Abb. 201. Burätische Schamanin.

Abb. 202. Junge Samoanerin im Tanzkostüm.
Nach Berger.

Abb. 203. Nubische Tänzerin.
Buchta-Album

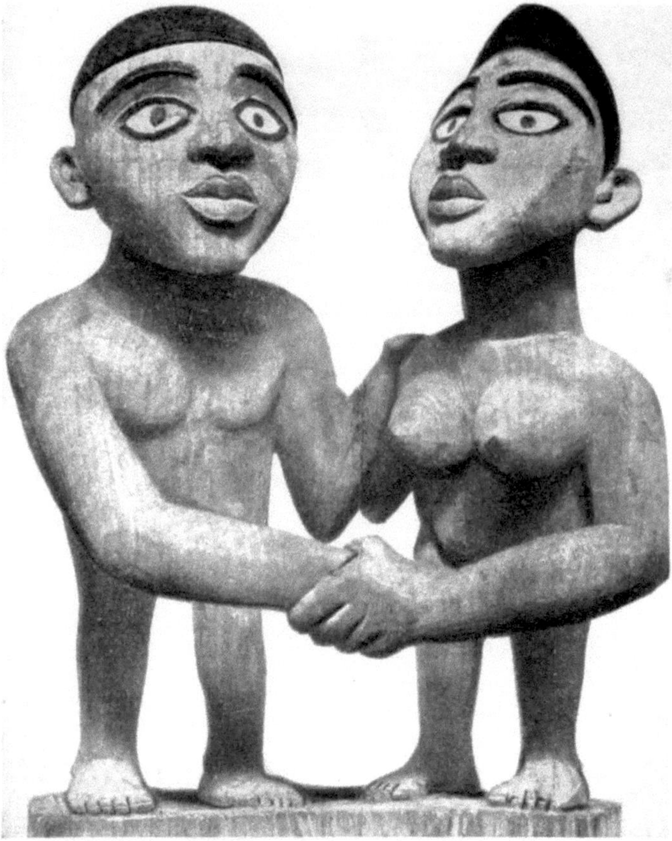

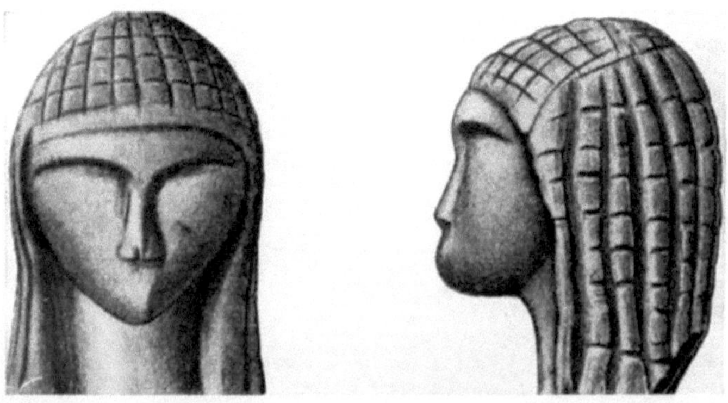

Abb. 204. Mann und Weib. Holzschnitzerei aus Bomo (Afrika).
Ethn. Museum, Leiden. Nach Stratz.

Abb. 205. Weibliches Elfenbeinköpfchen aus Brassempouy.
Nach Hoernes.

Abb. 206. Stillendes Weib.
Museum f. Völkerkunde, Berlin.

Abb. 207.
Mutter und Kind.
Figur vom Jünglings-
schlafhaus zu Kordo.

Abb. 208. Frauenfigur mit Kind
(Yoruba, Afrika).
Museum f. Völkerkunde, Berlin.

Abb. 209. Schwangere Frau unter dem Renntier.
Nach Piette.

Abb. 211. Katschinafigur
der Tusayan, darstellend
das Maismädchen
Schalakomana.

Abb. 210. Kopfschmuck (Belu
belu) einer Tänzerin aus Goron-
talo (Nord-Celebes).

Museum f. Völkerkunde, Dresden.

Abb. 212. Moi-Figuren.
Links: Weiblicher Hausgott der Frauen, bei
religiösen Festen am Arm getragen. Rechts:
Zweigeschlechtlicher Hausgott
(Osterinsel: Hyäne-Expedition).
Museum f. Völkerkunde, Dresden.

Abb. 214. Geschnitzter Pilaster
(Maori).

Abb. 213. Mann und Weib. Geschnitzter
Pfeiler von einer Veranda (Maori).
Museum v. Auckland (Neuseeland)

Abb. 215. Weibliche Steatitfigur
aus Mendiland (Sierra Leone).

369

Abb. 216. Tanzstöcke der Weiber von St. Matthias (Südsee).

Nach Parkinson.

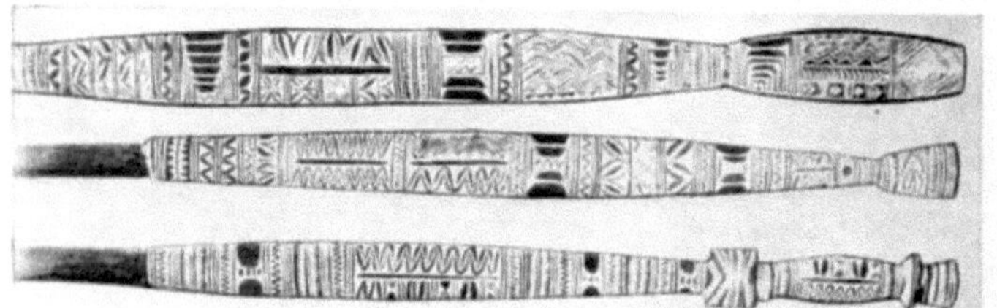

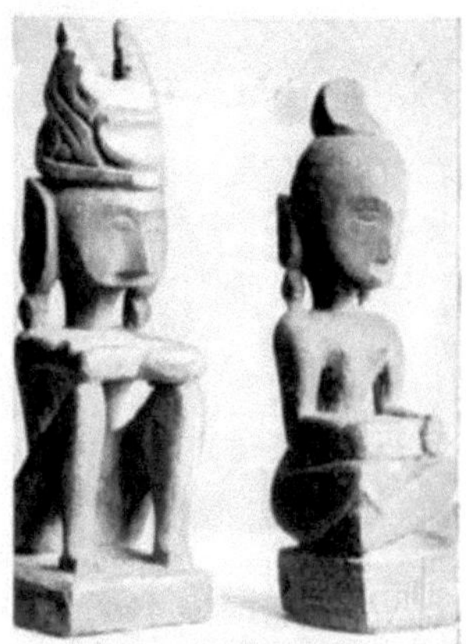

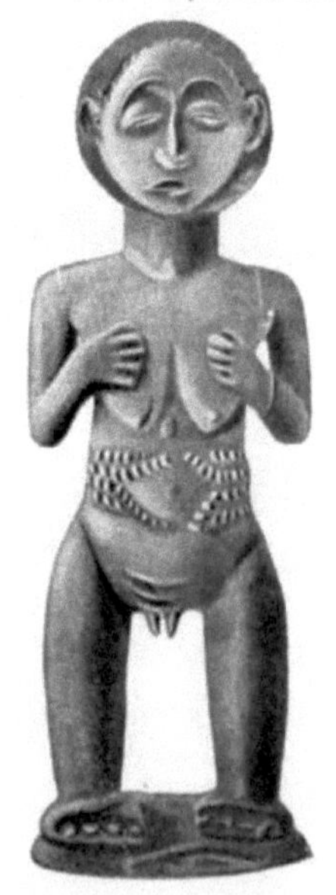

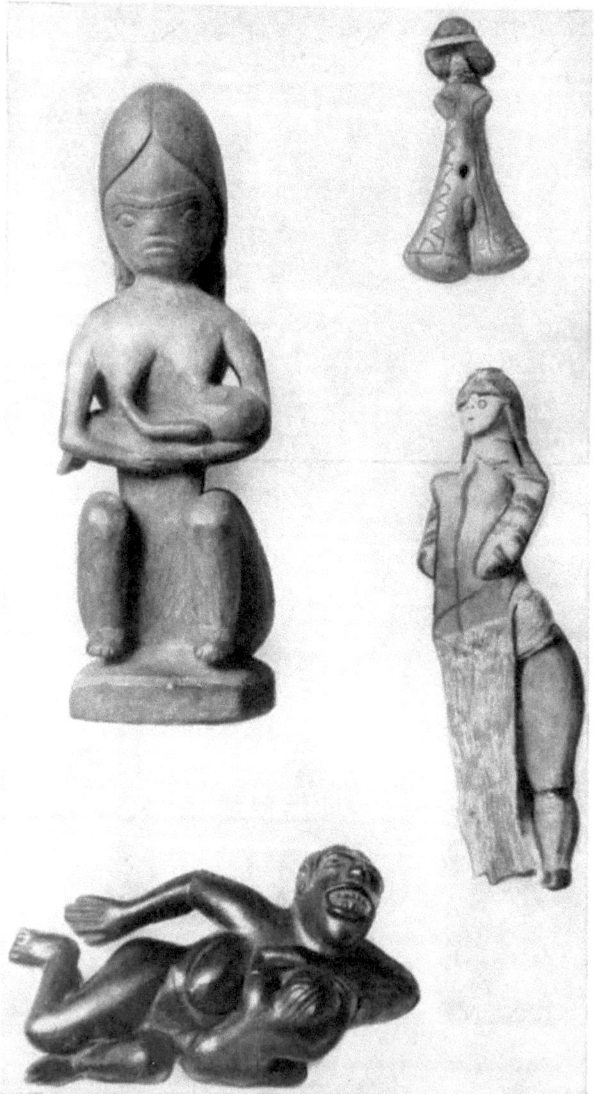

Abb. 217. Darstellung des Weibes in der Kunst der Naturvölker Amerikas.

Abb. 218. Holzidole der Insel Letti (Indonesien).

Abb. 219. Weibliche Holzfigur der Urua (Zentralafrika).

lago, Sapu und Kau, die Frau hieß Keruahine. Ihre Heimat war Makarama. Die Neuangekommenen hielten das gegebene Versprechen. Kau lehrte, durch Aneinanderreiben von zwei Hölzern Feuer zu erzeugen, was bisher unbekannt gewesen; auch zeigte er, wie man durch Feuer die Speisen bereiten könne, was ebenfalls vorher nicht bekannt war. Sapu brachte aus dem Kanoe Kokosnüsse herbei, welche er auf der Insel pflanzte und dadurch den Grund zu den heutigen Kokosbeständen legte. Ame le lago hatte Taropflanzen mitgebracht, und er mit Keruahine legte die erste Taropflanzung an. Keruahine führte auch das Tatauieren ein; Lolo streckte sich auf einer Matte aus und wurde von ihr mit den heute noch gangbaren Mustern tatauiert. Das Tatauieren wurde dadurch allgemein und ist bis zum heutigen Tage noch eine Verrichtung der Frauen. Ame le lago zeigte den Leuten auch, wie man auf einem Webstuhl Matten zur Bekleidung von Männern und Weibern anfertigen könne, und das Weben wird infolgedessen noch immer von den Männern verrichtet; nur der oberste Häuptling und seine Verwandten üben das Weben nicht aus. Lolo erwählte nach einiger Zeit Keruahine zu seiner Frau. Er erzürnte aber dadurch seine beiden Genossen, Keui und Puapua, welche ihrerseits ein Auge auf Keruahine hatten, und Puapua war so zornig, daß er die Inselgruppe ganz verließ und sich auf dem benachbarten Kikumanu (Nukumanu, Tasmaninseln) ansiedelte, wo er heute noch im Hare aiku verehrt wird. (In Nukumanu wird er Pau-Pau genannt.) Keui blieb allerdings auf der Insel, aber er zog nach dem unbewohnten Teil jenseits des Begräbnisplatzes Keave, wo er auf dem Platze Kelahu ein Haus baute. Zur Zeit Keruahines kam auch Kapu lau lagi aus Nuguria in einem Kanoe an. Nur nach langen Verhandlungen erlaubte man ihm zu landen unter der Bedingung, daß er für sich allein wohnen bliebe. Lolos und Keruahines Kinder waren Poho uru moro, eine Tochter, welche als Kind starb (ulu mole mole heißt auf samoanisch Kahlkopf), und ein Sohn, Kemagia."

Was uns hier besonders interessiert, ist, daß man annahm, daß die *Tatauierung weibliche Einführung* ist.

Sehr reich ist die Literatur unseres früheren *Samoa*, über das wir ein prächtiges Werk von A. Krämer ("Die Samoa-Inseln") besitzen, das reiche Beispiele gibt. Für uns ist hauptsächlich interessant die Erzählung von Pili, "der Eidechse". Die Samoaner betrachten besonders eine große schwarze Art mit großer Scheu.

Pili

Der Pili hat viele Namen: Pilitavae, Piliuli und Pilipa'u und Pilitaimagati.

Er kam herunter vom Himmel und langte in Lefaga an. Er setzte sich in das Badewasser Punafofoa; als Sina darauf baden ging, saß er in einer Höhle im Wasser. Da griff er unverschämt nach der Scham der Jungfrau, und das Mädchen wurde von dem Schwanz des Pili getroffen. Sie lief davon, aber Pili jagte ihr nach.

Hier ist ihr Klagen und dieses sein Lied (eigene Übersetzung):

Du Mädchen, du bist vorlaut, du willst hoch hinaus, rasch, mach zu, dein Blut leuchtet, niederrinnend, da bist unter deinem titi[1]) zu Tode getroffen.

Refrain: Du redest umsonst, ich bin unten traurig, meine Liebe und mein Sehnen, Mädchen, befriedige es.

Der Gesang des Pili

Pili saß im Wasser und horchte und schaute nach der Türe[2]), ob die Jungfrau wohl suche nach Fackelreisern, damit sie aus ihrer Türe leuchte. In heißer Gier griff er nach ihrem Schoß und schnappte mit dem Mund nach ihrem Blut. Er fing den Vogel und bekam ihn, den jungen. So bekam ihn Sina zum Manne, das Mädchen, das er entehrt hatte. Punafofoa heißt das Badewasser der Sina, lange saß sie dort auf einem Steine. Sina schaute und schaute, sie beobachtete den Dämon, den Häuptling in Gestalt eines Fisches; bewegungslos saß sie da. Sina weinte, sie schob mit den Füßen den Fisch weg, den es nach ihr gelüstete. (Pili sprach:) „Sina stehe, antworte, erfülle den Wunsch unserer Dorfschaft. Es erflehen Glück der Folasa und Fitiuta, dem Moilega und Le'ula[3]), dem Lefanoga und Tuimanu'a.

(Es erflehet Glück der Folasa und Fitiuta der Hoheit, und der Tuimanu'a für Moelega, und Le'ula für Tagaloa und Tuimanu'a. Sina lief weg in ihrer Angst nach Le'ula, daß es ihren Leib schütze.) Erhebe dich, Pili, ruft der laumagamaga[4]),

---

1) Ein Kleidungsstück, das um die Hüften liegt.
2) Eine Türe hat das Samoahaus zwar nicht, aber wenn alle Matten heruntergelassen sind bis auf eine, dann ist doch eine Türe da.
3) Le'ula ist ein ehemaliges Inlanddorf hinter Tau, wo Moilega lebte.
4) laumagamaga ein Farn.

komm her und laß uns zusammen speisen. Der Pili aber, das Tier, wartet, um sie von seinem Versteck aus zu erledigen. Pili kriecht herum, stetig herum, sie lachen über ihn; doch wie der Sturmwind weht sein Begehren, er vergißt die Schamhaftigkeit der Sina. „Sina'), besetzt bist du unten von einem Häuptling, wenn Pili kommt, breite feine Matten aus. Wenn aber Pili den Tag arbeitslos draußen zubringt und nicht ins Haus kommt, dann breite nur gewöhnliche Matten aus." (Pili:) „Pulele'i'ite²), Sina ist im Königshaus; sie kam ärgerlich hierher; ihre Schwangerschaftszeit habe ich berechnet, ich habe vier bis fünf Monate gezählt. Sina soll nicht mehr mit einem Manne schlafen, es ist nicht gewiß, ob sie gesund bleiben wird, oder ob sie den Geburtsmonat noch erlebt. Pulele'i'ite, schreite du nicht über sie, weil Sina auf ein Kind wartet; ihr sollt jedes seinen Bambuskopfschemel und jedes seine Matten haben³); wenn sie aber gebärt, dann sprich zu Sina deine Worte, und ihr beide seid verbunden. Die Ursache, wie das Kind ins Haus kam⁴), ist unser Zusammenschlafen. Darum, wenn Sina ein Mädchen gebiert, dann sollst du, Pule'i'ite, einen Namen ihrer Tochter geben, wenn sie aber einen Sohn bekommt, dann berichte es Fagaapiapi, dem Sohn der Sa Pilimatavave⁵); ich aber will hinabsteigen nach Afaasi, dort will ich bleiben, Glück erflehend. Verkünde von dem Fischnetz des Pililagi, daß keiner es mißbrauche zum Fischfang der Sapilitaimatagi. Glühe, du Morgenröte, glühe nur zu, du Morgenröte des Pilipa'u. Fitiuta machte Lärm zum Fono trommelnd; traurig sind die Fischer, die draußen vor dem Riff nach den Fischkörben tauchen müssen. O!"

Bis hierher reicht die eine Handschrift aus Manu'a. Getrennt davon erhielt ich diesen Teil der Fortsetzung, der sich aus einer Manu'a- und Tutuila-Handschrift zusammensetzt.

Pega und Pega, ihre Eltern, werfen das Wasserloch zu⁶), der Boden, der Quelle

---

¹) So spricht wohl die Familie.

²) Pulele'i'ite Sohn des Sasa'umaani. Er hatte Sina geheiratet. Ärgerlich, weil sie durch Pili schwanger wurde. Das Königshaus, ihr Vaterhaus.

³) Nicht eine Matte und einen Kopfschemel zusammen.

⁴) Pili gibt bekannt, daß er der Vater des Kindes der Sina ist.

⁵) Das Kind wurde ein Knabe und hieß Pilia'au, auch Piliopo, auch Pilitavave.

⁶) Die Eltern der Sina werfen auf den Wunsch der Sina das Wasserloch Punafofoa zu, in dem sie entehrt wurde.

entleert sich nach Fitiuta. Pili sitzt in ihr, um sie einzubrechen. Schwarzer Pili, du klettertest heran und verschlangst Häuptlingssachen.

Bis hierher reicht die Manu'a-Handschrift. Das Folgende bis dorthin stammt zumeist aus Tutuila.

Sina ging dann im Zorn weg, als sie im Wasser gebadet hatte, und war ärgerlich wegen ihres Schosses. Pulea, Puleale'i'ite[1]), gebrauche eine List, breite auf den Weg feine Matten und gute Schlafmatten aus, damit der Dämon darauf komme. Pili, komm' ins Haus herein, die Matten sind ausgebreitet. Sina kann nicht mit einem Manne schlafen, sie hat ihre Niederkunft noch nicht erreicht. Pulea, Puleale'i'ite, gib mir gute Antwort, bewillkommne den Pili im Haus. Sina schläft nicht auf schnell ausgebreiteten Matten, der Kopfschemel der Sina ist lang wie ein Tragestock, das Kopfpolster der Sina ist kein einschläfriger Kopfschemel, und Sina schläft nicht auf aufgehäuften Matten. Pulea, Puleale'i'ite, frischgewaschen war Sina, als sie ihre Familie begründeten, aber zornig ging der Dämon davon.

Dieser und der folgende Vers fanden sich in der Handschrift von Olosega, aber nicht in den beiden andern.

Wenn die Frau von einem Knaben genest, sage es mir, daß er meinen Fischfang betreibe, ich weile in Olosisiga und will ihm den Titel bringen, aber Pili lehnt im Zorne ab, der in Oloie wohnt, wenn eine Tochter geboren wird. Sina komme ins Haus, daß ich meine Bestimmung treffe, wenn du uns beiden einen Knaben gebärst, so heiße er Toalepai. Uluao und Taufaipupu, ihr seid die Eltern des Pilipa'u, deine Herrschaft ist in Ulu[2]). Es bricht hervor ein Platzregen und ein Regenschauer, wenn es viel regnet, süßt das Meer aus; es bricht hervor ein Platzregen und ein Regenschauer und ein sehr schnell strömender Regen[3]), wenn der Regen andauert, süßt das Meer aus. Unser Wille ist Gesetz, so sind wir, wenn eine Kokospflanzung verlassen ist, so gehen wir hinein. Tutuila und Vatia, dort lebte Pili mit seinen Titeln[4]), und es grollte das ganze Amoa und der

---

[1]) Hier in den Tutuila-Versen ist Puleale'i'ite verzeichnet, während sonst allgemein Pulele'i'ite gesagt wird.

[2]) Ulu scheint ein Land auf Tau zu sein.

[3]) Dieser und der folgende Vers wollen sagen, daß die starke natürliche Leidenschaft keine Hindernisse kennt.

[4]) Pili erhielt überall die höchsten Titel.

Westen von Amoa. Fasito'outa und Fasio'otai[1]), Pili kam zu euch gereist. Aber nur Nachkommen habt ihr von ihm, der erste Ahne war Sina, die im Wasser war. Fasito'outa und Fasito'otai, lasset doch das Streiten mit uns, ihr habt darüber keine Stimme, kein Pili erstand bei euch, er erstand in Manu'a der Pilimoevai[2]), und Piliopo[3]) folgte ihm; nutzlos streitet unser Manu'a, denn Pili erstand in Fitiuta. O!!

Überaus reich ist der Märchenkreis *Amerikas*[4]). Leider ist die vielversprechende Sammlung „Nordamerikanische Märchen"[5]) von Krickeberg noch nicht erschienen. Sie wird wohl bald nach Erscheinen dieses Werkes herauskommen, und wir möchten unsere Leser darauf verweisen, da wir besonders wertvolles Material erwarten dürfen. Eine geradezu erstaunliche Menge von Material für unsere Zwecke ergeben die Indianermärchen aus Südamerika von Th. Koch-Grünberg. So zeigt uns das folgende Märchen einen Einblick in das Verwandtschaftssystem. Die Indianer reden jedes jüngere Mädchen ihres Stammes mit „Schwester" oder „Base", jeden älteren Mann ihres Stammes mit „Onkel" an. Wir sehen hier auch den oben behandelten Fall, daß der Schwiegersohn mit seiner ganzen Habe in das Haus der Schwiegereltern übersiedelt und nach Geburt des ersten Kindes als vollberechtigtes Glied der Familie seiner *Frau* angehört, womit auch die Ehe erst gültig wird.

Die Zauberrasseln

Eines Tages ging ein Mann mit seiner Frau und seinen zwei Söhnen in das benachbarte Dorf, um an einem Trinkfest teilzunehmen. Ihre beiden Töchter blie-

---

[1]) Die beiden Dorfschaften in Aana nahmen Pili für sich in Anspruch, weil Pili die hier wohnende Tochter des Tuiaana Tava'etele freite.

[2]) Pilimoevai heißt Pili im Wasser den Beischlaf ausübend; er ist der Pilipa'u.

[3]) Piliopo, der durch diese Umarmung entstand. Pili; opoga das Paaren der Schildkröten (Pratt).

[4]) Wir entnehmen hier einzelne der prächtigen Märchensammlung, die in vielen Bänden im Verlag von Eug. Diederichs in Jena erschien. Wir möchten unsere Leser auf dieses Werk besonders aufmerksam machen, und zwar in erster Linie auf die Naturvölker behandelnde Bände: Südseemärchen von P. Hambruch 1921, Indianermärchen aus Südamerika von Th. Koch-Grünberg 1920, Afrikanische Märchen von Carl Meinhof 1921 und Malaiische Märchen von P. Hambruch 1922, deren Lektüre eine wertvolle Ergänzung unserer Darstellung gibt.

[5]) Inzwischen bereits erschienen.

ben zu Hause und bereiteten Kaschiri. Als sie nun zum Bache hinunterschlenderten, um Wasser zu holen, hörten sie einen eigenartigen Schrei. Es war Siwara, der Waldgeist, der sie absichtlich irreführte, indem er den Schrei eines großen Habichts nachahmte. Sie forderten den Habicht in der üblichen Weise heraus, indem sie riefen: „Schreie nicht, sondern zeige dich und töte etwas für uns!" Sie sahen nichts und hörten nichts weiter. Als sie wieder zu Hause waren und sich eine Weile ausgeruht hatten, näherte sich ein junger Mann dem Hause. Er begrüßte sie mit „Guten Tag, Basen!" und trat ein. „Wo sind eure Eltern?" fragte darauf der Fremde. Es war niemand anders als Siwara, welcher der Aufforderung, sich zu zeigen, gefolgt war. Die Mädchen erzählten ihm, daß die anderen alle fort seien zu einem Trinkfest, und boten ihm Kassawa und Getränk an. Nachdem er davon genossen hatte, sagte ihnen Siwara, sie sollten gehen und das Hokkohuhn hereinholen, das er ihnen mitgebracht hätte. Danach bat er sie, seine Hängematte hereinzubringen, da er die Nacht über dableiben wolle. Sie holten die Hängematte und hingen sie in dem Ende des Hauses auf, das am weitesten von ihrer Schlafstelle entfernt war. Da sagte er: „Fürchtet euch nicht! Ich werde euch nicht stören." Und er sprach wahr. Die Mädchen schliefen die ganze Nacht hindurch, ohne von ihm gestört zu werden. Früh am nächsten Morgen kehrte Siwara in den Wald zurück, aber bevor er Abschied nahm, verbot er ihnen, ihren Eltern von seinem Besuch zu erzählen. Nicht lange danach kamen die Eltern zurück. Als sie das geröstete Hokkohuhn sahen, riefen sie aus: „Wie seid ihr denn dazu gekommen?" Die Mädchen logen und sagten: „Wir sahen einen großen Habicht, der es erbeutet hatte, und nahmen es ihm weg." Nach und nach wurde das Hokkohuhn gekocht und gegessen, und als der alte Vater einen Bissen davon kaute, den er gerade aus dem Topf geholt hatte, biß er auf das Stück eines Blasrohrpfeils. Da wandte er sich an seine Töchter und fragte: „Wenn ein Habicht den Vogel tötete, wie kommt der Pfeil hinein?" Nun mußten sie gestehen, daß ihr Onkel ihnen das Hokkohuhn gebracht hätte. „Warum habt ihr das nicht gleich gesagt?" rief der Alte. „Warum ließet ihr mich nicht wissen, daß er euch besuchte, während wir fort waren? Geht gleich und ruft ihn herein!" Die Mädchen gingen hinaus und riefen: „Daku! Daku!" („Onkel! Onkel!"), und Siwara hörte sofort auf ihren Ruf. Als er eintrat, hieß ihn der Hausherr willkommen, und er setzte sich nieder auf den Schemel, der ihm angeboten wurde. „Danke, danke!" rief er aus. „Ich war gestern hier und leistete den Mädchen Gesellschaft." Nun war der alte Vater, der von dem Trinkfest kam, noch reichlich benebelt und wußte kaum, was er tat. Obgleich er nicht die leiseste Ahnung hatte, wer Siwara eigentlich war, bot er ihm seine älteste Tochter an, vorausgesetzt, daß sie ihm gefiele. Es traf sich, daß sie Siwara sehr gut gefiel, und er wandte sich daher an die Mutter und fragte sie, ob sie ihn als Schwiegersohn haben möchte. Sie sagte: „Ja, sehr gern." Und so geschah es, daß der Waldgeist eine Frau bekam und mit ihr im Hause seines Schwiegervaters seinen Wohnsitz nahm. Siwara erwies sich als ein sehr guter Gatte und Schwiegersohn. Von jedem Jagdzug kehrte er beladen mit Wildbret heim. Er machte sich auch die Mühe, den Brüdern seiner Frau zu zeigen, wie man Wildschweine schießt. Früher brachten diese zwei Burschen oft einen Vogel heim und sagten, sie hätten ein Wildschwein gebracht. Sie wußten eben nicht, was ein Wildschwein war. Da nahm er sie eines Tages mit, und als sie einen geeigneten Platz erreicht hatten, schüttelte er seine Rassel, und herbei eilten die Wildschweine, gehorsam seinem Rufe. „Dies sind Schweine! Schießt!" sagte Siwara, aber die beiden Brüder, die nie zuvor ein Wildschwein gesehen hatten, fürchteten sich und kletterten auf einen Baum. Da mußte er selbst drei oder vier töten, und diese nahmen sie dann später nach Hause. Die Zeit verging. Nachdem seine Frau ihm ein Kind geschenkt hatte, wurde Siwara anerkannter Erbe des Besitzes ihrer Familie und brachte auch sein Eigentum, das er bis jetzt im Walde gelassen hatte, in das Haus seines Schwiegervaters. Dieses galt fortan als sein eigenes Heim. Unter den Sachen, die er in sein neues Heim mitbrachte, befanden sich vier Rasseln, die nur zur Wildschweinjagd gebraucht wurden. Es gibt zwei Arten Schweine, eine harmlosere und eine gefährlichere. Für jede Art hatte er ein Paar Rasseln, eine Rassel, um die Tiere herbeizurufen, die andere, um sie fortzutreiben. Nachdem er die Rasseln aufgehängt hatte, warnte er die Verwandten seiner Frau dringend, diese Rasseln während seiner Abwesenheit zu berühren, weil daraus großes Unglück entstehen würde. Bald darauf ging Siwara fort, um ein Feld zu roden. Während er fort war, kamen seine Schwäger zurück. Sie sahen die schönen, mit Federn verzierten Rasseln alle in einer Reihe hängen und konnten der Versuchung nicht widerstehen, eine herunterzunehmen, um sie genau zu betrachten. In ihre Betrachtung vertieft, vergaß der Schwager ganz des Verbot und begann

sie zu schütteln. Aber ach! es war die falsche Rassel, die für die bösen Wildschweine! Und nun kamen diese wilden Bestien in Scharen von nahe und fern
herbei und ließen der jungen Mutter, den zwei Brüdern und den alten Leuten
kaum Zeit, sich auf die nächsten Bäume zu flüchten. In der Eile und Aufregung
hatte die Mutter jedoch ihr Kind vergessen, das die Schweine in Stücke rissen
und verschlangen. Als sie sahen, was sich unten ereignete, schrien die Flüchtlinge
und riefen nach Siwara, er solle schnell kommen und all die Tiere vertreiben,
damit sie in Sicherheit heruntersteigen könnten. Siwara kam, schüttelte die richtige Rassel und trieb die Tiere fort. Als alle herabgestiegen waren und mit ihm
zusammentrafen, suchte er nach seinem Kindchen. Aber er fand es nicht. Da
tadelte er sie, daß sie seinem Gebot nicht gefolgt wären, und war so ärgerlich,
daß er sie verließ. — Es ist jetzt schwer für sie, Nahrung zu bekommen.
Auch *Afrika* ist sehr reich an Märchen. Wir geben hier zunächst das dem Werke:
H. Brincker, „Wörterbuch des Otjiherero" (Leipzig, Weigel 1886) entnommene
Märchen „Die schöne Tjaratjondjorondjondjo" wieder:

Die schöne Tjaratjondjorondjondjo

Es war einmal eine Frau, die hatte eine sehr schöne Tochter. Alle Leute wurden
gar nicht satt, sie anzusehen. Und sie wurde sehr gut gehalten. Das Dorf war
groß. Und es waren viele Mädchen darin, und darunter auch schöne Mädchen.
Und sie jauchzte sehr. Und sie gingen hin, die Schaflämmer zu weiden. Alle
Leute aber, die sie sahen, fragten: „Wem gehört jenes schöne Kind?" Und die
anderen Mädchen sagten es ihnen. Dann faßte die Leute die Begierde, wenn sie
vorübergingen, und sie wollten sie immer alle heiraten. Und sie brachten Eisen-
kugeln und verbrauchten zum Aufreihen der Kugeln die Leibriemen der Frauen.
Eines Tages versammelten sich alle Mädchen in der Werft, darunter war auch
jenes Kind, und ihr Name war Tjaratjondjorondjondjo. Und sie gingen zu den
Schafhirten und fragten sie: „Nun, ihr Burschen, wir sind natürlich alle schön,
aber welche ist nun die Schönste?" Und sie antworteten: „Freilich seid ihr alle
schön, aber soviel dieser Mittelfinger länger ist als die anderen Finger, ist
Tjaratjondjorondjondjo schöner als ihr alle zusammen." Und sie gingen zu den
Rinderhirten und fragten sie: „Nun, ihr Burschen, wir sind natürlich alle schön,

aber welche ist nun die Schönste?" Und sie antworteten: „Freilich seid ihr alle schön, aber Tjaratjondjorondjondjo ist doppelt so schön wie Mbazuva und Rutangarauane." Und Tjaratjondjorondjondjo jubelte sehr. Und sie fragten alle Beerenpflücker, aber sie sagten dasselbe, was alle die Jünglinge gesagt hatten. Und die Mädchen winkten einander zu und meinten: „Laßt sie nur, morgen ist auch ein Tag." Sie aber merkte Unheil. Als dann der andere Morgen angebrochen war, machten sie sich auf, kamen und riefen: „Komm doch, wir wollen spielen gehen." Und sie sagte: „Seid mir nicht böse, ich habe Kopfschmerzen und kann nicht kommen." Und sie sagten: „Bitte, wir wollen bei dir spielen, wir wollen etwas verstecken." Und ihre Mutter meinte: „Wie sagen deine Gespielinnen? Willst du nicht lieber doch aufstehen?" Da ging sie mit, und sie gingen an den Fluß und setzten sich hin und sagten zu allen Kindern: „Setzt euch hin, wir wollen etwas verstecken." Und die Mädchen sagten: „Tjaratjondjorondjondjo, setze dich zu uns!" Und sie setzte sich nieder. Anfangs trieben sie es harmlos, aber dann setzte sich ihr ein Kind auf die Herzgrube und sie sagte: „Kind, du tötest mich." Und sie hörte nicht darauf. Die Dienerin und die Freundin riefen: „Was ist das, ihr wollt nicht hören, ihr tut es absichtlich!" Aber das Mädchen blieb auf der Herzgrube sitzen und riß die Spitze des Magens ab, daß sie starb. Und sie verscharrten sie in die Erde. Aber die Dienerin und die Freundin weinten und sagten: „Ihr könnt es gar nicht zu Hause sagen." Und als sie ins Dorf kamen, fragten die Leute und sie sagten: „Das Mädchen, das das Kopfweh hatte, das ist schon vor einer Weile nach Hause gegangen." Und sie sagten: „Hierher ist sie nicht gekommen." Und sie gingen hin und suchten und fanden sie nicht. Und sie fragten die Dienerin, aber sie wollte nicht reden. Und sie suchten sehr. Und eines Tages fragten sie die Reisenden: „Habt ihr vielleicht irgendwo einen Leichnam gesehen?" Und sie antworteten: „Ach nein. Wir haben nichts gesehen. Wir haben nur ein sehr schönes Kind gesehen, den Leichnam sahen wir da unten am Fluß." Und sie gingen hin, und die Mutter ging mit und sagte: „Mein schönes Kind, jetzt müssen die Frauen die Schmuckriemen ablegen, was geschieht doch da unten an den Flüssen!" Und sie weinte den ganzen Tag, und sie kamen zu dem Leichnam, und sie nahm ihn auf den Rücken, und dann ging sie damit hin und weinte, und sie begruben sie.

Sach- und Namenregister

* = Stammes- und Völkernamen — † = geographische Bezeichnungen — A = Abbildung — Z = Zeichnung
Kursiv = Forscher, Reisende, Missionare usw.

†Aaru-Inseln 216, 343
Abbrennen der Kopfhaare 73
*Abessinier 43, 53, A 57, 345, 346
*Abiponen 69, 71, 115, 216, 218, 233, 270
*Abnaki 156
Abortus 214, 233; s. a. Geburt
*Absároka 108; s. a. Crow
Abtreibung 216
Ackerbau 294
*Admiralitätsinsulaner A 46, 307
Adschbatul, Häuptling 170
*Afrikaner A 12, 44, 47, 122, 132, 157
Ahornzuckerbereitung A 184, 299
†Aiary 171
*Aino s. Ainu
*Ainu A 30, 42, 113, 219, 227, 228, 290, A 195
Ainugrab A 172
†Alaska 202
*Aleuten 113, 114, 135, 150
*Alfuren 74, 79, 319
*Algonkin 63, 156
†Altai 359
Amazonen A 52, 160, 237
†Amazonenstrom 63
†Ambon 211
†Amerika 54, 120, 151
*Amerikaner 42, 44, 47, 54, 120, 190
Ampallang 194
*Amurvölker 136
*Anachoreten A 135
Analogiezauber 211
*Andamanen A 36, 50, 63, 120, A 157, A 174, 211, 219, 271; s. a. Minkopi
Andree, R. 327
*Angolaner 47, 53, A 24; s. a. Lunda
Antifetischismus 177
†Antillen 151
*Apatschen 64, 108, 233
Aphrodisiaka 199
*Apiaka Z 14
*Apsarokas 260
*Araber 262
Arakutja (ältere Frau) 107
*Aranda 83, A 173
*Arapaho 108, 260, 269
*Araukaner 54, 63
Archangelus Lamberti, P. 162
*Arier 50
Armbänder 141
Armplastik 127, A 110
*Aruak 157, 171
*Arunta 270
*Aschanti 53, A 54, 127
†Asien 50, 114, 211
*Asier 44, 47
Assahun, Markt in A 182

*Assiniboin 108, 216, 260
*Athapasken 121, 234
*Atjeh 44, 64, 214, 229; s. a. Sumatra
†Austalien 114, 151, 172, 359
*Australier 47, 51, 63, 67, 80, A 89, A 95, A 114, 127, 150, 190, 198, A 198, 202, 228, 233, 311
*Aymara A 60, 237
*Azimba 74

Babagain Chojor Uessin (durch fremdes Haar vermehrte Zöpfe) 139
†Babar 215
Baducca A 199
*Bafioto 216
*Ba-Huana 235
Baidarken 307
Bajri A 185
*Bakairi 142, A 145, 152
*Bakuba 316
†Bali, Insel 216, 221, 222
*Balinesen 235, 330
*Ballanten 79
Bamum, Weiberhäuser von A 170
*Bantu 53, 114
*Bará 280
Bararamin, Fest 201
Bartbildung 108
Bartels, Max 44, 84, 97, 107, 116, 227; s. a. *Ploß-Bartels*
Barthema, Ludwig v. 79
*Basoko A 179
*Bassa 71
Bässler 116
*Basuto 52, 83, 84, A 58, 129, 233
*Batak 51, A 37, 79, 194
Bauchschnur 80
Bauchtanz 84
Baumann 86, 235
*Bawenda 101
Becken, weibl. 30, 47, 215
*Bedscha 160, 345
Befruchtung A 99
Befruchtungsriten 86, 96, 278
Behaarung 30
Beiju 67
Beiwohnungsszene 358, A 213
Belly (Knabenzauberwald) 71
Belly (Narbenzeichen des Zauberwaldes) 81
Bemalung A 33, A 102, A 105
†Benin 114
Beninkunst 357
*Bering-Eskimo 65; s. a. Eskimo
Berserker 167
Beschneidung 71, 80, 84
Beschneidungsinstrumente A 94, A 99
Besitzteilung 308
Bessel 217

Beste, Missionar 310
Bestialität 239
*Betschuanen 43, 73, 270
*Betsimisaraka A 188
*Bhil A 185
*Bilochi 156
†Bismarckarchipel 43, 327
Blase 31
Bloch, J. 329
Blumenschmuck A 121, 150
Blutdruck 31
Blutentziehung 99
Blutmischung 50
Blutverwandtschaft 274
Blyth 197
Boas 102
†Bogadjim 188
Bogenan Feuersteinsplitter 74
Bogoras 238
Bomo, Holzschnitzerei A 204
†Bongo Z 7, 220, 221, 269
Bony (Jungfrau) 72
Borgt, van der 235
†Borneo 51, 115, 215, 271
*Bororo A 151
*Botokuden A 125, 133, A 168, 289, 302
*Boulia 118
Bowditch 127
†Brasilien 115, 221
Breuil 355
Brieseldrüse s. Thymusdrüse
Brincker, H. 378
†British-Guyana 73, 115, 270
Brooke Low 116
Brunstzeit 63
Brust, Ausbildung Z 2
Brustbehandlung 127
Buchner 172, 211
Buchu, wohlriech. Pulver 140
Buddhismus 172
*Buginesen 208, 214, 236
*Buka 174
*Bulaa 236
Bundubund A 81, 84, A 86
Buntabo-Adachi 187
*Burätin A 201
Burg, van der 198
*Burmanen 188
Burnamon (abgesonderte Hütte) 67
Burton 237
*Buschleute 42, 47, 53, 100, A 141, 150, 216, A 270, Z 21, 357
Busenschnur 127, A 107, 142
Büttikofer 71, 201

Cabral 79
*Caiary-Uaupés 67
†Calabar s. Old Calabar
†Calicut 79
*Campo-Indianer A 9
*Caraiben s. Karaiben
*Carayá 158
Carayuru-Farbe 68

Cardi 82 A 183
Cassine, Getränk 298
Catlin 118, 138
*Cayenneindianer 232
†Celebes 79, 194
Cepas-kain-Kadu-Fest 79
†Ceram 79, 221
†Ceylon 50
*Chacoindianer 54
*Chamacocco A 16, A 75
†Chanchamayo A 9
*Chicorá 138
*Chilenen 64
†China 194
*Chinesen 136
*Chingpaw A 146
*Chippeway s. Tschippewä
*Chiquitos 158
Chit-nort 68
Christentum 172
Churinga 312
Claraz 194
Codrington 157
Cogul, Felsmalerei Z 20, 350
*Comanche-Indianer 221
Combarelles, Szene aus der
    Höhle Z 4
Conia-pu-yara 162
Cook 250, 314
Corpus luteum 41
Corpus luteum gravidatis 41
Couvade 214
Cranz 139, 300
*Creek-Indianer Z 8, 222
*Crow 108, 115, 138, 260;
    s. a. Absároka
Cumulus oophorus 40
Cunnilingus 239
Currier 216

†Dahomey 43, 169
*Dajak 42, 50, 64, A 99, 115,
    116, A 127, 141, 194, 200,
    214, 232, 235
*Dakota 136, 214, 233, 260
†Dama, Insel 211
*Damara 53, 237
Dapper 72, 80
Darwin 108
*Dayak s. Dajak
Debato idup, Idol A 99
Defloration 74, 142
Deflorationsinstrument A 99
Dekokt, Getränk 298
*Delawaren 156, 269
Detumeszenztrieb 182
devil-women (Erzieherin) 71
Diaconus, Paulus 168
Dichtkunst 322, 327
Dieffenbach 114, 148
Dienstehe 252, 268
*Dieri 259
Diodor 161
Djata, Wassergott 201
Dobrizhofer 69, 218
†Dominica, Insel 236
Doppelschurz A 135
†Dorah-Bai 214
Dorsey, Owen 316

Drüsen der inneren Sekretion
    31, 33, 34
Drusus 168
†Dualla in Kamerun 173
Duell A 198, 311

Eastmann 290
Egede, Hans 114
Ehe 158, 239, 278, A 292
Ehe zu Dreien 238
Ehebruch 274
Ehescheidung 279
Ehrenreich 112, 158, 220
Eibong, Göttin 212
Eierstock A 1, A 3, 29
Eifersucht 330
Eisenindustrie 309
Eisenschmuck A 128
Ejakulation 181
†Elfenbeinküste 67
Embryo 34
Emin Pascha 122
Empfängnis 192
en dito Weib als Mädchen 102
Engelmann 221
Epilation 115
Epiphyse 34
Eristow, Fürst 214
Ernährung 48
Erotisierung 31
e singiki (beschnittenes Mäd-
    chen) 107
*Eskimo 47, 49, 59, 109, 114,
    140, 150, A 74, 202, 217, 232
Eskimohütte Z 15
es siboli (Weib zur Zeit der
    Beschneidung) 102
Eurilthas 107
*Europäer 44, 47
*Evhe 101, A 99
Exhibitionismus 238

*Faismädchen A 10, 52
Falkenstein 47
*Fan 120
Färben 113
Fasten 97
Federschmuck 149
Felkin 220
Felsenmalerei Z 20, 343
Fetischismus 235
Fettbildung 30, 47
*Feuerländer 42, 44, 47, 63,
    108, 202, 270, 290, 307
*Fezzanmädchen 63
*Fidschiinsulaner A 45, 52, 63,
    193, 214, 220, 233, 311
Fingernägel 110, 116
Fintsch 44, 129
Fischer 71
Flechtkunst 302, 307, A 188
†Florida 151
†Folgia 80
Follikel 40, A 5
*Formosaner 71, 131, A 113
Forster 51, 121
Fötus 42
*Fox 64, 108, 270
Frauenduell A 198, 311
Frauengeld 308

Frauengürtel 142
Frauenherrschaft 157
Frauenwaffen 311
Fritsch 138, 235, 237
Fruchtbarkeit 100, 195
Frühreife 40
Fußverkrüppelung 121

*Gabungebiet 157
*Galla 52, 345
Galle 34
*Gallina 269
Galopin 187
Gandave, Magahanes de 237
Gebärmutter 29, 33, 42, 107;
    s. a. Uterus
Geburt A 7, A 8, 218, 219, 221
Geburtshilfe 220
Gee, Mc. 118
Geheimbünde 157
Gehirn 46
Geisterherbeiholung 97, 99
Gemütsbewegungen 31
Genitalbehandlung 127
Genitalbinde A 99
Genitalhaare 188
Gepäckhalter A 176
Gerberei 307
*Germanen 167
Geruchsinn 31
Geschlechtsbestimmung 211
Geschlechtsdrüsen 29, 39
Geschlechtshügel 42
Geschlechtsleben 190
Geschlechtsmerkmale 29, 30,
    31, 32, 33, 47
Geschlechtsorgane A 1
Geschlechtsreife 31, 62
Geschlechtsteile Z 19, 31, 32,
    39, 44, 61, 86, 108, A 109
Geschlechtstrieb 180
Geschlechtsverkehr 60, A 99,
    156, 176, 190, 235;
    s. a. Koitus
Geschlechtszellen 40
Geschmackssinn 31
Gestaltung des Beckens 47
*Gilbertinsulaner 47, 157, 202,
    208, 212, 215, 232, 270, 289,
    311
Gliederverkrüppelung 121
*Godah 71
*Golden 197, 202
†Goldküste 97, 151, 233
Gomoneger A 99
Gonaden Geschlechtsdrüsen 40
Gorontalo-Tanz-Kopfschmuck
    A 210
*Gotra 232
Gräber A 172, 282
Grabfunde 167
Greegree-bush 71, 72, 120
Greegree-women 71
*Grönländer 59, 114, 217, 233,
*Großventre 260
Grünwedel 208
Gruppenehe 253, 255
*Guaicurus 158
†Guanahani, Insel 118
*Guayquirias 100

Guesquel 194
†Guinea 151, 233;
Güldenklee, B. T. v. 65
Gürtelschließe A 98
†Guyana 54, 127, 309;
  s. a. Britisch-Guyana

Haar 42, 73, 110, 115
Haarschmuck A 123, A 124;
Haartracht A 120, 138
Haarzeremonien 73
Hagen 188
Hahl 168
Hahn 102, 218
*Haida 59, 112, A 70
Halsschmuck 136, 147
Hämaglobin 31
Handel 299
Hantu Darah, Dämonen 69
Hartland 97
Hartmann 45
Hauben 150
*Haussa 235, 322, 360
Haut 30, 31, 47, 71
*Hawai 52, 215, 219, 232
Hebammen 220
†Hebriden 63
Heckewelder 213
Hein 207
Heiratszeremonie A 165
Hekanatanz 316
Henning 46
*Herero A 17, 150, 270
Hermaphroditismus 40
Herreras 138
*Hidatsa 260
Hochzeitsriten 73, 275
Hochzeitsschmuck A 158
Hoden 29
Hoffmann 189
Höhnel, v. 300
Holzidole A 218, 358
Holzschnitzerei A 204
Holzwand, bemalte A 33
Honget 113
*Hopi 59, A 156
*Hoskurath A 33
*Hottentotten A 25, 42, 43,
  47, 53, A 55, A 56, 67, 102,
  121, 202, 218, 295
Hüftgehänge A 99
Hüftgürtel A 132
Hüftschnur 141
Hühneropfer 208
*Huichol 232
*Hundsrippenindianer 173
*Hupa 102, 269
*Huronen 156, 187, 169
Hymen, Stab zum Zerreißen
  des — A 66
Hyperämie 46
Hypertrophie 40
Hypophyse 34

Ibrahim-Ibn-Ja'kub 162
†Içana 171
Idole A 99, 101, A 218, 358
*Ifugao A 158
*Igoroten 142, A 196
Illapuringa 120

*Ilpirra 83
Incretorische Drüsen s. Drü-
  sen der inneren Sekretion
†Indien 50, 53, 151, 211, 227,
  313
*Indianer A 9, A 16, 47, 48,
  54, 59, A 63, 64, A 64, A 183,
  202, 211, 233
†Indonesien 50, 63, 73, 120,
  127, 151, 194, 222, 235, 274
Infibulation 80, 314
Ipmunna 83
*Irokesen 156, A 165, 233
*Itälmenen 44, 74, 317
*Itaner 217
*Ituri-Zwergin A 61
*Itynay 67

Jacobs 44, 191, 216, 229
Jagd A 166, 289
Jäger, Gustav 182
Jagor 50
*Jakuten 63, A 160, 202
*Jambassa A 123
*Jap-Insulaner 80
*Japaner 43, 50
*Javaner 43, 50, A 20, A 38,
  A 77, A 79, 320
*Jengone A 123
Jochelson 238
Johnston 115, 141
Joyce 235
Jungfrauschaft 79, 95

Kaaba zu Mekka 101
Kabrega 122
*Kabylen Z 11, 227
*Kadiuéo-Indianer A 105, 120
*Kaffern 47, 49, A 50, 52, A 65,
  67, 73, A 76, 80, A 137, 130,
  A 139, A 140, A 148, 232,
  269, 270, 307, 319
Kahumanna, hawaiische Kö-
  nigin 116
†Kahura 230
*Kaiowã Z 9, 222, 229
Kaiserschnitt 230
*Kaitisch A 102
Kakiè 70
*Kaledonier 63
*Kalifornier 64, 233
*Kalmücken 177, 217, 232, 269
*Kambalatter 277
*Kameruner A 123, A 124,
  233, 269
Kamiak, böser Geist 207
*Kamilaroi 256
Kämme 150, 194
*Kamtschadalen 43, 44, 63,
  150, 191, 218;
  s. a. Itälmenen
†Kamtschatka 74, 233;
  s. a. Itälmenen
*Kanaken 52, 211, 227
Kapuzen 150
Karagassen 150
†Karagwe 122
*Karaiben A 111, 122, A 144
*Karayá 112, 220
Kareba und Sulyunja (Er-
  zählung) 359

*Karo-Batak A 37, 50;
  s. a. Batak
*Karok 269
†Karolinen A 192, 211, 233
Karpet A 33, 68
Karsch-Haack 236, 238
Kaschiri 68, 298
Kaschiri-Bereitung 298
Kaschiri-Fest 68
Kastration 31, A 137, 147
*Kataba-Indianer 214
Katschinafiguren A 211, 358
*Kaua A 177, 293
Kaufehe 252
Kauffmann 167
*Kaukasier 47, 160, 162
*Kavirondo 114
Kawa, Getränk A 191, 298
Kazike (Häuptling) 162
Kerrie Z 10, 222
Keuschheitsgürtel 172
Keuschheitsnächte 278
*Khasi 157
Kinderjahre 60
Kindermord 216, 233
Kinderstein A 89
Kindertragen 47, 120
†King Williams Land 233
Kiranja, Vortänzerin 85
*Kirgisen A 29, 50, 108, 140,
  150, 202, 233, 269
Kitzler 43, 129
Kiziguha 160
*Klapperschlangen-Indianer
  119
Kleideropfer 275
Kleidung 130, 151
Klimakterium 42, 107
*Klippkaffern A 148
Klirrschmuck 188
Klitoris 43, 44, 71, 81, A 112
Knoche, Walter 327, 328
Knochenbau 30
*Kobéua 182, 210, 228, 229
Koch-Grünberg 54, 67, 99, 162,
  171, 172, 182, 210, 228, 239,
  280, 293, 313, 317, 359, 375
Koitus Z 4, 86, 192, 199;
  s. a. Geschlechtsverkehr
Koko, Greisin 107
Kolb 121, 294
*Koloschen 232, 233
Kolumbus 118
Koma, Tonfigur 101, 319
*Konde 68, 84, 101
Konfuzianismus 172
†Kongo 141
Konnubium 253
Kontrektationstrieb 260
Konvergenz 46
Kopfhaare 73; s. a. Haare
Kopfkratzer A 33
Kopfschmuck A 98, A 147, 149,
  A 210
Koprophilie 235
*Korana 47, A 120
Korbflechterei s. Flechtkunst
†Kordo 358
†Kordofan 142
*Korjäken 232, 238

Körper 28, 30, 46, 182
Körperbemalung A 103, A 104
Körperpflege 309
Körperplastik 47, 110, 120
*Kosso 71
*Krähenindianer 118, 216
Kral 300
Krämer 371
Kranz 159
Krauß 83, 168
Kretinismus 40
Kreuzbeinraute 47
Krickeberg 375
Kröber 101
*Kroboneger 97
Kropf 39
*Kruneger 269
Krusenstern 51
Kubarry 113, 170
Kühn 319
Kulambana (Sapphismus) 327
Kunstfertigkeiten 84
*Kupferindianer 173
Kusayana (Tribadie) 327
Kutiktiza (Hüftbewegungen
    beim Koitus) 86
*Kutschinindianer 118, 121
*Kwakiutl 156

Labia interna 129
Labia majora 43
Labia minora 129
†Lado 122
†Lakos 43
Landwirtschaft 295
Langsdorf 113, 133, 307
*Lappen A 11, 48, 63, 233
Lendengrübchen A 20, 47
*Lengua 216
Lenz, Oskar 119
*Lepanto-Igoroten A 196
Lery, Johann v. 173
†Leti Maa, Insel 43
Levirat 156, 274
Lewschin 140
*Liberianeger 71, 72, 80
Liebesbrief Z 18, 330
Liebesleben 329
Liebeslieder A 153, 327
Liebeszauber A 99, 188
*Lillooetindianer 277
Lindschotten 147, 188, 194
Lippenschmuck A 98, A 108,
    A 115, A 117, 133
Liquor folliculi 40
*Litauer 162
Littrésche Drüsen 29
†Loango 47, 53, 67, 79, A 110,
    202, 232, 233
Locklieder 327
Locktöne 187, 188
†Loilongstaat 149
Lopes, Eduard 169
Low, Mr. 108
*Loyalitätsinsulaner 216
Lübbert 216, 229
*Luiseno-Indianer 101
Lukengo 316
Lukokescha 169
Lumholtz 293

*Lunda A 24, 53, 170
Luperci (Priester) 79
Lutein 40
Luteinzellen A 6

Maaß 211, 214
*Machacuras 74
†Madagaskar 151
*Madagassen 271
Mädchenlied 327
Mädchenmord 233
Magahanes de Gandava 237
Magrizi 160, 345
*Mahikan 156
*Maidu 269
Mais stampfende Frauen Z 14,
    A 181
*Makassaren 117, 208, 214, 233
†Makraka 122
*Máku 182
†Malabarküste 79, 220, 232,
    313
*Malaien 42, 50, 160
†Malakka 50, 68, 79, 216, 222,
    227, 232
Mallat 220
*Mandanindianer 98, 260,
    269, 270
Mandelslo 79
*Mandingo 43, 202, 233, 236
    270
Mandioca 299
Mandioka reiben A 177
Mandioka-Reibholz Z 13
*Mandschu 136
Männergesellschaft 157
Mannweiber 48, 238
†Manoba-Mindanáo A 132
*Manyema 85
*Ma Nyema-Weib A 96
*Maori 52, A 40, 63, 148, 215,
    219
Märchen und Sage 361
Marcuse, M. 65, 99, 214, 232
Marensky 101
†Marianen 279
Marksubstanz 40
Markt in Assahun A 182
*Marquesaner 52, 227
Martin 47
Martius 68
†Marutsereich 170
*Masai 82, 102, 118, A 129,
    141, 148, A 176, 202, 210,
    216, 233, 269, 300
*Maskakira 233
Masken 72, A 86, 150
Maskentänze 158
*Maskoki 156
Masochismus 234
Massage 210
Mästung A 84, 122, 174
Masturbation 235
Mattenflechten s. Flechtkunst
Matthes 208
*Mauhes 131
Melaje 147
†Melanesien 52, 114, 149, 151,
    157, 190
*Melanesier 42, 44, 52, 197

Melville, General 236
Membran 40
Membrana granulosa 40
*Menomini 156
Menstruation A 33, 41, 63, 64,
    66, 67, 69, 79, 99
Menstruationshütten 67
Menstruationskleid 80
Mentawei, Tatauierapparat
    von — A 90
*Mentaweiinsulaner 211, 214,
    280
Merensky, A., Missionar 129,
    310
Merker 82, 102, 119, 210, 213,
    269, 278
Mestizen A 32, A 70
Metallschürzchen 147
*Mexikaner 101, 197
Mika 107
Mikaoperation 107
Mikluho-Macley 44, 74, 190
†Mikronesien 52, 316
Milchdrüsen 42, 61
*Minkopi 50, 210, 211:
    s. a. Andamanen
*Minitari 260
Mischtypen 49, 50, 59:
    s. a. Mestizen
*Missouriindianer 260, 261
*Mittu 149
*M'Kosa Kafferin A 50
†Moçambique 147, 151
Mohammedanismus 172
Moi-Figuren A 212
Moll 181
*Molukken 50
*Mongolen 47, 307
*Monomotapa A 152, 169
Mons veneris 42, 108;
    s. a. Geschlechtshügel
Morgan 136
Mtondooharz 116
Muata Yamvo 169
Mugasha (Erzählung) 380
*Mulatten A 21
Muli A 101
Müller, Fr., Sprachforscher
    130
Müller-Lyer 269
*Munda 197, 214, 232
Mur turukel 113
*Muruts 302
*Musgu A 117
Musik 321
Muskulatur 30, 46
Mutation der Stimme 30
Mutterkuchen 42
Mutterpflichten 28
Mutterrecht 155
Mutunus 74
Muyombobaum 102
Mwari 84
Myrrhe 68

Nabelschnur 83, 228
Nachgeburt, Essen der —
    229
Nacktgehen 86
Nadelschmuck 150

*Nairi 79
'nakitok (Das Weib nach dem Aufhören der Menses) 107
*Nama-Hottentotten 102
†Namocoliba 229
narahu 114
Narben A 96, 110; s. a. Schmucknarben
Nasenschmuck A 98, A 114
Nauaprahete 70
†Nauru A 84, 232, 233
*Nayer 64
Nebenschilddrüsen 40
*Neger 42, 44, 47, 64, A 186
*Negrito 63, A 72, A 83, A 82, 220
Nervenmasse 30
Nesogge (Zeichen des Bundes) 80
†Neu-Dschuta 162
†Neu-Guinea 72, A 99, A 126, A 180, 236, 270, 311; s. a. Guinea
†Neu-Hannover 197
†Neu-Hebriden 63
†Neu-Kaledonien 44, 63, 216, 270
†Neu-Mecklenburg A 13, 168, 197, 233
†Neu-Pommern 189, 219
†Neu-Seeland 52, 110, 114, 233
†Neu-Südwales A 49, 74
Niederkunft Z 6, Z 7, Z 8, Z 9, Z 10, Z 11, Z 12
†Niger-Delta 82
*Nigriter 44
†Nikaragua 299
†Nila, Insel 210
*Nilneger 142
*Nissan 174
N'janas 71
Nordenskjöld 49, 59
nouboucaétium (erste Haarschur) 115
*Nubier A 130, A 203
Nukahiwa, Tatauierung auf — A 91
Nukumantatauierung A 88
Nußbaum 31
*Nutka-Indianer 80, 101
†Nyassa-See 101
Nymphen, rudimentäre 44

Obermaier 355
Oberschenkelform 30
*Odschibwä 63, A 153, A 175, 189; s. a. Tschippeway
Ohrschmuck A 98, A 113, A 117, 131
Okipazeremonie 100
*Okota 102
†Old Calabarküste 64, 93, 202
*Oloh Nagadua Z 5
*Omaha 64, 65, 66, 139, 269
Omapanga, Freundschaft 237
*Orang-Belendas 222
*Orang-Benua 228
*Orang-Hutan 68
*Orang-Kenaboi 68

*Orang-Laut 215, 228, 291
*Orang-Pangyang 209
*Orang-Sakai 79
*Orang-Semang 228
*Orang-Sennoi 68, 70
*Oregonindianer 215, 222
Orellana 162
†Orinoko 100, 233
*Oronken 102
*Orotschonen 232
Osphresiologie, sexuelle 62
*Ostjaken 43, 176, 202, 215, 232, 233
*Ovaherero 232, 237
*Ovambo A 52, 53, 97, 102, 139, 215
Ovulation 40
*Oyowestämme 119
*Ozeanier 44, 47, 111, 120, 127, 174

†Padaung 149
Pagar pandiam A 164, 208
†Palau-Inseln 113, 170, 171
Pallas 139, 176, 217
Pallme 142
†Ponapé 129
Panceri 346
*Pani-Indianer A 169, 189
*Papua 44, 202, 203, 214, 222, 227, 234
*Paraguay-Indianer 63, 74, 215, 270
Parathyreoidea 40, 63, 74, 215, 270
Parkinson 212, 219, 289
Pasah kangkamiak Z 5
Passarge 100
*Patagonier 54, 194, A 195
Paulus Diaconus 168
Pechuel-Lösche 291
Peitschen von Frauen A 80
Pemba, Tonart 211
*Penimonee-Indianer Z 12, A 222
Penishalsbänder A 137, 148
*Pensylvanier 214
Perchtentanz 356
†Persien 211
*Peruaner A 27, 59, 82, 197
Perücken 150
*Pessy 71
Pfeil, Graf 210, 227
Pflanzengeist 96
Phallus 74
†Philippinen 50, 63, 190
Pigmentation 119
Pigmente 40
Pilaster A 214, 358
Pili (Erzählung) 372
Pincette zum Ausraufen der Augenwimpern A 97
Pituitrin 39
Placenta 42
Plinius 65
Ploß-Bartels 44, 48, 50, 64, 82, 99, 116, 201, 211, 217, 229, 275
Plumbayosaft 118
Poljakow 102

Polygamie 173
*Polynesier 42, 44, 52, 140, 150, 190, 232, 302, 307, 338
*Pontoc-Igoroten 142
Porobund 83
*Port-Lincoln 259
Powers 102
Prietze, Rudolf 327, 329
Prostata 29
Prschewalski 307
*Pschawen 214
Pubertät 31, 40, 63; s. a. Geschlechtsreife
Pubertätsdrüse 32, 41, 42
Purcell 107
Purchas 219
*Puris A 197
*Pygmäen 273

Qatschikitschhetscha, Mannweib 238
*Queah 71
*Queensländer 67, A 142, 269
Quiai (Mädchen vor der Menstruation) 107
†Quoja 80

Radloff 359
Rahat, Gürtel 142
Ranke 120
Rauch als Reinigungsmittel 68
Rehse 321
Reichard 132
Reife A 33, 59, 80
Reifeprüfung 83
Reifezeremonien 68, 73, 99, 114, 142
Reinigungsmittel 68
Reinigungszeremonien 68
Reizmittel A 99, 182, 187, 189
*Rejang Dajak 116
Religion 319
Remesal 332
Richardson und Wentzel 173
Riedel 127, 147
Riesenwuchs 34
Rindensubstanz 40
Ringschmuck A 127, 131, 150
*Rio-Negro-Stämme 54
Roayami 70
Rodrigues 162
Rollstempel A 103, 120
†Romang, Insel 211
Roscoe 210
Roth 196
*Ruck-Insulaner 233
Rumanika 122
Rumpfbewegungen beim Koitus 195
Runzeln 108
*Russen 114
Rußtatauierung 114
Rust 101

*Sac 64, 108
†Sachalin 102
Sadismus 234
Sageawin (Liebesgesang) A 153
Sahagun 101
Saints, P. Jean des, Mönch 170

*Sakai 50, A 172, 294
*Salomoninsulaner 190, 202, 216, 233, 292, 307
Samenbläschen 29
Sammeltätigkeit 293
*Samoaner A 41, 42, A 43, A 44, 46, 52, 73, A 78, A 92, 115, A 121, A 122, A 147, A 187, A 191, 193, A 202
*Samojeden 63, 68, 176, 177, 232, 233, 270
Sandy (Mädchenzauberwald) 71, 72
Sandyding (Zauberwaldkind) 72
Sandy-Laten (Hühner) 80
†Sango A 119, 150
†Sansibar 194, 236
*Santal 232
Sapphismus 236
Sarasin 44
Säugen der Tiere A 193, A 195, 310
Säugezeit 28, 232
*Savageinsulaner 202
†Sawy-Inseln 73
Saxo 168
Schädel 30, 46, 47, 120
Schadenberg 300
Schálakomana, Kornmädchen A 211, 358
Schamanen A 154, 197, A 201, 238, 314
Schamgefühl 331
„Scham"schnur (Hüftschnur, s. a. dort) 141
Schankbetriebe 229
Scheide (Vagina) 30
*Scheiennen 108; s. a. Tscheyennen
Schellen 141, 194
Schellong, von 310
Schiefferdecker 191
Schilddrüse 31, 34
*Schildkröten-Indianer 118
*Schinguindianer 115
Schleier 150
Schlömann, Missionar 101
Schmidt-Fischer 149
Schmidt, Pater W. 239
Schmidt, R. 79
Schmuck 72, A 98, A 127, 129, 131, 142, 150
Schmuckdurchbohrungen 73
Schmucknarben 73, A 95, A 96, 110, 114
Schmuckstücke 80, A 108, 140
Schoen, H. 355
Schomburgk 115, 197
Schönheit 46, 50
*Schoschonen 63, 101
*Schuli-Neger Z 6, 219
Schulterschmuck 142
Schurtz 295
Schwangere 208, A 209, 343
Schwangerschaft 86, 202, 209
*Schwarzfußindianer 118
Schweinfurth 149
Schweiß 189
Schweißdrüsen 34

Schwergeburten 229
Schwirrholz 311
Se, Idol A 99, 101
*Seelappen 48; s. a. Lappen
Sekrete der inneren Sekr. 34
Seligmann 66
*Semang 209
Semilow, Bambusmesser 227
*Seminolen 156
*Senegalneger 53, A 53, 63, 79, 142
Senfft 117
*Senoi 50
*Seri-Indianer A 100, 118, 268
Servius 237
Sexualriten 73
*Siamesen A 193
*Sibirier A 149
†Sierra Leone 83
*Sinaugolo 193
*Singhalesen A 34, 50, 63
Sinus prostaticus 29
*Sioux 64, 108, 233, 260, 290
*Siusi 67, 99, 172, 298
*Skandinavier 167
Skenésche Drüsen 29
†Sklavenküste 151, 232
Smith-Sund 217, 233
Soghwilly 80
Soh, Walddämon 72
Soh-bah, Großdämon 71, 72
*Somali 52, 63, 68, 139, 228, 270
Speicheldrüse 34
Spencer und Gillen 83, 96, 107, 120
Spieß, Missionar 101
Spinnen 308
Spix 68
Spix und Martius 119, 131, 316
Stammesabzeichen 112
Staudinger 194
Steatopygie A 25, A 26
Stein der Salbung 101
Steinach 32
Steinbohren 399
Steinen, K. v. d. 62, 115, 142, 152, 227, 292
Steller 44, 74, 191, 218, 239, 316
Stephan 189
Stevens, Vaughan 68, 208
Stimme 30, 108
Stoll 110, 111, 135, 141, 187
Strahlenaugen 52
Strehlow 96
*Suaheli 63, 64, 83, 102, 115, 159, 196, 216, 220, 227, 232
*Sudanneger 53, 270, 345
*Sulka 219, 268
†Sumatra 50, 79 156, 263; s. a. Atjeh und Batak
Suprarenin 40
*Surinamstämme 63
Szombathy 348

Täbi (Hauptzopf) 139
Tacitus 168

Taconha-oba (Kleidungsstück) 131
Tagarah (Australierin) 44
†Tahiti 52, 216, 232, 316
Tahong 209
Taillengürtel 152
*Talamanca-Indianer A 200
Tali 79
Tamalape, Onanie oder Sapphismus 237
*Tami-Insulaner 237
†Tamiongedu, Insel 237
Tampons 73
†Tanembar-Inseln 63, 222
Tangi (Totenklagen) 114
†Tanna (Neue Hebriden) 139
Tanz 188, A 197, 313
Tanzschmuck A 202, 302
Tanzstöcke A 216
Tapa A 180, 302
Tappar, Messer 227
*Tasmanier 52, A 47
*Tataren 232, 233, 269
Tatauierinstrumente Z 3, A 90
Tatauierung 50, 52, 53, 69, 73, A 88, A 91, A 92, 110, 111, 113, 114, 188
*Taulipáng A 110, A 194
Taupo (Dorftänzerin) A 187
Telengékel, Genitaltatauierung 113
Telteket-Tatauierung 113
†Tenasserim 79
†Teneriffa 79
†Terekgebiet 162
Terminalhaarkleid 31
Theca externa 40
Theca interna 40
Thecaluteinzellen 40, 41
*Thompsonindianer 269, 275
Thurn, Im 309
Thurnwald 174, 307, 322
Thurston 135, 267, 278
Thymusdrüse 34, 40
Thyreoidea 39
Tiki, geschn. Figürchen 148
„tikitiza" 84
†Timbuktu 151
*Tinnehindianer 173
†Timorlao-Inseln 222
*Tinguinanen A 143
Tjaratjondjorondjondjo, Erzählung 378
Tjelak-tjelakan malèm, künstl. Penis 235
*Tlinkit 232, 233, 269
*Toda A 31, 50, 202, 233
*Togoneger 42, 43, 150
Ton essen 211
*Tongainsulaner A 48, 52, 121
Tönijes, Missionar 97
Töpferei A 179, 296
*Topnar-Hottentotten A 55/56
Torday 235
Torsobildung 44
Totemismus 253
Töten alter Weiber 108
Totenriten 99, 114, 115
Tragvorrichtungen 289
†Transvaal 101, 102, 319

Trauer 114, 116, 280;
  s. a. Totenriten
Treue 345
Tsakuruma, Geburtsgöttin 232
*Tschemakoko-Indianer
  s. Chamacocco
*Tscheroki 156
*Tschikasa 156
*Tschippeway-Indianer A 23,
  A 106, 216, A 174, 280;
  s. a. Odschibwä
Tschirrintschirri 116
Tschitscha, Getränk 82, 298
*Tschokta 120, 156
*Tschuktschen 192, 202, 238
Tücher 150
*Tukáno 171, 173, 182
*Tungusen 202, 269, 270
*Tupi 237
*Tupinamba 173
*Türken 271
*Turkmenen 269
*Turkvölker 50
*Tusayaindianer 359
Tutunus, Mutunus- 74
*Tuyuka 231

*Uaupé 99, 162
†Uganda 127, 210, 228, 229
Uluri 63, A 144, A 145, 152
†Umari-Igarapé 172
Unawa (gesetzmäßige Gatten)
  Aranda 83
Unfruchtbarkeit 196, 201
Ungunja, Männerlager 127
Unkulla (Schwestersöhne des
  Vater) 83
Unterhautfettgewebe 108
†Upper-Georgiadistrikt 118
*Urabunna 258
Urin 307
Ursprung der Kleidung 130
*Urua A 219
Uterus 29; s. a. Gebärmutter
†Uziguha 160

Vagina 29, 73
Vailland 343
Vaillant, C. 129
Vala Sandyla 80
Vaughan Stevens 68, 208
*Vedas (Wedda) 270
Velten 104, 196
Venus von Willendorf A 19,
  348
Venusberg 30, 31
Veran, Joh. 348
Verblödung 40

Verdeckung der Geschlechts-
  teile 152; s. a. Geschlechts-
  teile
Verzierung 296
*Vey 71, 72, 80, 202, 270
†Viktoriagebiet 270
Virchow 44, 52
Volz 208
Vortisch 97

*Waankole A 190
*Wabondei 86
Wachstum 35, 59
Wadenplastik 122, A 111
*Waganda 233
*Wagaya 121
*Wahima 53, 122
Waldeyer 46
Wallace 330
*Wandorobo A 128, 149, 202
*Wanjamwesi 63, 84, 131,
  136,
*Waporogo 202
*Warandi 235
*Warangi 229
Wari kilili, mannbare Mäd-
  chen 84
Wari Kumbi 84
Warne 346
Warzenhof 44, 61
Waschungen 68, 83
Washenzi 86
Wasserzauber 102
*Waswaheli 233
*Watubela 216
*Wavunia 136
*Wawira A 98
*Waziguha 159
Weber 47
Weberei A 196, 307, 308
Wechselehe 274
Wechseljahre 42, 107
*Wedda 44, 50, A 35, 273,
  274
Wedell 290, 307
Weib, Kinderjahre 60
Weib mit Horn 343
Weib, stillendes A 206, 349
Weiberduell A 198
Weibergesellschaft 157
Weibergräber A 172, 280
Weiberhäuser A 170
Weiberkamm A 98
Weibermasken A 133
Weibersprache 159
Weibliche Figuren A 205,
  A 215, A 219, 221,
Weikhmann, Dr. 54
Weinpalme 72

Weiß 54
Westermark 239, 274
Wettengel 96
Whitehead 302
Wied, Prinz Max von 133,
  214, 289, 307
Wiederverheiratung von
  Witwen 121
Wiese 52
Willendorf, Venus von A 19,
  348
Windschirm A 189, 300
*Winnebägo 216, 261
Witwen 121
Witwenkappe 115, 280
Wlislocki, v. 343
Wochenbett 229
*Wogulen A 28, A 155, 232
Wohngrube 300
Wohnungsbau Z 15, 300
Wolf, L. 316
Wolff II. 135
Wollbehaarung 31
*Woloffinnen 44, 66, 116
Woridoh Windees 107
Woronfo, Beschneidungs-
  messer A 99,
*Wotjäken 233, 270
Wunpa, Mädchen vor der
  ersten Menstruation 107

X-Beinigkeit 46
*Xosa-Kaffern 48, 73

†Yacyuarua-See 162
Yankton Sioux 64
*Yaroinga A 33
*Yurok 269
Yurupary-Tänzer 171

Zache 84, 159
Zähne 73, 110, 116, A 102
Zahnverstümmelungen A 102,
  116
Zauberrasseln (Erzählung)
  375
Zauberschmuck 137
Zaubergewalt 190
*Zigeuner 343
Zirbeldrüse 34
Zöller 51
Zöpfe 140
*Zoque-Indianer 332
Zoroastrismus 172
*Zulu-Kaffern A 22, 138, 150,
  151, 159, 161
Zwergvölker 53, 54, A 61
Zwergfuchs 39
Zwillinge 197
Zwischenzellen 41